个人信息保护法

Personal Information Protection Law

彭诚信 刘海安 主编

上海交通大学出版社
SHANGHAI JIAO TONG UNIVERSITY PRESS

内容提要

　　全书以个人信息权客体为切入点展开个人信息权的讨论,在确认个人信息权客体之后,径直探讨了个人信息的权利属性、个人信息权利的配置形态、个人在个人信息权利既定配置形态下的具体权利内容以及个人信息处理者的义务、个人信息处理的基本原则、个人信息处理的一般规则,并针对个人信息的特殊类型以及个人信息的特殊处理场景分析了处理个人信息的特殊规则,以及个人信息权的民事救济。本书论证逻辑清晰,涵盖了《个人信息保护法》的核心内容,有助于学生更有体系化地掌握个人信息保护的基础知识与核心法理。

图书在版编目(CIP)数据

　　个人信息保护法 / 彭诚信,刘海安主编. —上海:
上海交通大学出版社,2024.1
　　ISBN 978 - 7 - 313 - 29888 - 1

　　Ⅰ. ①个… Ⅱ. ①彭… ②刘… Ⅲ. ①个人信息—法律保护—中国—教材 Ⅳ. ①D923.74

　　中国国家版本馆 CIP 数据核字(2023)第 225605 号

个人信息保护法

GEREN XINXI BAOHUFA

主　　编: 彭诚信　刘海安
出版发行: 上海交通大学出版社　　　　　　　地　　址: 上海市番禺路 951 号
邮政编码: 200030　　　　　　　　　　　　　电　　话: 021 - 64071208
印　　制: 上海景条印刷有限公司　　　　　　经　　销: 全国新华书店
开　　本: 787 mm × 1092 mm　1/16　　　　　印　　张: 20
字　　数: 426 千字
版　　次: 2024 年 1 月第 1 版　　　　　　　 印　　次: 2024 年 1 月第 1 次印刷
书　　号: ISBN 978 - 7 - 313 - 29888 - 1
定　　价: 80.00 元

作者简介

【第一主编】 彭诚信(1973—),山东嘉祥人,上海交通大学特聘教授;凯原法学院博士生导师、民商法学科带头人。上海交通大学数据法律研究中心主任;上海交通大学人工智能治理与法律研究中心副主任。中国法学会民法学研究会常务理事,上海市法学会民法学研究会副会长。牛津大学法律系、伦敦政治经济学院法律系、哈佛大学法学院研究学者;加州大学伯克利分校法学院、中国台湾地区"中央研究院"法律学研究所高级访问学者。曾在吉林大学法学院、宁波大学法学院、日本北海道大学法学研究科任教。国家社科基金重大项目首席专家。《现代权利理论研究》一书入选《国家哲学社会科学成果文库》;《民法典与日常生活》入选2020年度"中国好书";主编"人工智能"法学译丛六辑(共18册),在《中国法学》《法学研究》等核心期刊上发表论文近百篇。论著曾获"上海市哲学社会科学优秀成果奖一等奖"(两次)、"全国法学教材与科研成果奖二等奖""中国高校人文社会科学研究优秀论文成果奖三等奖"(两次)。研究兴趣主要在民法原理、物权法、数据与个人信息保护等领域。

【第二主编】 刘海安(1982—),山西平遥人,天津大学法学院教授,博士生导师,法学博士。主持或者承担国家级、省部级项目多项,在法律出版社、上海人民出版社等出版著作4部(含译著1部),参编多部著作,在《法律科学》《政治与法律》《法学论坛》《华东政法大学学报》等期刊发表论文近30篇,获多项省部级奖项。学术兼职主要有:中国法学会航空法学研究会理事、北京市航空法学会理事等。研究兴趣主要在民法学、数字法学、航空法学等领域。

王黎黎(1984—),辽宁大连人,法学博士。大连海洋大学海洋法律与人文学院副院长、副教授、硕士生导师。先后主持或参与多项国家、省部级科研课题。在CSSCI来源期刊和全国中文核心期刊上发表学术论文10篇,出版学术著作两部,参与编写普通高等教育"十三五"规划教材《知识产权法》与《行政法学》。主要著作:《谁为机器人的行为负责》《海上安全与执法》等。研究兴趣主要在民法学与数字法学等领域。

王琳琳(1983—),辽宁辽阳人,法学博士,吉林警察学院治安系副教授,吉林省特色高水平学科专业A类学科首席负责人(2019—2023年),吉林省社会治安研究中心研究员。主持教育部人文社科青年项目、吉林省全省司法研究课题以及吉林省公安厅调研课题共

3 项,参与国家社科基金等各级别项目近 10 项;在 CSSCI 来源期刊、全国中文核心期刊等发表论文近 20 篇,共出版著作、译著 3 本。研究兴趣主要在民法学与数字法学等领域。

徐伟(1985—),浙江温岭人,上海政法学院佘山学者特聘岗教授、硕士研究生导师,中国法学会网络与信息法学研究会理事、浙江省法学会数字法治研究会副会长,美国芝加哥肯特法学院、中国台湾地区"中央研究院"法律学研究所访问学者。主持国家社科基金青年项目 1 项,省部级项目 6 项,在《法学》《法律科学》《现代法学》《法制与社会发展》《华东政法大学学报》等期刊发表论文近 50 篇,其中被《人大复印报刊资料》全文转载 8 篇。研究兴趣主要在数字法学等领域。

金耀(1987—),浙江嵊州人,宁波大学法学院副教授,法学博士。先后在《法学评论》《法律科学》《华东政法大学学报》等核心期刊上发表学术论文十余篇,被《人大复印报刊资料》《高等学校文科学术文摘》全文转载多篇。主持国家社科基金青年项目、省部级项目多项,获第十一届中国法学会青年论坛征文一等奖,第三届中华法学硕博英才奖三等奖。研究兴趣主要在个人信息、数据治理等领域。

云晋升(1992—),江苏宿迁人,上海交通大学凯原法学院民商法博士,华东政法大学中国法治战略研究院特聘副研究员。相关研究成果发表在《暨南学报》《社会科学》《交大法学》等期刊。入选 2021 年上海市"超级博士后"激励计划,主持中国博士后科学基金第 72 批面上资助项目。研究兴趣主要在数字法学、担保法等领域。

姬蕾蕾(1989—),河南安阳人,法学博士,上海交通大学凯原法学院博士后。先后在《法学论坛》《求是学刊》《苏州大学学报》等核心期刊上发表学术论文十余篇,参编《民法典与日常生活 2》《信息的限度:个人信息保护法中的同意规则》等多部著作,主持教育部、司法部等省部级项目 3 项,参与国家社科基金重大、重点项目以及省部级项目多项。研究兴趣主要在民法学与数字法学等领域。

向秦(1990—),重庆万州人,法学博士,华东政法大学助理研究员,互联网法治研究院(杭州)研究员,美国加州大学伯克利分校、新加坡管理大学访问学者,并担任上海法院数字经济司法研究及实践(嘉定)基地等智库专家。在《法商研究》《南京社会科学》《法律适用》等期刊发表多篇论文,出版《数据正义》等译著、专著。入选 2023 年上海市"超级博士后"激励计划,主持中国博士后科学基金第 74 批面上资助项目。研究兴趣主要在个人信息保护法、数据与人工智能法、数字法治等领域。

许素敏(1993—),福建漳州人,上海交通大学凯原法学院博士研究生。参编《民法典与日常生活》《信息的限度:个人信息保护法中的同意规则》等多部著作,在《社会科学》《南京社会科学》《求是学刊》《财经法学》等期刊发表多篇论文,并被《人大复印报刊资料》《高等学校文科学术文摘》转载。研究兴趣主要在民法学、个人信息保护法学等领域。

序　言

　　未来已来，我们正在迈入数字时代。党的十九大作出建设数字中国的战略部署，二十大则进一步强调加快建设"网络强国、数字中国""加快发展数字经济"。数字中国的建设离不开法治的保驾护航。将人工智能等信息技术与法学交叉融合，构建数字法学知识体系是我国法学发展的必然趋势，"数字法学"由此应运而生。中共中央办公厅、国务院办公厅印发的《关于加强新时代法学教育和法学理论研究的意见》（2023 年 2 月 26 日）也强调，要优化法学学科体系，加快发展科技法学、数字法学等新兴学科，构建中国特色法学教材体系。而个人信息是数字社会的物质基础，围绕个人信息形成的基本法律问题构成了数字法学的核心内容，在数据利用中如何保护个人信息便显得亟须且重要。

　　数字社会的到来使个人信息、数据相关法律问题得以凸显。传统线下社会的诸多民事权益，尤其是某些人格权以及知识产权的客体，例如姓名、肖像、荣誉、名誉、智力成果等，就其内容而言都是信息，只是法律并未使用"信息"这一概念，而是表达为人格利益、智慧产品等。可见，信息并不是数字社会特有的法律现象，传统线下社会也保护信息，但其有特定的保护范围，即人格性信息（人格权制度）和财产性信息（知识产权制度）。但在数字社会，法律对信息的关注不再局限于传统人格利益与智慧知识。个人信息是自然人身份再现于数字空间的人格标识，是数字法律关系的物质基础，而个人信息保护与利用之间的矛盾是数字法律关系的中心矛盾，数字社会的基本法律规则主要围绕这一矛盾的解决而擘画布图。

　　《中华人民共和国个人信息保护法》已于 2021 年 11 月 1 日正式实施。鉴于个人信息保护在学术理论和司法实践的日益重要，有必要为社会提供富有中国特色、体现中国自主知识体系的个人信息保护法教材。本书以《个人信息保护法》为规范基础，以比较法为研究视野，结合国内外相关法律法规、理论观点及司法案例等，构建了清晰的个人信息保护理论体系。本书采用总分总的逻辑结构，先对个人信息及其保护做了整体性的概览（第一章），然后，就个人信息权界限从权利视角和义务视角分别展开讨论（第二至第十章），最后，就个人信息救济相关问题作出阐释（第十一章）。具体而言，本书第一章在介绍相关基本概念的基础上，讨论了个人信息保护的法律关系和若干基本原理，同时对个人信息保护的立法变迁作了考察。之后，本书以个人信息权利客体为切入点展开个人信息权的讨论（第二章），在确认个人信息权客体之后，探讨了个人信息的权利属性（第三章）、个人信息权的配置形态(第四章)、信息主体在个人信息权既定配置形态下的具体权利内容(第五章)以及信息处理者的义务(第六章)。本书进而从义务视角系统探讨了个人信息处理的基本原则(第七章)、个人信息处理的一般规则(第八章),并针对个人信息的特殊类型(第九章)以及个人信息的特殊处理场景(第十章),分析了处理个人信息的特殊规则。在确认个人信息权界限之后,本书探讨了个人信息权的民事救济(第十一章)。

本书的主要特色体现在以下三个方面。首先,在体例方面,《个人信息保护法》是一部同时适用于本科生与研究生教学的教材,能够兼顾不同学生群体的需求。本书每章都会设计与该主题相契合的教学案例和思考题,有助于法科初学者结合具体场景理解和掌握个人信息保护法的规范和原理;在每一章节中设置"拓展阅读"模块,阐述具有学理争议以及理论性较强的内容,以便拓展研究生对个人信息保护法的视野和理解;同时在每章结尾设置"本章小结""延伸思考""参考文献"模块,以供想要深入学习的学生参考阅读。本书选取的个人信息保护案例都是发生在我国的较为经典的实践案例,尤其是《个人信息保护法》生效后审结的案例。对这些案例的详细评析可以加深学生对《个人信息保护法》条款司法适用的把握。其次,在体系方面,本书贯彻了民事法律的基本逻辑,即从个人信息权的客体出发,探究个人信息的本质特征及其法律属性,进而阐释个人信息的权利属性、权利配置、权利内容,并在此基础上,对信息处理者的义务及其须遵循的个人信息处理原则、规则展开分析,最终以个人信息权的民事救济完结。本书的安排有助于学生在掌握个人信息保护法原理的同时,加深对法律逻辑思维的理解。最后,在内容方面,本书以数字社会为个人信息法律保护的前提,有效界分了个人信息在传统线下社会和数字社会中的差别,一以贯之地将数字技术特征和数字思维应用于个人信息保护领域,构建起数字社会个人信息保护的基本原理、制度体系和具体规则。

数字技术的快速发展与法律内含的保守基因天然地存在张力。本书对个人信息保护的法律分析也仍需不断接受司法实践、数字经济发展和科学技术的检验。我们将保持对本书的及时"迭代",以适应这个变迁的时代。欢迎读者对本书提出修改建议。

本书各章节的撰写分工如下:

彭诚信,撰写第1—3章;

徐　伟,撰写第2章,第5章第1—3节;

王琳琳,撰写第3—4章;

金　耀,撰写第5章第4—7节;

王黎黎,撰写第6章;

云晋升,撰写第7章;

向　秦,撰写第8章;

刘海安,撰写第9章;

姬蕾蕾,撰写第10章;

许素敏,撰写第11章。

目　录

第一章

个人信息保护法概述

第一节　个人信息保护法的基本概念

一、个人信息

（一）个人信息的概念

个人信息是指以电子或者其他方式记录的能够单独或者与其他信息结合识别特定自然人的各种信息，包括自然人的姓名、出生日期、身份证件号码、生物识别信息、住址、电话号码、电子邮箱、健康信息、行踪信息等，不包括匿名化处理后的信息。在本书中，个人信息主要表现为人格利益，但天然内含着财产利益的基因；个人数据，狭义上指个人信息以及其被处理者以非匿名化方式存储的个人信息数据，个人数据主要体现为财产利益，尽管在物理属性上与其个人信息无法分离。[①] 对个人信息的保护包括保护人身和财产安全、人格尊严、通信自由和通信秘密、隐私等。个人信息的保护依据主要是《中华人民共和国民法典》（简称《民法典》）总则编第 111 条、人格权编和侵权责任编，以及《中华人民共和国个人信息保护法》（简称《个人信息保护法》）与其他相关法律法规等。[②]

> **拓展阅读**　**"个人信息"入法进程与概念演化**
>
> "个人信息"独立进入法律保护的视野，经历了一个较为漫长的演化过程。
>
> 一是 2005 年 2 月 28 日颁行的《刑法修正案（五）》增设"窃取、收买、非法提供信用卡信息罪"，罪状中的"信用卡信息资料"显然属于个人信息。但是，该规定也仅保护特定的一类公民个人信息，具有局限性。

[①] 在本书中，在人格利益上描述个人信息时，采用个人信息概念；在财产利益上描述个人信息时，采用个人数据概念。彭诚信：《数据利用的根本矛盾何以消除——基于隐私、信息与数据的法理厘清》，《探索与争鸣》2020 年第 2 期，第 83—84 页。

[②] 张新宝：《论作为新型财产权的数据财产权》，《中国社会科学》2023 年第 4 期，第 150 页。

二是 2009 年 2 月 28 日颁行的《刑法修正案(七)》首次明确规定侵犯公民个人信息罪和出售、非法提供公民个人信息罪,将窃取或以其他方式获取公民个人信息、违反国家规定向他人出售或者提供公民个人信息情节严重的行为纳入刑事打击范围,但仍然未界定"个人信息"概念。

三是 2012 年 12 月 28 日全国人大常委会通过《关于加强网络信息保护的决定》。公民"个人信息"被界定为"能够识别公民个人身份和涉及公民个人隐私的电子信息",显然这一界定较为初步。

四是 2013 年 10 月 25 日十二届全国人大常委会在修正《消费者权益保护法》时,在原《消费者权益保护法》第 14 条中新增了消费者"享有个人信息依法得到保护的权利",并在《消费者权益保护法》第 50 条就侵害该权利的民事责任作出了规定。此为我国法律首次从民事权利的角度对"个人信息"作出规定。

五是 2017 年 6 月 1 日起实施的《网络安全法》,其第 76 条具体界定"个人信息"概念。同年,最高人民法院会同最高人民检察院发布了《关于办理侵犯公民个人信息刑事案件适用法律若干问题的解释》(简称《侵犯公民个人信息司法解释》)。比较《网络安全法》,该司法解释不仅将识别自然人身份的信息认定为个人信息,而且将反映特定自然人活动情况的信息也认定为个人信息。

六是 2021 年 1 月 1 日起实施的《民法典》,首次对个人信息专章专节规定,其第 1034 条规定自然人的个人信息受法律保护;该条关于个人信息的定义在《网络安全法》的基础上又增加了"电子邮箱、健康信息、行踪信息等"内容。《民法典》进一步规范了"个人信息"的定义。

七是 2021 年 11 月 1 日起实施的《个人信息保护法》第 4 条将个人信息的定义更加精准化。在《民法典》中,"个人信息"的定义没有"例外",但在《个人信息保护法》中,明确"匿名化处理后的信息"不属于个人信息。这是因为匿名化处理后的信息已不能识别出特定的个人,即不具有识别特定自然人的功能。"个人信息"的概念展现出如今的最终定义。

(二) 个人信息的特征

1. 内在:算法识别性

受法律保护的个人信息是可识别的个人信息,我们借助这些信息可以确定唯一自然人。在互联网背景下,个人信息与数据的本质特征是"算法识别性",即数字社会中的信息具有可计算性,而传统线下社会的信息是不可计算的,只能进行自然识别。传统线下社会的信息传播平台是每个自然人的大脑,传播方式主要是口口相传或通过纸张书本等物理形式流传,其中,涉及个人姓名、性别等事实的信息,其存储与传播效率较低,容易造成信息失真或丢失,信息的财产价值受限;对于有创造性价值的知识信息,例如作品、专利、商标等,则通过知识产权保护。数字社会中的网络用户是个人信息的来源,浏览网页所产生的痕迹信息、购物产生的个人偏好信息等被信息技术搭建的平台固定,平台通过一系列收集、加工、整理等自动化处理活动,将个人信息转化为"0"和"1"二进制机读数据,甚至可通过达成区块链共识而形成不可更改的"链上数据",这使得对个人信息多元且深度利用成为可能。数字社会以算法为核心、[1]以网络平台为载体,个人信息因此具有了可计算性,即算法识别性。[2]

数字社会中最基本元素(数据、个人信息)的可计算性决定了以其为基础的法律活动几乎都是可计算的。一是计算是对隐私保护的代码规制。为实现个人信息保护与利用的平衡,信息科学领域研发了隐私计算等可计算技术保护个人信息。二是计算是对处理者的义务要求,信息处理者去识别化、匿名化等义务需通过算法来履行。三是有关数据(含个人信息)之上的利益分配更需要算法来实现。四是计算是个人信息权的行使方式。

2. 外在:可记录性

受法律保护的个人信息具有可记录性。"记录"二字突出了个人信息在载体上的留痕,没有以一定载体记录的信息不是法律意义上的个人信息。《个人信息保护法》第 4 条规定:"个人信息是以电子或者其他方式记录的与已识别或者可识别的自然人有关的各种信息,不包括匿名化处理后的信息。"相比传统线下社会,数字社会中个人信息的独有特征在于其以电子为载体,经"算法"等数据分析技术处理形成。个人信息主要是以电子方式记录的信息,更多地呈现出电子化、数字化的特征。海量的个人信息被存储在电子设备之中,进而被快速分析和处理,形成分析报告和模型,进行传输。[3] 在个人信息受到法律严格保护的今天,对个人信息的任何电子化记录都不是明文信息的直接电子化采集、传输、存储,而是加密后的电子化处理。[4]

> **【思考】**
>
> 个人信息有哪些显著的特征?

(三) 个人信息的分类

1. 敏感个人信息与一般个人信息

根据个人信息泄露或者非法使用对个人致害风险的高低,个人信息可以分为敏感个

---

[1]　有关数字社会或智能社会是由算法主导的论述,可参见张文显:《构建智能社会的法律秩序》,《东方法学》2020 年第 5 期,第 7 页。

[2]　彭诚信:《数字社会的思维转型与法治根基——以个人信息保护为中心》,《探索与争鸣》2022 年第 5 期,第 118 页。

[3]　李锦华:《个人信息查阅权的法理基础及实现路径》,《西安交通大学学报(社会科学版)》2023 年第 3 期,第 168 页。

[4]　夏志强、闫星宇:《作为漂流资源的个人数据权属分置设计》,《中国社会科学》2023 年第 4 期,第 165 页。

人信息和一般个人信息。敏感个人信息是指一旦泄露或者非法使用,容易导致自然人的人格尊严受到侵害或者人身、财产安全受到危害的个人信息。敏感个人信息包括生物识别、宗教信仰、特定身份、医疗健康、金融账户、行踪轨迹等信息,以及不满 14 周岁未成年人的个人信息。敏感个人信息之外的个人信息属于一般个人信息。

一般来说,敏感个人信息比一般个人信息更能反映和影响信息主体的重大利益,且与个人人身、财产权利的联系更为密切。敏感个人信息在一般个人信息处理规则的基础上,适用更为严格的保护制度。

2. 已公开个人信息与未公开个人信息

根据个人信息是否处于公开状态,个人信息可以分为已公开个人信息与未公开个人信息。已公开个人信息是指信息主体自行公开,或者通过其他途径在网络世界已经合法公开的个人信息。《个人信息保护法》第 27 条规定,信息处理者针对已公开的个人信息具有合理范围内的处理自由,只有在对个人权益有重大影响时才须取得个人同意。未公开个人信息则是指非信息主体自行公开,或未经过其他途径合法公开的以电子或其他方式记录的个人信息。

已公开个人信息包含个人权益属性,相对于未公开个人信息主要体现为一种受限的个人决定权。[①] 已公开的个人信息应限于向不特定多数人发布、无需借助特殊手段即可从公开渠道合法获得的信息。已公开个人信息相对于未公开的个人信息应具有更强的公共性,以及更强的公共利益属性,这一属性在不同制度上具体表述为"公众知情权""言论和信息自由""公共利益"等。相较未公开的个人信息,我国保护自然人已公开个人信息的力度弱很多。

二、个人(信息主体)

在个人信息保护语境下的"个人"是指信息主体,即基于信息可识别到的自然人。《个人信息保护法》第 2 条和《民法典》第 1034 条第 1 款均明确将信息主体限定为"自然人"。个人信息由自然人生成,其通过客观的个人标识建立起与主体的稳定联系,是对自然人的标表。个人信息是可识别、标表特定自然人特征的信息,能够客观地识别自然人并表征其个人特征,包括生物特点、活动轨迹以及人物画像等。在此意义上,个人信息天然表征自然人的人格属性。[②]

法人或者非法人组织不是个人信息的主体。虽然目前有挪威和奥地利两个国家承认法人是个人信息权的主体,[③]但是大部分国家均否认。与法人相关的信息主要以商业名称、商业秘密等形式出现,已有相应法律作出规定。法人人格权与自然人人格权价值基础

---

① 刘晓春:《已公开个人信息保护和利用的规则建构》,《环球法律评论》2022 年第 2 期,第 59 页。
② 彭诚信:《论个人信息的双重法律属性》,《清华法学》2021 年第 6 期,第 87 页。
③ 张锋学:《论我国个人信息的民法保护》,《广西社会科学》2013 年第 8 期,第 102 页。

有异,法人相关信息的价值及功用与自然人不同,①自然人个人信息的保护在人格尊严与自由方面具有独特性,在对个人信息和法人信息保护规则的制定上需要平衡的利益和平衡的手段不同,这些都决定了个人与法人在信息保护上应当予以区分。②

> **【思考】**
> 个人信息的主体为什么不能是法人?

三、个人信息处理者

(一) 个人信息处理者的概念

个人信息处理者是指在个人信息处理活动中自主决定处理目的、处理方式的组织和个人,一般也可以简称为"信息处理者"。我国《个人信息保护法》第73条第1项规定,信息处理者的重要特征在于能够自主决定个人信息处理目的和方式。如果相关组织或者个人是按照其他组织或者个人决定的个人信息处理目的和方式处理个人信息,便不属于《个人信息保护法》规定的"个人信息处理者"。信息处理者可以是法人等组织,这种情形较为常见,例如通过微信软件提供数据信息交流与传递服务的腾讯公司,或者为用户提供阅读与推送服务的各类平台公司;个人也可能成为信息处理者。不能自主决定处理目的、处理方式的组织和个人不被认为是信息处理者,例如受委托处理个人信息的主体。可以说,个人信息权的保护进路主要以信息主体与信息处理者的关系为基础而建立。

拓展阅读　　"个人信息处理者"相关概念

"个人信息处理者"这一概念的确立经历了立法变迁。2018年9月,《民法典各分编(草案)》(一审稿)表述为:信息收集人、信息持有人;2019年4月,《民法典人格权编草案》(二次审议稿)表述为:信息收集者、信息持有者;2019年12月,《民法典(草案)》表述为:信息收集者、信息控制者;2018—2020年,《信息安全技术个人信息安全规范》(简称《个人信息安全规范》)表述为:个人信息控制者;2020年5月,《民法典》表述为:信息处理者;2021年8月,《个人信息保护法》确定为:个人信息处理者(见表1-1)。从概念使用来看,在制定法并未采用"信息控制者"这一

---

① 齐爱民:《个人信息保护法研究》,《河北法学》2008年第4期,第19页。
② 杨君琳:《论北斗时代的个人位置信息法律保护》,《法学杂志》2021年第2期,第36页。

概念之时,仅使用"信息处理者"这一概念。通过体系解释,"信息处理"表达为一系列客观的处理方式以及信息处理者的自主决定权利,这实际上也涵盖了包括有决定能力的控制者的一系列行为。立法阶段的终结使"信息处理者"这一概念成为一种既定事实,后续研究和实践也宜在此基础上展开。[①]

表1-1   不同法律规定(含草案)中的信息处理主体表述

法律规定(含草案)	时　间	信息处理主体相关表述
《民法典各分编(草案)》(一审稿)	2018 年 9 月	信息收集人、信息持有人
《民法典人格权编草案(二次审议稿)》	2019 年 4 月	信息收集者、信息持有者
《民法典(草案)》	2019 年 12 月	信息收集者、信息控制者
《个人信息安全规范》	2018—2020 年	个人信息控制者
《民法典》	2020 年 5 月	信息处理者
《个人信息保护法》	2021 年 8 月	个人信息处理者

与"信息处理者"相对的概念是"信息控制者"概念。[②] 就域外法律动向而言,欧盟《一般数据保护条例》,控制者(controller)是指能够单独或者与他人共同决定个人数据处理目的和方式的自然人、法人、公共机构、代理机构或者其他实体(《一般数据保护条例》第 4 条第 7 款);处理者(processor)是指为控制者处理个人数据的自然人、法人、公共机构、代理机构或者其他实体(《一般数据保护条例》第 4 条第 8 款)。美国《统一个人数据保护法》(*The Uniform Personal Data Protection Act*,UPDPA),收集控制者(collecting controller)是指从数据主体处直接收集个人数据的控制者(UPDPA,第 2 条第 1 项);控制者(controller)是指能够单独或者与他人共同决定数据处理目的和方式的人(UPDPA 第 2 条第 3 项);处理者(processor)是指为控制者处理个人数据的主体(UPDPA 第 2 条第 12 项);第三方控制者(third-party controller)是指从其他控制者处接收授权访问个人数据或假名化数据的控制者,并确定附加处理的目的和方式(UPDPA 第 2 条第 21 项)。而在日本《个人信息保护法》中"信息处理者"更加强调"使用"个人信息的行为。

①　姚佳:《论个人信息处理者的民事责任》,《清华法学》2021 年第 3 期,第 45 页。
②　郭春镇、侯天赐:《个人信息跨境流动的界定困境及其判定框架》,《中国法律评论》2022 年第 6 期,第 93 页。

（二）信息处理者的分类

不论是组织还是个人，对个人信息的处理规则并无不同，因此，这一分类在法律上意义不大。《个人信息保护法》对个人信息处理主体没有作出明确、具象的分类，[①]但针对国家机关处理者与非国家机关处理者分别作出了规定，我们可以将信息处理者分为国家机关处理者与非国家机关处理者。尽管我国对国家机关与非国家机关处理个人信息采用统一立法模式，但是两者的个人信息处理行为具有差异性。国家机关与个人是不平等主体间的法律关系，国家机关处理个人信息的目的是履行法定职责而非营利，是维护社会秩序、公共利益及国家利益所需，在绝大多数情况下无须个人同意。[②] 平台方、第三方与用户是平等主体间的法律关系，处理个人信息多为开展经营活动所需，无其他合法事由时须经用户同意。

1. 国家机关处理者

国家机关处理者是基于公共目的和行政管理的需要，以行政主体的身份承担行政职责的个人信息处理方。[③] 国家机关处理个人信息的规则，即在保障国家机关依法履行职责的同时，要求国家机关处理个人信息应当依照法律、行政法规规定的权限和程序进行。国家机关处理者一般依照《个人信息保护法》以及有关法律、行政法规的规定，在各自职责范围内负责个人信息保护与监督管理工作。《个人信息保护法》在第六章"履行个人信息保护职责的部门"中对国家网信部门的法定职责和信息处理者的行政责任作出了具体规定，将监管者本身纳入调整范围是《个人信息保护法》的重要特点之一。[④] 根据《个人信息保护法》第 13 条和《民法典》第 1036 条，国家机关处理个人信息具有多元的合法性基础：法定基础包括履行法定职责所必需，订立、履行合同或人事管理所必需，为应急所必需，合理处理已自愿公开或者合法公开的个人信息，法律、行政法规规定的其他情形；意定基础指取得个人同意；酌定基础指为维护公共利益或者信息主体合法权益而合理处理个人信息。

国家机关处理者对个人信息具有较高的侵犯风险。行政机关作为常见的信息处理者，其在履行职责过程中大量收集、存储和使用个人信息，行政机关本身就与自然人之间形成个人信息处理的行政法律关系，行政机关作为信息处理者被提起行政诉讼。这些个人信息处理行为自然也成为行政公益诉讼的重点关注对象。[⑤] 例如，2021 年最高人民检察院（简称最高检）发布了一批个人信息保护公益诉讼典型案例，涵盖民事、行政、刑事附带民事等多种公益诉讼领域，将个人信息保护作为检察公益诉讼的新领域加以重点规制。[⑥]

---

① 王丹：《个人信息处理主体建规立制的情状剖析与优化路径》，《图书与情报》2021 年第 5 期，第 77 页。
② 向秦：《三重授权原则在个人信息处理中的限制适用》，《法商研究》2022 年第 5 期，第 137 页。
③ 姚志伟：《大型平台的个人信息"守门人"义务》，《法律科学》2023 年第 2 期，第 121 页。
④ 王雪、石巍：《数据立法域外管辖的全球化及中国的应对》，《知识产权》2022 年第 4 期，第 64 页。
⑤ 许身健、张涛：《个人信息保护检察公益诉讼的法理基础与制度完善》，《法学论坛》2023 年第 1 期，第 104 页。
⑥ 王磊：《平台视角下的个人信息保护责任边界研究》，《法律适用》2023 年第 2 期，第 29 页。

2. 非国家机关处理者

非国家机关处理者一般是以平台企业的样貌出现的信息处理者。这类处理者虽然没有行政权力,但是在实践中拥有信息和技术优势,信息处理者天然拥有更多机会获取其他主体的个人信息,包括其用户、员工以及来自第三方企业甚至政府机关的个人信息,还拥有监管用户的必要性和便利,产生了侵害用户信息权益的能力和较高风险。《个人信息保护法》第 58 条主要规制大型平台的个人信息处理行为。法律对平台企业等信息处理者提出了具体的要求,即处理者应当充分尊重信息主体的个人信息权,[①]以此实现信息主体的合法权益保护。

四、个人信息处理活动

(一) 个人信息处理活动的定义

个人信息处理活动是指信息处理者实施的收集、存储、使用、加工、传输、提供、公开、删除等行为。《个人信息保护法》的立法目的是"规范个人信息处理活动",该类活动可能给信息主体带来损害风险,除了信息主体的个体化风险,信息处理活动还可能带来公共维度的社会性风险,威胁群体范围内的自治价值,人们在算法自动化处理的进程中由原本的知情、自主、决定沦为被隐瞒、被操纵、被决定。[②]法律有必要针对个人信息处理活动予以适当调整。

(二) 个人信息处理活动的法律特征

1. 个人信息的处理形式具有多样性与开放性

关于个人信息处理的具体方式是多样的,而且仍处于开放状态。《个人信息保护法》在《民法典》列举的收集、存储等 7 种方式基础上增加了"删除"类型,进一步拓展了"信息处理"的外延,折射出立法对个人信息处理方式和类型仍在不断扩展中。可以说,每个法律概念均在理论与实践中不断得以修正和完善。《个人信息保护法》在引入"个人信息处理"概念时仅列举了其外延,使得法律适用边界不够清晰。利用处理行为的种属概念、建立清晰的个人信息处理规则、防范对个人权益的侵害,是《个人信息保护法》需要解决的基础问题。[③]"个人信息处理"属于《个人信息保护法》中的核心概念,立法理应从内涵到外延予以回应,但现阶段对个人信息的处理行为认知存在局限,实难高度抽象出"处理"的核心要义。如果法定概念不能明确其法律特征,就可能会阻碍个人信息的合理利用。"保护个人信息权"并非《个人信息保护法》唯一立法目标,最终目的指向个人信息的"合理利用",两者可以通过"规范个人信息处理活动"这一路径实现。现行立法列举个人信

---

① 王利明:《构建〈民法典〉时代的民法学体系——从"照着讲"到"接着讲"》,《法学》2022 年第 7 期,第 112 页。
② 王锡锌:《个人信息权益的三层构造及保护机制》,《现代法学》2021 年第 5 期,第 112 页。
③ 高富平:《个人信息处理:我国个人信息保护法的规范对象》,《法商研究》2021 年第 2 期,第 74 页。

息处理类型,既可避免因"处理"概念模糊导致规范对象泛化,诱发立法过度干预甚或选择性执法的恶果,又通过"等"字为法律适用提供了延展空间,是一种较为可取的模式。[①]

2. 个人信息的处理具有可计算性

首先,数字社会以算法为核心、以网络平台为载体,[②]其中的个人信息因此具有了可计算性,即算法识别性。[③] 如果把传统线下社会识别个人的方式界定为一种自然识别或物理识别,那么,数字社会识别个人的方式可理解为一种算法识别或技术识别。在传统线下社会,个人信息的通用功能是熟人之间根据人格标识进行相互验证的身份符号,是通过人的大脑予以辨认的自然识别方式。而在数字社会,数字化使得个人信息的载体发生重大变化,除传统的人脑、纸张外,个人信息更多地被存储于互联网中。数字化记忆代替熟人之间的"头脑记忆""文字记录",成为新的信息记忆方式。信息获取也从人人交换的物理方式变成了人机交互的自动化方式,个人信息由此具有了可计算性特征。此时,个人信息的可计算性与数字技术的互联性相结合,将人们带入快速运转的网络之中,算法技术取代人脑,将分散在网络各处的个人信息进行归拢和分析,例如将具有明显算法特征的 IP 地址、广告 ID、人脸识别信息等进行识别、关联和分析。至此,算法技术改变了传统识别个人的方式,实现"从个人'认出来'到技术'看出来'的转变升级"。[④] 准确地说,数字社会中的识别是通过算法"算出来"的。

其次,从技术性特征看,个人信息具有可计算性(算法识别性)。在数字领域中,违背个人意愿使用信息本身即违法,是对个人信息权的侵害。原因在于,数字空间的行为利用了专业性很强的算法计算,普通人缺乏侵权判断的专业性,而且算法的介入使个人信息留存并固定在平台的存储空间上,信息处理者实际掌握并控制着个人信息,法律为纠正双方在知识和控制力上的偏差,采用对个人倾斜保护的救济制度。个人信息保护规范的适用可重点考量两个要素:一是侵权行为是否发生在数字社会;二是被侵害人的个人信息是否经过算法处理。数字社会中个人信息的独有特征在于其以"电子"为载体(《民法典》第1034 条第 2 款、《个人信息保护法》第 4 条第 1 款),经"算法"等数据分析技术处理形成。"算法识别性"才是契合个人信息之应然释义与本质属性的定性。[⑤] 以此为标准,个人信息保护法的客体范围并不包括所有个人信息,[⑥]而仅指以自动化方式处理的具有算法识别性的个人信息。

---

① 尚国萍:《信息处理者侵害个人信息权益的民法救济》,《社会科学家》2022 年第 12 期,第 122 页。
② 有关数字社会或智能社会是由算法主导的论述,参见张文显:《构建智能社会的法律秩序》,《东方法学》2020 年第 5 期,第 7 页。
③ 彭诚信:《重解个人信息的本质特征:算法识别性》,《上海师范大学学报(哲学社会科学版)》2023 年第 3 期,第 73 页。
④ 韩旭至:《刷脸的法律治理:由身份识别到识别分析》,《东方法学》2021 年第 5 期,第 78 页。
⑤ 彭诚信:《数字法学的前提性命题与核心范式》,《中国法学》2023 年第 1 期,第 91 页。
⑥ 周汉华:《个人信息保护的法律定位》,《法商研究》2020 年第 3 期,第 50 页。

典型案例

罗某与北京某科技公司网络侵权责任纠纷案①

案件事实： 在未经罗某明确授权同意的情况下，某科技公司擅自收集罗某尾号为8688 和 0038 的手机号码，并为罗某配置了"51Talk"产品的账号密码，发送至罗某手机号码。此外，在未经罗某明确授权同意的情况下，某科技公司将其"51Talk"产品中的账号信息在其关联产品"多说英语"软件和"哈沃在线外教班课"中超范围使用，并将其"51Talk"产品中的订单信息在其关联产品"多说英语"软件中超范围展示和使用。罗某认为，某科技公司上述行为已经严重侵害了罗某的个人信息权益和私人生活安宁权，违反了《民法典》第六章"隐私权和个人信息保护"的相关规定，致罗某相关损失。

法院裁判： 根据手机作为个人移动通信终端设备使用的惯例，手机号码与特定身份使用者往往具有较强的对应关系，特别是在我国已实行手机号码实名制的背景下，单独的手机号在通常情况下即可达到直接识别特定自然人的效果。罗某为两手机号实名登记的使用者，涉案手机号码与罗某建立了对应关系。关于个人信息概念语境中的"识别"仅需达到识别特定自然人的程度。基于涉案手机号与罗某作为特定自然人之间的一一对应关系，已达到将罗某从众多自然人中区分进而特定化的程度。法院认为，识别特定自然人并不一定要求达到知晓该自然人的姓名的程度，单独通过涉案手机号足以达到直接识别罗某特定身份的程度。涉案两个手机号构成罗某个人信息，某科技公司违反规定未经罗某同意处理后者个人信息，应承担相应责任。

案例评析： 该案中，法院确认了用户画像作为个人信息的法律属性，论证了手机号与个人身份的密切关联并明确了收集个人信息和处理个人信息中的两个重要规则：① 是否需要获取用户同意。如果个性化推荐并非涉案软件的基础服务功能，则收集用户画像不属于履行合同所必需，从而需要获得用户同意。② 如何认定"有效同意"。被告未能提供用户自主选择情况下的强制收集行为，不能认定为有效同意，从而构成侵权。

第二节　个人信息保护法律关系

教学案例

甲航空公司、乙订票网站共同处理旅客个人信息，以满足航空运输服务的需要。后值旅游旺季，两公司将部分个人信息处理业务委托给丙旅行社。丁通过丙旅行社订购机票

---

① 北京互联网法院(2021)京 0491 民初 5094 号民事判决书。

一张,第二天丁收到了航班取消的诈骗短信,短信中准确提及了丁的姓名和航班信息。请问:该案例中甲公司、乙网站、丙旅行社之间存在何种法律关系? 甲公司、乙网站、丙旅行社之间应如何分担责任?

一、个人信息保护法律关系概述

(一) 个人信息保护法律关系的概念

个人信息保护法律关系是指个人信息保护法调整个人信息的收集、使用与对外提供而形成的社会关系。这是一种围绕个人信息所产生的具有人身性质和一定财产性质的法律关系,旨在保护信息主体的人格利益与一定财产利益,避免因信息处理者对其个人信息的收集、使用与对外提供而遭受损害。[①]

个人信息保护法律关系的主体包括信息主体和信息处理者。信息主体,即个人,是在个人信息保护法律关系中可通过信息识别到其身份并享有信息权益的自然人。根据《个人信息保护法》第2条,作为信息主体的个人应限于自然人,法人至少在当下还难以成为个人信息保护法中信息主体意义上的权利主体,至于法人在未来能否成为个人信息主体,可能还是取决于数字社会未来发展的实际需求。个人信息权归属信息主体,信息主体对个人信息享有支配、控制的权利。信息处理者是指收集、使用和对外提供个人信息,自主决定个人信息的处理目的、处理方式,对个人承担义务的主体,包括自然人、法人及非法人组织等多种类型。信息处理者需能够在个人同意或者法律规定的基础上自主决定个人信息的处理目的、处理方式。如果有主体虽然参与个人信息处理活动,但是不能决定处理目的、处理方式,那么,该主体并不属于信息处理者。信息处理者对个人承担特定义务,该义务既源于约定,也源于法定。根据主体的不同,个人信息保护法律关系可以分为信息主体与信息处理者之间的法律关系及信息处理者之间的法律关系。

个人信息保护法律关系的客体是个人信息。个人信息成为法律关系客体应当具有一定的独立性,能够彼此区分并识别到具体的信息主体,具有一定的利用价值。随着信息化时代的不断发展,个人信息的范围不断扩大,除姓名、家庭住址、电话号码、电子邮箱等常见个人信息外,交易记录、购物偏好、行踪轨迹、上网浏览痕迹等新型个人信息亦值得关注。[②]

个人信息保护法律关系的内容是指个人信息保护法律关系主体之间的权利义务,主要体现为信息主体的权利和信息处理者的义务、信息处理者之间的权利义务。作为信息主体的个人对其信息享有的权利受法律保障,法律规定信息处理者承担的义务正是保障个人信息权的重要方式,信息处理者一旦违反义务就会触发个人信息保护的救济机制。

---

① 齐爱民:《个人信息保护法研究》,《河北法学》2008年第4期,第18页。
② 温世扬、袁野:《人格标识合理使用规则的教义展开——〈民法典〉第999条评析》,《法学论坛》2022年第5期,第38页。

拓展阅读　个人信息权应定性为权利

就是否将个人信息确立为一项"权利",学界存在不同意见。[①] 鉴于民法上的个人信息仅限于算法识别的信息,而非宽泛的所有可识别的信息,法律应明确认可个人信息权。

第一,个人信息权仅适用于数字社会,传统线下社会并不适用个人信息权,故无需担忧个人信息权适用于线下社会可能造成的信息流通障碍。个人信息权规则与传统线下社会的信息流通规则间确实存在诸多冲突,例如将知情权、决定权适用于传统线下社会将导致每个人成为信息孤岛,这也是部分意见担忧确认个人信息权将导致对个人信息过度保护的原因。澄清个人信息算法识别特征后,该担忧便不复存在。

第二,认为个人信息权会阻碍数字社会中的信息流通和开发利用的观点也难以成立。数字经济的发展有赖于对数据价值的挖掘,但实现对个人信息的开发利用不应以牺牲对个人信息相关人格利益的保护为代价。以降低对个人信息保护强度的方式来满足数字经济的发展,不应成为法律上解决个人信息问题的思维方式。法律上真正该做的是,厘清个人信息所蕴含的人格利益和财产利益,在充分保护信息主体人格利益的前提下,[②] 为个人信息财产利益的充分开发利用提供制度诱因和支撑。

第三,《个人信息保护法》已经对个人信息作出了赋权性的保护,其第四章"个人在个人信息处理活动中的权利"明确使用了"权利"一词,且具体规定了知情权、决定权等诸多权利。个人信息在法律上不仅已经成为一项权利,而且是所有人格权中权利内容最丰富的一项权利。

第四,将个人信息认定为"权益"不仅无益,而且有害。首先,"权益"这个词是不准确的,权利在本质上是正当利益,利益是未经正当性评价的中性概念。权益让人不清楚是想表达权利,还是想表达利益。其次,权利的定性免除了法官对于利益正当与否的论证义务;而对于利益,法官要做出保护某项利益的裁判时,必须负有论证该利益正当性的义务。[③] 典型例证是关于个人信息规则和隐私权规则适用关系的考量。一般认为,《民法典》第 1134 条第 3 款规定"隐私权优先适用"规则的理由在于隐私权是"权利",法官可径直予以保护;若个人信息是"利益",则法官负有

---

① 肯定意见,参见杨立新:《个人信息:法益抑或民事权利——对〈民法总则〉第 111 条规定的"个人信息"之解读》,《法学论坛》2018 年第 1 期,第 34 页;否定意见,参见王利明:《中华人民共和国民法总则详解》,中国法制出版社 2017 年版,第 465 页。

② 充分保护信息主体人格利益不等于赋予信息主体对个人信息绝对支配和排他的权利,参见叶名怡:《论个人信息权的基本范畴》,《清华法学》2018 年第 5 期,第 147 页。

③ 彭诚信:《现代权利理论研究》,法律出版社 2017 年版,第 253—254 页。

论证个人信息正当性,即应否保护的义务。权利的保护因此往往优位(或前置)于利益。但事实上法律对个人信息的保护强度并未弱于、后于甚至先于对隐私权的保护。"隐私权优先适用"规则正是个人信息"权益"这一不当定位所推导出的不当结论。

第五,认为个人信息应给予弱强度保护体现了以传统经验思考数字社会问题的思维误区。传统民事制度的设计理念是以个体维护其自身利益为典型。若是比较单个主体的个人信息和隐私,则隐私涉及的人格利益往往更重大,也应在法律上给予更严格的保护。但数字社会中的个人信息保护不能仅以个体利益保护为出发点,还应考量社会整体利益的保护。这一思维上的转变解释了为何从个人角度看起来并不如隐私重要的个人信息,其法律保护强度和权利内容的丰富程度都不亚于隐私。

(二) 个人信息保护法律关系的特征

与其他法律关系相比,个人信息保护法律关系具有以下特征。

1. 法律关系的多元性

个人信息保护法律关系可以通过多种方式调整,所适用的法律包括宪法以及合同法、侵权法、反垄断法、反不正当竞争法、行政法、刑法等传统部门法,甚至还会涉及国际法或国际规则,例如数据跨境等法律问题。从民事角度来看,信息处理者侵害个人信息权造成损害,需承担损害赔偿责任,侵害众多信息主体权利的,还可能面临相关主体提起的公益诉讼。从行政法角度来看,信息处理者处理个人信息不符合法律规定的,履行个人信息保护职责的部门可以采取责令改正、给予警告、没收违法所得、责令暂停或者终止应用程序提供服务等行政措施,并依照有关法律、行政法规的规定记入信用档案。如果是国家机关不履行本法规定的个人信息保护义务,会面临责令改正、处分相关工作人员等行政处罚。从刑事角度来看,个人信息也纳入了刑法保护范畴,我国《刑法》第253条规定了侵犯公民个人信息罪,出售、非法提供、非法获取公民个人信息的行为受到刑法的规制。在多种调整方式的协调配合下,不同部门法的内容结合起来,共同实现对个人信息的适当处理与保护。另外,对个人信息的保护并不是传统部门法的简单叠加,而是不同部门法之间相互交叉,使得每个部门法都区别于传统的部门法框架。[①]

2. 主体利益的多样性

个人信息保护法律关系涉及多方利益。① 信息主体的利益。个人信息体现了信息主体的重要人格利益,这一利益具有多元性,既包括防御性的隐私权益,也包括人格尊严、财产利益、安全利益以及增强个人便利或个人信息能力的信息控制权。② 信息处理者的利益。信息处理者合法利用个人信息的权利应当得到保护,这是因为个人信息具有社会

---

① 丁晓东:《个人信息权利的反思与重塑——论个人信息保护的适用前提与法益基础》,《中外法学》2020年第2期,第346页。

性、工具性、功能性，是社会交往和社会运行的必要工具或媒介，信息主体需要运用一些信息标识从而参与到社会中，而社会也需要利用信息来识别某个特定信息主体。① 尤其在数字经济时代，保障信息处理者的利益，对于信息的流通和数字社会的发展具有重要意义。③ 公共利益、国家利益。个人信息往往涉及公共利益、国家利益，在个人信息保护法律关系中，主体的活动应当受到限制，不得侵害公共利益、国家利益。并且，各主体之间的利益关系是相互依存的：就信息主体与信息处理者之间的法律关系而言，信息处理者需要信息主体提供用于数据分析的个人信息，而信息主体也依赖信息处理者的数据处理以提升网络体验，甚至完成生活方式的转变；就个人信息共享所涉及的多个信息处理者之间的法律关系而言，在先的信息处理者必然会为收集、加工、处理个人信息付出一定的成本和代价，从而为其后的信息处理者直接使用、分析个人信息创造基础性条件，而后来的信息处理者的共享利用也是在实现甚至增大在先平台数据产品的价值。②

3. 内容基于权利规则与义务规则而确定

信息主体的权利往往构成了信息处理者的义务，法律既要保障信息主体的权利，又要规范信息处理者的信息处理活动。权利和义务共同限定主体的权能范围，两者之间是协作的，不是对立的。赋予权利和设定义务这两种方式，任何一种都不足以单独胜任调整个人信息法律关系的功能。单纯赋予信息主体权利的立法设计并不能完全解决数字社会个人信息权利保护的问题，还需要从信息处理者的义务规范入手（行为控制模式），给信息处理者额外施加法定义务，从而能够在一定程度上削弱双方权利义务的不对等性。③ 信息处理者在利用个人信息的同时，要接受多层次的义务规制，这既包括全面的伦理规则限制，也包括个人信息处理中不得侵害个人人格利益及主体资格的义务，个人信息财产价值的生产和利用要受个人信息人格权益的约束。只有将信息主体的信息控制权与信息处理者的信息保护义务结合起来，才能全面保护个人信息的人格权益。④

4. 内容涉及可识别个人信息的全生命周期

受法律保护的个人信息会经历信息的产生、收集、使用、传输、存储、共享、修改、删除等个人信息全生命周期中的各个环节，每一个环节都会影响信息主体的利益及信息处理者的利益，因而都在法律调整范围内。

【思考】

个人信息保护法律关系具有哪些特征？

---

① 高富平：《个人信息使用的合法性基础——数据上利益分析视角》，《比较法研究》2019 年第 2 期，第 76 页。
② 彭诚信：《数字法学的前提性命题与核心范式》，《中国法学》2023 年第 1 期，第 96 页。
③ 冯果、薛亦飒：《从"权利规范模式"走向"行为控制模式"的数据信托——数据主体权利保护机制构建的另一种思路》，《法学评论》2020 年第 3 期，第 72—73 页。
④ 彭诚信：《论个人信息的双重法律属性》，《清华法学》2021 年第 6 期，第 94—95 页。

二、信息主体与信息处理者之间的法律关系

信息主体与信息处理者之间的法律关系是指法律调整信息主体与信息处理者之间因个人信息的收集、使用和对外提供而形成的社会关系。在这一法律关系中,一方主体是信息主体;另一方主体是信息处理者,两者虽然都是平等的民事主体,但在信息能力上是不平等的。相比于信息主体,信息处理者能够掌握更多的信息,具备更强的信息收集能力和分析能力,更能够应对信息上的风险,有必要给予信息主体特别的保护。[1] 从信息处理的过程来看,信息主体与信息处理者之间的法律关系可以分为三个阶段:收集阶段、使用阶段和对外提供阶段。

(一) 信息收集阶段的法律关系

信息处理者收集个人信息要有合法基础,这几乎是各国个人信息保护法的通例。在无正当理由的情形下,收集他人信息应构成个人信息权的侵害,合法基础的意义在于为信息处理提供了豁免,使后续的信息处理包括数据生产等具有了正当性。[2] 根据《个人信息保护法》第13条的规定,信息处理者收集使用信息的合法基础在于告知同意规则或法定许可。

1. 告知同意规则是信息收集的合法基础

信息处理者在收集个人信息时应当告知信息主体,并在取得同意后,方可从事相应的个人信息处理活动。在收集个人信息时,信息处理者不能仅以告知同意规则作为任何情况下不当收集个人信息的合法抗辩,还应受通信自由和通信秘密等宪法权利限制、隐私权限制以及目的原则与必要原则限制。[3]

相应地,信息主体在信息收集阶段享有知情权、决定权。在该阶段,信息主体有权知悉信息处理者的处理目的、处理方式,并自主决定是否同意信息处理者收集信息。同意是实现信息主体决定权和选择权的基础——由信息主体对处理行为自愿作出同意,也是意思自治原则在个人信息处理领域的具体体现。[4]

2. 法定许可也是信息收集的合法基础

在一些特定情形下,信息处理者无须取得信息主体同意即可收集信息。这些情形包括:为订立、履行个人作为一方当事人的合同所必需,或者按照依法制定的劳动规章制度和依法签订的集体合同实施人力资源管理所必需;为履行法定职责或者法定义务所必需;为应对突发公共卫生事件,或者紧急情况下为保护自然人的生命健康和财产安全所必需;

---

[1] 王苑:《个人信息保护在民法中的表达——兼论民法与个人信息保护法之关系》,《华东政法大学学报》2021年第2期,第73页。

[2] 彭诚信:《论个人信息的双重法律属性》,《清华法学》2021年第6期,第93页。

[3] 张新宝:《个人信息收集:告知同意原则适用的限制》,《比较法研究》2019年第6期,第1—20页。

[4] 杨合庆:《中华人民共和国个人信息保护法释义》,法律出版社2022年版,第45页。

为公共利益实施新闻报道、舆论监督等行为，在合理的范围内处理个人信息；依据《个人信息保护法》在合理的范围内处理个人自行公开或者其他已经合法公开的个人信息；法律、行政法规规定的其他情形。

（二）信息使用阶段的法律关系

在使用阶段，信息处理者除了需要具备合法性基础，还负有保护个人信息的义务。合法基础是消解个人信息中人格利益保护和财产价值利用冲突的必要条件，但有合法基础并不意味着信息处理不会侵害个人信息权。信息处理者不当处理信息很可能给信息主体带来损害或者损害风险。

为保障个人信息权益，信息处理者在使用个人信息时要承担一系列的信息保护义务，确保信息使用具有合法性、正当性，这也是保护个人信息主要应基于行为规则模式（具体表现为行为控制模式）的理论来源。[1] 为此，信息处理者使用信息应当遵循合法、正当、必要、诚信原则，并受到处理目的、处理方式的限制。如果处理目的、处理方式发生变化，信息处理者必须具备正当性基础，重新取得信息主体的同意或者具备法定事由。个人信息的使用应与处理目的相关，且应在必要限度内，信息处理者不得过度使用个人信息。

信息主体在信息使用阶段享有广泛的权能，包括知情权、决定权、查阅权、复制权、可携权、更正权、补充权、删除权、请求释明权等。这些权能是信息主体在信息使用活动中针对信息处理者享有的权能，其享有限于信息使用活动中，义务主体往往是特定的，可见大多数权能是一种对人权。

（三）信息对外提供阶段的法律关系

个人信息对外提供是指信息处理者将个人信息提供给他人。在对外提供阶段，个人信息仍属于信息权利人的权利标的，信息对外提供本质上是由他人重新收集、利用个人信息。

对于信息处理者而言，告知同意是个人信息对外提供的基本要求。《民法典》第1038条、《网络安全法》第42条规定，未经个人同意，不得向他人提供个人信息，但经过处理无法识别特定个人且不能复原的除外。从信息可控性来看，个人信息对外提供涉及个人信息权、隐私权保护问题，与人格尊严密切相关；从信息自主利用来看，个人信息不能由收集者随意提供给他人，被提供者也不能在获得信息之后随意再次对外提供或者允许他人利用，更不能将这些信息经过整合后再投入个人信息黑市交易。可见，信息处理者在信息对外提供阶段仍要遵循告知同意规则。[2] 只有在履行告知义务并征得信息主体同意后，信

---

①　彭诚信：《论个人信息的双重法律属性》，《清华法学》2021年第6期，第94页。
②　管洪博：《数字经济下个人信息共享制度的构建》，《法学论坛》2021年第6期，第110页。

息处理者才能在信息主体许可的范围内处理个人信息。当然,如果信息处理者通过匿名化的方式处理个人信息,按照通常的技术手段已经无法识别信息主体,在一定程度上阻断了相关信息和信息主体身份的关联性,对外提供的障碍已经大大降低,此种情形通常不需要适用告知同意规则。

对于信息主体而言,其在信息对外提供阶段享有的权利与收集、使用阶段无异,在此阶段,可携权最典型。可携权是指信息主体有权请求信息处理者将个人信息转移至其指定的信息处理者,体现了信息主体在信息对外提供中的权利。当然,这一权利的行使应符合国家网信等部门规定的条件。

三、信息处理者之间的法律关系

信息处理者之间的法律关系是指信息处理者之间因个人信息的使用和共享而形成的社会关系,主要包括个人信息的共同处理、转移处理和提供处理。《个人信息保护法》第20、22、23条详细规定了这几种情形。

(一) 共同处理关系

信息处理者的共同处理关系是指两个以上的信息处理者基于共同决定个人信息的处理目的和处理方式所形成的法律关系。判断是否属于共同处理关系,关键在于信息处理者是否"共同决定个人信息的处理目的和处理方式"。个人信息的处理目的和处理方式构成了共同决定的内容。所谓共同决定应理解为多个处理者自主决定个人信息的处理目的和处理方式,并且他们之间存在意思表示的一致或者意思联络。处理目的决定了处理方式,不同的处理目的所要求的处理方式不同;不同的处理方式也往往影响处理目的的实现,因此处理目的和处理方式是不可分割的,共同处理者对此应当共同决定。[①] 对于信息处理的其他事项,可以根据约定各自决定。多个处理者的处理目的和处理方式并不要求完全一致,而是具有紧密联系或相互补充即可。[②]

共同处理者可以对在处理个人信息过程中各自享有的权利与负担的义务做出内部约定。但是,该内部约定具有相对性,只在共同处理者之间有效,不具有对外效力,这体现在共同处理者的连带义务与连带责任。共同处理者的连带义务是指该内部约定不影响信息主体向其中任何一个信息处理者行使《个人信息保护法》规定的权利。即使信息主体对共同处理者之间的权利义务分配知情,也可以向其中任一共同处理者主张权利。共同处理者的连带责任是指侵害个人信息权造成损害后,个人信息共同处理者应当就损害依法承担连带责任。每一个处理者都应当对外承担全部损害的赔偿责任,承担责任后,再内部分

---

① 程啸:《论个人信息共同处理者的民事责任》,《法学家》2021年第6期,第25页。
② 夏庆锋:《〈个人信息保护法〉第20条"共同处理者"的规则释评与检视》,《经贸法律评论》2022年第6期,第134页。

摊与追偿。连带义务与连带责任的设置有利于保护个人信息权,促使信息处理者谨慎建立关系。

 案例解析

甲公司、乙网站、丙旅行社之间构成信息处理者之间的法律关系,其中,甲公司与乙网站构成共同处理关系;甲公司、乙网站与丙旅行社构成委托处理关系。

关于责任承担问题:① 甲公司与乙网站作为信息处理者,共同处理丁的个人信息,侵害了丁的个人信息权并造成损害,应对丁承担连带责任;② 丙旅行社作为委托处理关系中的受托人,并不是信息处理者,如果与甲公司、乙网站构成共同侵权,则应对丁承担连带责任;③ 甲公司、乙网站、丙旅行社之间内部追偿时,可以准用委托合同的规定,如果因丙旅行社的过错造成损失,甲公司与乙网站可以请求赔偿损失。

(二) 转移处理关系

信息处理者的转移处理关系是指信息处理者因合并、分立、解散、被宣告破产等原因将个人信息转移给其他信息处理者所形成的法律关系。个人信息转移限于信息处理者的法律主体地位发生变化而导致个人信息转移的情形,且产生原因限于合并、分立、解散、被宣告破产等原因,这使得个人信息的转移处理与其他处理关系相区分。[1] 在这一关系中,个人信息的提供方与接收方不仅互负移转个人信息的义务,而且对信息主体负有法定义务。对于个人信息的提供方而言,由于信息处理者发生变动,个人信息提供方应当向信息主体告知接收方的名称或者姓名和联系方式。如果个人信息处理活动仍在原先的处理目的、处理方式等范围内展开,个人信息的提供方就不需要就个人信息的转移取得信息主体同意,这一规则通常适用于提供方和接收方开展的业务类似,且能够为个人信息提供充分保护的情形。[2] 对于个人信息的接收方而言,应当继续履行信息处理者的义务。如果接收方变更原先的处理目的、处理方式,原先处理个人信息的正当基础丧失,应当重新取得信息主体同意,但是变更处理目的、处理方式具有法定基础的除外。

(三) 提供处理关系

信息处理者的提供处理关系是指信息处理者向其他信息处理者提供其处理的个人信息,其他信息处理者处理接收的个人信息所形成的法律关系,例如不同数据平台之间的授权登录等。根据原先信息处理者是否保留控制权,提供处理可以分为个人信息的共享和个人信息的转移。根据个人信息的接收方是否在境内,提供处理可以分为个人信息境内

---

① 程啸:《个人信息保护法理解与适用》,中国法制出版社 2021 年版,第 211 页。
② 杨合庆:《中华人民共和国个人信息保护法释义》,法律出版社 2022 年版,第 71 页。

提供和个人信息跨境提供。与共同处理关系、转移处理关系不同的是,前述关系中个人信息的处理目的、处理方式等重要事项并不发生实质性改变,而在提供处理关系中,信息接收方的行为被视为一个新的信息处理行为,其作为一个独立的信息处理者对信息处理行为负责。[①] 对于个人信息的提供方而言,除了应当向信息主体告知接收方的名称或者姓名、联系方式、处理目的、处理方式和个人信息的种类之外,还要取得信息主体的单独同意。对于个人信息的接收方而言,应当在上述处理目的、处理方式和个人信息的种类等范围内处理个人信息,如果变更原先的处理目的、处理方式,应当重新取得信息主体同意。

第三节　个人信息保护的基本原理[②]

一、个人信息保护的前提性命题

　　数字社会是讨论个人信息的前提。传统线下社会中的诸多民事权益,尤其是某些人格权利以及知识产权的客体,例如姓名、肖像、荣誉、名誉、智力成果等,就其内容而言都是信息,只是法律并未使用"信息"这一概念,而是表达为人格权益、智慧产品等。可以说,信息不是数字社会特有的法律现象,传统线下社会也保护信息,但其保护范围特定:一种是人格性信息,即人格权益;另一种是由信息形成的知识,从而形成了人格权制度和知识产权制度。而在数字社会,法律对信息的关注不再局限于其所映射的传统人格利益与智慧知识。数据(含个人信息)是数字社会的基本物质要素,数字社会的权利义务分配均围绕数据与个人信息展开。更进一步,数字社会的法律主体尽管多元,但信息主体与信息处理者是重要且常态存在的一对主体。个人信息是自然人身份再现于数字空间的人格标识,是数字法律关系的物质基础,个人信息保护与利用之间的矛盾是数字法律关系的中心矛盾,数字社会的基本法律规则主要围绕这对矛盾的解决而擘画布图。简言之,数字社会是讨论个人信息的前提,脱离了数字社会,信息保护问题可由传统人格权和知识产权等制度加以解决,法律既不会对个人信息给予全流程、全生命周期的普遍保护,也不会围绕个人信息生发出内容丰富的制度安排。

　　因此,个人信息首先应置于数字社会之中讨论。有学者在探索数字时代的法学变革时,将数字社会与农业社会、工商业社会相对照。[③] 从人类社会生产力发展历程来看,因生产力的发展带来了社会形态的巨大变革,按生产力特征划分社会形态并无不妥,但对个人信息保护而言,重要的不是社会形态的历时性变化,而是作为与物理空间并存的数字空

---

① 杨合庆:《中华人民共和国个人信息保护法释义》,法律出版社 2022 年版,第 73 页。

② 本节内容参见彭诚信:《数字法学的前提性命题与核心范式》,《中国法学》2023 年第 1 期,第 85—106 页。

③ 马长山:《迈向数字社会的法律》,法律出版社 2021 年版,第 275 页;齐爱民:《拯救信息社会中的人格:个人信息保护法总论》,北京大学出版社 2009 年版,第 12—15 页;王天夫:《数字时代的社会变迁与社会研究》,《中国社会科学》2021 年第 12 期,第 78—82 页。

间,生活于其中的人们在法律关系上发生了怎样的改变。具体而言,一个人生活在农业社会,便不能同时生活在工业社会或其他社会,个人并不存在"分身之术"。与之不同,数字社会中自然人通过互联网可同时活动于物理与云端双重空间、生活在传统线下社会与线上数字社会两种社会形态中。因此,数字社会形态并不处于生产力发展维度,它不与农业社会、工商业社会相对照,而是与传统线下社会相对照。个人信息保护是为了顺应数字技术给社会关系带来的改变而产生的,其主要聚焦于主体在数字空间形成的法律关系。

【思考】

相较于线下社会,数字社会中的个人信息面临哪些特有的受侵害风险?

二、个人信息基本范畴的复合性

个人信息在客体属性、权利属性、权利归属等方面,与传统人格权利均有不同,具有鲜明的复合性。

(一) 个人信息作为法律客体的复合性

数字社会中最重要的元素是数据(含个人信息)。个人信息的法律属性决定了其上所附着的权益属性及权益归属,从而也成为解决数据(含个人信息)利用与保护问题的理论前提。个人信息作为法律客体主要有两个重要属性。

1. 从技术性特征看,个人信息具有算法识别性(可计算性)

在司法实践中,因个人信息界定和范围划分困难,出现了多起传统人格权与个人信息权法律规则适用混淆不清的案例。例如,物业将涉及业主姓名、住址的判决书张贴于小区而产生纠纷,此类纠纷并非典型的个人信息案件,而是传统的人格权案件,可通过隐私权、名誉权或一般人格权规则解决。原因是,个人信息的线上保护与线下保护具有完全不同的法律逻辑。在传统线下社会,特定信息(例如姓名、肖像等)的公开与流动是常态,[①]信息使用行为本身并不违法,行为违法性源于对个人人格权益的侵害。侵害权益也并不一定承担损害赔偿责任,还要看行为是否具有可归责性、行为人是否具有过错。换言之,线下社会的个人信息使用既要保护权利人的权益,又要兼顾相对人的行为自由。"黄某与腾讯公司隐私权、个人信息权益纠纷案"[②]等涉及智能化数字环境才是适用个

[①] Daniel A. Farber. Free Speech Without Romance: Public Choice and the First Amendment. *Harvard Law Review*, Vol. 105, No. 2, 1991, pp. 558–559.

[②] 北京互联网法院(2019)京 0491 民初 16142 号民事判决书。

人信息权规则的典型情形。这与"徐某与江苏爱家物业服务有限公司一般人格权纠纷案"[①]中需要借助利益衡量判断行为违法性的标准不同,在数字领域中,违背信息主体意愿使用信息本身即违法,是对个人信息权的侵害。原因在于,数字空间的行为利用了专业性很强的算法计算,普通人缺乏侵权判断的专业性,而且算法的介入使个人信息留存并固定在处理者的存储空间上,处理者实际掌握并控制个人信息,法律为纠正知识和控制力的偏差,采用对信息主体倾斜保护的救济制度。个人信息保护规范的适用可重点考量两个要素:一是侵权行为是否发生在数字社会;二是被侵害人的个人信息是否经过算法处理。

需要强调的是,发生在数字社会或赛博空间的侵权行为未必均受个人信息保护法规制,典型的例如我国人肉搜索第一案"王某与北京凌云互动信息技术有限公司名誉权、隐私权纠纷案"。[②]虽然该案被告将原告的"婚外情行为"以及姓名、工作单位、住址等信息发布在互联网上,但被告仅是借助网络散播个人信息,并未对个人信息进行算法处理,故通过隐私权、名誉权等传统人格权规则足以解决。

2. 从物理性特征看,数字社会的个人信息天然包含财产基因[③]

物权的客体是物,具有排他、可支配等特征,个人信息与物的关键区别在于个人信息可被无限复制,多人同时使用个人信息并不减损其价值,反而有可能使其增值。知识产权的客体是智力成果,虽可无限复制,但其财产价值源于信息的知识创造性和新颖性,个人信息并不具备这一特征。传统人格标识,例如姓名、肖像虽然可以财产化,但是个人信息仍然与其存在本质区别。一是线下社会中的人格利益在本质上是社会评价利益,体现着主体的人格或精神利益追求,并不当然或天然包含财产基因。尽管名人的姓名、肖像、声音等人格标识具有财产价值,且可通过公开化或商品化来实现经济利益,但是此种财产价值并非天然存在,亦非源于姓名、肖像、声音本身,而是更多地源于此人基于后天努力及天赋所带来的名声及社会影响力,只不过外在附载于公众人物的姓名、肖像等标识之上。二是虽然个人信息也是人格标识,本质上属于人格利益,但是在数字社会却蕴含天然的财产基因,也就是说,个人信息的财产性与人格特质无关,其财产基因是天然的,不依附于特定人身,信息无论来自何人均可以释放财产价值。同时,财产基因意味着个人信息的经济性是隐性的,需要经过数据企业搜集、整理才能激发出财产价值。

(二) 个人信息之上权益的复合性

个人信息的财产基因是隐性的,人格性是其本质属性,因此个人信息是人格权。但个人信息的经济利用是客观的,因人格权与财产权不可通约,法律必须回答个人所享有的信息人格权如何能够外化为企业对个人信息所享有的数据财产权益。

[①]　淮安市中级人民法院(2019)苏 08 民终 1653 号民事判决书。
[②]　北京市第二中级人民法院(2009)二中民终字第 5603 号民事判决书。
[③]　彭诚信:《论个人信息的双重法律属性》,《清华法学》2021 年第 6 期,第 85—86 页。

1. 若个人信息具有人格属性，就不能归属于他人

人格只能属于人格主体，不能让渡，否则，人就有可能被降格为交易的客体或工具，这也是《民法典》第 992 条规定"人格权不得放弃、转让或者继承"的基本法理。依此法理，数字经济发展将难以为继，因为数字经济的客观要求是数据企业需利用大量数据或个人信息。尽管在抽象观念上信息处理者使用的是隐含在个人信息中的财产价值，但在客观事实层面，人格利益与财产价值均附着于个人信息之上不可分离。为回应这个难题，法律必须从规范角度寻求突破，证成将个人信息之隐含财产基因外化的路径，寻找从规范上使个人信息人格属性与财产价值分离的理论依据。

2. 我国目前在司法上承认了个人信息的财产价值，但因缺少个人信息财产化的理论证成，仅能以责任规则保护信息主体及企业的财产利益

此种路径虽能够提供权益侵害的消极救济，但无法厘清个人信息人格权益、个人信息财产权益以及企业数据财产权益之间的关系，法院说理中三者经常交织在一起。例如在"新浪微博与超级星饭团不正当竞争纠纷案"①中，法院认为，鉴于新浪微博基于《微博服务使用协议》与用户约定涉案数据归其所有，因此，新浪微博可享有涉案数据的经营利益。该案法院试图基于信息主体意志来正当化个人信息权向企业数据财产权转化的依据，具有启发意义。

3. 传统线下社会的人格标识财产化路径无法回应个人信息财产化问题

美国在公开权模式之下，个人信息被视为完全的财产或者商品。这不仅没有清楚解释人格利益是如何转化为财产价值的，而且不受限制地让与也不利于对个人信息中人格权益的保护。② 德国一般人格权保护模式通过人格权损害赔偿的方式间接补偿权利人一定的财产损失。此种路径尽管没有违背人格权益不可转让的原理，但是难以与数字社会中个人信息财产价值流转的普遍性与现实性相契合。因此，公开权、一般人格权均难以清晰解释数字社会中个人信息的人格权益外化为财产利益的理论难题。合理的路径应既能解释个人信息的人格权益本质属性，又能解释内含于个人信息中的财产基因如何外化且为处理者所用，如此才能既保护信息主体的人格利益，又能够证成数字社会中个人信息财产价值利用的正当性。在目前的制度资源中，个人信息处理的知情同意为相关主体提供了选择可能。从解释论看，知情同意的法律效果是加入信息处理关系，信息处理关系具有两个维度：一是限制个人信息人格权益；二是生产、保有个人信息财产价值。"同意"是主体内心认可意思的外在表达，"认可"使信息处理关系得以正当化，这就意味着信息处理在两个维度上均产生了正当依据。③

(三) 个人信息权利归属的复合性

个人信息财产化使个人信息之隐含的财产基因得以外化，其实践意义是解决了个人

---

① 北京市海淀区人民法院(2017)京 0108 民初 24512 号民事判决书。
② 向秦、高富平：《论个人信息权益的财产属性》，《南京社会科学》2022 年第 2 期，第 94 页。
③ 王琳琳：《个人信息处理"同意"行为解析及规则完善》，《南京社会科学》2022 年第 2 期，第 87 页。

信息的经济利用问题。在此基础上,法律仍需进一步探讨,数据企业通过个人信息处理活动开发大量数据产品并从中获取巨额利润,那么,信息主体能否从中分享财产利益?这涉及个人信息利用的公平问题。令人遗憾的是,至少在现实生活中,信息主体尚未真正参与分享由其个人信息带来的数据红利;相反,信息主体被迫陷入了"信息公平失衡""杀熟"以及个人信息因泄露而遭受权益损害的窘境。根据科斯定理,确定权利归属是利益分配的基础。因此,个人信息财产权益归属是利益分配的关键前提。

个人信息的客体属性与权利属性决定了个人信息之上的权利归属。个人信息的人格利益应归属信息主体,由其专属独享;而就个人信息中的财产利益而言,其归属的确定相对复杂。因原发状态的个人信息仅有财产基因,财产价值依靠信息主体难以激发,更难实现价值增值。数字社会中的个人信息财产价值主要通过信息主体之外的利益相关方对数据进行二次利用而实现。[①] 个人信息财产价值的发挥天然依赖于信息处理者,且信息处理者为此付出了巨大的成本和代价,但不可否认的是,若没有信息主体提供信息,信息处理者无论如何也生产不出有财产价值的个人信息。由此可见,个人信息财产利益由信息主体独享或者由信息处理者独享均不具有正当性,合理的分配方案是由信息主体与信息处理者共享。共享意味着信息处理者应当为其获利支付报酬,但并不必然要求将红利具体分配给每个信息主体。除名人、公众人物等因主体地位特殊能够与数据企业达成分配数据(含个人信息)财产利益的合意之外,其他一对一、点对点的分配思路均难以契合数字社会的应然思维与制度逻辑。对此,可以借鉴我国土地资源权益分配制度,城市的土地属于国家所有,即全民所有,个人虽未从土地出让金中直接获得报酬,但仍然从中享受到了土地经济给每位国人带来的红利。基于土地资源对整个国民经济的拉动作用,以及由此带来的公共基础设施、城市建设、医疗保障、教育分配等方面的发展,可以说,每位国人都从土地出让金的使用中获得了利益。与此类似,数字社会中个人信息财产价值或许也难以直接分配给信息主体,但可以采用数字税或专项数字基金等形式,借用税收或基金的正当使用,间接使数据红利惠及信息主体。

【思考】

个人信息作为法律客体的复合性如何影响了个人信息之上权益的复合性和个人信息权利归属的复合性?

三、个人信息法律救济的协同性

个人信息的救济模式也有其自身特色,包括救济路径的多元化和救济模式的智能化

---

① 商希雪:《个人信息隐私利益与自决利益的权利实现路径》,《法律科学》2020 年第 3 期,第 72 页。

等。这一方面是由个人信息的复合性所决定的;另一方面,是由数字空间中个人信息的可计算性所决定的。

(一) 多元的法律救济路径

个人信息保护中的多元法律关系,既涉及信息主体与信息处理者之间的个人信息保护,又涉及不同信息处理者之间的数据财产利用。从横向层面看,从收集到利用的各个处理环节都可能出现个人信息权被侵害的风险,这决定了对个人信息的保护需要贯穿其全生命周期,即形成事前防范、事中监管、事后救济的保护机制。从纵向层面看,从底层的个人信息泄露到中间层的网络平台不正当竞争,再到终端的数据产品应用风险,呈现的是个人信息在不同领域的多元利益形态,这也是数字技术在各个领域催生的法律问题,要求不同部门法之间联动协作,共建综合多元的救济体系。具体而言,在个人信息处理的整个阶段,以人格权法、合同法及侵权法为个人信息权提供一般性保护和私力救济;由个人信息监管部门采取行政管理措施进行全方位监督,主要包括事前的个人信息风险评估、事中的抽查监管、事后的追踪观察等;①以刑法作为最后的救济路径,以实现对个人信息权的全方位保护。当前,我国的个人信息权保护体系尚未成熟,但在司法实践中已综合运用多种救济制度来解决涉及个人信息的纠纷,例如侵权、合同、反不正当竞争、反垄断、行政法甚至刑法保护等。

信息主体不仅享有个人信息人格权益,而且应享有个人信息财产权益。目前,在世界各国法律中,除特殊情况下公众人物与数据企业达成利用或共享协议之外,至今仍未能设计出个人可获得其信息中的财产价值,尤其是通过市场定价方式变现个人信息中财产权益的立法例。即使在侵害个人信息之损害赔偿等消极救济方面,当下也难以通过给信息定价的方式实现,而只能采用精神损害的物质赔偿对个人信息财产损害予以间接救济。鉴于此,未来对于个人信息的保护,尤其是其中财产权益的保护,公益诉讼也许会扮演更为重要的角色,以利于个人感受到普惠正义。个人信息客体的复合属性以及法律关系的多元性决定了个人信息权损害呈现群体性的公益特征。为补强个人信息权私法保护的不足,同时实现数据安全的制度目的,引入公益诉讼制度可以在公私法之间起到良好的衔接效果,特别是在发生大规模个人信息泄露的情形中,由于信息主体的维权成本过高、周期较长,以及个人信息处理技术的隐蔽性和技术性特征,信息主体很难在信息泄漏中获得救济。据此,《个人信息保护法》第70条规定了个人信息的公益诉讼条款以补强个人信息的保护。

(二) 智能的法律救济模式

个人信息的可计算性决定了个人信息的救济制度在理论上也应是智能(可计算)的救

---

① 邓辉:《我国个人信息保护行政监管的立法选择》,《交大法学》2020年第2期,第150—151页。

济模式,即在数字社会中发生的法律权益纠纷应通过智能或可计算的方法解决,如此可推动司法从"接近正义"向"可视正义"的转型。[①]

1. 证据收集智能化可解决案件事实确定难题

证据收集智能化意味着解决案件所需要的证据可运用计算方法获得,如果再配合智能技术(例如区块链等),那么,基于此种方式取得的证据更全面、更可靠,这也就解决了线下社会救济中最难解决的证据收集问题,即法律事实确定问题。毕竟,纠纷解决的最大难点并非法律规则的准确适用,而是查清案件事实的真相。在线下社会的法律救济中,正是由于客观事实难以获得,才通过证据及证明规则来确定法律事实并据此做出裁判,但如何让法律事实无限接近客观事实也是线下社会法律人的永恒目标与追求。然而在数字社会中,事实(抑或客观事实)的确定在理论上并非难题。因为所有在数字空间发生的法律活动或事件都必然会在数字空间留痕,如果配合区块链等技术支撑,则可以固定当事人在数字空间的全部信息痕迹,如此获得的事实几乎可以确定为客观事实,除非其中存在技术舞弊或基于法律或伦理的要求不得使用,这也就解决了救济法中最为棘手的事实确定问题。

2. 案件执行智能化可提升法律救济的确定性

运用智能或智慧司法在一定程度上还能解决线下社会法律裁决的"执行难"问题,即"按照合乎程序规定的方式将司法过程精确拆解,又借助数据分享和集中管理,令系统中的每一个动作都为最上的管理者可见",[②]实现"去人化"的智能执法。依据数字社会的法律原理,司法判决原则上也不应回到线下执行,否则,就难以称为真正的智慧司法。因为当智能或智慧司法的判决仍会遭遇线下执行的不确定因素时,司法判决效力就会大打折扣,甚至面临得不到执行的困境。要实现这一点,需要为数字社会中的各方参与者建立数字身份,关联其网上相关的金融账户等,以便在有必要采取执行措施时,通过智能手段执行以满足债权人的合法利益。

3. 建构并拓展契合涉个人信息法律争议解决的线上纠纷解决机制(ODR)

真正契合数字社会的争议解决方式应是辅助当事人解决纠纷的多元解决机制(包括调解、仲裁或者诉讼等),其中尤为重要的是鼓励双方当事人直接参与纠纷解决的线上自治性纠纷解决机制。正如伊森·凯什等教授指出的,数字纠纷解决系统的核心在于:"为当事人提供了不同的程序选择,允许直接有利害关系的人参与到纠纷解决过程中,并将重心放在当事人的感知和需求上,而不是按照法律规定判定他们的权利和义务。这种程序不仅以更富有创造性的方式达成了令当事人更满意的结果,而且还维护了他们之间的社会关系。"[③]能够胜任线上纠纷解决工作的主体既可以是自治性纠纷解决组织,也可以是

---

① 马长山:《司法人工智能的重塑效应及其限度》,《法学研究》2020年第4期,第23页。
② 芦露:《中国的法院信息化:数据、技术与管理》,苏力:《法律和社会科学》第15卷第2辑,法律出版社2016年版,第46页。
③ 〔美〕伊森·凯什、〔以色列〕奥娜·拉比诺维奇·艾尼:《数字正义:当纠纷解决遇见互联网科技》,赵蕾等译,法律出版社2019年版,第61页。

由国家设定的承担公共裁判职能的机构(例如法院)。自治性纠纷解决组织既可是个人,也可是法人、非法人等团体组织,只要客户充分信任,愿意将争议事件托付给该自治性组织(含个人)予以解决,信任并遵从其解决结果便是最为有效的争议解决方式。只不过需要时刻警惕的是,作为自治性纠纷解决组织之个人或私营机构的逐利本能会影响其主动追求法律正义的动力,这就需要必要的行政、司法手段予以监管。若由法院承担线上纠纷解决,就应建立契合该工作的法院工作系统和流程。

【思考】
我国当前的哪些司法创新举措体现了法律救济的智能化?

第四节　个人信息保护的法律变迁

个人信息保护的提出开始于 20 世纪六七十年代,主要源于计算机和自动化技术的应用导致的个人信息安全问题而成为全球关注的重点。虽然个人信息流通是社会发展的必然,但自动化技术的应用使个人信息利用的风险大大提高,人们普遍意识到技术带来的巨大威胁。在计算机应用的早期阶段,致力于强化对个人信息的保护,美国、欧洲以及国际组织出台了一系列针对规范自动化技术处理的法律。之后伴随智能算法的应用和普及,早期法律体系对个人信息的保护显得力有不逮。各国深刻意识到,制定个人信息保护法不仅是保护公民个人权利的需要,而且是提高数据资源利用率、保证本国数据自由流动、参与全球化竞争的战略需要。在此背景下,从 2016 年开始,受欧盟数据保护立法改革的影响,全球迎来新一轮个人信息保护立法潮流。我国也紧跟国际步伐,于 2021 年 8 月颁布《个人信息保护法》,并于同年 11 月 1 日正式实施。

一、欧美个人信息保护的发展历程

在数字社会,个人信息在为信息处理者带来巨大利润的同时,也给个人隐私及信息安全带来巨大威胁,处于数据生态链上的主体因此对个人信息法律保护的制度安排提出不同的利益诉求。信息主体、信息处理者及第三方信息处理者之间的利益关系如何协调,成为个人信息权利制度最紧迫也是最核心的问题。传统个人信息保护制度显然无法适应数据利用中多元、复杂的关系形态,更无力解决个人信息保护制度中的一系列问题。在此背景下,个人信息流动与保护相关问题的研讨开始呈现井喷式增长,世界各国及地区纷纷重新审视既有法律制度,其中以欧美立法改革最为典型。

（一）美国个人信息保护的发展历程

1. 美国个人信息保护的立法模式

美国个人信息保护问题是伴随计算机技术的兴起而出现的。美国法中个人信息保护的理论基础源于威斯汀提出的"信息控制理论"，主要针对的对象是利用自动化技术大规模处理个人信息的主体。[①] 在立法模式上，美国采用"分散立法＋行业自律"的形式对个人信息进行保护。对于公权力领域，将特定主体的个人信息采用单行法的方式加以保护，以保证个人信息的合理利用，即由上而下对特定类型的个人信息加以规范。在私权领域适用行业自律的规范，则由下而上对个人信息加以保护，以保证个人信息利用与保护的利益平衡。

2. 美国个人信息保护的立法现状

计算机技术的兴起导致政府与数据企业处理数据的方式发生巨大变化。此前，对于个人信息的收集与利用主要依赖人工方式，对于个人信息的侵害力度较小。随着算法技术的更新升级，自动化模式成为处理个人信息的主要方式，这极大增加了个人信息受侵害的风险。由此，美国政府开始采取一系列对个人信息保护的措施，国会更是通过一系列单行法，以保证特定对象的信息在特定区域的安全。[②] 例如，1974 年《隐私法》针对的是政府机构对公民信息的收集与处理行为；[③]《家庭教育权利与隐私法》针对教育机构对未满 18 周岁在校学生信息的处理行为；[④]《健康保险可携带性与隐私法》针对健康与特定医疗服务提供者对个人健康信息的处理行为；[⑤]《儿童在线隐私保护法案》针对网络运营商处理在线儿童信息的行为，[⑥]以及美国加州 2020 年生效的《加州消费者隐私法案》。[⑦] 这些立法都是在算法技术背景下，规范信息处理者一系列的自动化信息处理行为。

3. 美国个人信息保护的司法转变

在司法实践中，美国对个人信息的保护是在"隐私权"的概念下讨论的，通过援引与变通隐私权规则解决，即将隐私权作为个人信息受到侵害的请求权基础，并以侵权法路径对个人信息加以保护。具体而言，原则上征引判例法中关于隐私侵权的相关规定，来解决信息主体在法律上的定位以及相关的利益诉求，并以此为界限确定信息主体与信息处理者的行为边界。与此同时，为适应数据经济发展的需求，对隐私权进行一定的变通，调整信息主体与信息处理者之间的利益关系，在具体案件中考量双方利益，以确定信息处理者是否侵害信息主体。[⑧] 后随着智能技术的发展，美国个人信息保护难以适应数字时代的发

---

① Daniel J. Solove. Access and Aggregation：Public Records，Privacy and the Constitution. *Minnesota Law Review*，Vol. 86，No. 6，2002，p. 1186.

② 丁晓东：《个人数据私法保护的困境与出路》，《法学研究》2018 年第 6 期，第 197 页。

③ 5 U. S. C. § 552a.

④ 20 U. S. C. § 1232g.

⑤ Pub. L. No. 104－191.

⑥ 15 U. S. C. § 6501－6506.

⑦ *California Consumer Privacy Act*.

⑧ 龙卫球：《数据新型财产权构建及其体系研究》，《政法论坛》2017 年第 4 期，第 65—66 页。

展要求。法院逐渐认识到,若想保持数据经济的持续发展,不能将个人信息定性为一种绝对的隐私权加以保护,否则将严重阻碍数据技术的创新,进而与数据经济发展的规律相悖,故应该将隐私权规则适度变通。这种变化主要表现在:首先,赋予个人信息控制权的呼声高涨,隐私权功能开始由消极面向朝积极面向发展。美国法通常是将个人信息纳入隐私权的保护范围,而隐私权是一种消极的防御性权利,个人信息不同于隐私权的方面主要在于其具有一种自决利用的功能。在智能环境中,信息处理者收集、利用个人信息成为一种必然,如果将个人信息一味地以传统隐私权规则加以保护,势必阻碍数据的自由流通。基于此,应由信息主体决定是否向信息处理者提供个人信息。其次,对隐私侵权的认定适当的软化。在传统隐私侵权中,侵权行为通常需要具备"高度侵犯性"与"隐蔽性",但对于个人信息的收集与利用,大多数信息主体并不知情,这种情况似乎也并不能够对信息主体造成"高度侵犯"的困扰,结果也不能认定为隐私侵权。个人信息存在于网络中本身就具有公开性的特征,若将个人信息绝对地以传统隐私权作为保护的基础,将为个人信息的处理带来困难。

(二) 欧盟个人信息保护的发展历程

1. 欧盟个人信息保护的立法模式

欧盟是个人信息保护立法的主要阵地。从法律渊源来看,欧洲个人信息保护的理论基础源于德国学者施泰姆勒提出的"信息自决权",目的是应对个人信息自动化处理对个人隐私可能带来的威胁,并适用范围限定在数据自动化处理领域。[①] 在个人信息保护理念层面,欧盟从人权的高度,将个人信息权上升为一种宪法性权利,从宪法层面保护个人的基本权利和自由。这从《108 号公约》[②]以及 2009 年生效的《欧盟基本权利宪章》中可体现出来。[③] 由此,法律渊源和立法理念决定了个人数据保护在立法上的严格性和高度保护性,欧盟基本确定了"国家主导＋统一立法"的数据保护模式,旨在构建统一的数字市场,保障个人的基本权利和自由。

2. 欧盟个人信息保护的立法改革

步入数字时代后,尤其是智能算法的升级和应用,个人信息的利用达到空前状态。传统"私人生活保护"所遵循的"权利具有绝对性质,信息获取便推定违法"的古典自由权逻辑在许多场景下已不再适用。[④] 1995 年,欧盟《关于涉及个人数据处理的个人权利保护以及此类数据自由流通的第 95/46/EC 号指令》(简称《数据保护指令》)在保护个人数据层面显得捉襟见肘,与此同时,严格的信息保护规则限制了数据的流通及数据经济的发展。只要个人信息处于流通状态,算法技术的持续识别分析就可能会给信息主体带来无法预

---

① 杨芳:《隐私权保护与个人信息保护法——对个人信息保护立法潮流的反思》,法律出版社 2016 年版,第 51 页。

② 1953 年《欧洲人权公约》第 8 条成为个人信息保护的规范依据,该条款规定:"个人的私人及家庭生活、住宅、通信享有被尊重的权利。"

③ 该宪章第 8 条第 1 款规定:"任何人都享有对关乎自身个人信息受保护的权利"。

④ 王锡锌:《个人信息国家保护义务及展开》,《中国法学》2021 年第 1 期,第 152 页。

料的消极影响,例如社会分选、算法黑箱、算法歧视等问题。因此,在数字社会中,不再有不重要的个人信息,所有的个人信息都成为受法律保护的客体。为顺应数字社会的发展需求,2016年4月欧盟通过《一般数据保护条例》,并于2018年5月正式生效。相较于1995年欧盟《数据保护指令》,《一般数据保护条例》作出较大调整和补白,主要体现在对信息主体赋权和对信息处理者(数据处理者)施加义务来保障个人数据安全。从信息主体的角度看,《一般数据保护条例》增加了删除权、数据携带权等权利,还丰富了知情权及访问权的内容,以此强化信息主体在个人信息处理中的积极控制地位。从信息处理者(数据处理者)的角度看,《一般数据保护条例》扩大了义务主体的范围,在原来1995年欧盟《数据保护指令》的"数据控制者"中并入了"数据处理者";加重义务主体的义务,例如增加数据保护影响评估义务、延伸数据泄露报告及通知义务等。相比1995年欧盟《数据保护指令》,《一般数据保护条例》更强调责任原则、透明原则的重要性,强化信息处理者的自治机制,调动信息处理者参与数据治理的积极性。

二、我国个人信息保护的法律沿革

因个人信息保护立法的缺位,为应对大数据技术应用给个人信息保护带来的冲击,我国开始陆续出台相关法律规范,但呈现零碎化状态。在2012年全国人大常委会发布《关于加强网络信息保护的决定》之前,我国并没有个人信息保护的专门立法,在立法以及司法实践中,往往通过其他方式对个人信息予以间接保护:一是通过传统人格权解决与个人信息相关的纠纷;二是在信息安全管理等法律法规中对信息安全提出立法制度要求。伴随数字社会的到来,尤其是智能算法的广泛应用引发社会各界对个人信息安全问题的担忧,个人信息保护问题进入立法者的视野。

(一)我国个人信息保护的法律体系

2012年《关于加强网络信息保护的决定》(简称《决定》)的出台,标志着我国在个人信息保护领域的重大突破。《决定》站在信息主体的角度,以规范信息处理者的行为。[①] 从条文中可以发现,《决定》赋予信息主体在自动化领域对其信息的自主决定权,在信息处理者收集个人信息时必须要征得信息主体同意。而随着数据技术的研发与应用,数据收集与利用的需求量达到了前所未有的爆发。这种简单规定并不能适应现有数据经济的复杂动态过程。[②] 为适应现有数据经济发展的趋势,相关立法文件开始陆续出台,对信息主体与信息处理者之间的紧张关系进行适当的调整。

---

① 例如,该《决定》第2条规定:"网络服务提供者和其他企业事业单位在业务活动中收集、使用公民个人电子信息,应当遵循合法、正当、必要的原则,明示收集、使用信息的目的、方式和范围,并经被收集者同意,不得违反法律、法规的规定和双方的约定收集、使用信息。网络服务提供者和其他企业事业单位收集、使用公民个人电子信息,应当公开其收集、使用规则。"

② 龙卫球:《数据新型财产权构建及其体系研究》,《政法论坛》2017年第4期,第64页。

1. 个人信息保护的立法规范

在立法层面,我国个人信息保护立法逐渐从分散、独立的部门法规定走向综合协同的立法趋势。在刑事领域,2009年2月28日起施行的《刑法修正案(七)》增设了《刑法》第253条之一,规定了出售、非法提供公民个人信息罪和非法获取公民个人信息罪,这是首次直接对侵害公民个人信息的违法行为进行刑罚惩治。2015年《刑法修正案(九)》对该条进行修改完善,以便更全面地保护个人信息。在民事领域,2013年,第十二届全国人大常委会第五次会议修订《消费者权益保护法》,在第14条新增"消费者享有个人信息依法得到保护的权利"条款,这是我国首次从私法角度对个人信息保护作出规定。2017年6月1日实施的《网络安全法》在"网络信息安全"章节中对个人信息处理的全生命周期作出了较为细致的规范。2017年10月1日实施的《民法总则》第111条规定了个人信息受保护的规则。2018年《电子商务法》也增加了个人信息保护的相关规定。之后在2021年1月1日实施的《民法典》延续了《民法总则》第111条的规定,并在人格权编第六章"隐私权与个人信息保护"中对个人信息的概念、处理规则、信息主体权利范围、信息处理者的义务等作了具体规定。尽管上述立法从不同视角对个人信息权加以保护,但个人信息保护问题需要民法、行政法、刑法、国际法等多个部门法多元协同治理,因此,我国需要制定《个人信息保护法》对个人信息进行全方位保护。2021年8月20日,第十三届全国人大常委会审议通过《个人信息保护法》,这是我国首部个人信息保护的综合性法律。

2. 个人信息保护的部门规章及国家标准

鉴于个人信息保护实践走在了立法规范的前面,呈现出应急治理的特点。因此,我国法律对个人信息的保护呈现出"软法先行,硬法居上"的立法特点,主要包括部门规章和国家标准两类。其中,国家标准主要有:2013年我国首个个人信息保护国家标准——《信息安全技术 公共及商用服务信息系统个人信息保护指南》、2020年《个人信息安全规范》《信息安全技术 移动互联网应用程序(APP)收集个人信息基本规范》(征求意见稿)、《个人金融信息保护技术规范》等。比较有代表性的部门规章主要有:2013年工信部颁布的《电信和互联网用户个人信息保护规定》;2019年工信部颁布的《工业和信息化部关于开展APP侵害用户权益专项整治工作的通知》,国家网信办制定的《APP违法违规收集使用个人信息行为认定方法》;2021年国家网信办等联合制定的《常见类型移动互联网应用程序必要个人信息范围规定》;等等。

3. 个人信息保护的司法解释

为缓解个人信息保护与利用之间的利益冲突,司法机关也在不断寻找突破口,最高法和最高检(简称两高)相继出台与个人信息保护相关的司法解释,主要有:2014年最高法《关于审理利用信息网络侵害人身权益民事纠纷案件适用法律若干问题的规定》(简称《信息网络侵权司法解释》);2017年两高颁布《侵犯公民个人信息司法解释》;2019年两高颁布《关于办理非法利用信息网络、帮助信息网络犯罪活动等刑事案件适用法律若干问题的解释》;2021年最高法颁布《关于审理使用人脸识别技术处理个人信息相关民事案件适用法律若干问题的规定》(简称《人脸识别司法解释》),这是我国第一部对使用人脸识别技术处理个人信息引发的民事纠纷作出全面系统规定的司法解释。

【思考】

《民法典》与《个人信息保护法》之间是什么关系?

(二) 我国个人信息保护的司法变迁

在数字社会到来之前,法律仅对特定种类个人信息进行保护,例如姓名、肖像、名誉、隐私等,这些信息与作为个人社会评价的人格属性紧密相关,体现了个人的社会评价利益。个人信息之所以成为一项具体人格权,其根本原因在于数字社会的到来导致传统人格权很难适用于数字空间。随着原《民法总则》对个人信息的首次确认,并将个人信息与隐私进行区分,法院对个人信息纠纷的裁判也呈现出与法典趋近的态度,尤其是《个人信息保护法》出台后,个人信息纠纷数量达到空前。

1.《民法典》颁布前个人信息保护的司法立场

信息通信技术的迭代发展,使个人信息的处理方式发生了巨变,但是无论何种处理方式,都不改变个人信息的属性,信息是否给予保护、给予何种保护,取决于对这些价值的社会评价。[1] 在传统线下社会,信息是处于公共领域的公共素材或材料,任何人都可以使用,此时个人信息仅具有识别意义,并无商业价值。[2] 在《民法典》颁布之前,我国司法实践中对个人信息的保护是将其纳入诸如隐私权、肖像权、名誉权等客体边界较为清晰的传统人格权范畴,即将个人信息与传统人格权采一元保护模式。例如,在"王某与北京凌云互动信息技术有限公司名誉权、隐私权纠纷案"[3]中,法院认为,隐私一般是指仅与特定人的利益或者人身发生联系,且权利人不愿为他人所知晓的私人生活、私人信息、私人空间及个人生活安宁。采取披露、宣扬等方式,侵入他人隐私领域、侵害私人活动或者侵害私人信息的行为,就是侵害隐私权的行为。显然,法院一般对隐私与个人信息采用一元化的保护方式,同样的裁判路径还体现在以下案例中:"王某与云南省电信公司昆明分公司隐私权纠纷案",[4]法院认为,隐私权包括个人安宁权、个人信息保密权和个人通讯秘密权;"孙某与中国联合网络通信有限公司上海市分公司隐私权纠纷案",[5]法院对隐私权的认定进行了精细解析,明确将个人信息纳入隐私的保护范围。

---

[1]　[美] 罗纳德・K. L. 柯林斯、大卫・M. 斯科弗:《机器人的话语权》,王黎黎、王琳琳译,上海人民出版社2019年版,第30—31页。

[2]　高富平:《个人信息保护:从个人控制到社会控制》,《法学研究》2018年第3期,第94页。

[3]　北京市朝阳区人民法院(2008)朝民初字第29276号民事判决书。

[4]　昆明市中级人民法院(2004)昆民二终字第785号民事判决书。

[5]　上海市浦东新区人民法院(2009)浦民一民初字第9737号民事判决书。

2. 从《民法典》到《个人信息保护法》之间个人信息保护的司法倾向

数据技术的变革对法律产生了实质性影响,即对传统保护规则的挑战和对法律固定思维的冲击。我国立法者尝试效仿欧盟,通过个人信息保护制度解决大数据时代的隐私危机。原《民法总则》首次将个人信息纳入民事立法,并在第 110 与 111 条分别对隐私与个人信息权进行规定,之后《民法典》仍保留原有规定,并在人格权编第六章对个人信息与隐私权区分,即采用二元保护模式对个人信息加以保护。实践中,法院也逐渐与立法意旨保持一致,尽量将个人信息纠纷从传统人格权纠纷尤其是隐私权纠纷中独立出来,以适应数字社会的发展。较为典型的,例如在"黄某与腾讯公司隐私权、个人信息权益纠纷案"①中,原告黄某在使用微信读书软件时,发现微信读书软件未经授权获取了其微信好友列表,并为其自动关注共同使用该软件的微信好友,之后还将其读书信息(阅读书物、读书时长、书架)向微信好友公开展示。原告认为被告侵害了其个人信息和隐私权,据此诉请法院要求被告停止侵害,赔礼道歉。本案之所以具有典型意义,在于该案发生的领域是算法技术应用下形成的数字环境,这恰是个人信息权制度所要应付和应用的场合。法院注意到物理空间与数字社会中读书活动的不同,具体论证也是以数字社会为背景展开的,且本案侵害的对象是在算法技术处理下形成的个人信息。法院指出,在数字社会中,个人信息的核心特点是可识别性,这种可识别性建立在自动化信息技术的基础上,即根据"算法处理+信息关联"确定读书信息属于个人信息;随后,被告对这些信息进行收集、使用、公开以及自动化推荐等侵权行为都是以算法技术应用为前提实施的。可见,个人信息权的客体特征不仅表现为可识别性,而且这种可识别性必须建立在算法技术处理的基础上,即只有经过算法处理的个人信息才属于个人信息权的客体范围。

3.《个人信息保护法》颁布后个人信息保护的司法现状

2021 年 11 月 1 日实施的《个人信息保护法》,弥补了数字社会个人信息独立保护缺失的立法短板,构建了与我国国情相匹配的个人信息保护制度。我国依循个人信息保护的立法目的,在《个人信息保护法》中采取赋权保护与行为规制相结合的立法模式。《个人信息保护法》延续了《民法典》对个人信息保护的重视并加以细化,高度重视个人信息权利,明确个人信息权为个人享有,同时又确定信息处理者对个人信息的合理利用空间,以及国家机关在处理个人信息时所应遵循的行为规范,以平衡人格利益、财产利益以及公共利益之间的关系。与此同时,在司法实践中,个人信息纠纷的数量明显增多,案件类型无论是在广度还是深度上都呈现出丰富性和多元性的特点。首先,个人信息纠纷呈现出更为丰富细致的特点,尤其以个人信息权利为内容的纠纷逐渐增多,例如个人信息查阅复制权纠纷。② 其次,个人信息的救济途径呈现协同化的特色。当前,我国的个人信息权保护体系尚未成熟,但在司法实践中已综合运用多种救济制度来解决涉及个人信息的权益纠

① 北京互联网法院(2019)京 0491 民初 16142 号民事判决书。
② 广州市中级人民法院(2022)粤 01 民终 3937 号民事判决书。

纷,例如侵权、合同、反不正当竞争、反垄断、行政法甚至刑法保护等。在个人信息处理的整个阶段,以人格权法、合同法及侵权法为个人信息权提供一般性保护和私力救济;由个人信息监管部门采取行政管理措施进行全方位监督,最后,以刑法作为最后的救济路径,以实现对个人信息权的全方位保护。

第五节　本书的结构安排

本书采用"总—分—总"的结构体系。首先,对个人信息及其保护做了整体性概览(第1章);其次,就个人信息权界限从权利和义务视角分别展开讨论(第2—10章);最后,就个人信息权救济相关问题予以探讨(第11章)。

为使读者对个人信息保护法有一个基本概观,为其进一步学习打下良好的基础,第1章在介绍相关基本概念的基础上,讨论了个人信息保护法律关系和若干基本原理,同时对个人信息保护的法律变迁作了考察。

本书的展开重心是个人信息权利界限,这也是个人信息保护理论研究和实践争议焦点的核心内容。信息主体在个人信息上享有的利益毋庸置疑,有必要从权利视角分析个人信息权利内容及其范围。本书以个人信息权利客体为切入点展开个人信息权的讨论(第2章),客体是权利依附的基础,没有客体的存在与独立,一切都无从谈起。按照民法理论关于权利本质的通说,权利在本质上是受法律保护的正当利益,而具体正当利益的本体便是权利客体,无客体无权利并非虚言。个人信息之所以能作为法律调整的客体,是因为其所具有的人格价值以及使用、交换价值。可见,个人信息既有人格性,又包含了财产基因。[1] 法律调整个人信息必须使其在法律体系中有所依归。因此本书在确认个人信息权利客体之后,径直探讨了个人信息的权利属性(第3章)。个人信息的不同属性可能会影响个人信息权利的归属与配置,信息主体与信息处理者均从信息中获益,因此,本书专门讨论了个人信息权的配置形态(第4章)。既然明晰了个人信息权在信息主体与信息处理者之间区分配置的事实,那么,有必要厘清信息主体在个人信息权既定配置形态下的具体权利内容(第5章)。

考虑到信息主体在信息保护中的弱势地位及信息处理者在信息获取利用中的优势,[2]单纯的权利视角不足以圆满调整个人信息的权利界限,故有必要从信息处理的义务视角对信息处理行为作出必要的限制或者引导。由于个人信息在信息处理者手中可能因信息泄露等给信息主体带来不利影响,因此,法律要求信息处理者尽到安全保障等方面义务(第6章)。除此之外,信息处理者在使用个人信息方面也应合理谨慎,避免给信息主体

---

[1]　彭诚信:《论个人信息的双重法律属性》,《清华法学》2021年第6期,第82页。
[2]　马长山:《迈向数字社会的法律》,法律出版社2021年版,第122页。

带来不必要的损害。① 基于此,本书介绍了个人信息处理的基本原则(第 7 章),讨论了"告知—同意"的个人信息一般处理规则(第 8 章),并针对个人信息的特殊类型(第 9 章)以及个人信息的特殊处理场景(第 10 章),分析了所涉及的特别处理规则。

在确认个人信息权界限之后,本书探讨了个人信息权的民事救济(第 11 章)。个人信息权既受到侵权法的保护,也在一些场合受到合同法的保护。法律从权利和义务视角对个人信息权界限的规定,对民事救济规则的适用具有重要影响。例如,对于侵权责任规则来说,法律对个人信息权范围的限定及信息处理者义务的要求既是判断义务人是否违反注意义务的基础,也是判断是否存在过错的重要考量因素。

本章小结

1. 个人信息是以电子或者其他方式记录的能够单独或者与其他信息结合识别特定自然人的各种信息,具有算法识别性、可记录性,主要以电子方式记录。

2. 个人信息保护法律关系是法律调整个人信息的收集、使用与对外提供而形成的社会关系。

3. 信息处理者收集使用信息的合法基础在于告知同意规则或法定许可。

4. 个人信息保护的前提性命题是数字社会的存在。个人信息客体属性、权利属性和权利归属呈现出复合属性。个人信息法律救济具有救济路径多元化和救济模式智能化的特点。

5. 我国《个人信息保护法》的颁行树立了人文主义与经济发展并驾齐驱的价值宗旨,构建了与我国国情相匹配的个人信息保护制度。

延伸思考

1. 个人信息与姓名、肖像、隐私等人格权客体有什么关联与区别?

2. 数字技术给司法裁判中的纠纷解决,既带来了效率上的提高,也带来了正义上的提升。当前的智慧司法实践探索,哪些体现为效率层面,哪些体现为正义层面?

3. 个人信息保护法律关系与民事法律关系相比,有哪些不同?

4. 对比欧美个人信息保护的立法路径,我国《个人信息保护法》有哪些特色?

参考文献

1. 丁晓东:《个人数据私法保护的困境与出路》,《法学研究》2018 年第 6 期。

---

① 程啸:《论个人信息侵权责任中的违法性与过错》,《法制与社会发展》2022 年第 5 期,第 200 页。

2. 丁晓东：《个人信息权利的反思与重塑——论个人信息保护的适用前提与法益基础》，《中外法学》2020年第2期。

3. 高富平：《个人信息保护：从个人控制到社会控制》，《法学研究》2018年第3期。

4. 彭诚信：《论个人信息的双重法律关系》，《清华法学》2021年第6期。

5. 彭诚信：《数字法学的前提性命题与核心范式》，《中国法学》2023年第1期。

6. 王锡锌：《个人信息国家保护义务及展开》，《中国法学》2021年第1期。

7. 王苑：《个人信息保护在民法中的表达——兼论民法与个人信息保护法之关系》，《华东政法大学学报》2021年第2期。

8. 张文显：《构建智能社会的法律秩序》，《东方法学》2020年第5期。

9. 马长山：《迈向数字社会的法律》，法律出版社2021年版。

第二章

个人信息权的客体

第一节 个人信息与其他客体的区分

 教学案例

案例 1：甲因离职而与乙公司发生争执，乙公司将甲的姓名、身份证号、居住地址、负面的工作评价等发送给公司全体员工。甲应当依据隐私权、名誉权受到侵害，还是个人信息权受到侵害，向乙提出主张？

案例 2：甲创作了自传作品，书中描述了其成长经历。乙未经甲的同意，将包含甲姓名等信息的自传作品分章发布于其网络公众号，甲应当依据著作权受到侵害，还是个人信息权受到侵害，向乙提出主张？

客体是权利的外部定在，是权利设立在何种标的之上的说明。个人信息权建立在个人信息之上，其权利属性与具体内容自然受到个人信息法律特性的限制。了解个人信息的权利特性，首先需要考察作为权利客体的个人信息，其法律属性决定了个人信息权利的性质、特征与内容。根据《个人信息保护法》第 4 条第 1 款，个人信息是以电子或者其他方式记录的与已识别或者可识别的自然人有关的各种信息。本款对"电子"方式的强调表明，算法识别性是个人信息的关键物理属性，无法通过算法技术识别自然人的信息无需作为个人信息纳入法律保护。据此，可将个人信息与姓名、肖像等传统人格权的客体，以及数据、智力成果等有效区分开。

一、个人信息与传统人格利益的区分

个人信息与以姓名、名誉、隐私等为代表的传统人格利益的共同之处在于，两者都表示特定自然人的特征，都与自然人的个体评价和社会认同相关，具有精神属性。尽管数字社会中信息记录和处理方式发生了转变，但个人信息依然处处彰显人格要素中最基本的自由和尊严，且被置于《民法典》人格权编之中。数字社会中的个人信息与传统线下社会中的其他具体人格利益存在诸多差别,这主要体现在个人信息的人格属性和财产属性两个方面。

个人信息与传统人格利益在人格属性方面的主要差异:① 个人信息既关系个人在传统线下社会中的自然评价,也关系个人在数字社会中的算法评价。与传统的人格评价不同,数字社会对人格认知不再以面对面的交流为主,也不再主要依赖于人类经验对评价信息的选择。打分、分类结果或者评价信息的推选由原始信息和算法所决定,人格评价被技术过滤。个人在自然人格之外又形成了由个人信息所勾勒的数字人格,数字人格可能与自然人格一致,也可能不符,主要取决于算法对多维个人信息的计算和使用。[1] ② 个人信息关系个人在数字社会中的行为自由。在数字环境下,商家越来越依赖用户的网络行为轨迹和数据,进行产品、服务和媒体内容的预测分析或定向投放,人们变得前所未有的透明,这种现象被称作数据监视。[2] 数据监视与传统线下社会生活中的信息处理并不相同,人们在线下开展日常社交时不可避免地要向他人展现其标识性信息,告知姓名、展示形象是人特定化和个性化的需要,这些展示并不会影响个人的选择和行为自由,但数字社会的信息处理则是全面的、细节的、永久的,无处不在、无时不在,当人处在数据监视下时,他会进入一种新的自我意识,从他人视角去审视自己,信息主体的选择自由也易于受到数据监视的干扰。[3] ③ 数字社会中的个人信息借助算法能够计算出个人隐私。信息处理者最初采集的信息未必是个人隐私,并且依照法律要求,信息处理者也不能采集隐私信息,但在数字社会,算法的加入增加了个人信息转化为隐私的可能性,因为在信息自动化处理过程中,多维信息结合能够清晰勾勒出个人画像。在数字社会中,隐私无需运用传统线下社会中的窥探、采集等直接侵权方式,而是通过算法对多维信息的处理计算出来。

 案例解析

案例 1,乙公司将甲的姓名、身份证号、居住地址、负面的工作评价等发送给公司全体员工,系泄露甲的隐私,并未对甲的个人信息进行自动化分析等处理,故本案应适用隐私权、名誉权等传统人格权保护,不宜适用个人信息权保护。

【思考】

传统线下社会中的个人信息也能标表自然人的特征,为什么传统线下社会中的个人信息没有得到普遍保护?

---

① 例如中国被遗忘权第一案"任某与北京百度网讯科技有限公司名誉权纠纷案",北京市第一中级人民法院(2015)一中民终字第 09558 号民事判决书。

② 例如 Cookie 隐私第一案"朱某与北京百度网讯科技有限公司隐私权纠纷案",南京市中级人民法院(2014)宁民终字第 5028 号民事判决书。

③ Jerry Kang. Information Privacy in Cyberspace Transactions. *Stanford Law Review*, Vol. 50, No. 4, 1998, p.1260.

个人信息与传统人格利益在财产属性方面的差异主要表现在：个人信息天然内含财产基因，而传统人格权则不具有财产基因。[①] 在数字社会(尤其是数字经济)中，个人信息的商业价值凸显出来，商家可运用个人信息形成的数据产品获得巨大的商业利润。无疑，技术也是个人信息产出经济价值的变革性因素，但它仍是外因，个人信息所天然具有的财产性基因才是其产生商业价值的内因。在数字社会中，个人信息能够满足商业需要且有可控性、稀缺性和流通性，具备成为法律上的财产权益客体的条件，甚至可以说，恰是数字社会中个人信息的财产性价值才催生了个人信息受法律保护的必要。而在传统的线下社会中，具体人格权所保护的例如姓名、肖像、隐私等，其内含的精神价值是法律关注的重点，这些权利往往被称作精神性人格权，除此之外的个人信息，法律通常不再保护，更不要说其内含的财产价值了。姓名、肖像等传统人格标识虽然可以被财产化，但其财产价值并非天然源于姓名、肖像等，而是源于后天努力及天赋所带来的名声及社会影响力，只不过附载于其姓名、肖像等标识之上。而个人信息的财产基因是天然的，不依附于特定人身，信息无论来自何人均可以释放财产价值。

二、个人信息与数据的区分

《民法典》第127条确认了我国对"数据"的法律保护，即"数据"也可成为权利客体。为区分数据与个人信息，首先需明确数据的含义。在技术层面，数据指计算机系统所能处理的由0和1二进制单元表示的符号，但技术意义上的数据并非法律规范的客体，因为技术层面的0和1在法律上并无意义。法律上界定的"数据"必然是人所能理解的，能为人带来利益的事物，故法律对数据的理解，应从"信息(内容)"而非"技术(物理)"层面展开。因此，数据是以适合通信、解释或处理的形式表现的可复译的信息；信息是特定上下文中具有特定含义的关于特定对象(例如事实、事件、事物、过程或想法，包括概念)的知识。[②] 数据作为新型生产要素，具有无形性、非消耗性等特点，是数字化、网络化、智能化的基础。因此，数据与个人信息同为数字社会的基本要素，都以数字社会为存在的前提，且两者在根本上都是"信息"，但两者也存在明显的区别。

一方面，广义的数据包含个人信息。《中共中央、国务院关于构建数据基础制度更好发挥数据要素作用的意见》将数据分为三类，即公共数据、企业数据和个人数据。"个人数据"是"个人信息"财产属性面向的表达，即个人信息首先强调的是涉及信息主体的人格利益；其次，才是财产利益。而个人数据则主要强调的是个人信息的财产利益，即个人信息通过开发利用而呈现出的经济价值，但个人数据与个人信息在物理层面所指向的对象相互重叠，故可认为两者是一体两面的。

---

① 彭诚信：《论个人信息的双重法律属性》，《清华法学》2021年第6期，第82—83页。
② ISO/IEC 2382：2015 (en) Information technology. https://www.iso.org/obp/ui/#iso:std:iso-iec:2382:ed-1:v2:en, Last visited on August 1, 2023.

　　另一方面,狭义的数据指不包含个人信息的数据,即数据的法律属性表现为纯粹的财产属性。详言之,一是作为法律客体的数据并不与具体个人直接关联,无从识别为何人的信息。此时的数据已经完全成为外在于人的存在物。二是作为法律客体的数据往往为多人信息的大数据集合,难以与具体个人关联,也更具有财产价值。三是该数据是外在于所有人的独立存在物,往往负载着加工者、整理者的劳动和智慧,具有财产属性,且能够为他人利用。狭义的数据能够更自由地转让、开发和利用。包含个人信息的数据可通过对个人信息的"匿名化"处理来切断与信息主体的关联。

拓展阅读　"信息"与"数据"的关系

　　个人信息和数据在本质上都是"信息"。关于信息,立法上通常以"政府信息""个人信息""经营信息""商业信息""信用信息""数据信息"等更具体的内容为调整对象。法学界一般承认信息的抽象性和公共性,信息需要借助媒介表达出来,内容可与媒介分离而独立存在。一种观点认为网络上的信息,无异于书籍、报纸、音像等传统媒介外的新型媒介。[①] 此种观点强调信息在网络时代仍然具备使用价值。另一种观点认为信息的表达和使用自由程度不同。个人自愿向社会公开的信息一般是可以自由获取使用的信息,个人信息因其人格属性属于限制获取使用的信息,个人隐私则受到严格限制而属于禁止获取使用的信息。[②]

　　关于"信息"与"数据"的关系,学界主要有四种观点。

　　第一,信息与数据等同说(信息＝数据),即不区分"信息"和"数据",信息是数据的内容,数据是信息的形式,不能将数据与信息加以分离而抽象地讨论数据上的权利。[③]

　　第二,信息与数据相对说(信息≠数据),即区分"信息"与"数据",认为信息是指具有内容含义的知识,而数据则是信息的体现形式,信息和数据价值取向不同,应区分权利构建。[④]

　　第三,信息范围大于数据说(信息＞数据)。多数学者将数据限于在计算机及网络上流通的在二进制的基础上,以 0 和 1 的组合而表现出来的比特形式,区别于日常生活中的各种纸面统计数据,即仅限于自动化处理的数据。[⑤]

[①]　冯源:《〈民法总则〉中新兴权利客体"个人信息"与"数据"的区分》,《华中科技大学学报(社会科学版)》2018 年第 3 期,第 82 页。

[②]　王玉林、高富平、曾咏梅:《信息服务与信息交易视野下的信息分类研究》,《情报理论与实践》2015 年第 12 期,第 26 页。

[③]　程啸:《论大数据时代的个人数据权利》,《中国社会科学》2018 年第 3 期,第 105—106 页。

[④]　纪海龙:《数据的私法定位与保护》,《法学研究》2018 年第 6 期,第 74—75 页。

[⑤]　梅夏英:《数据的法律属性及其民法定位》,《中国社会科学》2016 年第 9 期,第 167 页。

第四,信息范围小于数据说(信息<数据),即信息是数据经过加工处理后得到的另一种形式的数据,数据则是对客观事物的记载,包含数值数据和非数值数据。[1]

【思考】

个人信息与数据在客体层面上的差异,将如何影响个人信息权和数据权利的制度设计?

三、个人信息与智力成果的区分

个人信息与智力成果都是客观世界中的信息,具备信息的一般特征,故两者的相同之处包括:① 两者都是有意义的内容。个人信息的内容是识别特定的自然人,可识别性是判断某一信息是否为个人信息的重要标准。而能够识别特定自然人的信息具有描述该自然人的意义。同样,作为智力成果的作品、商标、专利等,都能向社会展现相关思想、标识和方法。从广义上说,智力的成果本质也是信息。所谓知识财产是指禁止不正当模仿所保护的信息。[2] ② 两者都具有无体性。信息具有内在含义但没有外在形态,这是信息区别于有体财产权客体的主要特征。无体性使个人信息和智力成果作为法律上客体呈现如下特点:首先,从自然属性上看,无体性使对个人信息和智力成果的有效管领不以直接"占有"为条件,它可以超越时间和空间界限,被不特定人同时或重复使用。其次,个人信息和智力成果较有体物具有更强的流动性,无体性使得其可被复制,只要依附媒介便可传播,且重复、多次、永续相传。最后,个人信息和智力成果具有非消耗性,在流转过程中并不减损信息的价值。有时,反而因为流转使用而产生新的信息和知识,使新的价值增值。个人信息和智力成果的无体性决定了其必须以一定的方式得以固定,例如个人信息须以电子或者其他方式记录,作品须以纸质或者电子方式记载。

虽然个人信息和智力成果都具有无体性,但两者也存在显著的区别,即个人信息只是表征自然人,不具有智力创造成分,而智力成果则以具有创造性为必要条件。以信息为客体的法律权益仅有个人信息权,而非所有信息均可成为知识产权客体,知识产权保护的是体现思想的信息。这类思想可以分为两类:"一类是对思想观念的表达;另一类是在思想观念基础上作出的技术发现。"[3]因此,知识产权所保护的信息必须具有创造性,这也是智

---

[1]　黄国彬、张莎莎、闫鑫:《个人数据的概念范畴与基本类型研究》,《图书情报工作》2017 年第 5 期,第 42 页。
[2]　[日] 中山信弘:《多媒体与著作权》,张玉瑞译,专利文献出版社 1997 年版,第 1 页。
[3]　李明德:《美国计算机软件保护法研究》,郑成思:《知识产权文丛》(第 12 卷),方正出版社 2005 年版,第 342 页。

力成果得以成为财产并获得法律保护的基础。而从知识生产过程来看,信息和知识并不处于同一层级。基于数据、信息、知识、智慧的 DIKW 模型,信息是事实、数字和其他有意义事物的表现形式,知识则是存在人脑中的信息库,信息与知识的关系可以解释为知识产生于信息,正如信息产生于数据。[①] 从这一角度看,个人信息在信息层面而非知识层面。人是符号的动物,符号原理对人有效并且普遍适用,[②]个人信息是对人的标表,通过客观的个人标识建立起与主体的稳定联系。因此,与知识不同,个人信息与智力创造并无密切关联,它由自然人生成,能够客观地识别自然人并表征其个人特征,包括生物特点、活动轨迹以及人物画像等,正如《民法典》所列举的,个人信息包括自然人的姓名、出生日期、身份证件号码、生物识别信息、住址、电话号码、电子邮箱、健康信息、行踪信息等。

 案例解析

　　案例 2,甲是自传作品的作者,对其享有著作权,包括在网络上发布该作品的信息网络传播权。乙未经甲同意,在公众号发布自传作品,侵害了甲的著作权。

> 【思考】
> 　　个人信息与智力成果在创造性上的差别,会对其法律规则的设计产生哪些影响?

第二节　个人信息的本质特征:算法识别性

 教学案例

　　案例 1: 因甲拒绝支付物业费,小区物业公司乙将法院判决甲应依约定支付物业费的判决书张贴于小区公告栏,张贴时未隐去甲的姓名、身份证号码、居住地址等信息。本案是否应适用《个人信息保护法》?

　　案例 2: 乙银行工作人员违规办理贷款业务,甲在不知情的情况下为丙贷款提供了担保,后因丙贷款未还,甲被纳入征信不良记录。本案是否应适用《个人信息保护法》?

　　案例 3: 甲有婚外情,配偶乙将甲的姓名、工作单位、婚外情等信息在社交网络上发布。本案是否应适用《个人信息保护法》?

---

① Chaim Zins. Conceptual Approaches for Defining Data, Information and Knowledge. *Journal of the American Society for Information Science and Technology*, Vol. 58, No. 4, 2007, p. 485.
② [德] 恩斯特·卡西尔:《人论》,甘阳译,上海译文出版社 2013 年版,第 45、60 页。

个人信息保护以数字社会为前提,算法识别是个人信息的本质特征。作为个人信息的本质特征,算法带来的重大转变是人类对个人信息的处理从传统的自然处理①到借助于信息技术的算法处理。这一转变可从识别方式、评价方式、侵害方式和损害结果等多个方面加以观察。

一、识别方式从自然识别到算法识别

传统线下社会中的自然识别和数字社会中的算法识别的差别:① 传统线下社会中处理信息的"平台"是人的大脑,故法律制度的设计以人的感知为基础。数字社会则通过计算机系统处理信息,计算机并不具有如人般的感知世界的能力,其能"感知"的是各种电子化的数据。② 自然识别受个体主观影响较大,可靠性较低。算法识别以预先设定的统一标准进行识别,识别结果稳定。例如,同一犯罪现场的不同目击者,对犯罪嫌疑人的样貌可能有不同的认识,但计算机所捕捉到的嫌疑人样貌则不会有差别。③ 传统线下社会中的信息传播易发生信息偏差,以讹传讹是常见的现象,信息偏差导致传统线下社会中信息的价值大打折扣。但数字社会中的信息传输通过统一的数据标准进行,无需人为干预,一般不会发生信息偏差。数字社会在识别和传输上的稳定性和可靠性,为计算机识别的广泛运用奠定了基础。

识别上的不同导致法律面临的问题截然不同,即法律调整从对感知评价的关注转变为对关联利益的关注。传统线下社会中对人脸的识别是通过大脑来认知的,存储于大脑中的人脸信息并不会损害他人的权益,故法律无需也无法调整人脸信息,而是调整人脸在载体上的再现,即肖像。法律对肖像的调整关注的是对肖像的丑化、污损、伪造和未经同意的使用等,对肖像的保护注重人对肖像的感知和评价。数字社会中的人脸通过算法来识别,人脸信息存储于计算机中,可方便地传输。由于人脸信息具有唯一对应性等特点,人脸信息被广泛应用于主体身份认证的场合,尤其是各类敏感性较高的账户,即人脸信息与主体的诸多重要利益(尤其是财产性利益)相关联。也正因此,数字社会中的人脸信息面临的主要问题是,如何避免人脸信息被不当处理,从而预防与人脸信息相关联的人身财产利益受损。这与传统线下社会中肖像所面临的问题完全不同。

基于算法识别,法院在判断案涉信息是否个人信息时,不应仅关注该信息是否可识别个人,而应将是否采取"算法"识别纳入考量。从目前司法裁判来看,法院多将论证重点置于案涉信息是否可识别自然人上。由于可识别包含间接识别,法院对个人信息认定的说理呈现出较大的不确定性。例如,在"朱某与北京百度网讯科技有限公司隐私权纠纷案"中,被告百度公司利用cookie技术收集和使用原告搜索记录和IP地址等信息。一审法院

---

① 无论是此处的自然处理还是下文提及的自然识别、自然评价等,都只是为了表达传统线下社会与数字社会在信息处理上的不同。

认为,当原告在固定的 IP 地址利用特定词汇搜索时,其就成了特定信息的产生者和掌控者,故该信息系个人信息。但二审法院认为:"百度网讯公司在提供个性化推荐服务中运用网络技术收集、利用的是未能与网络用户个人身份对应识别的数据信息,该数据信息的匿名化特征不符合'个人信息'的可识别性要求。"①基于算法识别理论,法院应淡化对信息能否识别自然人的强调,而将重点关注被告是否运用了算法技术来处理案涉信息,理由在于:① 在我国实行网络实名制的背景下,只要对间接识别采宽泛的理解,绝大多数案涉信息理论上都能因间接识别而被纳入个人信息范畴。② 从商业逻辑来看,信息处理者在意的是向个人提供服务,至于个人身份是谁,往往在所不问。身份信息对计算机而言只是一种将诸多信息聚拢到某一主体名下的标识。就此而言,只要案涉信息指向某一主体即可,至于主体身份并非重点。法院将裁判重点放在案涉信息能否识别到个人与商业实践中被告并不关心原告是谁存在脱节。③ 法律之所以创设个人信息权,对个人信息权设置特别的规则,关键不在于信息的"可识别",而在于对信息的"算法"处理。算法是真正导致个人信息对人格自由和人格尊严产生重大影响,使个人信息财产价值被挖掘的关键因素,故法院应重点关注案涉信息处理者是否运用了算法来处理自然人的信息,这才是对信息处理者提出个人信息保护一系列法律要求的关键。④ 目前,我国在司法审理中出现了一种"向个人信息逃逸"的现象,即凡是能适用隐私权等其他人格权不明的案件,当事人会倾向于依据个人信息权主张,法院也会倾向于适用个人信息权裁判。毕竟,以可识别来界定的个人信息可以非常宽泛。将关注重点从可识别转变为算法识别有助于缓解此类现象。

 案例解析

案例 1 和案件 2 都是实践中常见的纠纷,在个人信息受到法律保护前便广泛存在。案例 1 不应适用《个人信息保护法》,理由在于:① 本案所涉原告身份证号码等信息存在于纸质判决书中,而非"电子"方式。② 案涉信息的传播方式是线下传播,而非通过网络传播。③ 案涉信息并没有成为计算机等信息技术处理的对象。④ 作为本案被告的小区物业公司并非信息处理者,其公布案涉信息的行为不应认定为个人信息处理行为。类似地,案例 2 也不应适用个人信息权,而应适用名誉权等传统人格权。

二、评价方式从自然评价到算法评价

人格权保护人的社会存在,对人的评价(包括自我评价和社会评价)是人格权的主要关切之一。与传统线下社会的自然评价相比,数字社会的算法评价呈现出显著的差别。

第一,评价主体不同。自然评价由人来完成,算法评价则由算法自动作出。尽管算法

---

① 南京市中级人民法院(2014)宁民终字第 5028 号民事判决书。

背后体现的是算法设计者的意图,但评价并非由设计者直接做出。算法评价结果也未必总是与算法设计者的本意完全一致,因为将人的主观意图转换为客观的算法变量并非易事,且算法可能产生一些设计者预期之外的"副作用"。例如,Google 算法导致人们搜索非洲裔美国人相关名称时,往往会显示更多的与犯罪相关的信息,但这并非 Google 设计算法的本意。[①]

第二,评价所依据的信息(量)不同。由于自然评价由人来完成,而人脑能同时处理的信息有限,故在作出评价时,人往往依赖经筛选后的与评价相关的重要信息,难以无所不包地将所有相关信息都纳入考量。算法评价由计算机做出,随着算力的不断提升,计算机能够处理的信息量可以不断扩大。算法在作出评价时,不必再将评价依据限于部分重要的信息,而是将所有信息都纳入,基于海量且碎片化的"大数据"作出评价。

第三,评价目标不同。自然评价是通过对评价对象的情况作出判断,从而为相关决策提供基础。相反,算法评价是一种结果导向的评价,算法设计者先确定决策目标,再根据该目标设计相关算法变量和标准,故算法评价中信息处理者并不在意对个人作出了何种评价,而是关心对个人的评价能否实现其某种目标。实践中,信息处理者往往将增强用户黏性、增加用户在软件上的停留时间、提高用户的消费金额或软件使用频率等作为目标。例如,"赵某与浙江淘宝网络有限公司网络服务合同纠纷案",原告赵某在被告淘宝搜索关键词"国美冰箱"后得到的结果中,排序前 10 的冰箱多数不是国美品牌冰箱,原告据此主张被告算法不公。但法院认为,电商平台提供检索服务的逻辑起点应是向消费者展示其最有可能购买的商品信息,故认可了案涉算法的合理性。[②] 算法对个人的评价成为实现信息处理者目标的手段,而非如自然评价般作为帮助决策的基础。

第四,评价标准不同。在评价个人时,自然评价的标准是评价者的经验、价值观等,该价值观往往是社会普遍认可的道德准则。算法在评价个人时既不在意也无意违背道德准则,而是关心该评价结果能在多大程度上实现信息处理者的目标,故法律对算法评价的规范不应过多关注算法评价标准,而是要重点关注算法评价所欲实现的目标是否合法、正当。例如,"刘某与北京三快科技有限公司侵权责任纠纷案",原告刘某在被告美团下单的配送费是 4.1 元,另一用户在同一商家下单了同一套餐且送到同一地点,配送费是 3.1 元。原告貌似遭受了"大数据杀熟",但被告提出,配送费价格与某一时间段的订单量相关。法院认可了被告动态调整配送费的理由,其原因正是被告在配送人员给定的情况下,根据配送费来调整用户需求量的做法可取。[③]

第五,评价方式不同。自然评价有赖于人来实现,即便给出了评价标准,不同评价者对该标准的掌握仍与个人的好恶密切相关,评价结果可能有所差别,甚至迥异。相反,对

---

① 郑智航、徐昭曦:《大数据时代算法歧视的法律规制与司法审查》,《比较法研究》2019 年第 4 期,第 112—113 页。相关案件,参见"任某与北京百度网讯科技有限公司名誉权纠纷案",北京市第一中级人民法院(2015)一中民终字第 09558 号民事判决书。
② 杭州互联网法院(2020)浙 0192 民初 2295 号民事判决书。
③ 长沙市中级人民法院(2019)湘 01 民终 9501 号民事判决书。

计算机而言,其"好恶"必须通过客观的、可量化的标准来实现。尽管算法设计者会将自身的价值观"映射"到算法中,但计算机尚无法直接"领会"价值观,仍需通过各种客观的标准,运用分类、打分、权重、加总等方式来实现评价。客观标准的运用保证了算法评价的稳定性。

第六,评价结果未必一致。由于评价所依据的信息不同,评价标准也有异,自然评价与算法评价结果当然未必一致。此外,主体线上和线下行为的不同也进一步加剧了评价结果的差异。个人在社会关注情况下塑造的自我人设与没有人关注情况下的行为表现,往往并不一致。在数字社会中,虽然用户的行为无时无刻不被算法所"关注",但非生命体的算法并不会给用户带来道德压力,而"当道德压力减少时,表现生物本能的无意识行为的冲动就会增强",[1]即个人在数字社会中的行为常常反而会无所顾忌,故传统线下社会和数字社会所获得的个人信息常常并不一致。进一步来看,数字社会中用户填写的信息(常遵循传统线下社会中的道德准则)和用户线上真实行为所体现出来的信息也可能不一致。例如,用户可能在新闻推送软件的"兴趣爱好"中填写"金融",而自己真正浏览较多或阅读停留时间较长的新闻是"娱乐"新闻,这些都会导致自然评价和算法评价结果的不一。该不一致意味着,将信息主体"保持其信息化人格与其自身的一致性而不被扭曲"作为个人信息权保护的权益之一,[2]其实是一种不可能完成的任务,也不应作为法律的目标。

> **【思考】**
> 　　人格权关系人的自我评价和社会评价。传统线下社会自然评价到数字社会算法评价的转变,对个人信息权的规则设计会产生哪些体系性影响?

三、侵害方式从自然侵害到算法侵害

传统线下社会的人格权侵害多以违背受害人意志的方式进行,例如对受害人实施物理伤害、贬损他人名誉或未经他人同意利用其姓名、肖像等。算法侵害更多的是通过"潜移默化"的方式来"侵入"个人的意志,进而损害个人的诸多权益。意思自治是私法的核心价值之一,算法对自由意志的影响至少体现在两个方面。

第一,积极地形塑个人的意志,典型表现是"信息茧房"现象。通过对用户个人信息的分析,尤其是用户在网络中真实行为记录的分析,算法会对用户特征进行画像,并根据用户的喜好向其推送相关内容,而与用户"气味相投"的内容又会进一步强化用户的观念。同时,算法也通过主动"投喂"信息来影响用户的想法。个人的思想、信仰和行动本来就容

---

[1]　蔡曙山:《网络和虚拟条件下的道德行为——基于当代认知科学立场的分析》,《人民论坛·学术前沿》2016年第24期,第53页。

[2]　张新宝:《论个人信息权益的构造》,《中外法学》2021年第5期,第1150页。

易被周围环境影响和塑造,自主性也因此不可避免地陷入所处的场景,随着时间的推移,这种动态构造可能会在潜移默化中改变人们的习惯、偏好和信念。"智慧型资讯网一旦整合完成,就可以观察我们、分析我们、给我们打分数、影响我们获取资讯的过程借而操弄我们,而且只有'它'看得见我们,我们再也看不见'它'。"①当然,算法也可能通过"助推"(Nudge)②的方式,在"恰当"的时机出现"恰当"的内容,从而鼓励或诱导用户作出算法希望其作出的决策。

第二,消极地干扰个人的意志。这种干扰主要是因"数据监视"而引发的自我审查。尽管纯粹的算法评价一般并不会导致个人精神上的痛苦,但基于算法评价而作出的自动化决策却可能切实影响个人的利益,例如能享受到何种待遇,故个人的意志和行为选择仍会受到算法的左右。更何况,数字社会的信息处理是全面的、细节的、永久的,无处不在、无时不在,当人处在数据监视下时便会进入一种新的自我意识,从外在视角去审视自己,个人的选择自由也易于受到数据监视的干扰。算法对个人意志的上述影响方式,与传统线下社会以欺诈、胁迫等方式不当影响个人意志的表现完全不同。算法以一种"润物细无声"的方式左右着个人意志,该侵害难以通过欺诈、胁迫、重大误解等传统制度予以有效解决。为维护主体自由意志,赋予个人对其信息的全流程、全生命周期的控制权利便成为必要。

此外,算法还可直接控制个人在数字社会的行为选择。传统线下社会中对行为自由的控制主要依赖于外在强制力,例如,以拘禁等方式来限制个人的行动自由,但数字社会中对行为自由的控制呈现出完全不同的方式。个人在数字社会中行为自由的限度取决于软件设计,即代码。代码允许的行为,用户才有机会做;代码不允许的行为,用户即便想要做也无能为力。这正是劳伦斯先生多年前提出的"代码即法律"。③ 代码当然不是法律本身,但代码如同法律般对用户具有强制约束力。代码对人的强制性较法律有过之而无不及,因为其可直接自我执行,而不像法律一样"徒法不足以自行"。

自然侵害与算法侵害在侵害方式上的不同,导致法律对信息的保护范围和方式也有所不同。传统线下社会需保护的是对个人"重要"的信息,例如姓名、肖像、隐私等;而算法侵害则通过对个人众多信息,尤其是传统上认为并不那么重要信息的处理来实现。因此,数字社会中的信息保护应与传统线下社会有所不同。就此而言,目前的个人信息分类、分级保护思路存在一定的盲区。为平衡数字社会中的信息保护和信息利用(产业发展),目前常见思路是:将信息分为敏感信息和一般信息,对敏感信息强调对个人权益的严格保护,对一般信息更强调自由流通和利用价值。④ 但这种思路仍是基于传统线下社会的经

---

① [美]克里斯多福·怀利:《心智操控——剑桥分析技术大公开》,刘维人译,台湾野人文化股份有限公司 2020 年版,第 295 页。
② Nudge(助推)是指不直接干预用户选择,但通过诱导的方式影响人们作出特定的选择。Richard H. Thaler, Cass R. Sunstein. *Nudge: Improving Decisions about Health, Wealth and Happiness*. Yale University Press, 2008, pp. 6 – 8.
③ Lawrence Lessig. *Code and Other Laws of Cyberspace*. Basic Books, 2006, pp. 1 – 8.
④ 张新宝:《从隐私到个人信息:利益再衡量的理论与制度安排》,《中国法学》2015 年第 3 期,第 50—52 页。

验,并不适用于数字社会。传统线下社会对个人信息的处理主要是对单一信息或少量结合后的信息的处理,故根据信息敏感程度进行区别保护能有效回应信息保护强弱有别的需求,但在数字社会中,信息的敏感程度已经模糊化。传统线下社会中的敏感信息在数字社会中仍是敏感信息,但传统线下社会中的一般信息,在数字社会中则未必是一般信息。例如,网上订餐记录是一般信息,但算法可以根据订餐记录来估计用户的收入水平。若将订餐信息中的送餐地址与商品房价格相结合,可以更精准地确定用户的收入水平,而收入是敏感信息。"在数字社会中,个人信息处理者最初收集的个人信息可能并非私密信息,但通过算法所形成的描述信息主体私密特征的信息可能构成隐私。"[1]因此,传统线下社会根据敏感程度对信息加以区分保护,且仅保护"重要"信息的思路在数字社会中已失效。数字社会中应对所有被算法处理的个人信息都普遍给予保护。这也意味着,由于经算法处理后的个人信息很可能触及隐私,在区分隐私和个人信息时,通过先划出隐私的范围,再将剩下的部分作为个人信息的思路实在有限。

 案例解析

案例 3,配偶乙将甲的姓名、工作单位、婚外情情况等信息在社交网络上发布,该侵害行为是一种自然侵害,而非算法侵害,故适用隐私权、名誉权救济即可,不宜适用个人信息权保护。

四、损害结果从自然损害到算法损害

鉴于侵害方式不同,算法导致的损害结果也有别于传统损害。

第一,从损害的外在表现来看,非物质性人格权与人的社会评价关联密切,故传统的自然侵害结果多表现为权利人社会评价被不当降低,但算法侵害往往并不会影响主体的社会评价,原因在于:从商业角度来看,企业关注的是基于用户信息而获得经济利益,对用户的社会评价往往漠不关心;对算法而言,其只是根据一定的标准将用户作出分类和差别对待,算法自身并没有道德观,其对用户的评价是一种"道德中性"的评价,既没有"好",也无所谓"坏"。

第二,从损害的内在影响来看,自然侵害首先导致的是权利人精神上的痛苦,精神利益是传统人格权保护的重点,之后才是因社会评价降低而可能导致的财产利益、交易机会损失等。而算法侵害并不会让权利人产生传统线下社会中"丢人"的心理负担,因为"知晓"相关信息的是非生命体的计算机。算法侵害对个人造成的伤害主要不是精神上的痛苦,而是因为算法对个人作出了"错误"的画像,或基于对个人的准确画像而作出了不公

---

[1] 彭诚信、许素敏:《侵害个人信息权益精神损害赔偿的制度建构》,《南京社会科学》2022 年第 3 期,第 87 页。

正、不合理的自动化决策,进而损害了个人的利益。例如在"朱某与北京百度网讯科技有限公司隐私权纠纷案"中,原告朱某主张自己因被告百度公司收集和利用其检索记录信息,导致其精神高度紧张。二审法院以百度公司所处理的用户检索记录信息无法识别原告身份而否定了原告的主张,即使该信息构成个人信息(这种可能完全存在,因为法院对个人信息的可识别标准已从过去的身份识别转变为包括身份和特征识别),该案似乎也难以依检索记录的利用而认定原告精神高度紧张。[①]

第三,从造成损害的主观方面来看,即使算法评价的结果客观上导致被评价者社会评价的降低,该结果也并非算法"有意"追求。例如在"任某与北京百度网讯科技有限公司名誉权纠纷案"中,在被告百度公司的搜索界面,原告任某的姓名常和声誉不佳的"陶氏教育"一词同时出现,原告据此主张被告侵害其名誉权等。法院认为,任某姓名与陶氏、陶氏教育等词汇同时出现具有机动性,处于动态变化,其是对特定时间内网络用户所使用的检索词的客观情况的反映,故百度公司并不存在主观过错。[②] 理论上常以算法技术中立角度对此展开论证。当然,若算法设计本身不合理,则仍可能构成侵权。

第四,从遭受损害的对象来看,以传统人工利用个人信息方式造成的损害,一般不宜认定为侵害个人信息权意义上的损害。例如,电信网络诈骗往往根据受害人情况来编造诈骗"剧本",从而骗取受害人财产。此时可直接认定加害人侵害了受害人的相关财产权,不必认定为侵害个人信息权。"当他人利用个人信息实施诈骗等行为时,在这里个人信息只是犯罪的工具,直接侵害的是自然人的人身和财产利益,而不是人的尊严,因而并不是侵害个人信息犯罪。"[③]刑法对电信诈骗行为区分侵害公民个人信息罪和诈骗罪,利用个人信息骗取的财物往往作为诈骗罪的量刑情节。同样,民事上也应区分算法损害和非因算法造成的损害,但目前司法裁判似未区分二者。例如在"赵某与北京链家房地产经纪有限公司等一般人格权纠纷案"中,被告链家公司的员工杨某擅自向宋某提供了原告赵某的身份证信息和房产信息,宋某在赵某不知情的情况下,利用该信息为自己办理了北京居住证。法院以侵害个人信息为由判决链家和宋某承担 10 万元连带赔偿责任。[④] 该案的判决理由有待商榷,该 10 万元赔偿金不宜认定为侵害个人信息权造成的损失。

> **【思考】**
> 传统线下社会和数字社会在识别、评价、侵害、损害等方面是否泾渭分明,存在模糊地带?

---

① 南京市中级人民法院(2014)宁民终字第 5028 号民事判决书。需注意的是,就个人信息侵权未遭受严重精神痛苦未必就不能主张精神损害赔偿。
② 北京市第一中级人民法院(2015)一中民终字第 09558 号民事判决书。
③ 高富平:《论个人信息保护的目的——以个人信息保护法益区分为核心》,《法商研究》2019 年第 1 期,第 102—103 页。
④ 北京市朝阳区人民法院(2018)京 0105 民初 9840 号民事判决书。

📖 典型案例

庞某某与北京趣拿信息技术有限公司等隐私权纠纷案①

案件事实：原告庞某委托鲁某通过去哪儿网平台订购了一张东航机票，订票所使用的是鲁某的手机号；两天后，庞某的手机号收到了航班取消的诈骗短信。原告以被告趣拿公司和东航公司泄露其隐私信息（包括姓名、手机号码、行程安排等）为由，要求两被告承担赔礼道歉、赔偿精神损害抚慰金的连带责任。

法院裁判：一审法院认为，原告未能证明两被告存在泄露其隐私信息的行为，故应承担举证不能的不利后果，驳回了原告的诉讼请求。二审法院则认为，原告提供的证据已经表明，两被告存在泄露原告个人隐私信息的高度可能且被告未能举证推翻，根据事实认定的高度盖然性规则，应认定两被告泄露了原告信息。关于案涉姓名、电话号码和行程安排信息是否可适用隐私权予以保护，二审法院认为，这些信息属于《民法总则》第111条规定的个人信息。法院进而指出，尽管在保护个人信息的进路上国内尚存在分歧，但不能因此放弃对个人信息的保护。根据《信息网络侵权司法解释》第12条，自然人的私人活动属于隐私信息，故原告的行程安排属于隐私信息。尽管原告的姓名和手机号码等信息孤立地看不应保密，但将这些信息和隐私信息（行程信息）结合在一起时，该整体信息因包含了隐私信息便成为隐私信息。将姓名、手机号码和行程信息结合起来的信息归入个人隐私一体保护，也符合信息时代个人隐私、个人信息电子化的趋势。据此，二审法院判决两被告侵害了原告隐私权。

案例评析：本案诉讼在《个人信息保护法》出台前。二审法院以两被告侵害了原告隐私权为由作出判决，但法院的说理并没有围绕侵害隐私权的构成要件和法律后果展开，而是基于似乎相反的说理逻辑：鉴于《民法总则》已确立了对个人信息的保护，为有效保护个人信息，可通过隐私权来间接实现对个人信息的保护。法院这一说理逻辑令人费解。隐私权在历史上先于个人信息权产生，在面对纠纷时，个人信息权理应是在隐私权难以有效解决时，作为"补漏者"来适用。何以会出现将两者颠倒过来，通过隐私权解决个人信息保护的问题？且从个人信息权与隐私权规则的适用关系来看，隐私权规则应优先适用（《民法典》第1034条第2款），完全没有必要舍近求远地凭借个人信息来论证保护隐私权。这种论证还违反了两种制度的适用逻辑：对于受保护的具体信息内容来说，侵害了隐私便可证成侵害了个人信息，在法律适用逻辑上是成立的，但不能说证成了侵害个人信息便构成侵害隐私，因为侵害隐私的程度性要求更高。可见，本案虽被视为个人信息纠纷典型案件，但从裁判说理来看，本案适用隐私权即可解决。

---

① 北京市第一中级人民法院(2017)京 01 民终 509 号民事判决书。

第三节　个人信息的判断标准

 教学案例

案例 1：甲在乙平台使用手机注册了账号，平台默认给甲分配了用户名"sjdfiaad"，该用户名是否为甲的个人信息？

案例 2：甲在乙平台发布评论时，评论中显示了甲的 IP 地址。甲的 IP 地址信息是否为个人信息？

我国多部法律中对个人信息作出了定义，但这些定义不尽相同。2017 年，《网络安全法》第 76 条第 5 项规定："个人信息，是指以电子或者其他方式记录的能够单独或者与其他信息结合识别自然人个人身份的各种信息，包括但不限于自然人的姓名、出生日期、身份证件号码、个人生物识别信息、住址、电话号码等。"2020 年，《民法典》第 1034 条第 2 款规定："个人信息是以电子或者其他方式记录的能够单独或者与其他信息结合识别特定自然人的各种信息，包括自然人的姓名、出生日期、身份证件号码、生物识别信息、住址、电话号码、电子邮箱、健康信息、行踪信息等。"2021 年的《个人信息保护法》第 4 条规定："个人信息是以电子或者其他方式记录的与已识别或者可识别的自然人有关的各种信息，不包括匿名化处理后的信息。"对个人信息的界定主要有以下三个因素。

第一，"以电子或者其他方式记录"。这是上述个人信息定义的共同之处。其中，"电子"是指以数字化方式存储，能被计算机处理的方式。关于"其他方式"，虽然有意见认为，包括"传统资料文档等非电子形式"。① 但需注意的是，在民事领域，鉴于"个人信息"保护以数字社会为前提，故"其他方式"应解释为类似于"电子"的方式，是一种可以被计算机识别和计算的信息载体，以便为将来技术的发展预留空间，而不应解释为包括纸质等传统线下的信息记录方式。

第二，界定进路，即以能否识别来界定个人信息，还是以识别出的自然人来界定个人信息。前者着眼于各条信息，若该信息单独或结合后可识别自然人，则为个人信息；后者着眼于自然人，若能确定自然人，则与其相关的信息都是个人信息。

第三，"算法识别"是界定个人信息的关键。算法识别可分为两个方面：一是识别的对象，即仅限于通过算法识别个人身份，或包括个人特征等其他识别；二是识别的程度，即单独识别或与其他信息结合识别。

---

① 龙卫球：《中华人民共和国个人信息保护法释义》，中国法制出版社 2021 年版，第 17 页。

一、个人信息的判断进路

个人信息的判断进路主要有二：一是以"算法识别"为中心来界定个人信息，即能够识别个人的信息，属于个人信息。二是以"关联"为中心来界定个人信息，即在个人已识别或可识别的前提下，凡是与该个人相关的信息，都属于个人信息。我国《网络安全法》和《民法典》采前者，《个人信息保护法》采后者。[①] 有观点认为，这两种进路"实质差别不大，即无论是识别说还是关联说，所界定的个人信息的范围基本上是相同的"。[②] 但其实这两种进路对司法裁判会有明显的影响，因为前者的思路是从信息到个人，后者的思路是从个人到信息。若采第一种进路，法院会将重点放在某一信息能否识别自然人上，如何判断"可识别"往往成为争议的焦点；若采第二种进路，则法院会将重点首先放在信息处理者是否已掌握信息主体的身份或特征，一旦信息处理者已掌握，则与该主体相关的所有信息都会被归入个人信息；若信息处理者并不掌握信息主体的身份，才会开始信息能否识别个人的判断。因此，总体而言，第二种进路下的个人信息外延要大于第一种进路，也是更宜采取的进路。

> **【思考】**
>
> 某一信息是否属于个人信息，采识别进路和关联进路在多数案件中得出的结论一致。你能给出一个二者结论不一致的例子吗？

需注意的是，作为一个法律概念，个人信息的界定并不是一个纯粹的事实判断，而是一个以事实为基础的融入了价值衡量的法律判断。法律上的个人信息概念，旨在划定个人信息的保护范围和保护程度。因此，唯有将个人信息的界定置于具体的法律关系中，才能判断某一信息是否个人信息。换言之，同一个信息，对某一主体而言是个人信息，但对另一主体而言则可能并非个人信息。在学界，不少学者以"场景化"来表达个人信息的界定应置于具体法律关系中的观点。[③] 但法律关系视角与场景理论并不相同。二者差别在于：场景理论是根据具体场景中是否有必要保护个人信息来反推某一信息是否属于个人信息。法律关系理论并非完全由结果来倒推个人信息，而是从具体当事人间能否识别来确定是否属于个人信息，进而决定是否要予以保护。

[①]　也有观点认为《个人信息保护法》采取了"识别说＋关联说"。参见张新宝：《〈中华人民共和国个人信息保护法〉释义》，人民出版社 2021 年版，第 42 页。欧盟《一般数据保护条例》采关联说，其第 4 条第 1 款规定："'个人信息'指任何与已识别或者可识别的自然人（'数据主体'）相关的信息；可识别的自然人指能够被直接或者间接识别的人，特别是通过识别符，例如姓名、身份号码、位置数据、网络识别符，或者通过与该个人生理、心理、基因、精神、经济、文化或者社会身份相关的一个或者多个因素来识别。"

[②]　程啸：《个人信息保护法理解与适用》，中国法制出版社 2021 年版，第 57 页。

[③]　丁晓东：《论个人信息概念的不确定性及其法律应对》，《比较法研究》2022 年第 5 期，第 46—60 页。

案例解析

案例1,用户名"sjdfiaad"是否个人信息,取决于就哪一法律关系而言,若是乙平台和甲之间,因乙平台已经掌握(识别)甲的身份,故用户名"sjdfiaad"在甲和乙平台之间属于个人信息;若对其他公众而言,用户名"sjdfiaad"不足以让公众识别甲,且公众往往难以通过与其他信息的结合来识别甲,故该用户名信息对公众而言并非个人信息。

同理,案例2,单独的IP地址无法识别特定自然人,但是存在结合其他信息来识别特定自然人的可能。因此,对一般公众而言,IP地址并非个人信息,但对某些主体(例如电信服务提供者),因其同时掌握了用户身份证等信息,能以合理成本在结合其他信息后识别特定自然人,故应属于个人信息。

二、识别的对象

关于识别,首先需明确的是,识别的对象仅限于个人身份,还是包括个人特征。我国经历了从"身份"到"身份+特征"的转变。早先,我国法律多以"身份"识别来理解识别对象。例如2017年的《网络安全法》第76条第5项中对个人信息的定义。[①] 同时,法院判决也多采此观点。例如在"朱某与北京百度网讯科技有限公司隐私权纠纷案"中,被告通过利用原告浏览器的cookie信息向原告推送相关广告。一审法院认为,cookie信息属于原告隐私,被告利用原告隐私进行商业活动,侵犯了原告隐私权,但二审法院认为,"网络用户通过使用搜索引擎形成的检索关键词记录,虽然反映了网络用户的网络活动轨迹及上网偏好,具有隐私属性,但这种网络活动轨迹及上网偏好一旦与网络用户身份相分离,便无法确定具体的信息归属主体,不再属于个人信息范畴。……百度网讯公司在提供个性化推荐服务中没有且无必要将搜索关键词记录和朱某的个人身份信息联系起来。"[②]故原告cookie信息不构成个人信息。本案中,二审法院对个人信息的界定表明:一是识别对象指身份识别,而不包括特征识别;二是对可识别的判断,不仅取决于技术上是否能识别,而且取决于信息处理者在事实和意图上是否会去识别。

但在《民法典》和《个人信息保护法》中,都不再提及"身份"识别。司法裁判也逐渐将特征识别纳入个人信息的对象。例如在"黄某与腾讯科技(深圳)有限公司等隐私权、个人信息权益网络侵权责任纠纷案"中,法院认为,个人信息的界定标准是:"可识别性"既包括对个体身份的识别,也包括对个体特征的识别。对个体身份的识别确定信息主体"是谁",对个体特征的识别确定信息主体"是什么样的人",即该信息能够显现个人自然痕迹或社

---

① 但同样是2017年的《侵犯公民个人信息司法解释》则采取了"身份+特征"识别的界定。该解释第1条规定:"刑法第二百五十三条之一规定的'公民个人信息',是指以电子或者其他方式记录的能够单独或者与其他信息结合识别特定自然人身份或者反映特定自然人活动情况的各种信息,包括姓名、身份证件号码、通信通讯联系方式、住址、账号密码、财产状况、行踪轨迹等。"

② 南京市中级人民法院(2014)宁民终字第5028号民事判决书。

会痕迹,勾勒出个人人格形象。[①]

三、识别的程度

某一信息能否识别特定的自然人是光谱的观念,即从可以精准识别到完全无法识别的渐变过程。识别程度的高低会影响法律对信息的保护强度。显然,识别程度越高的信息,一般而言法律保护的强度也越高。[②] 在法律上,为了描述信息识别的程度,有两种常见的分类:一是单独识别和结合识别(也称为直接识别和间接识别);二是已识别和可识别。前者是从信息角度观察该信息如何识别特定自然人;后者是从自然人角度观察其是否已经被识别。

单独识别和结合识别是我国《民法典》第 1034 条采取的分类。所谓单独识别是指该个人信息本身足以识别特定的自然人;结合识别是指该信息无法识别特定自然人,需要结合其他信息才能够识别特定自然人。可见,单独识别的信息识别程度高于结合识别的信息,法律上对单独识别的信息直接作为个人信息纳入保护,对于结合识别的信息需综合考虑诸多因素后判断是否应作为个人信息予以保护。对于单独识别的判断,可分两步:一是确定该信息与特定自然人间具有唯一对应关系。若不具有唯一对应性,则无法单独识别。在数字社会,用户的唯一设备识别符、平台为用户自动生成的用户 ID 等具有唯一对应性。二是根据社会通常观念或基于合理的成本,相关主体能否识别该特定自然人。已识别和可识别是我国《个人信息保护法》第 4 条采取的分类。所谓已识别是指特定自然人已经被识别,至于该识别是通过某一信息单独识别还是通过多个信息结合识别则在所不问;可识别是指特定自然人能够被识别,但目前的信息尚不足以识别该自然人,即具有识别的可能性。

无论是结合识别还是可识别都存在判断上的困难。就技术而言,任何信息都存在与其他信息结合后识别特定自然人的可能。但若作此种理解,则所有与自然人相关的信息都将成为个人信息,法律对个人信息的保护将漫无边际,社会的信息流动也将受到抑制。因此,学界就如何理解结合识别或可识别展开了诸多探索。有学者认为应从信息被不当利用所带来的风险视角出发来判断可识别,将信息利用的目的、识别的难度等纳入考量;[③]也有学者提出要根据具体场景与制度功能来确定个人信息的范围,通过综合识别的目标、作出识别的主体、识别的概率、识别后的风险等加以判断;[④]还有学者尝试在个人信息分类保护制度的前提下建立一个差异化、动态调整的标准体系,从而形成一个定期调整

① 北京互联网法院(2019)京 0491 民初 16142 号民事判决书。

② 当然,识别程度只是法律保护强度的考量因素之一,此外还会考量信息对主体利益影响的大小、被信息处理者利用的方式等。

③ 赵精武:《个人信息"可识别"标准的适用困局与理论矫正——以二手车车况信息为例》,《社会科学》2021 年第 12 期,第 126—135 页。

④ 丁晓东:《论个人信息概念的不确定性及其法律应对》,《比较法研究》2022 年第 5 期,第 51—54 页。

的个人信息分类目录。[①]

拓展阅读 **域外个人信息判断标准的趋势**

美国对个人信息的判断标准呈现出将原来纯粹基于文义的概念转向宽泛的、分层的、动态的个人可识别信息图谱。[②] 首先,将原来要求个人信息必须可用于身份或行为识别的标准,扩大为无论是否可以进行身份识别,均属于一般的个人信息。在此宽泛的概念下,针对不同数据类型公开流通后形成的风险差异,划分为已识别的个人信息、可识别的个人信息和不可识别的个人信息,并对数据使用者提出不同的数据安全保护要求。当数据脱敏处理在符合当前技术要求时,企业可以免除防范信息再识别风险的义务。[③] 其次,对个人信息在收集利用中的商业风险进行场景化的分析,反对将隐私作为僵化的标准,转而提出"情景完整性"理论(contextual integrity)。[④] 在该理论框架下,个人信息的认定需结合动态的具体情景做不同认定。例如,对个人消费活动信息,如果商家收集的目的是了解顾客的购买偏好和需求,从而为企业营销策略提供精确指导,这类个人信息虽然可以用于识别个人身份,但企业的信息收集和处理行为符合个人信息保护要求;如果商家收集的目的偏离了原有的情景,深度挖掘顾客的其他类型个人信息,则这类个人信息即使通过技术手段切断了与具体消费者的身份关联,仍然被认为违反了个人信息保护要求。[⑤]

欧盟《一般数据保护条例》第4条第1款将个人数据(personal data)定义为"与已识别或可识别的自然人(数据主体)相关的任何信息"。可识别的自然人是指"可以直接或间接识别的自然人,特别是通过诸如姓名、身份码、位置信息、网络识别码等识别码,或者一个或多个与自然人相关的具体身体、生理、基因、心理、经济、文化或社会身份因素。"在这一定义模式下,个人信息的范围几乎无所不包。为了增强个人信息概念的适用性,欧洲的学说理论试图对个人数据的可识别性标准进一步细化,从而细分了个人数据的不同类型。例如,有学者提出了关系型数据库设计原则,将个人数据库中的识别符在两个维度做了区分,以对个人身份识别能力高低划

① 苏宇、高文英:《个人信息的身份识别标准:源流、实践与反思》,《交大法学》2019年第4期,第68—70页。
② Paul M. Schwartz, Daniel J. Solove. Reconciling Personal Information in the United States and European Union. *California Law Review*, Vol. 102, No. 4, 2014, pp. 912 - 913.
③ Paul M. Schwartz, Daniel J. Solove. The PII Problem: Privacy and a New Concept of Personally Identifiable Information. *New York University Law Review*, Vol. 86, No. 6, 2011, pp. 1877 - 1879.
④ Helen Nissenbaum. Privacy as Contextual Integrity. *Washington Law Review*, Vol. 79, No. 1, 2004, pp. 118 - 119.
⑤ Helen Nissenbaum. Privacy as Contextual Integrity. *Washington Law Review*, Vol. 79, No. 1, 2004, pp. 134 - 135.

分,能够精确识别某一个人的唯一识别符为完全识别符(full identifier),除此之外,还有部分识别符(partial identifier);以含有的个人信息是否直接可见划分为显性识别符(explicit identifier)和隐性识别符(implicit identifier)。在两个维度上的排列组合形成的四种识别符可以涵盖所有的个人数据库中的数据类型,包括完全显性、完全隐性、部分显性、部分隐性四种类型。对于像姓名、出生日期这类部分识别符,或是像居民身份证号码这类隐性识别符,则需要在相应关系数据库中获取附加信息,并结合在一起后才可以识别某一特定的人。①

另外,根据《个人信息保护法》第 4 条,个人信息"不包括匿名化处理后的信息"。所谓"匿名化""是指个人信息经过处理无法识别特定自然人且不能复原的过程。"因此,个人信息经匿名化处理后便不再是个人信息,信息处理者无需再遵守个人信息保护方面的各项规则。就技术角度而言,任何信息只要与足够多的其他信息相结合,都可能产生识别特定自然人的结果,故对匿名化的理解不应纯粹从技术角度加以判断,而是要结合特定信息处理者复原的成本和技术难度的高低。对于复原成本极高的信息可归入匿名化信息。与匿名化相关的另一概念是"去标识化",即"个人信息经过处理,使其在不借助额外信息的情况下无法识别特定自然人的过程"。去标识化的信息仍是个人信息,只是其无法直接识别特定自然人,而是需与其他信息结合才能识别特定自然人。

总体而言,我国个人信息的界定经历了一个不断扩大的过程,但在个人信息范围不断扩大的同时,也在尝试通过各种途径来妥当解释"可识别(结合识别)",从而避免个人信息范围的漫无边际,为信息流动和利用保留合理的空间。

 **典型案例**

余某与北京酷车易美网络科技有限公司隐私权纠纷案②

案件事实: 被告开发、运营的查博士 APP 为不特定公众有偿提供车况信息查询服务。原告与案外人协商机动车销售过程中,案外人通过原告提供的车架号信息,从被告处获得了案涉车辆的历史车况报告。原告以被告侵犯其隐私权和个人信息权益为由,要求被告删除查博士 APP 中案涉车辆的信息,并赔偿损失。另查明,被告系从第三方调取车辆的维修、保养记录,并通过自主算法形成的历史车况报告。

法院裁判: 广州互联网法院认为,案涉历史车况信息并非个人信息,理由在于:① 案

---

① Bostjan Bercic, Carlisle George. Identifying Personal Data Using Relational Database Design Principles. *International Journal of Law and Information Technology*, Vol. 17, No. 3, 2009, pp. 237 - 239.
② 广州互联网法院(2021)粤 0192 民初 928 号民事判决书。

涉历史车况信息无法单独识别特定自然人。从内容上看,案涉历史车况报告中的信息包括车架号、车辆基本行驶数据等,无法与特定自然人进行关联。从特征上看,案涉历史车况信息能综合反映所查车辆的日常损耗程度等,这些信息仅能反映所查车辆的使用情况。从来源上看,产生车况信息的主体不一定是特定自然人。根据日常生活经验,多个自然人使用同一车辆的情况较为常见。② 案涉历史车况信息无法与其他信息结合识别特定自然人。实践中存在通过第三方信息与车况信息结合识别到特定自然人的可能性,但一般理性人在实现上述目的时会综合考虑行为成本,例如技术门槛、第三方数据来源、经济成本、还原时间等。在车辆交易场景下,案涉车况信息与其他信息结合进行关联识别的可能性较低。

案例评析: 本案对历史车况信息是否属于个人信息展开了详细说理,但本案关于案涉信息并非个人信息的论证并不成功。① 关于识别对象,法院主要以身份识别来界定个人信息。我国立法对识别对象呈现出从身份识别到身份＋特征识别的变迁,故对个人信息识别与否的判断不能局限于身份识别。② 法院以多人可能共用同一车辆为由否定车况信息是个人信息。若这一理由能成立,则绝大多数 APP 账户的用户信息都将不能认定为个人信息,因为生活中家人间共享同一个购物账户或音(视)频账户等多有发生。这显然不妥。③ 关于结合识别,法院将识别成本纳入考量富有启发性,但从一般公众角度来判断能否识别并不全面。因为本案余某的主要诉求是酷车易美公司立即删除查博士 APP 中案涉车况信息,故对能否结合识别的判断,应首先考察酷车易美公司能以合理的成本结合识别。

就裁判目标而言,本案将车况信息排除在个人信息之外,主要目的是否定原告在本案中的诉讼请求。这一判决结果(驳回原告的诉讼请求)笔者赞同,但通过"个人信息"的界定来实现本案的目标是否妥当则值得斟酌。假如本案被告 APP 中提供的案涉车辆的车况信息存在错误,原告是否有权要求被告或向被告提供信息的第三方作出更正?假如被告所处理的车况信息发生了泄露,检察机关能否据此提起个人信息民事公益诉讼?如果这两个假设案情的回答都是肯定的,那么,本案否定案涉信息是"个人信息"的结论将对其他案件的解决带来障碍。

 本章小结

1. 数字社会是个人信息权得以产生和存在的社会基础。可识别是个人信息的物理特征,算法识别是个人信息的技术特征。

2. 个人信息标表特定自然人的特征,具有人格属性。数字社会中的个人信息天然内含财产基因,具有财产属性。

3. 与传统线下社会相比,数字社会中的个人信息识别方式、评价方式、侵害方式和损害结果都因算法而发生改变。

4. 并非所有"可识别"的信息都是个人信息权意义上的个人信息,并非所有涉个人信息的纠纷都可以适用个人信息权予以保护。只有"算法识别"的信息才属于个人信息权客体范围内的个人信息;只有运用了算法技术的个人信息纠纷,才能适用个人信息权保护。

5. 对个人信息的界定存在识别说和关联说两种进路。个人信息识别的对象包括个人身份和个人特征。对于可识别(结合识别)的判断,应置于具体法律关系中进行。

 ## 延伸思考

1. 在宪法、行政法、刑法、民法层面,个人信息判断标准是否完全相同? 若不同,差别是什么? 为什么会产生此种差别?

2. 为什么数字社会是个人信息权产生和存在的前提? 传统线下社会为什么不会产生个人信息权?

3. 若对个人信息采广义理解,即理解为可识别自然人的信息,则个人信息权与隐私权等传统人格权纠纷将出现大量重叠,该重叠问题能否通过请求权竞合予以有效解决?

4. 从个人信息的算法识别性来看,除了本书提及的识别方式、评价方式、侵害方式、损害结果外,还有哪些方面也发生了转变?

参考文献

1. 丁晓东:《论个人信息概念的不确定性及其法律应对》,《比较法研究》2022 年第 5 期。
2. 彭诚信:《论个人信息的双重法律属性》,《清华法学》2021 年第 6 期。
3. 彭诚信:《论个人信息权与传统人格权的实质性区分》,《法学家》2023 年第 4 期。
4. 苏宇、高文英:《个人信息的身份识别标准:源流、实践与反思》,《交大法学》2019 年第 4 期。
5. 赵精武:《个人信息"可识别"标准的适用困局与理论矫正——以二手车车况信息为例》,《社会科学》2021 年第 12 期。

第三章

个人信息的权利属性

第一节 个人信息权的本质属性：人格权

 教学案例

案例 1： 甲公司以特定算法提炼用户信息形成了指数型、统计型、预测型数据产品，乙公司帮助他人获取涉案数据内容以牟利。甲公司主张其对数据产品依法享有财产权益，乙公司则认为网络用户享有相关信息财产权，用户已将个人信息财产权益同意许可给乙公司。此案中的用户对个人信息享有何种权益？

案例 2： 甲公司是一款读书软件的开发者，其在《服务许可协议》中规定，用户默认软件使用信息向与用户在某关联软件上有好友关系的其他用户开放浏览可见。用户乙的读书信息被甲公司公开给关联软件好友，乙诉至法院，请求甲公司承担损害赔偿责任。甲公司此种行为是否侵害用户乙的个人信息权和隐私权？

个人信息保护以保护个人信息权为目的，究竟采用何种保护方式和手段，则由个人信息权法律属性所决定。依据规范对象和法律关系不同，个人信息权可以分为不同的层次，既有处于基本权利层面的宪法上的个人信息权和处于权力制衡层面的行政法上的个人信息权，也有处于私人权益层面的民法上个人信息权。不同层次的个人信息权义务主体、权益内容、行权方式、救济途径各不相同，本书主要探讨私法层面的个人信息权，明确个人信息权在私权层面的本质属性。

一、个人信息权的性质

我国《民法典》在第四编人格权编中规定了"自然人的个人信息受法律保护"，确定了个人信息权的人格权益属性。

（一）个人信息本身具有人格标识特征

个人信息，例如生物特点、活动轨迹以及人物画像等，无论是直接指向个人还是在信息组合之后指向个人，均有身份识别性。通过客观的个人标识符号与主体、人格和身份建立起的稳定联系，具有表征个人的特征，属于标表型人格要素。个人信息的标表特性使其"既是自然人参与社会交往的载体，也是个人人格表现和人格发展的工具"。[①] 此种人格关联性，使现实中对个人信息相关权益的保护具有了价值基础。诚如有学者指出，个人信息权是人格权，源自个人信息与自然人生命、身体、健康的密切联系性，它们是生命、身体、健康的表征或符号。[②]

（二）个人信息权体现人的自由和尊严

人格权根源于人的人格尊严和自由，是对人格独立、完整和自主的尊重，个人信息权与人格权具有内在的一致性。个人信息人格权赋予个人两种能力：一是创造个人身份特点的能力，这些身份特点用来定义自身；二是个人事物的决策能力，尤其是与自我界定相关的事务。这两种能力事关个人对自我的认知和评价，并且通过形塑他人掌握自身信息的方式，影响他人对自我的认知，[③]体现了一个人的自由和尊严，是重要的精神利益，与人格权的内涵相契合。

（三）个人信息权侵害体现人格关联性

个人信息的数字化利用促进了社会形态更迭换代，给社会生活带来巨大便利，同时也诱发了诸多新的技术性和道德性法律风险，这些侵害体现了个人信息权的人格关联特征。

1. 信息电子化处理带来人格评价失控

在数字社会中个人信息被用于各种场景的打分、分类、评价等活动。与传统人格评价不同，数字社会对人格认知不再以面对面的交流为主，也不再主要依赖于人类经验对评价信息的选择。打分、分类结果或者评价信息的推选，由原始信息和算法所决定，人格评价被技术过滤。个人在真实人格外形成了由个人信息所勾画的数字人格，数字人格可能与真实人格一致，也可能不符，主要取决于算法对多维个人信息的计算和使用。这些信息保存长久，人们曾经的失误行为被持久记录，可能成为数据人格上难以磨灭的污点。没有网络时，人们曾经的错误会随着时间被淡忘，网络的加入使这些错误永久惩罚信息主体，尤其是算法的相关性推导，更是给人格评价增添了一层迷雾，人们不知道自己曾经的哪个行为给其带来如此不利而长久的影响。

---

① 王利明：《中华人民共和国民法总则详解》（上册），中国法制出版社 2017 年版，第 456 页。
② 刘士国：《信息控制权法理与我国个人信息保护立法》，《政法论丛》2021 年第 3 期，第 83 页。
③ Edward J. Janger & Paul M. Schwartz. The Gramm-Leach-Bliley Act, Information Privacy and the Limits of Default Rules. *Minnesota Law Review*, Vol. 86, No. 3, 2002, pp. 1247 – 1248.

2. 信息全面实时追踪形成数据监视

采集、生成、使用个人信息并非网络交易和交流所特有,现实空间同样涉及信息处理。但与网络交流或交易相比,这些信息处理都是一般性的,既不会用来对消费者做个性化分析和评价,也不会用来做定向推荐和预测。在智能环境下,个人信息作用发生了改变,商家越来越依赖用户的网络(互联网和物联网)行为轨迹和数据,进行产品、服务和媒体内容的预测分析或定向投放。他们有足够的经济动机去搜罗个人信息,用户浏览了什么、点击了什么、购买了什么都在其掌控之下。人们变得前所未有的透明。

3. 个人隐私以不易感知的方式被算法挖掘

个人信息与隐私是不同的概念,个人信息是除去隐私之外作为独立保护客体的信息。在信息采集阶段,信息处理者采集的并不一定是个人隐私,但智能算法的加入增加了个人信息转化为隐私的可能性。在信息自动化处理过程中,多维信息结合能够清晰勾勒出个人画像,换句话说,隐私并不是采集来的,而是算法对多维信息处理计算出来的。隐私生成与信息采集存在时间跨度,若非具有专业知识,信息主体并不了解隐私挖掘的风险。不仅如此,传统隐私侵害伴随物理空间上的侵入或是伴随精神安宁的侵犯,对隐私权人来说可以感知。而在信息时代,隐私挖掘具有隐蔽性,甚至隐私被滥用或泄露时,信息主体未必知道其权益侵害事实或具体的侵害者。

综上,在自动化数据处理下,人的自由发展取决于其是否有权对抗个人资料被无限制地搜集、储存、使用和传输,其依据源于个人自主决定的价值和尊严。[①] 为避免个人因信息滥用而遭受人格贬损,避免担心数据泄漏而产生精神困扰,法律需要赋予个人以个人信息权,以确保其人格独立和自由。

拓展阅读　个人信息财产权保护模式反思

个人信息保护模式是与个人信息权性质密切相关的问题。除人格权保护外,我国学界还存在个人信息财产权保护模式主张。无独有偶,国外同样存在以财产权保护个人信息权的探讨。[②] 毋庸置疑,财产权具有支配性。财产权赋权能使个人获得个人信息的强大控制力,但财产权的客体原型是外在于人的有体物,其规则能否适用于个人信息,需要分析财产权效力与个人信息关系的适配性,否则会发生规则套用的机体排异。个人信息处理法律关系特点决定了个人信息权不具有财产权法律特性。

1. 个人信息权不具有强排他性

财产权具有强排他性,会加剧个人信息上的利益冲突,甚至引起个人信息权对

---

① 王泽鉴:《人格权法》,北京大学出版社 2013 年版,第 200 页。

② Jerry Kang. Information Privacy in Cyberspace Transactions. *Stanford Law Review*, Vol. 50, No. 4, 1998, p. 1193.

社会秩序的干预。个人信息是对个人的标表,反映的是个人特征及与个人相关的事实。如果说事实是社会的元件,信息便是构建社会秩序的基本要素,表达自由、践行自治以及生成知识等都离不开信息。个人信息的重要特点之一是具有公共性,多元利益聚焦于个人信息之上,因此"个人信息既可能是个人信息权客体,也可能是其他法定权益的客体",[①]个人信息多面向地塑造着社会秩序。财产权是垄断性权利,当我们赋予个人信息以财产权时,我们便将事实私有化,垄断个人信息便垄断了对个人事实的利用。垄断效力不仅加剧了个人信息上的利益冲突,而且使信息所有人形成了干预社会秩序的力量。给个人信息以财产权保护,在实现信息控制之余,会发生强大的控制溢出效应。

2. 个人信息权不具有强转移性

财产权具有强转移性,财产权模式认为"自由市场能够给隐私提供完全的保护",[②]因财产权的重要特征是具有可转让性,当我们想要鼓励某种利益转让时,财产权模式便是最好的法律规则,此时个人信息被完全的商品化。但商品化需要有良好的市场秩序给予支撑,受制于信息主体理性受限、信息较难合理定价以及处理者具有不对等优势等原因,个人信息自由交易会产生诸多市场失灵,强转移性并不能发挥促进利益合理转让的功能。

3. 个人信息权不具有强处分性

财产权具有强处分性,依财产权逻辑,个人信息转移后会丧失所有权,这不仅不能保护个人信息,反而合法化了处理者的信息剥夺。虽然财产权规则的初衷是纠偏信息主体权力失衡,但完全的处分自由并未给个人提供实质的决策保障,反而成为处理者事实胁迫的正当理由。即便个人与处理者可以通过合同约定限制处理者行为,但权利转移后,个人便无法对第三人的二次使用和受让作出限制。[③]事实证明,希望以财产权方式保护个人信息的模式,对个人信息处理中的权力纠偏与信息保护并无助益。

 案例解析

案例1用户对个人信息享有人格权。理由在于:本案中个人信息同意的法律功能是保护信息主体对信息处理的知情权和决定权,避免信息主体因不知情的信息处理而遭受不公正决策、数据监视、隐私泄漏等权益侵害,同意不是对个人信息的绝对支配,也不产生财产权授权的法律效果,同意仅是信息处理具有合法基础的正当性依据。

---

① 王琳琳:《个人信息处理"同意"行为解析及规则完善》,《南京社会科学》2022年第2期,第84页。

② Jacob M. Victor. The EU General Data Protection Regulation: Toward a Property Regime for Protecting Data Privacy. *Yale Law Journal*, Vol. 123, No. 2, 2014, p. 519.

③ Paul M. Schwartz. Property, Privacy and Personal Data. *Harvard Law Review*, Vol. 117, No. 7, 2004, p. 2091.

二、个人信息人格权在人格权体系中的定位

(一) 个人信息权以权利形式获得保护

权益区分是民法教义学的重要原理,对于个人信息权益究竟以权利还是利益的形式获得保护尚有争议,《民法典》《个人信息保护法》亦未有明确规定。《民法典》总则编第111条和人格权编第1034条规定:"个人信息受法律保护",但只是确定了个人信息受法律保护的地位,至于其是权利还是利益,从文义来看未作界定。《民法典》人格权编第六章采用了"隐私权和个人信息保护"的表述,随后出台的《个人信息保护法》同样未给个人信息权益以明确法律定位,其第2条规定:"自然人的个人信息权益受法律保护,任何组织、个人不得侵害自然人的个人信息权益。"个人信息权益究竟是法益还是权利是民法对个人信息保护的根本性问题,应当予以明确。

权利否定说最主要的担忧是个人信息具有公共性,应当将其视为公共物品,避免赋权模式限制个人信息的自由流动。有学者主张"赋予个人对个人数据的排他控制权,使个人信息'私有化',有失法律正当性,甚至与人类社会进步发展的制度基础相悖"。[①] 也有观点认为,"应将个人数据信息视为一种非稀缺的和共享的公共物品,而不将其直接纳入私权的保护"。[②] 笔者认为,从人格权自身特点来说,个人信息权实为权利,个人信息赋权并不会产生权利控制的法律效果。

1. 人格权具有积极性,但不等于赋予个人信息权对物的支配性

人格权的积极性是指法律赋予民事主体所享有的对人格利益进行自主决定和利用的性质。[③] 人格权的自主决定并不产生如财产权一般的支配控制效果,两者"在权利对象上存在对物支配和人格自由的本质区别"。[④] 将对物的支配带入人格自主决定,将会产生"个人控制信息"或"主体客体化"的理念偏差。对物的支配强调独占归属与排他控制,而人格自主决定是为了维护人的尊严和自由。这意味着人格自主决定不应违背其目的,即使是财产化利用,自主决定的目标同样是维护人的尊严和自由。为了保护个人信息人格利益,自主自决不应与此目标相悖甚至造成侵害人格利益的后果,否则便丧失了正当性。换句话说,人格自主决定的目的不是支配个人信息的利用、出售或流转,个人不能绝对控制支配个人信息,否则便会造成人格权与物权权利混同。

2. 人格权具有绝对性,但不意味着个人信息权没有限度

人格权绝对性与债权相对性相对应,意味着权利人以外的其他任何人均负有不得侵害他人人格权的义务,也正因为人格权的绝对性,该权利才能受到侵权责任法的保护。个

---

① 高富平:《个人信息保护:从个人控制到社会控制》,《法学研究》2018年第3期,第95页。
② 吴伟光:《大数据技术下个人数据信息私权保护论批判》,《政治与法律》2016年第7期,第116页。
③ 王利明:《人格权法》(第三版),中国人民大学出版社2021年版,第7页。
④ 曹相见:《人格权支配权说质疑》,《当代法学》2021年第5期,第46页。

人信息权的绝对性体现为我国立法通过体系化的个人信息保护规则,确定了个人信息权对抗任意处理者的效力,即在信息处理关系中,该权利具有排除任意他人非法干涉的能力。例如,《民法典》第 1034—1039 条从个人信息处理原则、免责事由、信息主体权利、信息处理者安全义务等方面对个人信息保护规则进行了清晰界定。《个人信息保护法》不仅明确规定了个人在信息处理活动中的知情权和决定权、查阅权、复制权、可携权、更正权、补充权、删除权等权利,而且从信息处理全生命周期出发,对信息处理者收集、存储、使用、加工、传输、提供、公开、删除等各环节进行了行为规制。然而,任何权利均有限度,尤其是标表型人格权,"无论以何种方式行使标表型人格权,其权利行使均应受到一定限制并需要考虑利益平衡问题",[①]个人信息权作为标表型人格权也不例外。在学理上,"场景完整论"是个人信息保护法的重要理论,该理论主张将信息保护与具体场景相联系,认为具体场景中的信息收集和流通保护并非一成不变和固定僵化的,应运用一定的动态规则结合具体场景确定信息分配的具体方式和规则。[②] 场景理论是"利益衡量"在个人信息保护上的方法延伸,个人信息权虽具有绝对性,但并非无限制、无边界,权利的限度既保护了个人,又避免了阻碍信息利用,在赋权的同时,消解了限制数字经济发展、降低社会整体福利的不良影响。

3. 人格权具有专属性,但不禁止个人信息被处理者利用

所谓人格权的专属性是指人格权与个人的人格始终伴随,不可分离,人格权不能转让、放弃,也不能被继承。个人信息确权保护涉及多重利益的协调,为平衡信息保护与信息利用关系,诸多法域立法均规定了个人信息的同意许可以及法定许可制度,有效协调了自然人权益保护与信息自由、言论自由、商业活动自由及公共利益之间的关系。例如,我国《个人信息保护法》第 13 条列举了同意、履行合同必要、履行法定职责必要、突发公共卫生事件等个人信息使用的正当事由。欧盟《一般数据保护条例》第 6 条、日本《个人信息保护法》第 17 条、韩国《个人信息保护法》第 15 条也有类似规定。

(二) 个人信息人格权是具体人格权

在《民法典》颁布之前,我国学理上曾出现过主张通过一般人格权保护个人信息权益的观点,例如:"个人资料体现的人格利益远远超出了具体人格利益的范围,这也是现有法律框架无法对个人资料提供切实、充分保护的根本原因。……个人资料所体现的利益是人格尊严、人性自由、人身完整等基本利益,属于一般人格权范畴。"[③]法院也有采用一般人格权裁判个人信息权侵害的案件,在"王某某诉上海某物业顾问有限公司一般人格权纠纷案"中,一审法院认为,在现代社会,信息技术发达,信息传播速度快、影响力大、覆盖面广,保证个人信息的隐秘、安全和正当合理使用已经成为维护个人生活领域安宁、保持个

① 温世扬:《标表型人格权的制度价值与规范构造》,《法律科学》2021 年第 6 期,第 147 页。
② Helen Nissenbaum. Privacy as Contextual Integrity. *Washington Law Review*, Vol. 79, No. 1, 2004, pp. 136 - 155.
③ 马俊驹:《个人资料保护与一般人格权》,齐爱民:《个人资料保护法原理及其跨国流通法律问题研究》,武汉大学出版社 2004 年版,第 1 页。

人良好生活秩序不可或缺的手段,因此,个人信息应当属于一般人格权的重要内涵,属于法律保护的合法权益。[1]

《民法典》颁布之后,虽然个人信息是法律保护的利益还是权利仍存有争论,但从法律原理以及体例来看,我国个人信息权应为一项具体人格权而非一般人格权。

1. 个人信息权内容不同于一般人格权

一般人格权是框架性权利,以高度概括的一般条款形式保护抽象的人格自由与尊严,具有较强的涵摄能力,但内涵外延不确定,典型性和稳定性较弱。个人信息权保护对象清晰,是能够识别个人或与个人关联的信息;范围明确,即调整个人信息处理关系;内容具体,包括复制、查询、删除、更正、携带等权利内容;规则确定,处理个人信息必须征得个人同意,信息处理活动在质上受到目的限制原则的制约,在量上受到最小必要原则限制等。因此,个人信息权虽体现人的自由和尊严,但并非保护抽象的人格价值,而是保护具体的个人信息人格利益。

2. 个人信息权法律救济不同于一般人格权

正因为一般人格权是对尚未固定的非典型人格利益的保护,其侵权责任较具体人格权来说更加注重个案的利益衡量,所以,需法官充分说理。数字社会信息主体处于弱势地位,一般人格权救济模式不利于对个人信息的保护。例如,在"任某某与北京百度网讯科技有限公司人格权纠纷案"中,法院将被遗忘权归于一般人格权项下,但因权利人未能举证权利保护的"正当性"和"必要性"而驳回了原告诉讼请求。[2] 为纠偏地位失衡,《个人信息保护法》不仅明确规定了信息处理的权利义务归属,而且对主体实施倾斜保护,适用过错推定责任,不同于一般人格权的侵权救济模式。

3. 个人信息权条款适用功能不同于一般人格权

一般人格权的制度功能是避免出现立法漏洞,保持人格权法律体系开放,它通过价值引致的方式,将人身自由和人格尊严转化为一般人格法益,形成法律保护的一般人格权。一般人格权与具体人格权是并列而非一般与特殊的关系,[3]我国《民法典》第 990 条第 2 款明确规定一般人格权是基于人身自由和人格尊严产生的其他人格权益。在我国立法体例下,个人信息有专门的法律保护体系,《民法典》《个人信息保护法》《中华人民共和国数据安全法》(简称《数据安全法》)等均对个人信息权作出规定,个人信息权并非人格权法上未尽的"其他法益",不属一般人格权保护的对象。

4. 个人信息权条款适用顺位不同于一般人格权

一般人格权条款发挥了授权法官立法的功能,[4]与具体人格权条款的适用顺位是:具

① 上海市浦东新区人民法院(2010)浦民一(民)初字第 22483 号民事判决书。
② 北京市第一中级人民法院(2015)一中民终字第 09558 号民事判决书。
③ 朱晓峰:《人身自由作为一般人格权价值基础的规范内涵》,《浙江大学学报(人文社会科学版)》2021 年第 2 期,第 134 页。
④ 李永军:《论〈民法典〉人格权编的请求权基础规范——能否以及如何区别于侵权责任规范?》,《当代法学》2022 年第 2 期,第 23 页。

体人格权有规定时先适用具体人格权条款,没有规定的再由一般人格权提供保护。[1] 我国司法上的个人信息保护案件,多以隐私权或个人信息权侵害为诉由,[2]较少以一般人格权为请求权基础,反映了认定个人信息权为具体人格权的实践立场。

(三) 个人信息权区别于传统人格权的特殊性

个人信息权尽管在法律性质上属于人格权益,但与传统线下社会中的人格权益仍有一定的区别。

1. 个人信息权主体处于弱势地位

在传统线下社会,个人信息是人际交往、沟通交流的重要内容,遵循信息自由原则。在数字社会,信息处理关系发生实质改变,个人信息决策结构亦随之变化,信息处理的决策权转移到处理者手中,这种权力结构未给个人隐私提供保护空间。[3] 决策结构的变化改变了主体之间的法律地位,其中信息主体是处于弱势地位的自然人,义务主体是强势的信息处理者。信息主体的弱势地位表现为:① 因大数据技术加持,处理者搜集的个人信息在质量、规模和可获取性方面大大提升,处理者决定个人信息的处理和使用,个人丧失了对信息的事实控制;② 因信息不对称,个人不知道信息被何人利用、如何被处理、会有何种风险,无法对信息处理做出有利的判断和选择;③ 个人在信息处理中理性受限,并且受网络规模效应,心理觉知的边际递减效应影响,[4]即便能够预判,个人决策也会受到干扰,不一定能做出最有利于自己的选择;④ 网络嵌入社会生活方方面面,已经成为浸润型的基础设施,个人对互联网服务尤其是头部互联网企业黏性极高,较难任意拒绝或退出服务,无法享有真正的自主决策自由;⑤ 即便个人选择退出某一服务,但因市场上隐私保护无实质差异,个人无论选择哪家服务商,所受保护均没有实质改善,并无实质的个人信息自决市场,处理者的权力无法由市场机制化解。可以说,个人信息权发生在特定信息处理关系之中,传统人格权则不具有此特点,正因为主体地位不对等,个人信息权内容才明显不同于传统线下社会的人格权益,在利用合法性、信息主体处理权利、处理者保护义务以及归责原则等方面,均体现出明显的倾斜保护倾向。

2. 个人信息权关系结构复杂

传统人格权虽能排斥不特定第三人非法干涉,但法律关系通常相对单纯、清晰,主体一般是双方主体。数字社会开启了新的社会互动模式,形成了新的社会身份认同形式。[5]

---

① 熊谓龙:《权利,抑或法益:一般人格权本质的再讨论》,《比较法研究》2005 年第 2 期,第 51 页。
② 北京互联网法院(2019)京 0491 民初 6694 号民事判决书;北京互联网法院(2019)京 0491 民初 10989 号民事判决书;北京市第一中级人民法院(2020)京 01 民终 8911 号民事判决书。
③ Paul M. Schwartz. Privacy and Democracy in Cyberspace. *Vanderbilt Law Review*, Vol. 52, No. 6, 1999, p. 1612.
④ 吕炳斌:《个人信息保护的同意困境及其出路》,《法商研究》2021 年第 2 期,第 91 页。
⑤ [德]哈特穆特·罗萨:《新异化的诞生——社会加速批判理论大纲》,郑作彧译,上海人民出版社 2018 年版,第 118 页。

人们逐渐在线下单一现实空间、以物理方式存在的自然人身份之外,兼具线上虚拟空间、以数字信息方式存在的"信息人"身份,[①]此种信息人身份以个人信息为形成载体。因个人信息在数字空间可被无限复制和传播,以个人信息为媒介,理论上信息主体能够与不特定信息处理者生成信息处理关系。也就是说,个人信息关系是网状结构,关系链条具有时空上的无限延展性,信息主体提供个人信息后,信息处理者可以以多种方式向任意第三方传播、转移个人信息,个人信息采集方可以出于多种目的,处理从多个渠道采集的个人信息。即便"人们并不拥有真正法律意义上的虚拟身份",[②]但相较于传统线下社会,其法律关系仍要复杂很多。总之,个人信息处于多样、多向的流动利用中,形成了复杂的权益关系结构。

3. 个人信息权对象有算法识别特征

个人信息法律属性不同于传统人格权保护对象,原因是数字社会所保护的个人信息是同时具备"可识别"与"算法化"两种特征的信息,只有这样的信息才能彰显个人信息保护法律制度的初衷。而传统线下社会的姓名、肖像等人格要素虽具有"可识别"的特征,但是"算法化"的缺失使其无法成为个人信息权保护的对象。因此,与传统线下人格权益相比,对象识别的算法化是个人信息权突出的特点之一。即便是线下社会,信息的身份"可识别"也并非获得人格权保护的充分条件。线下社会能够形成法益的是经过利益衡量和判断的信息,要么负载典型人格权益,例如姓名、肖像、隐私、名誉等;要么符合一般人格权保护的构成要件。身份"可识别"在人格权保护中的法律功能仅是使信息与个人关联,其意义在于:一是使其产生了"人格性"的可能,因为无法识别个人的信息,不会与人的自由和尊严产生利害关系;二是使其产生了"权利"归属的可能,只有区分具体个人的信息,才能确定法律保护的权利主体。综上可知,与传统人格权相比,个人信息权对象具有算法计算特征,面对身份"可识别"信息的纠纷,并不必然以个人信息权为请求权基础,应当区分数字场景与线下场景,按算法识别与非算法识别采取不同的权益救济路径。

拓展阅读　个人信息算法识别与非算法识别区分保护

在非算法识别场景中,个人信息适用传统人格权予以保护,典型案件例如"邓某某与北京顺丰速运有限公司隐私权纠纷案",法院认定邓某某的收件地址、在外兼职工作情况,与个人紧密相关且时常反映个人的部分特征,故具有识别性的意义,与人格利益存在关联,属于个人信息。但同时,邓某某以上信息是其不愿为外人知晓且会对其现有工作造成影响的信息,具有一定的隐私性,邓某某以隐私权纠

---

①　马长山:《智慧社会背景下的"第四代人权"及其保障》,《中国法学》2019 年第 5 期,第 9 页。
②　胡凌:《刷脸:身份制度、个人信息与法律规制》,《法学家》2021 年第 2 期,第 47 页。

纷为由主张权利并无不当。① "孙某某诉中国联合网络通信有限公司上海市分公司侵害隐私权案",法院认为原告孙某某提供了个人的姓名、地址、电话号码、身份证号等私人信息,而被告未经原告同意,将上述信息提供给具有独立法人资格的第三方主体,被告的行为构成对原告隐私权的侵犯。② 虽然两案判决时,《个人信息保护法》尚未出台,但从两案争议焦点可以看出,在非算法识别场景下,个人信息纠纷仍属于传统人格利益与义务人行为自由的边界冲突。

在算法识别场景中,个人信息适用个人信息权予以保护,典型案件例如"黄某与腾讯科技(深圳)有限公司等隐私权、个人信息权益网络侵权责任纠纷案",原告黄某在使用"微信读书"时发现,微信读书软件自动为其关注了大量的微信好友,且其微信好友均可知晓其书架、读书时长等信息。黄某认为腾讯公司侵害其个人信息权益及隐私权,故诉至法院。③ "凌某某与北京微播视界科技有限公司隐私权、个人信息权益网络侵权责任纠纷案",原告凌某某使用手机号码注册登录抖音 APP后,在"可能认识的人"一栏中,软件向他推荐多年未联系的老同学、朋友等。凌某某认为抖音 APP 非法获取其个人信息及隐私构成侵权。法院认为,抖音侵害了凌某某个人信息权益,但未侵害其隐私利益。④ "黄某与腾讯科技(深圳)有限公司等隐私权、个人信息权益网络侵权责任纠纷案",被告公开原告在网络上的读书信息。"凌某某与北京微播视界科技有限公司隐私权、个人信息权益网络侵权责任纠纷案",被告在软件中向原告推荐好友关系信息。此类信息均是平台借助算法自动化处理后生成的固定个人信息,依赖于"电子"载体且可机读,并能够自动化处理,与非算法识别场景完全不同。非算法识别场景中特定信息披露的可信度远低于数字社会中的个人信息,因为网络信息是由算法计算得出,具有较强的可信度,且其传播速度快、影响范围广。因此,数字社会中基于算法识别的个人信息侵权与非基于算法识别的人格权侵权具有明显不同,两者应该加以区分。

4. 个人信息权保护采数字化方式

既然个人信息权对象依靠算法识别,具有可计算特征,其权益保护相应地也以数字化为主要的实现方式。

第一,信息处理者义务履行代码化。信息处理者若要利用个人信息,需要满足一系列个人信息保护上的义务要求,例如去识别化、匿名化等。为实现个人信息保护与利用的平衡,信息科学领域研发了隐私计算(privacy calculus)、信任计算(calculative trust)、多方安

---

① 北京市第三中级人民法院(2020)京 03 民终 2049 号民事判决书。
② 上海市浦东新区人民法院(2009)浦民一(民)初字第 9737 号民事判决书。
③ 北京互联网法院(2019)京 0491 民初 16142 号民事判决书。
④ 北京互联网法院(2019)京 0491 民初 6694 号民事判决书。

全计算（secure multi-party computation）、联邦学习（federated learning）及差分隐私（differential privacy）等计算技术保护个人信息。[①]

第二，信息主体行权方式计算化。算法的介入切实改变了数字社会的权利义务形态，不仅义务履行采用了代码实现方式，而且权利行使也产生了计算属性。例如知情权体系包括信息处理者事前告知、信息主体事中访问以及信息处理者的事后解释，[②]涉及用户个人信息被谁处理、以何种目的进行何种程度的处理、不同程度的算法透明等，均须经过计算方式才能实现。虽然算法解释权并不限于人工解释，但当前很多互联网公司在客户咨询中都采取了机器解释方法，以自动化或非人工方式答疑解惑。[③]个人信息删除权包括信息处理者的主动删除义务及个人的信息删除请求权两方面，不通过计算往往难以实现。[④]例如，从法律成本角度看，"云存储"的个人信息删除权不宜界定为物理删除，物理删除需要清空数据库才能实现，会对云空间造成全局影响，此时的删除是经过计算的逻辑删除，删除权以逻辑删除形式行使。

三、个人信息人格权的私法内涵

（一）个人信息人格权基于个人信息基本权产生

我国《民法典》《个人信息保护法》《数据安全法》《网络安全法》等均对个人信息保护加以规定。宪法是一切部门法的价值和规范秩序基础，《个人信息保护法》明确规定了根据宪法制定本法，即个人信息权利的正当性需要得到宪法支撑，只有经由宪法统摄，经由宪法教义学阐释来吸纳科技时代新生的个人信息权利，才能通过价值渗透保证个人信息保护秩序的统一。个人信息基本权与个人信息人格权的关系可以用基本权利的双重性质原理阐释，具体来说，基本权利具有防御国家侵害的主观防御权功能，同时，基本权利作为客观价值秩序科以国家客观法的义务，这就要求国家应尽一切手段为保护个人信息权提供前提和保障，其中当然包括提供私权保护的立法手段。在个人信息人格权上体现为，国家必须创造和维护有利于实现个人信息保护的制度环境，帮助个人对抗大规模、持续化数据处理中人格尊严减损的风险。[⑤]

个人信息权的概念在我国《宪法》中尚无界定，故需要通过宪法解释将其纳入基本权利体系。目前我国学界关于个人信息基本权规范基础的探讨，一般围绕我国《宪法》第33条"国家尊重和保障人权"和第38条"人的尊严"条款展开，只是在具体解释路径上有所差异。但无论如何，这样一种权利不以个人信息本身为客体，而是指向个人在信息处理过程

① 唐林垚：《数据合规科技的风险规制及法理构建》，《东方法学》2022年第1期，第79—80页；赵精武：《破除隐私计算的迷思：治理科技的安全风险与规制逻辑》，《华东政法大学学报》2022年第3期，第36—39页。
② 万方：《算法告知义务在知情权体系中的适用》，《政法论坛》2021年第6期，第84页。
③ 丁晓东：《基于信任的自动化决策：算法解释权的原理反思与制度重构》，《中国法学》2022年第1期，第104页。
④ 王禄生：《区块链与个人信息保护法律规范的内生冲突及其调和》，《法学论坛》2022年第3期，第83页。
⑤ 王锡锌：《个人信息国家保护义务及展开》，《中国法学》2021年第1期，第146页。

中应当获得的保护。具体如何保护则有赖于国家履行对该项基本权利的保护义务,因此,个人信息基本权在学理上也被称为"个人信息受保护权"。在立法例上,欧盟《一般数据保护条例》第 2 条以及诸多国家宪法明确规定的也正是个人信息受保护权,例如《希腊宪法》第 9 条、《墨西哥宪法》第 16 条、《阿尔及利亚宪法》第 46 条等。[①] 可见,个人信息基本权与个人信息人格权有明显不同,前者是后者的宪法规范基础,后者是国家依照前者所建立起的客观法秩序的一部分;前者是个人信息受保护的权利,其义务主体是国家,后者则发生在信息主体以及信息处理者之间,是信息主体能够请求处理者履行义务的权利基础和法律依据。

(二) 个人信息人格权是风险防御型权利

个人信息使用由来已久,在前数字社会,信息主体与信息使用者之间并非不存在利益冲突,只是这些冲突能够被传统法律秩序所消解,不需要给个人信息权益予以特别保护。个人信息权的提出源于信息数字化处理产生的新特点。个人信息处理方式的转变使个人信息的留存时间和扩散空间极速增长,为保护个人身份的自主性和完整性,避免身份的碎片化呈现,以及通过机器算法的自动化呈现给个人发展带来不利影响,[②]法律开始对个人信息进行一般保护。因此,从功能上看,个人信息权是以防范个人信息数字化处理产生的风险为目的的新型权利。赋权目的对把握权利内涵尤为重要,把利益保护和利益实现纳入私权界定,人们可以从保护目的出发,准确界定权利。[③] 个人信息权内涵可以从以下几方面理解。

1. 风险防御使个人信息权体现一定的工具价值

现代社会个人信息上附着的是防止因个人信息被非法收集、泄露、买卖或利用而导致其既有人身、财产权益遭受侵害甚至人格尊严、个人自由受到损害的利益。[④] 个人信息权的赋权目的是防御这种损害风险。在此意义上,有学者将个人信息权定性为工具性权利,[⑤]虽然笔者认为个人信息权具有所要保护的本体权益,并不完全赞同个人信息权仅为保护其他权益的手段这样一种观点,但同时笔者也承认,基于风险规制立场,个人信息权具有防止相关权益侵害的功能。此种功能在立法例上有所体现,1977 年德国的《联邦资料保护法》正式提出一般性的个人信息权,明确指出其立法目的是保护个人一般人格权不受个人数据操作的损害。[⑥]

2. 风险行为规制是个人信息权的不完全保护方式

风险控制可以分为义务型风险控制与赋权型风险控制。义务型风险控制强调对处理

① 王锡锌、彭錞:《个人信息保护法律体系的宪法基础》,《清华法学》2021 年第 3 期,第 14—15 页。
② 陆青:《数字时代的身份构建及其法律保障:以个人信息保护为中心的思考》,《法学研究》2020 年第 5 期,第 11 页。
③ [德] 迪特尔·施瓦布:《民法导论》,郑冲译,法律出版社 2006 年版,第 134 页。
④ 程啸:《民法典编纂视野下的个人信息保护》,《中国法学》2019 年第 4 期,第 26 页。
⑤ 王锡锌:《国家保护视野中的个人信息权利束》,《中国社会科学》2021 年第 11 期,第 134 页。
⑥ 张里安、韩旭至:《大数据时代下个人信息权的私法属性》,《法学论坛》2016 年第 3 期,第 122 页。

者义务的行为规制,是个人信息权益保护的规制模式之一。因信息处理者能低成本控制风险,并且是信息处理受益者,因此,各国的个人信息保护法律一般都规定了信息处理者的风险控制义务,要求处理者遵守公平、透明、必要、目的限制、比例等规则。但义务保护具有被动性,缺少监督和制衡较难落到实处,需要公权力的强制介入,或者匹配信息处理者的权利保障。因此,从信息主体角度来看,义务规制并不必然排除风险,对个体保护来说具有或然性,个人信息的积极赋权规则必不可少。

3. 风险积极控制是个人信息赋权的重要内容

知情权和决定权是信息主体的重要权能,以此为基础,信息主体享有查阅、复制、补充、更正、删除等一系列具体权利。诚如有学者指出:"个人信息主体在信息处理活动中居于一种防御地位,系列权能也是一种基于防御的赋权。"[1]个人信息积极赋权的意义在于,信息主体能在事前、事中了解信息处理风险,决定是否参与(退出)信息处理活动或是通过补充、更正保证个人信息质量;在事后能够通过删除权的行使恢复信息原始状态,实现信息处理全流程的风险自治。其逻辑是:① 通过参与实现自治,即信息主体是风险承受者,而这些风险又多与其基本权利和自由相关,信息主体应享有信息处理参与权,应能制衡信息处理者决定,控制信息处理过程。② 通过监督塑造信任,信息主体授权个人信息处理的前提是,主体相信处理是安全的,信息主体监督处理活动有助于塑造信息处理信任关系,形成信息持续供给。

(三) 个人信息人格权保护的是身份呈现利益

个人信息人格权保护的是身份呈现利益。个人信息概念界定以身份识别为主要构成要素,《民法典》采用直接识别和间接识别的区分对个人信息做了类型概括,《个人信息保护法》则是将个人信息分为已识别和可识别的个人信息。无论何种方式,个人信息的概念均反映了个人的身份呈现。身份呈现过程实质是个人的身份构建过程,例如针对个人的身体、生理、遗传、心理、经济、文化或社会身份的信息,以及个人的评价信息等,其核心利益并不在于控制信息,而是聚焦于不同语境下个人身份的生成方式和呈现内容。数字社会改变的正是此种身份呈现的自主性,信息主体以个人信息为媒介,以不自主的方式呈现在数字环境中,由此带来了各种权益侵害风险。个人信息保护上的诸多规则,例如知情同意规则,信息处理目的明确规则,个人权益影响最小规则以及信息处理公开、透明规则等,本质上都是在保护个人对其不同语境下身份建构的权益。可以说,个人信息对于信息主体人格的发展具有重大意义,它是个人自我表现和与社会环境交流的媒介,通过个人信息,个人得以自主的形式呈现在数字社会中。

---

① 姚佳:《个人信息主体的权利体系——基于数字时代个体权利的多维观察》,《华东政法大学学报》2022 年第 2 期,第 97 页。

拓展阅读　个人信息核心法益之争

关于个人信息所保护的核心法益,学界有多种观点。有学者认为"个人信息保护规则所保护的并非个人信息本身,也非个人针对信息享有的民法人格权,而是个人信息处理活动中可能受到威胁的相关个人的合法权益。"[1]也有观点主张信息主体在民法上享有隐私、呈现以及信息处理中的自主等三重利益,其中呈现利益对应的是肖像权、姓名权、名誉权、荣誉权等,自主利益并非对个人信息的自主,而是对其现有利益的自主。[2]还有学者主张在人格权体系中,个人信息保护的是个人身份权益,即个人身份建构的自主性和完整性。[3]第一种观点看到了因个人信息利用所带来的合法权益侵害风险,体现了个人信息赋权的风险防范功能,但是将个人信息权益认定为相关合法权益,实际上是对个人信息权益独立性的否定。第二种观点对个人信息所承载的多元私法权益进行了厘定,使个人信息上的权益体系更加清晰,但将隐私利益与肖像、姓名、名誉所代表的呈现利益都纳入个人信息权益范畴,扩大了个人信息权益外延,且自主利益究竟是什么利益并未给予界定,个人信息核心利益仍不清晰。第三种观点的初衷是通过个人身份论证个人信息与人格自由、人的尊严之间的关系,其思路值得赞同,但将其界定为身份权益,模糊了人格权与身份权的关系。

四、个人信息人格权与隐私权的区别

关于个人信息权与相关人格权关系,与个人信息纠缠最深的是隐私权。在美国,个人信息通过信息隐私获得保护。据此,我国有学者主张,个人信息保护规则无法提供比隐私权更高明的救济,反而徒增制度成本,不如借鉴美国的做法,采用隐私权制度来保护个人信息。[4]需要说明的是,美国法上的隐私权与我国的隐私权有很大区别,美国法上的隐私权类似于我国的一般人格权,除狭义的隐私外,还保护姓名、肖像等人格权益。在司法实务早期,我国也曾通过隐私权保护个人信息,例如:"庞某某与中国东方航空股份有限公司、北京趣拿信息技术有限公司隐私权纠纷案"[5]"吴某某与北京三快科技有限公司隐私权纠纷案"[6]"罗某与北京金某科技有限公司隐私权纠纷案",[7]在立法未确定个人信息权

---

[1]　王锡锌:《个人信息国家保护义务及展开》,《中国法学》2021年第1期,第152页。
[2]　王苑:《私法视域下的个人信息权益论》,《法治研究》2022年第5期,第37页。
[3]　陆青:《数字时代的身份构建及其法律保障:以个人信息保护为中心的思考》,《法学研究》2020年第5期,第3页。
[4]　徐明:《大数据时代的隐私危机及其侵权法应对》,《中国法学》2017年第1期,第130页。
[5]　北京市第一中级人民法院(2017)京01民终509号民事判决书。
[6]　毕节市中级人民法院(2020)黔05民终3113号民事判决书。
[7]　苏州市中级人民法院(2020)苏05民终6904号民事判决书。

之时,以隐私权保护个人信息实属无奈之举。《民法典》的颁布正式确定了个人信息权的独立法律地位,因此,在隐私与个人信息二元保护的立法模式下,需要澄清个人信息权与隐私权的差异。

(一) 确权目的不同

在目的上,隐私权是为了保护私生活不被干扰,维护自然人的私人领域免受刺探,因此,法律保护隐私强调的是信息的私密性。个人信息保护基于个人信息的识别力以及应对自动化、规模化开发利用给信息主体造成的威胁产生,[①]信息是否私密不是个人信息权益的保护重点,即便信息已被公开,信息处理者仍不能任意收集、存储、传播、利用个人信息,个人对公开的信息仍然享有个人信息保护上的权益。

(二) 保护范围不同

在范围上,隐私与个人信息有交叉但不重合。重叠部分是私密信息,《民法典》第1034 条规定,个人信息中的私密信息适用隐私权的规定。不重合部分,从隐私权角度看,为私人生活安宁、私密空间和私密活动;从个人信息权角度看,为非私密个人信息。人们日常生活中存在许多非私密的个人信息,例如身份证号码、电话号码、工作单位、家庭住址等,这些信息承担社会交往、经济活动、政府管制等功能,为了便于交流,这些信息难以归入隐私权的范畴。但在数字社会,保护这些信息又尤为重要,否则,个人便被数字操控,丧失了尊严和自由,随时面临各种权益侵害的风险。因此,个人应当知晓自身信息在多大程度上公开、向什么样的人公开、别人会出于怎样的目的利用这些信息等。

(三) 判断标准不同

隐私不仅具有客观性,一般情况下呈现出不为公众所知悉的样态,而且在主观上权利人也具有不愿为他人知晓的意愿,具有主观性。因每个人对隐私的感知不同,隐私是体现个性化差异的概念,隐私权益纠纷需要个案分析。个人信息是个中性概念,强调与个人的身份联系,不具有主观色彩,这也是区分隐私与敏感信息的重要标准,敏感信息是客观上对个人能够产生高风险的信息,与隐私的主观不愿为他人所知具有明显差异。

(四) 价值形态不同

在价值形态上,尽管个人信息权与隐私权均属于人格权,并且二者有交缠重叠部分,但在价值形态上二者有明显不同。隐私权原则上仅具有消极防御的功能,不能交易和处分,虽然立法过程中对隐私权能否被商业化利用存在争议,但主流观点对此予以否认,并

---

① 彭诚信、向秦:《"信息"与"数据"的私法界定》,《河南社会科学》2019 年第 11 期,第 34 页。

获得立法机关的赞同。① 个人信息则与此不同,个人信息上负载多元利益诉求,平衡各方利益是个人信息保护制度的关注要点之一,《个人信息保护法》更是把"促进个人信息合理利用"明列在立法目标之中,因此,个人信息权不仅包括消极保护内容,而且涉及积极利用,一般情况下允许他人合理正当处理。

 案例解析

案例2甲公司公开读书信息的行为构成对用户个人信息权的侵害。理由是:甲公司将读书信息描述为"软件使用信息",这些信息的组合在一定程度上可以彰显一个人的兴趣、爱好、审美情趣、文化修养,可能勾勒、刻画出一个人的人格侧面,而这些有关人们精神世界的信息组合恰恰是大量社会评价产生的基础。某些具体或一段时间的阅读信息或习惯,一旦可以形成对人格的刻画,则既可能给人们带来关注、肯定、赞赏,也可能给人们带来困扰、不安、尴尬,甚至羞耻感等。在这个几乎各种生活轨迹均被记录并刻画的数字时代,用户应享有通过利用个人信息而自主建立信息化"人设"的自由,也享有拒绝建立信息化"人设"的自由,而这种自由享有的前提是用户清晰、明确地知晓此种自由。

本案公开读书信息的行为不构成对用户隐私权的侵害。理由是:用户乙被公开的阅读信息是图书本身的内容以及原告阅读了图书的事实。从图书的内容来看,本身并无社会一般合理认知下不宜公开的私密信息;从用户阅读了图书的事实来看,仅能表现用户对书籍主题有一定兴趣,或用户的部分价值理念。综合用户被公开的全部信息,不足以达到因阅读书籍而形成对用户人格的刻画,进而可能对其人格利益造成损害的程度。因此,用户的读书信息未达到私密性标准,故甲公司未侵害用户的隐私权。

 典型案例

徐某与江苏爱家物业服务有限公司一般人格权纠纷案②

案件事实:翟某与徐某系夫妻关系,物业公司起诉翟某支付物业费,徐某作为翟某的委托诉讼代理人参与诉讼。判决后,物业公司将判决书张贴于小区门口等位置。张贴时物业公司已将判决书中的翟某和徐某字样用"3-1404"予以替代,但并未隐去两人的出生日期、身份证号码和居住地址。徐某以侵害一般人格权为由对物业公司提起诉讼。

法院裁判:一审法院认为,公众可以查阅发生法律效力的判决书,本案所涉判决书载

---

① 黄薇:《中华人民共和国民法典人格权编解读》,中国法制出版社2020年版,第195页。
② 淮安市中级人民法院(2019)苏08民终1653号民事判决书。

明的事实并不存在不适宜对外公开的个人隐私内容,不会造成徐某社会评价的降低,故被告不构成对原告人格权的侵害。但二审法院认为,依据《民法总则》第111条的规定,自然人的个人信息受法律保护,故被告张贴判决书时未隐去原告身份证号码、出生日期和地址的行为,侵害了原告个人信息受法律保护的权利。

　　案例评析:本案是一起典型的传统人格权纠纷,在法律规定个人信息权前,在小区等线下区域张贴他人信息,引发隐私权、名誉权等人格权纠纷案件并非罕见。根据传统人格权的构成要件,若张贴的内容存在侮辱、诽谤等言论,当事人可主张侵害名誉权;若存在私密内容等,当事人可主张侵害隐私权;若都不存在,当事人则难以主张侵权。当事人不能仅因自己的信息被公布,便要求行为人承担责任,因为信息的流动是社会常态,也是法律需保护的重要利益之一。名誉权、隐私权等规则正是法律经过长期实践后逐渐沉淀而形成的利益衡量结果。若绕开传统人格权构成要件的分析,而径直以未经同意的个人信息使用为由主张权利受侵害,则相当于架空了传统人格权的制度设计。首先,个人信息权贯彻倾斜保护理念,将倾斜性保护理念适用于调整传统人格权纠纷的场合,价值选择上并不适合,会颠覆人格权法律中的一系列价值判断和利益衡量。其次,侵害个人信息权采过错推定原则,若对传统人格权所调整的纠纷情形普遍采过错推定原则,无疑是对当事人利益平衡的重大调整,而此种调整在理论上未能也难以给出正当性论证。再次,将导致人格权理论体系上的混乱。不仅个人信息权与传统人格权的边界将模糊不清,而且传统人格权多年来所沉淀的利益平衡、精巧制度设计和理论积累也将被目前较粗放的个人信息权制度所替代。因此,需要厘清个人信息权与传统人格权在本质上的不同。

第二节　个人信息权是内含财产基因的人格权

 教学案例

　　某社交 APP 要求用户首次使用时提交手机号码注册登录以便核验身份,同时允许用户选择是否提供姓名、性别、职业、教育以及兴趣爱好等相关信息,经用户同意,该 APP 收集了大量的用户个人信息,其经营者对个人信息集合是否能够享有受法律保护的财产权益?

一、个人信息内含财产基因

　　虽然个人信息权的本质是人格权,但因数字技术作用,个人信息能够以数据形式被永久保存和记录,能够无限复制和传播,并用于规模化分析和计算,其商业价值凸显。为了提升营销精准度、获取商业利益,个人信息成了企业的必争资源。技术加持使个人信息产生了经济属性,内生出财产基因。

(一) 财产基因并非独立财产

个人信息财产基因是个人信息经济属性的体现,但经济属性并不意味着个人信息必然是法律上的独立财产。个人信息在天然状态下散乱无序,不能直接使用,技术介入使个人信息产生了可用、稀缺、可控并能够自由流动的特性,具备这些属性的个人信息与“物”相似,能够创造巨大的经济价值。因为经济价值的产生附加了技术条件,由外力作用而激发,所以,个人信息并非天然的独立财产,而仅具备财产基因,具有财产化的潜在可能。

(二) 个人信息具有效用性

信息是交互性的概念,由输出者、通信媒介、接收者构成。信息一直存在,但信息通信媒介却经历了迭代发展:从口耳相传、书写文字、复制印刷、电子介质到人工智能,通信载体的每一次发展都会带来社会价值结构的改变,信息是否给予保护、给予何种保护取决于对这些价值的社会评价。[①] 香农的信息论指出,信息的基本价值在于消除不确定性。在智能时代,信息自动处理技术以及网络传播技术的发展使大数据预测成为可能。大数据改因果关系预测为相关性预测,通过相关性发现事物背后的规律,个人信息因此成为商业分析的重要资源,为生产消费各领域所普遍青睐。信息处理者采集、处理规模化信息,对个人的行为规律有了更深的洞察力,数据因此与土地、资本、人力一样成为核心生产要素。

(三) 个人信息具有稀缺性

个人信息由个人生成,是对个人的描述和表征。智能时代之前,“信息一直是处于公共领域的公共素材或材料,是任何人均可以使用的资源”,[②]此时个人信息仅具有识别意义,即表明与个人稳定的联系,不具有预测性的商业价值,也没有使用上的稀缺性。稀缺性是指有价值的个人信息供给小于人们的需求。人类进入智能时代后,个人信息被规模化、结构化采集,能够被网络永久记载,这为个人信息的数据化利用创造了条件。算法技术的发展使规模化、结构化的个人信息产生了预测分析价值,这些有预测价值的信息并不是天然的、处于公共领域的信息,而是由处理者付出了相当的交易成本生成出来的。交易成本主要有三个来源:一是搜寻成本,即找到交易对手的成本;二是讨价还价成本;三是为履行协议而支付的成本。信息处理者为获得并保有个人信息,在信用建设、服务模式、质量维护以及信息安全保障等方面投入大量成本,由此获得用户信赖,累积规模化的个人信息。为保证信息采集、使用、持有不侵害用户权益,企业又投入大量合规风控成本,以确

---

① ［美］罗纳德·K. L. 柯林斯、大卫·M. 斯科弗:《机器人的话语权》,王黎黎、王琳琳译,上海人民出版社 2019 年版,第 30—31 页。
② 高富平:《个人信息保护:从个人控制到社会控制》,《法学研究》2018 年第 3 期,第 94 页。

保信息处理获得合法性,不受追责处罚。高昂成本使规模化个人信息成为社会稀缺资源,我国频发的数据争夺案也从侧面反映出规模化个人信息的稀缺性。规模化数据由单条个人信息组成,每一条个人信息均由个人供给且用来描述个人,当个人信息参与到数据处理过程时便脱离了公共领域,此时的个体化的个人信息同样具有稀缺性。

(四) 个人信息具有可控性

有价值且稀缺的资源并不一定能成为法律上的客体,成为法律客体需要具有可控性。我国《民法典》《网络安全法》均强调个人信息以电子或者其他方式记录这一形式要素,其制度意义在于选择出具有可控性的个人信息。口耳相传的信息需要以声音或影像为媒介,依赖于人的听觉或视觉,而人的听觉或视觉在传递信息过程中具有一系列缺陷,它受时间、空间限制,甚至人脑记忆也会影响信息传递质量,具有极大的不确定性。因此在信息的获取及流通方面,口耳相传方式极为受限,欠缺控制性的个人信息较难被有效利用并产生商业价值。

(五) 个人信息具有流通性

个人信息具有可控性,这决定了它可以在不同的使用者之间自由流动。信息社会互联网是开放和共享的,网络运营者利用网络爬虫、OpenAPI 接口开放等技术手段,使个人信息可以超越空间和时间因素,在不同处理者之间高效流转,网络实现了信息的最大化流动。个人信息流通是其产生交换价值的基础,有交换价值的资源才可能发挥市场作用,流通性是个人信息财产化必不可少的重要条件。

二、个人信息权内含财产基因外化的理论基础

个人信息虽为人格要素,负载着个人信息人格权益,但个人信息也是企业必争的战略资源,其上附着巨大的经济价值。依据法经济学原理,确权的前提是相关主体能够同时实现收益大于成本的多头均衡,[①]因此,在立法确认个人信息人格权的同时,不能忽略企业所应享有的财产权益。人格权与财产权不可通约,个人信息财产基因的发现便是为了给个信息财产化路径提供理论基础,攻克个人信息上多元利益平衡这一难题。

(一) 传统人格标识财产化路径不适用于个人信息

之所以提出个人信息内含财产基因,是因为传统线下社会的标表性人格要素财产化路径难以解决个人信息财产化问题。在传统线下社会,姓名、肖像等人格标识财产化主要有两种路径:一是美国法上的"公开化权"(The Right of Publicity)路径;二是德国法上的

---

① 魏建、周林彬:《法经济学》(第二版),中国人民大学出版社 2017 年版,第 77 页。

人格权保护路径。美国法主要是从积极视角出发,将当事人通过合同等方式授予他人使用其肖像等人格标识的权利称作公开化权,且通常将该权利理解为财产权。德国法主要是从消极视角出发,从责任路径实现对人格标识财产价值的救济,即对未经原告允许而使用其姓名、肖像等人格标识的被告,不仅责令其承担侵害他人人格权的侵权责任,而且对原告受到的财产价值损害,通过责令被告承担精神损害物质赔偿方式予以填补。既有两种路径都难以回应数字社会个人信息财产化问题。德国法上的人格权保护路径只能解释人格利益消极保护问题,解释力有限,无法实现人格标识内在财产价值的积极利用与共享(或转让);美国法尽管在结果上实现了人格标识财产化,但在理论上并没有充分证成。更重要的是,两种路径仅针对单一人格标识的财产化,较难适应数字社会要求。个人信息在赛博空间可为多个主体共享的特性决定了个人信息内含财产权益的外化是普适的,而非单纯一次的交易(合同)行为或侵权行为。

传统人格标识财产化路径无法应用于个人信息,根源在于个人信息与传统人格标识在财产属性方面具有本质区别。

第一,传统人格标识与主体之间的关联方式和个人信息不同。姓名、肖像等人格标识与主体之间的联系主要是以产品或服务营销活动的受众消费者认知作为识别依据,而个人信息对自然人的识别包括通过数字化技术手段的识别。因此,对某一条个人信息,数字化技术手段应用具有一般性,不会因主体的不同而在识别方式和手段上有差别,而传统人格标识的前提是主体本身的声誉、名望等,即只有在公众领域形成一定影响力的主体标识才可能构成财产保护客体,体现了其权利主体较一般群体的区分性。

第二,个人信息财产价值不是因为其中某一条个人信息有多高的价值,而是源自众多信息内容整合后的分析和挖掘价值。个人信息财产化可以反映在数据生产领域,数据生产涵盖了个人信息的收集和后续的其他处理行为,从信息主体处获取的原始个人信息通过汇集、推演、分析,会形成高质量的衍生数据和数据产品,从而凸显财产价值。[①] 目前在我国,无论是汇集性的数据处理还是分析性的数据处理,主要的贡献者都是以数据企业为代表的数据生产者,信息主体作为原始信息提供者,处于被动参与的状态。与之相反,传统人格标识,例如姓名或肖像等,其价值恰是基于主体个性或身份的与众不同才唤起社会的关注,带来经济效益。传统人格标识的财产价值是从一开始就基于个人对其人格标识的积极处分和利用,而不同于个人信息的财产价值主要通过后续数据生产者的参与而被实现。简言之,个人信息的财产价值是数据加工所形成的附加价值,而传统人格标识的财产价值是主体的声望价值,源于人们对权利主体的公众形象的身份认同,理解并寻求相应认同的公众为权利人提供了财产权益实现的路径。[②]

---

①　高富平:《数据生产理论——数据资源权利配置的基础理论》,《交大法学》2019年第4期,第9页。

②　Bi-Rite Enters. Inc. v. Button Master, 555 F. Supp. 1188, 1199 (S. D. N. Y. 1983). Ali v. Playgirl Inc., 447 F. Supp. 723, 728(S. D. N. Y. 1978).

（二）个人信息财产化路径建立在财产基因之上

笔者认为个人信息财产化对象首先不是个人信息人格权益，在此方面其与传统人格标识并无差异。人格权益是人的固有利益，不可剥夺，不能放弃、转让，传统人格标识财产化，无论是公开权路径还是人格权侵权救济路径，其对象均不是人格标识人格利益，而是附着于人格标识之上的财产利益。

与此同时，相比于传统人格标识，个人信息财产化有明显的特殊性，其财产权益源于后天的数据生产，且通常情况下是信息处理者创造而非个人的努力，因此，其财产化对象不仅无法指向人格利益，同时也不能是尚未由处理者生产的财产利益，这使个人信息财产化丧失了法益根基。面对窘境，个人信息财产基因发挥了重要作用。

一方面，财产基因使个人信息具有了财产化利用的可能。个人信息不同于由其所标表的事实特征，它外在于个人，而事实特征为个人的内在属性。[①] 正因外在于个人的特性，个人信息在数字技术加持下释放出财产基因，能够被有效控制和流通利用，并产生了使用价值，个人信息由此产生了财产化的可行性与正当性。

另一方面，个人信息财产权益基于个人信息的财产基因而生，而个人信息外在于信息主体，信息主体与财产权益归属便丧失了必然因果联系，这就使个人信息人格权益归属与财产权益配置可以相互分离。个人信息人格权益具有固有性，始于自然人出生，信息处理者要始终尊重个人信息人格权，保护信息主体在信息处理中的各种权利、履行信息保护义务。而财产权是取得型权利，财产法律关系以个人信息财产价值生产、持有、分析、应用、共享等为内容，其赋权遵循财产权益分配逻辑，而不必然赋予信息主体。在个人信息财产化中，个人信息人格权益与财产权益的关联体现为，因个人信息人格利益与个人信息无法分割，财产化必须限制在法律限度内，不能影响信息主体的人格完整和独立，不能与人格权规则相违背，不得侵害个人信息人格利益。如果财产化导致的后果是放弃或出卖个人的自由，这种对个体自由的践踏最终会造成广泛的社会损失。只有尊重并保护人们共同的意志自由，才能使社会整体从商品化中获益。[②]

 案例解析

对收集的用户个人信息集合，APP 经营者能够享有受法律保护的财产权益。理由是：个人信息具有财产基因，能够被有效控制、流通利用并产生使用价值。当经营者为收集整理个人信息、维护 APP 中的个人信息运行和安全付出成本时，基于个人信息的财产基因，收集获取的个人信息整体，可为经营者进行衍生性利用或开发，从而使经营者获得进一步的经营性财产利益。

---

① 温世扬：《标表型人格权的制度价值与规范构造》，《法律科学》2021 年第 6 期，第 143 页。
② Margaret Jane Radin. Market — Inalienability. *Harvard Law Review*, Vol. 100, No. 8, 1987, pp. 1849, 1854.

 **典型案例**

程某某与赵某某合同纠纷案①

案件事实：赵某某经营医疗美容项目，程某某为网红医美顾问。2019 年 9 月 22 日，甲方赵某某(受让方)与乙方程某某(出让方)签订《转让协议》，约定乙方将其拥有的微信号的使用权、所有权转让给甲方，甲方受让并支付相应的费用。协议签订当日，赵某某支付程某某转让款 30 万元，程某某将所约定的微信号交付赵某某，并完成微信号的密码、绑定手机号信息变更。2020 年 3 月 31 日，程某某要求赵某某收函后三日内付清尾款及利息，赵某某未给付。原告向法院提起诉讼。

法院裁判：微信账号是以电子数据方式记录能够单独或者与其他信息结合识别特定自然人身份的个人信息的有机载体，其承载了使用者个人特有的可识别信息和微信好友的大量个人信息。依据《腾讯微信软件许可及服务协议》："微信账号的所有权归腾讯公司所有，用户完成申请注册手续后，仅获得微信账号的使用权，且该使用权权属属于初始申请注册人。"程某某与赵某某在明知存在上述规定的情况下，还进行买卖微信账号，显然属于恶意串通，损害第三人腾讯公司的合法权益。同时，如果允许擅自买卖个人注册的微信账号，必将滋生更多的违法犯罪，严重扰乱社会生产生活秩序，危害社会公共利益，故从保护社会公共利益和公民信息权利出发，即使个人微信账户具备一定的经济价值，也不宜进行市场自由流通。

案例评析：该案为合同纠纷，因涉及个人信息转让，法院较为全面地分析了个人信息权益属性，对认定个人信息转让合同效力具有较为重要的意义。在裁判说理中，法院肯定了个人信息具有经济价值，并认为承载个人信息的微信账号所有权属于第三人腾讯公司，用户仅依协议享有使用权。此案所有权以及使用权是指个人信息上的财产权益，并非个人信息人格权。人格权益归信息主体，财产权益归信息处理者，该案分离了个人信息人格权益与个人信息所产生的财产利益，裁判思路暗含着个人信息并非天然承载财产利益的假设，否则便应由信息的来源者，即作为信息主体的用户享有账号所有权，而处理者作为利用人仅能享有使用权。该案两权分离思路的运用展现了个人信息权的法律属性是内含财产基因的人格权。

 **本章小结**

1. 个人信息本身彰显人格标识特征，个人信息权益体现人的自由和尊严，其权益侵害具有人格关联性，因此，个人信息权的本质属性是人格权。该权基于宪法上个人信息权

---

① 江阴市人民法院(2020)苏 0281 民初 7297 号民事判决书。

产生,是风险防御型权利,保护的是身份呈现利益。

2. 个人信息权尽管在法律性质上属于人格权,但与传统人格权仍有一定区别,表现为:个人信息权主体处于弱势地位,个人信息权关系结构复杂,个人信息权对象有算法识别特征,个人信息权保护采数字化方式。

3. 个人信息权虽为人格权,但却内含财产基因,具有效用性、稀缺性、可控性和流通性,这为提出符合个人信息商业利用特点的财产化法律路径提供了理论依据。

 ## 延伸思考

1. 为什么个人信息权的本质属性是人格权? 个人信息的财产权保护模式有哪些困境?

2. 个人信息商业利用与传统人格标识财产化有哪些差异? 利用个人信息财产基因理论可以解决哪些现实问题?

 ## 参考文献

1. 高富平:《个人信息保护:从个人控制到社会控制》,《法学研究》2018 年第 3 期。
2. 陆青:《数字时代的身份构建及其法律保障:以个人信息保护为中心的思考》,《法学研究》2021 年第 5 期。
3. 彭诚信:《数字法学的前提性命题与核心范式》,《中国法学》2023 年第 1 期。
4. 申卫星:《论个人信息权的构建及其体系化》,《比较法研究》2021 年第 5 期。
5. 王锡锌:《个人信息权益的三层构造及保护机制》,《现代法学》2021 年第 5 期。
6. 温世扬:《标表型人格权的制度价值与规范构造》,《法律科学》2021 年第 6 期。
7. 叶名怡:《论个人信息权的基本范畴》,《清华法学》2018 年第 5 期。
8. 张新宝:《论个人信息权益的构造》,《中外法学》2021 年第 5 期。

第四章

个人信息的权益配置

第一节　信息主体与信息处理者之间的权益配置

 教学案例

原告某甲在手机通讯录除本人外没有其他联系人的情况下,使用手机号码注册登录某社交 APP,在"关注"列表中发现大量好友被推荐为"可能认识的人"。原告认为该社交 APP 窥探获取其社交关系后向原告推荐,社交信息是原告在其活动中产生的信息,属于个人信息,被告未经原告同意收集、使用涉案信息,构成对原告个人信息的侵害。原告是否可以请求被告赔偿经济损失?

个人信息的权益配置是与个人信息权利属性密切相关的问题。个人信息多元法益叠置,从私法关系看其本质虽为人格权,但因个人信息天然内含财产基因,经过信息处理能够生成财产价值,其上产生了应受法律保护的财产利益。对多元权益关系进行厘定、确定各种利益如何在相关主体间进行分配便是个人信息权益的配置问题。

一、个人信息人格权益的归属

个人信息权益的本质属性是人格权,人格权益不能属于处理者,只能属于个人,否则人就有可能被客体化,降为交易工具。因此,在权益配置上,个人信息人格权益属于何方主体并非难题,法律关注的重点和难点是个人信息人格权益如何保护的问题。关于个人信息权的保护有两种主张:一是信息自决;二是信息控制。信息自决说滥觞于德国的"人口普查案",而美国多将个人信息权(信息隐私)解释为个人信息控制,但两者并非毫无关联。信息自决在德国法的语境中包含控制个人信息的意思,而信息控制也含有信息决定的内容,它们的目标一致,都是保护人的自主独立或自治。① 只是因信息自决已经形成固定内涵,主要是一种对抗国家的宪法理念;而信息控制又易引起个人信息权是绝对支配权的误解,故信息自决与信息控制均不适宜。本书提取两者的核心观念,即信息自主决策,以对个人信息人格权益私法保护进行描述。

之所以使用信息自主决策,一方面,是因为我国已有学者尝试提出类似观念,例如主张个人信息保护旨在维护个人在数字化时代的"自主",②也有观点认为,个人信息权以自我决定权作为其权利基础。③ 另一方面,信息自主决策赋予个人两种能力:一是创造个人身份特点的能力,这些身份特点用来定义自身;二是个人事物的决策能力,尤其是与自我界定相关的事务。这两种能力事关个人对自我的认知和评价,且通过形塑他人掌握自身信息的方式以影响他人对自我的认知。④ 个人信息自主决策体现了个人的自由和尊严,与个人信息人格权益性质相契合。具体表现如下。

(一) 信息自主决策是个人对其信息人格自决的私法表达

目前我国宪法关于个人信息权尚处于学理探讨层面,并不存在宪法规范意义的个人信息自决或个人信息权。但个人信息自决作为保护个人在数字化时代人格自由发展的"自主"理念,对个人信息保护具有重要价值。在此意义上,信息"自决"并非一项独立的实体权利。信息自决不是保护个人对其信息处理活动的"自决",而是维护"人格自由发展",这也是信息自决的发源国,即德国宪法一般人格权的应有之意。在我国,此种自决可以从宪法上的人格尊严条款进行推演,即人格自决。人格自决是人格尊严的应有之义,人格尊严的终极共识是人是目的而非手段,因此,尊严被认为是人与生俱来的一种内在属性,与人的外在身份无关,它的核心意思是不受支配。⑤ 人格自决在私法领域的信息处理关系中体现为限制处理者"他决"的自由,因此,当将其引入个人信息人格权时,可以称作信息的自主决策,以实现不被他者决定的人格尊严价值。

(二) 信息自主决策使个人能够参与信息处理活动

信息自主决策的理念是将个人置于有关个人信息处理决策的中心地位,通过信息主体管理信息,包括信息主体对信息利用的选择及与信息使用者谈判等实现信息自治。因此,在信息自主决策下,法律赋予权利人以知情、同意、复制、查阅、可携、删除等权利以实

---

① 王利明:《论个人信息权的法律保护:以个人信息权与隐私权的界分为中心》,《现代法学》2013 年第 4 期,第 63—64 页;刘艳红:《民法编纂背景下侵犯公民个人信息罪的保护法益:信息自决权——以刑民一体化及〈民法总则〉第 111 条为视角》,《浙江工商大学学报》2019 年第 6 期,第 24—30 页。

② 孔祥稳:《个人信息自决权的理论批评与实践反思——兼论个人信息保护法第 44 条决定权之适用》,《法治现代化研究》2022 年第 4 期,第 78 页。

③ 张新宝:《论个人信息权益的构造》,《中外法学》2021 年第 5 期,第 1152 页。

④ Edward J. Janger & Paul M. Schwartz. The Gramm-Leach-Bliley Act, Information Privacy and the Limits of Default Rules. *Minnesota Law Review*, Vol. 86, No. 3, 2002, pp. 1219, 1247 - 1248.

⑤ N. Rao. Three Concept of Dignity in Constitutional Law. *Notre Dame Law Review*, Vol. 86, No. 1, 2011, p. 196.

现信息保护的目的,但这些权利行使和实现并非具有绝对支配性,而是有一定的程序要求和界限,例如同意规则被誉为《个人信息保护法》的核心规则,但该规则也不是个人信息处理的唯一合法基础,当满足合同必要、履责必要等条件时,处理者仍可以处理信息。信息主体在处理个人信息方面拥有发言权,但并不总是有最终决定权。

(三)信息自主决策能够实现个人信息赋权的积极风险防范功能

个人信息赋权的目的是通过信息主体的自主决定以及处理者的行为规制,防范个人信息被侵害的风险,信息自主决策是自主决定的体现,能够以积极的方式形成信息处理"事前""自力""制衡"性的防御力。首先,个人信息自主决策使个人得依自己意思管理信息处理风险,有权在事前了解风险的基础上自主判断、评估风险,决定是否将自己置于风险之中。其次,承认个人信息自主决策,即承认信息主体较信息处理者意志具有优先性。与追责不同,个人信息自主决策不需要经过司法确认,它是自力性风险管理,个人处于积极、主动地位。再次,在个人信息数字化利用中,信息处理者对自然人的个人信息有事实上的控制力,对作为风险承受者的信息主体而言,若其不能控制风险而由他人任意支配其个人信息,将是法律制度上的巨大不公,个人信息自主决策有利于实现风险控制上的制衡。

二、个人信息财产权益的归属

个人信息内含财产基因,能够生成财产价值。与个人信息人格权益是信息主体固有利益不同,个人信息财产价值因加工生产而来,如何在信息主体与信息处理者之间分配个人信息财产利益,是个人信息权益配置的难题。目前我国司法实践主要以《反不正当竞争法》作为个人信息财产权益纠纷裁判的依据,但因司法以个案正义为目标,不以形成普遍适用性规则为追求,故在数据纠纷裁判中不同法院针对相同的案件类型,裁判理据和取向不同,产生了法律适用的矛盾。并且《反不正当竞争法》是责任法,无法提供事前确权规则,无法调整市场化的个人信息财产法律关系。因此,需要从财产权逻辑出发确定个人信息上的财产权益应然配置,使财产权益的应然分配既符合效用目标,也符合公平正义的要求。

(一)个人信息财产权益的应然配置

1. 创造个人信息财产价值的数据生产者享有信息财产权益

作为资源的数据是被生产出来的,组成数据资源之个人信息的财产价值也因生产而来,因此,数据生产者对信息财产价值应享有财产权。[①] 数据生产者是指在数据规模化采集中投入成本,使数据与被描述对象分离,并创造数据分析应用价值的主体。无论从劳动报偿角度还是从激励产出、提升社会福利角度出发,赋予数据生产者对个人信息财产价值

---

① 高富平:《数据生产理论——数据资源权利配置的基础理论》,《交大法学》2019 年第 4 期,第 16、18 页。

的财产权,更符合个人信息财产权配置的原则和目标,否则会造成市场失灵,例如公地悲剧、抑制后期投资等。

2. 创造个人信息财产价值的数据生产者既可以是信息主体,也可以是信息处理者

数据生产者与主体是个人还是企业没有直接关联,确定数据生产者身份要看谁完成了数据生产活动,既可以是作为信息主体的个人,也可以是信息处理者。

第一,目前我国业界数据生产形态是信息处理者完成数据生产,信息处理者充当数据生产者。[①] 由信息处理者享有个人信息财产权益具有诸多优势。个人信息财产价值本应以市场为最优的流转机制,通过市场使数据资源流向最优利用者手中。最优利用由利用意愿、技术和能力共同决定,从这三方面看,信息处理者而非信息主体是最优利用者。当法律赋予信息处理者个人信息财产权益时,可以避免因个人控制信息财产价值所带来的市场非理性因素,利于避免企业对个人信息的恶意争夺。在我国互联网企业个人信息争夺案中,已发生多起以个人信息权为由不当争夺数据生产方数据的案件。[②] 若放任数据争夺者以个人控制信息为名恶意争夺数据,短期看会危及数据生产企业的竞争优势和竞争资源;长期看则会抑制数据生产,最终还将损害信息主体及整个社会利益。需要强调的是,就目前实践看,个人信息财产权益共享的法律实践及可行模式仍在摸索和试验过程中,数据生产者是信息主体还是信息处理者、信息财产权益共享究竟选取何种理论模型取决于实践的选择。在国际上数据信托作为一种可行的数据治理方式正受到热烈讨论,在此方案下,信息主体有可能充当数据生产者。笔者并不否认通过数据信托分配个人信息财产权益的可能,但因该模式仍在探讨中,笔者对其暂不讨论。

第二,信息主体创造财产价值的特殊情形。在特殊情形下,即信息主体具有特殊地位和身份时,信息财产价值由信息主体创造,但此时的财产价值创造并不具有数据生产的意义,信息主体也不能被称为数据生产者,原因是在流量经济下,名人、明星的行为轨迹、生活状态甚至明星的在线动态等信息能产生巨大的商业利润,这些价值是名人、明星个人努力累积产生的,无需经过算法计算,其价值不体现在数据预测上,不在于消除不确定性,而是源于名人、明星带来的注意力。这就决定了同样从产权配置的报偿理论或功利主义理论出发,在个人信息财产权益分配上,名人、明星信息与普通个人信息具有不同的法律逻辑,名人、明星享有其个人信息财产价值控制权,可以依合同与处理者约定财产权益归属。与普通个人相比,名人、明星在市场地位与议价能力上具有较强优势,能够与处理者平等协商,在个人信息财产权益处置上不会产生普通个人的市场失灵问题。因此,名人、明星等特殊主体对其个人信息进行商业利用的场景具有特殊性。

3. 信息处理者为数据生产者情形下,信息主体应共享信息财产权益

对于此种情形,信息主体虽不是个人信息财产价值生产者,但是信息资源供给者,为

---

① 翟志勇:《论数据信托:一种数据治理的新方案》,《东方法学》2021年第4期,第61页。
② 杭州铁路运输法院(2017)浙8601民初4034号民事判决书;杭州市中级人民法院(2018)浙01民终7312号民事判决书;杭州铁路运输法院(2019)浙8601民初1987号民事判决书。

个人信息财产价值生成贡献力量。在大数据概念下,数据皆有源,而"源"就是数据描述的对象或者数据主题。[①] 从此种意义看,信息主体为个人信息的描述对象,信息主体是信息之源,没有源头便不会产生个人信息,更不会有后续的信息采集分析和加工利用。因此,从价值形成过程来看,信息主体提供了个人信息财产价值生产的原材料,没有信息主体的原料供给,个人信息财产价值便不会产生。为激励信息主体持续供给信息,信息主体应共享个人信息财产利益。从经济分析角度看,因处理者是个人信息的最优市场利用者,信息主体享有的不应是有支配性的财产权益。

4. 财产权益配置不得限制个人信息人格权,相反,恰是个人信息人格权要限制财产权益的利用

人格权优位于财产权,数据生产者所享有的信息财产权益不能对抗信息主体基于信息人格权益生发出的知情、查阅、复制、更正、删除等具体权利。并且因人格权具有人身专属性,不可转让、不可放弃,无论数据生产者如何处分由其控制的个人信息财产权益,如何与数据第三方利用者共享个人信息,均不得且不能排除信息主体所享有的个人信息人格权。在信息主体、数据生产者与数据第三方利用者之间,虽然个人信息权益初次分配发生在信息主体与数据生产者之间,但当数据生产者的个人信息财产权益"分享"给其他数据利用者时,无论这种"分享"是否有正当合法理由、是否基于意定或法定原因,信息主体所享有的个人信息人格权不因财产权益归属的转移或利用形式的改变而丧失。

(二) 个人信息财产权益的实然配置

以上为个人信息财产权益理想配置,在立法尚未给予确认前,我国司法在裁判过程中形成了一些典型做法。

1. 信息主体与信息处理者依协议完成财产权益配置

在"北京微梦创科网络技术有限公司与云智联网络科技(北京)有限公司不正当竞争纠纷案"中,法院认为,新浪微博为收集、整理平台数据以及维护产品中的数据运行和安全而付出成本,该种数据整体上可由新浪微博进行衍生性利用或开发。法院同时指出,鉴于新浪微博基于《微博服务使用协议》与用户约定涉案数据归其所有,因此,新浪微博可享有涉案数据的经营利益。[②] 该案肯定了数据企业对其收集、整理的个人信息享有财产权益,认识到个人信息财产价值源于企业的数据生产,对后案起到了借鉴示范作用。[③] 更具价值的是,法院肯定协议确权的法律效力,试图在自由意志上寻找个人信息财产权益配置依据,这一点同样具有启发意义。

---

① 高富平:《数据生产理论——数据资源权利配置的基础理论》,《交大法学》2019 年第 4 期,第 16 页。
② 北京市海淀区人民法院(2017)京 0108 民初 24512 号民事判决书。
③ 杭州铁路运输法院(2018)浙 8601 民初 956 号民事判决书;杭州铁路运输法院(2017)浙 8601 民初 4034 号民事判决书;杭州市中级人民法院(2018)浙 01 民终 7312 号民事判决书。

2. 个人信息人格利益与财产利益一体救济，即通过责任方式赔偿信息主体所遭受的经济损失

在"凌某某与北京微播视界科技有限公司隐私权、个人信息权益网络侵权责任纠纷案"中，法院认为，虽然诉讼双方均未提供原告因个人信息权益受到侵害所遭受的财产损失或被告因此获得利益的相关证据，但被告对个人信息的采集和利用必然会为其商业运营带来利益，被告在未征得原告同意时采集原告个人信息并加以利用，应进行一定的经济赔偿。[①]

就目前而言，个人信息财产权益消极救济较协议确权具有一定的优势。

第一，克服市场定价失灵，使信息主体能够共享个人信息财产权益。责任保护的本质是通过支付法定金额使信息主体能够获得相应经济赔偿。我国《民法典》第1182条规定了侵害人身权益造成财产损失的可以请求财产损害赔偿。责任规则的优点在于，当信息主体人格权益损害不足以支持精神损害赔偿时，财产权益损害赔偿可以起到补足救济的作用。责任规则解决了合同规则下个人信息较难通过市场定价以及交易成本过高的问题，当个人损失难以计算时，可以依据侵害人获益情况，由当事人事后协商，甚至法院酌定赔偿等方式来确定具体赔偿数额。

第二，信息主体的个人信息财产权益产生对世效力，能够对抗不特定的信息处理者。个人信息是能够客观地识别自然人并表征个人特征的信息，可识别性使信息主体所能享有的财产权益产生了社会典型公开性，即通过个人信息与信息主体的身份关联，社会不特定公众能够知晓信息财产权益的个人归属。社会典型公开性使加害人能够对行为后果产生预见，避免了加害人一律承担责任的过度严苛。若权益不具这一特性，受害人所受侵害仅能视作社会风险，不能获得赔偿。[②] 因此，个人信息的可识别性使信息主体所享有的信息财产权益产生了能够对抗任意处理者的法律效力。

第三，降低个人信息交易成本，契合个人信息交易结构。个人信息中的财产价值交易链不同于传统的有形资产，有形资产以线性交易结构为主，交易主体明确、流向清晰；个人信息交易则是网状结构，理论上交易链条具有时空上的无限延展性。初始个人信息采集者可以多种方式与任意第三方交易个人信息；第三方处理者也可以出于多种目的，处理从多个渠道采集的个人信息；个人信息处于多样、多向的流动利用中。要求网状交易的各节点都取得个人授权并签订合同不仅成本巨大，而且对信息主体来说侵扰过重，责任救济能够回避个人信息交易结构复杂的问题。

第四，与个人信息财产权益分配上普通个人与特殊主体区分相对应，以责任方式实现个人信息财产权益的规则仅适用于普通个人，而在名人、明星等特殊主体对其个人信息进行商业利用的场景，因特殊主体对个人信息享有财产性控制权，可依合同规则实现财产利益。

---

① 北京互联网法院(2019)京0491民初6694号民事判决书。
② 于飞：《侵权法中权利与利益的区分》，《法学研究》2011年第4期，第113页。

案例解析

原告可以请求个人信息经济损害赔偿。理由在于：从消极面看，个人信息利用会给信息主体带来人身和财产侵害的风险；从积极面看，个人信息利用会给使用者带来利益。个人信息是数据的重要来源之一，数据作为新型生产要素是数字经济发展的基础，对个人信息的采集和利用必然会带来商业价值和经济利益。本案中，被告对个人信息的采集和利用会为其商业运营带来利益。而原告是个人信息的提供者，被告在未征得原告同意的情况下采集原告的个人信息并加以利用，应当给予原告一定的经济赔偿。

典型案例

孙某与北京百度网讯科技有限公司人格权纠纷案①

案件事实：2018年10月，原告在百度网站以自己姓名为关键词进行搜索，发现百度网站非法收录并置顶了其在"chinaren 校友录"网站上传的个人账户头像（个人证件照），原告通过线上反馈渠道发送通知，要求百度网站删除证件照，但系统未进行任何处理。原告认为，涉案图片为其本人肖像，涉案图片以及其与原告姓名的关联关系涉及个人隐私、个人信息。在"chinaren 校友录"网站图片源地址已关闭的情况下，被告非法收录、存储涉及原告个人信息和个人隐私的图片，在收到通知的情况下仍不删除，构成侵权。被告泄露原告个人隐私和个人信息的行为，给原告造成困扰，应承担赔偿损失的责任。

法院裁判：本案中，虽然原告未对涉案行为造成其财产损失的数额进行举证，但个人信息在互联网经济的商业利用下已呈现出一定的财产价值属性，且遏制个人信息侵权的行为，需违法信息利用者付出成本对冲其通过违法行为所得的获益，故在当事人缺乏对被侵权人损失和侵权人获益举证的情况下，应由人民法院根据实际情况酌情确定赔偿数额。

案例评析：本案承认个人信息具有财产价值，通过人格权财产损害赔偿方式给予法律救济，对个人信息财产利益共享具有较强的示范作用。但其论证的正当性基础是被告擅自收集、使用原告的个人信息，剥夺了原告本应获得的财产价值，原告因此得以主张一定的财产损害赔偿。其裁判思路是信息主体享有个人信息财产利益，若处理者非法处理个人信息权便同时构成对信息主体财产利益的侵害。此种裁判思路与个人信息财产权益的应然配置方案有所出入，将面临如下困境：第一，处理者创造个人信息财产价值，但却由信息主体享有财产利益，同时，处理者的劳动不仅不能获得权益补偿，反而要对创造财产权益的行为承担经济赔偿；第二，消极救济无法保护人格标识商业利用的积极自由，抹杀了权利人将人格标识进行商业化利用的意愿；第三，侵权救济针对的是某一具体行为，

---

① 北京互联网法院(2019)京 0491 民初 10989 号民事判决书。

而个人信息处理是持续的过程,持续的财产利益损失无法通过一次性救济给予充分赔偿。因此,总体而言,信息主体与信息处理者依自由意志积极共享个人信息财产权益,是理想的财产权分配模式。而残酷的生活现实却是积极共享很难实现,当下以个人信息的人格利益与财产利益一体救济的消极方式,即通过责任方式保护个人对其信息的财产收益权虽有一定不足,但在人们尚未设计出符合数字社会现实要求的个人信息财产权益积极共享制度前成了一种无奈的次优选择。

第二节　信息处理者之间的财产权益配置

 教学案例

　　甲公司与乙公司均为互联网公司,为更好地促进公司发展,双方签订《开发者服务协议》,约定甲公司将其平台用户的头像、昵称等基本信息通过 API 接口共享。在合作的过程中,乙公司未经甲公司同意超越权限爬取甲公司平台内用户的教育信息、邮箱信息等。甲公司认为乙公司的爬取行为属于搭便车,构成不正当竞争。乙公司以甲公司的用户信息属于用户所有进行抗辩,该类纠纷应该如何解决?

　　在数字社会,个人信息因具有经济价值而成为信息处理者之间争相追逐的对象,由此引起数据纠纷不断。尽管信息主体在个人信息处理中享有知情决定、更正删除、查阅复制等权利,但信息处理者在收集个人信息进行加工、存储后形成数据资源和数据产品,对这类包含个人信息的数据,信息处理者享有何种权益? 第三方信息处理者可否在经过个人同意后直接收集平台上的个人信息而无需信息处理者同意? 这些问题都需要进一步探讨。

一、信息处理者之间财产权益分配的司法现状

　　自 2008 年我国第一起数据纠纷——"大众点评与爱帮网不正当竞争纠纷案"开始,数据纠纷就不断出现。大量的司法案件可以反映法院对某一问题审理的基本态度,故笔者挑选出在司法实践中具有典型意义的案件来分析信息处理者之间对信息财产权益的分配现状。

(一) 信息处理者财产权益纠纷的裁判思路
　　本书挑选的典型案例依次为"2008 年大众点评与爱帮网不正当竞争纠纷案"[①]"2010

[①] 北京市海淀区人民法院(2008)海民初字第 16204 号民事判决书。

年大众点评与爱帮网不正当竞争纠纷案"[①]"新浪微博与脉脉不正当竞争纠纷案"[②]"淘宝与美景不正当竞争纠纷案",[③]在此基础上归纳出法院裁判思路与保护方式,进而检视司法实践中对数据保护的局限所在。通过案例分析可以发现,涉数案件的争议点主要聚焦于个人信息的权益归属,因这类信息大部分属于网络平台的公开信息,且多源于个人。由于相关立法的缺位导致原被告双方对第三方信息处理者能否对这类公开的个人信息直接抓取或利用展开激烈争论。例如,在"2010 年大众点评与爱帮网不正当竞争纠纷案""新浪微博与脉脉不正当竞争纠纷案"中,被告方均以"所涉及的数据具有公开性,且均为用户产生,非属于原告所有"进行抗辩。由此可见,数据来源的多元性、数据本身的公开性、数据利益的复杂性是导致个人信息权属分配困难的关键点。在该类案件中,法院的裁判思路主要遵循数据的来源、功能、第三方信息处理者对个人信息的使用程度来检视第三方信息处理者抓取或利用行为是否构成不正当竞争,进而援引《反不正当竞争法》一般条款作为兜底保护方式,为数据竞争纠纷暂时提供了解决思路。

在权益分配问题上,由于数据之上承载个人信息、公共数据等,法院对这类数据的权益分配因针对的权益不同,采取的裁判路径也不相同。法院一般遵循的解释路径:首先,对数据来源是否合法进行论证,而个人信息来源是否合法主要依赖同意原则以及合法、正当、必要性原则作为判断标准。其次,在确定数据来源合法之后,法院再根据信息处理者的劳动投入程度、数据的功能判断信息处理者的优势利益程度。由此可以看出,在涉及信息处理者之间的权益纠纷中,法院主要强调信息处理者对个人信息安全的维护以及对个人信息产生的竞争利益的认可。例如,在"淘宝与美景不正当竞争纠纷案"中,法院直接肯定了新浪公司对衍生数据享有竞争意义的财产利益。

(二) 信息处理者之间财产权益分配的司法立场

1. 法院认可信息处理者对信息享有合法权益

从典型案例可以发现法院对数据权益归属的倾向,即肯定信息处理者的权益诉求。法院在对数据定性时,一方面,从数据的数量与功能层面认定数据的财产属性;另一方面,法院认为信息处理者对个人信息仅具有使用权,故以隐私保护为由,要求第三方处理者使用个人信息需要取得信息主体与信息处理者的重复授权,这种三重授权许可使用规则在保护人格利益的同时又间接保护了信息处理者的竞争利益。但就数据权属的确定层面,法院采取的是一种回避态度。事实上,法院通过扩大"合法权益"的范围将这类数据的财产权益纳入其中,以此作为解决数据竞争纠纷的权宜之计,并未直接回应信息处理者对权益归属的确权诉求。

---

① 北京市第一中级人民法院(2011)一中民终字第 7512 号民事判决书。
② 北京知识产权法院(2016)京 73 民终 588 号民事判决书。
③ 杭州铁路运输法院(2017)浙 8601 民初 4034 号民事判决书。

2. 信息处理者享有合法权益的考量因素

法院确认信息处理者享有合法权益主要基于下面几点考量：首先，信息处理者的劳动投入，即肯定信息处理者对数据所投入的时间、劳动、技术等；其次，激励机制，即为创造公平的市场竞争，保障信息处理者对算法技术的持续研发与更新，促进数据经济的健康发展；再次，竞争优势与市场价值，即信息处理者对数据后续研发与利用可创造出更多的数据价值，在市场上占据优势地位；最后，规制竞争主体的不当利用行为，遏制搭便车获取不当利益，维护良好的市场竞争秩序。

在大部分涉数案件中，个人信息财产权益的归属成为纠纷的直接起因。受制于法院不得拒绝裁判的原则，法院虽认可信息处理者对其收集、加工的数据享有合法权益，但对这种所有权的归属却持一种回避态度，这就导致数据竞争纠纷的解决受制于个案实现正义，且必须转换为竞争机制才能获得法院认可，数据纠纷只能陷入因权属不清引发的恶性循环之中。

综合而言，个人信息之上的人格权益由信息主体永恒享有与动态控制。个人信息的保护具有优先性已在学界达成共识，这是社会价值观念形成的自发性规则。即便个人信息的人格属性在后续流转中已成为隐形因素，人格权优先保护思维时刻嵌入个人信息的全生命周期，人格利益永不褪色。因此，数据流通和保护之间的冲突归根结底是个人信息财产利益问题引起的，对个人信息财产权益的分配需要围绕个人信息的双重法律属性来确定分配方案。

> **【思考】**
> 如何在信息主体与信息处理者之间合理配置个人信息财产权益？

二、信息处理者之间财产权益的应然配置

个人信息上的权益具有人格与财产双重属性，但不能就此得出个人信息权是人格权与财产权并存的二元权利。个人信息权的具体内涵与外延取决于如何向信息主体和信息处理者分配个人信息上的法律权益，权益配置方案决定了信息主体、信息处理者以及第三方信息处理者对个人信息权益的具体控制方式以及三方权益行使的边界。

（一）信息处理者享有财产权益，但处理个人信息应该具有合法性基础

首先，信息处理者要拥有处理个人信息的合法性和正当性基础。个人信息权本质上是人格权，尽管其中天然蕴含着财产价值，但没有正当理由的信息处理在法律上构成对他人个人信息权益的侵害。合法性和正当性基础为信息处理提供了法律责任上的豁免权，

使后续的信息处理包括数据生产等具有了正当性。合法性和正当性基础在个人信息保护中的制度体现主要是知情同意规则。其次,信息处理者负有个人信息保护义务。个人信息处理的合法基础只是个人信息保护的第一道屏障,并不能保证个人信息权益不会遭受侵害。个人信息保护主要有两种法律路径,即以个人为中心的赋权保护路径和以信息处理者为中心的行为规制(义务施加)路径。在数字社会中,合理保护个人信息的方式应该是兼采赋权保护路径和行为规制路径,既明确个人拥有的信息权利,也课以信息处理者保护个人信息的义务,①即围绕个人信息处理构建权利义务关系,与信息主体权利配置规则形成链接,以全面保障信息主体的正当利益。

 案例解析

甲公司对其平台内的用户数据虽然不享有所有权,但是其投入人力、技术、资本等收集用户数据形成的数据集合享有合法财产权益。乙公司以营利为目的,未经同意爬取甲公司数据的行为形成了实质性替代,损害了甲公司的竞争优势,属于典型的不正当竞争行为。因此,甲公司可向法院要求乙公司停止侵害并赔偿经济损失。

(二) 第三方信息处理者依信息主体同意享有个人信息财产权益

实践中,第三方信息处理者(在后平台)经过信息主体同意但未经过信息处理者(在先平台)的同意处理个人信息,成为个人信息权属最具争议的问题。法院在裁判中,一般会忽视信息主体的自由意志,支持信息处理者的权益诉求,主要缘由有二:一是避免数据获取方"搭便车",削弱信息处理者的竞争优势;二是通过处理者"守门人"来确保数据安全。但上述两项理由都回避了个人信息的权益归属。

笔者认为,算法识别性是影响信息主体对数据是否享有控制力的主要因素,②当第三方信息处理者获得信息主体同意处理其个人信息时,可依此享有个人信息的财产权益,无需取得信息处理者同意。主要理由如下:一是竞争力的此消彼长并不能直接得出法律应保护信息处理者竞争优势的结论,相反,通过法律保护自由市场中某一方数据企业的竞争优势并非常态,而是例外。二是第三方信息处理者从信息处理者处获取数据并非"不劳而获"。因为不需要信息处理者的同意并不意味着第三方信息处理者可以自由地获取信息处理者控制的全部数据,因为第三方信息处理者还需获得信息主体的明确同意。例如通过 OpenAPI 获得新浪微博某用户的数据,需该用户明确授权脉脉获得其在微博的用户信息。因此,只有第三方信息处理者为信息主体提供足够吸引力的产品或服务时,才能获得

---

① 彭诚信:《数字社会的思维转型与法治根基——以个人信息保护为中心》,《探索与争鸣》2022 年第 5 期,第 122—123 页。

② 不具有识别性的数据不属于个人信息的范围,故在实践中争议不大,此处仅讨论包含可识别性的数据(个人信息)。

信息主体授权,故第三方信息处理者为信息主体提供优质服务,正是获取个人信息所付出的代价之一。[①] 三是个人信息源于信息主体,信息处理者虽付出了一定的劳动收集和存储,但对社会的价值贡献仍未脱离用户信息所包含的资讯内容,而且其并未提升信息的质量,仅在用户同意的范围内依其与用户的约定享有有限使用权。[②]

 **典型案例**

微梦公司与字节公司不正当竞争纠纷案[③]

案件事实: 原告新浪微博认为被告字节公司利用技术手段抓取或由其公司员工以人工复制方式大规模获取源自新浪微博的内容,并紧随其后发布、展示在今日头条中,向用户进行传播的行为构成不正当竞争,遂诉至法院。被告字节公司认为其同步用户数据的行为获得了用户授权。

法院裁判: 首先,用户在处分个人信息权益时不能超出其自身范围,侵害新浪微博基于经营享有的合法权益。即使字节公司已经获得少部分用户授权,但这些用户也仅可对其自己生成的文字、图片授权字节公司使用。在未经微梦公司许可的情况下,上述授权行为不应该涵盖微梦公司相应的合法权益。字节公司的行为已经明显超出用户自身生成并享有权利的文字、图片范围,扩大到微梦公司处理用户数据并为用户生成内容提供服务中形成和添附的其他内容。因此,字节公司获得用户授权无效。其次,微博平台展示的内容并非仅由用户单独生成,而是在此基础上投入资源和服务后形成的成果,本质上是一种竞争性财产权益,应属企业所有。字节公司通过复制粘贴的行为大量复制新浪微博平台的数据,破坏了微梦公司的竞争优势,扰乱了市场秩序,损害了微梦公司的合法权益,故字节公司的行为构成不正当竞争,应停止侵害、消除影响,并以裁量性计算方式赔偿微梦公司 2 000 万元。

案例评析: 本案体现的是个人信息的积极利用权能,个人的意志和自由体现得最为直观,也直面信息主体、信息处理者及第三方信息处理者对财产权益的划分问题,此时个人信息权益权属争议达到白热化状态。尽管法院着眼于实现信息处理者对个人信息财产权益的基本诉求,基于诚信原则、商业道德以及劳动理论,并通过法律适用证成了该项利益的正当性,推定了信息处理者对信息数据的竞争性权益,但对于信息主体主张个人信息财产权益的权限直接进行了否定。笔者认为,字节公司通过用户授权已经具备了处理个人信息的合法性基础,无需再重新获取微梦公司的同意,但这并不意味着第三方信息处理者可对获得的个人信息为所欲为,其仍需遵守法律上关于个人信息保护的规则,并受用户协议的约束。

① 徐伟:《企业数据获取"三重授权原则"反思及类型化构建》,《交大法学》2019 年第 4 期,第 25—32 页。
② 向秦:《三重授权原则在个人信息处理中的限制适用》,《法商研究》2022 年第 5 期,第 139 页。
③ 北京市海淀区人民法院(2017)京 0108 民初 24530 号民事判决书。

本章小结

1. 个人信息上多元法益叠置，个人信息权的本质属性是人格权益，只能归属于信息主体。与个人信息人格权益是信息主体固有利益不同，在信息主体与信息处理者之间分配个人信息产出的财产价值，要遵从财产权益配置逻辑，既要符合效用目标，也要符合公平正义的要求。

2. 个人信息的财产价值是被数据生产者创造出来的，数据生产者对信息财产价值应享有财产权益。数据生产者与主体是个人还是企业没有直接关联，确定数据生产者身份要看谁完成了数据生产活动，既可以是作为信息主体的个人，也可以是信息处理者。

3. 信息主体消极享有信息财产权，信息处理者积极控制信息财产权，但要与信息主体共享。

4. 可识别性是影响信息主体对数据是否享有控制力的主要因素，当第三方信息处理者获得信息主体同意处理其个人信息时，可依此享有个人信息的财产权益，无需取得信息处理者的同意。

 延伸思考

1. 个人信息财产权益归属为何与传统人格标识不同？应当如何配置个人信息上的财产权益？

2. 个人信息交易规则如何构建？

3. 如何让信息主体感受到数据红利？

参考文献

1. 崔国斌：《大数据有限排他权的基础理论》，《法学研究》2019 年第 5 期。
2. 丁晓东：《论企业数据权益的法律保护——基于数据法律性质的分析》，《法律科学》2020 年第 2 期。
3. 高富平：《数据生产理论——数据资源权利配置的基础理论》，《交大法学》2019 年第 4 期。
4. 龙卫球：《数据新型财产权构建及其体系研究》，《政法论坛》2017 年第 4 期。
5. 刘艳红：《民法编纂背景下侵犯公民个人信息罪的保护法益：信息自决权——以刑民一体化及《民法总则》第 111 条为视角》，《浙江工商大学学报》2019 年第 6 期。
6. 梅夏英：《数据的法律属性及其民法定位》，《中国社会科学》2016 年第 9 期。
7. 彭诚信：《论个人信息的双重法律属性》，《清华法学》2021 年第 6 期。
8. 彭诚信：《数字法学的前提性命题与核心范式》，《中国法学》2023 年第 1 期。
9. 张新宝：《论个人信息权益的构造》，《中外法学》2021 年第 5 期。

第五章

个人信息的权利内容

第一节　个人信息权利内容概述

 教学案例

案例1：甲注册登录乙社交软件后，该软件弹出读取甲通讯录并向其推荐好友的请求，甲能否在未经其通讯录联系人同意的情况下，允许乙软件读取其通讯录信息？

案例2：甲因交通事故去世，甲的父母怀疑甲是被他杀，要求腾讯公司向其提供甲的微信登录密码，以便查阅甲的聊天记录，腾讯公司能否以保护甲的隐私为由拒绝该请求？

我国《个人信息保护法》第四章"个人在个人信息处理活动中的权利"对个人信息权的权利内容作出了系统规定，为信息主体向信息处理者主张权利提供了法律依据。据此，我国立法中规定的个人信息权利包括知情权、决定权、查阅权、复制权、可携权、更正权、补充权、删除权、请求释明权等。尽管这些权利中的部分内容已在更早的《网络安全法》《民法典》等法律中作出规定，但《个人信息保护法》无疑进一步强化和体系化了这些权利。从理论和实务来看，这些权利的正当性基础、权利属性、具体内涵、构成要件、行使方式、行使障碍及其救济规则等仍处于探索中。

一、个人信息各项权利间的关系

信息主体享有知情权、决定权、查阅权、复制权等诸多权利，这些权利之间是何种关系？是否存在主次之分？就个人信息各项权利间的关系，主要有四种理解，即以知情决定权为核心、以决定权为核心、以查阅复制权为核心，以及个人信息权下的各项权利功能上有所依附，但相对独立，并无主次之分。

（一）以知情决定权为核心
信息主体在个人信息处理活动中享有知情权和决定权，是信息主体在个人信息处理活动中所享有的最重要的权利。① 知情权、决定权是个人信息权的基础。知情决定是个人信息权的起点,其目的是确立信息主体对于自身人格形塑的自主控制。知情决定意味着信息主体对个人信息的收集、使用、分析、共享、删除的全生命周期的把握、选择和决定。知情权作为个人信息权利体系的理论基础具有指向明确、功能清晰、权利内容完整等优势。② 此外,个人信息的知情决定权也是个人信息不同于隐私的重要内容。隐私在于保护个人生活的安宁,而对个人信息既要加强保护,又要促进其利用,所以个人信息的保护不是要严密保护不为人知、不为人用,而是要在充分尊重个人信息自我决定权的前提下,通过知情同意(informed consent)促进信息的融合,发挥信息融合后的倍增效用。③

与知情决定权类似,有观点将知情同意权作为个人信息权利内容的核心。有学者认为,若去除此项权能,则信息主体后续的查阅权、复制权、可携权等所有其他权能将失去依托,经由主体同意通过契约实现信息商业化利用更是无从谈起,个人信息权制度体系无从建立。④ 知情权系体现信息自决观念的重要基础性核心权利。知情权是信息主体能够行使决定权、查阅复制权、更正权、删除权等其他权利的基础。信息主体只有充分掌握了信息,才能做出理性的决策。因此,在个人信息权的诸多权利中,知情同意权为核心内容。

(二) 以个人信息决定权为核心

个人信息决定权是信息主体对信息处理者行为的控制。有观点认为,从《个人信息保护法》来看,第 44 条规定的"限制或拒绝处理个人信息"以及第 45 条规定的可携权、第 46 条规定的更正权、第 47 条规定的删除权均为决定权的具体体现。其中,"限制处理个人信息"是信息主体在决定是否要求信息处理者删除、更正个人信息时的中间步骤;"拒绝处理个人信息"是指个人明确反对信息处理者处理其信息,相较限制处理更为彻底。第 24 条具体规定了信息主体拒绝自动化决策的权利。⑤

在影响程度上,有观点认为,"由于决定权对个人信息处理活动的影响远比知情权要大得多,因而《个人信息保护法》也对决定权的行使施加了更多的限制"。⑥ 我国个人信息保护相关立法一向重视信息主体的决定权,最典型的例证便是知情同意规则。例如,在《民法典》第 1035 条和《个人信息保护法》第 13 条中,取得信息主体的同意是处理个人信息的合法性基础之一。信息主体能够对其个人信息作出更正、删除、撤回同意等决策,也

① 周汉华:《个人信息保护法条文精解与适用指引》,法律出版社 2022 年版,第 276 页。
② 赵宏:《从信息公开到信息保护:公法上信息权保护研究的风向流转与核心问题》,《比较法研究》2017 年第 2 期,第 32—36 页。
③ 申卫星:《论个人信息权的构建及其体系化》,《比较法研究》2021 年第 5 期,第 4 页。
④ 叶名怡:《论个人信息权的基本范畴》,《清华法学》2018 年第 5 期,第 153 页。
⑤ 江必新、李占国:《个人信息保护法条文解读与法律适用》,中国法制出版社 2021 年版,第 145 页。
⑥ 张平:《中华人民共和国个人信息保护法理解适用与案例解读》,中国法制出版社 2021 年版,第 181 页。

是决定权的自然延伸。[①] 可见,个人信息决定权是一项重要的权利,其与可携权、删除权、更正权等具有密切联系。规定信息主体的决定权体现了我国立法对人格尊严的保护。同时,就影响力而言,个人信息决定权也有举足轻重的地位。因此,在个人信息权的各项权利中,个人信息决定权为核心内容。

(三) 以查阅复制权为核心

有观点认为,查阅复制权不仅落实了《个人信息保护法》第 7 条"公开、透明原则"和个人知情权,而且还是可携权、更正补充权、被遗忘权的制度性前提,因此被称为"个人信息保护之大宪章""关键性之权利"。[②] 个人信息查阅复制权具有重要意义,有助于帮助信息主体以其积极行为支配个人信息,加强信息主体对个人信息的控制。"查阅复制权是个人在个人信息处理活动中的权利的核心部分,从个人在个人信息处理活动中的权利的体系性角度来看,请求更正、补充权是以个人查阅、复制权为基础的。因为只有在得以查阅、复制个人信息的基础上,个人才能发现信息处理者所收集、储存或处理的数据是否存在不准确或不完整的情形,进而才能有效行使更正或者删除个人信息等其他权利。"[③]查阅复制权可以说是个人信息权利束的核心内容,是落实个人信息保护原则的重要手段。[④] 就查阅复制权的功能而言,信息主体经由查阅复制权的行使可以清晰了解信息处理者所掌握的数据是否遵守了个人信息收集中的知情同意规则,可以衡量数据最小化、目的特定等个人信息保护原则是否得到了遵守。[⑤] 查阅复制权还具有核校信息处理者是否遵守了《个人信息保护法》所确立的各项原则的功能。

> **【思考】**
> 个人信息各项权利间的关系是什么?

二、个人信息权利行使的限制

权利行使能否实现相应的法律效果主要取决于两个方面,即权利的构成要件和行使限制。前者决定了权利是否存在,后者是在权利已经存在(至少形式上已经存在)的前提下,基于其他价值和利益考量,对权利设置一定的阻碍,避免相应法律后果的发生。基于

---

① 龙卫球:《中华人民共和国个人信息保护法释义》,中国法制出版社 2021 年版,第 200 页。
② 许文义:《个人资料保护法论》,台湾三民书局 2001 年版,第 121 页。
③ 张平:《中华人民共和国个人信息保护法理解适用与案例解读》,中国法制出版社 2021 年版,第 182—186 页。
④ 汪庆华:《个人信息权的体系化解释——兼论〈个人信息保护法〉的公法属性》,《环球法律评论》2022 年第 1 期,第 76 页。
⑤ 张新宝:《个人信息处理的基本原则》,《中国法律评论》2021 年第 5 期,第 18—27 页。

个人信息保护的相关规则和原理,限制个人信息权利行使的主要事由如下。

(一) 为保护他人合法权益

为保护他人合法权益是最常见的限制个人信息权利行使的事由。虽然我国《个人信息保护法》并未明确提及这一事由,但在比较法上多被认可。例如欧盟《一般数据保护条例》第15条第4款规定,信息主体行使访问权不应对他人之权利和自由产生负面影响,第17条第3款则列举了五种限制删除权行使的事由。我国《个人信息安全规范》第8.7(e)条也将其他个人或组织的合法权益受到严重损害、涉及商业秘密等作为可以不响应信息主体请求的事由之一。问题在于,由于"他人合法权益"的指向宽泛,实践中信息处理者多偏向于作广义理解,使之成为限制个人信息权利行使的主要援引理由,[①]故有必要对此予以具体化。就自然人而言,尽管"他人合法权益"包含了生命权、财产权等权益,但实务中最常见的权益类型是第三人的个人信息权;就非自然人而言,最典型的情形是信息处理者的商业秘密等知识产权。

1. 以个人信息权为典型的第三人合法权益

由于个人信息的无形特点,多个主体对同一信息同时享有个人信息权的情况频繁发生。以互赖个人信息为例,其指数人因某种关系或事件而形成可识别或关联数人不可分割的个人信息,例如社会交往中的往来信件、通信信息、社交平台互动信息(点赞、评论等)、人际关系信息以及记录多人影像或声音的照片、视频乃至音频文件等都具有强烈的共生性、关联性。互赖个人信息的共生性特点使得信息主体对其所做出的决定不可避免会对相关方产生"被动影响"。[②] 此时,若一方行使个人信息权(例如请求查阅),信息处理者能否以涉及第三方个人信息权为由而予以拒绝? 对此,需遵循权利冲突和权利滥用的一般原理来加以处理。

在第三人明确做出相反意思表示前,应允许信息主体行使其个人信息权。根据权利冲突理论,权利冲突的发生以双方主体都要求行使权利为前提,仅是双方都享有权利并不必然会导致权利冲突,[③]故在第三方未予否定的情况下,信息主体系正常行使其个人信息权;此时也不构成权利滥用,因为信息主体对个人信息权的行使往往不存在主观恶意,即便存在主观故意,其对个人信息享有广泛的积极利用的权利内容,可携权便是积极权利内容的典型。据此,虽然信息主体行使个人信息权时涉及了第三人,但是并未构成权利滥用。

第三人做出相反意思表示后权利冲突规则之适用。若第三人不同意信息主体对个人信息权的行使,则意味着此时发生了权利冲突。例如在"凌某某与北京微播视界科技有限

[①]　Bart Custers, Anne-Sophie Heijne. The Right of Access in Automated Decision-making: The Scope of Article 15 (1)(h) GDPR in Theory and Practice. *Computer Law & Security Review*, Vol. 46, 2022, p. 15.

[②]　许可:《诚信原则:个人信息保护与利用平衡的信任路径》,《中外法学》2022年第5期,第1152页。

[③]　彭诚信、苏昊:《论权利冲突的规范本质及化解路径》,《法制与社会发展》2019年第2期,第83页。

公司隐私权、个人信息权益网络侵权责任纠纷案"中,第三人将其通讯录信息提供给抖音(信息处理者),以便抖音向其推送其"可能认识的好友",但通讯录中的凌某某不希望其姓名和手机号码等信息被抖音收集。[①] 解决权利冲突的方式主要有二:权利间的相互让步和权利超越。采权利相互让步方式的条件之一是冲突所涉的利益具有可分性,但在个人信息场景中,信息因部分重叠而发生冲突,不具可分性,故解决的唯一可能方式是权利超越。在解决哪一方主体权益应超越另一方主体时,常见的论证途径包括确定权利位阶、确定利益位阶、经济分析、利益衡量和价值选择、竞争法则等。这些论证途径虽然名义不同,但在实质考量因素方面往往交织在一起,故在具体的案件中,这些论证所得出的结论往往相似。同时,个人信息权利行使的场景多样,不同场景下相关考量因素的权重会有所不同,故需根据不同个案具体分析。

 案例解析

案例 1 需根据权利冲突理论来加以解决。在通讯录联系人做出相反意思表示前,甲有权允许乙社交软件读取其通讯录信息。在通讯录联系人做出不同意乙软件处理其个人信息后,乙软件应及时删除相关个人信息。

2. 以知识产权为典型的信息处理者合法权益

信息主体在行使个人信息权时,可能会涉及他人(尤其是信息处理者)的商业秘密等权益。例如在"周某某与广州唯品会电子商务有限公司个人信息保护纠纷案"[②]中,原告周某某要求被告唯品会披露其哪些个人信息被用于用户画像,而关于用户画像的算法涉及了唯品会的商业秘密。商业秘密常常成为限制个人信息权行使的理由之一,例如美国《数据隐私原则》认为,"法律或基于保护专有信息(proprietary information)或商业秘密的义务,禁止或限制披露数据主体的个人数据。"[③]此时,再次出现了权利冲突,法律需对何种权利优先得到满足做出判断。

以商业秘密为例,首先,要确认信息处理者是否享有商业秘密权益。根据《反不正当竞争法》第 9 条第 4 款,商业秘密的认定需满足不为公众所知悉、具有商业价值和采取了相应保密措施这三项要件。对于个人信息及其处理而言,其能为企业带来巨大财产利益,具有商业价值,但该信息及其处理是否为公众所知悉(例如因申请专利而公开)、企业是否采取了相应保密措施则需个案判断。其次,确认信息主体的行为,例如查阅哪些个人信息被用于用户画像,是否会构成对商业秘密的侵害。因为用于用户画像的个人信息只是用户画像算法的组成部分之一,其还需结合算法公式(例如各变量的权重)、其他信息(例如

---

① 北京互联网法院(2019)京 0491 民初 6694 号民事判决书。
② 广州市中级人民法院(2022)粤 01 民终 3937 号民事判决书。
③ Principles of the Law-Data Privacy § 8 (2020).

所有用户的平均数据)等才能形成用户画像算法。再次,需考虑商业秘密权益和个人信息
权益何者优先的问题。一方面,哪些个人信息被用于用户画像,对信息主体而言往往有着
重要的利害关系;另一方面,对平台而言,用户画像是一项重要的算法,对其维护商业竞争
优势有着重要意义。一般而言,我国法律在个人信息权和商业秘密间的冲突做出的选择
是,原则上优先满足信息主体的查阅权。当然,这一判断只是一个初步结论,实务中仍需
结合商业秘密的重要性和复杂性程度、信息主体行使个人信息权对其利益的影响程度等
在个案中做出具体判断。

(二)为保护信息主体其他合法权益

个人信息权的行使也受到信息主体自身其他合法权益的限制。例如,《民法典》第
1036 条将"为维护该自然人合法权益,合理实施的其他行为"作为处理个人信息不承担民
事责任的事由之一。《个人信息安全规范》第 8.7(e)条也将"响应个人信息主体的请求将
导致个人信息主体的合法权益受到严重损害的"列为信息处理者可以拒绝响应信息主体
请求的事由之一。信息主体的其他合法权益既包括主体除个人信息权以外的其他各类人
身权益和财产权益,也包括人格尊严、人身自由、通信秘密等宪法上规定的基本权益。[1]
在判断是否需基于其他合法权益而限制个人信息权时,需权衡不同权益对主体的重要性
程度。一般而言,若其他合法权益为生命、健康等价值位阶较高的合法权益时,可构成对
个人信息权行使加以限制的理由;[2]若其他合法权益为一般权益,则应在相关权益所受之
损害威胁达到严重程度时才能作为限制个人信息权行使的理由,否则,应尊重个人的意
愿。若信息处理者以保护个人其他合法权益为由限制个人信息权的行使,应在采取限制
措施时履行说明义务。

因个人信息权的行使不具有人身专属性,故适格的行使主体除个人信息所属的自然
人本人外,还可能存在依主体委托而行使个人信息权的受托人,[3]以及依据《个人信息保
护法》第 49 条之规定在信息主体死亡后享有查阅复制等权利的近亲属。而近亲属请求查
阅个人信息的行为可能违背死者本人的意愿或有害于其通信秘密等合法权益。例如,在
美国"埃尔斯沃斯案"中,埃尔斯沃斯作为已故的信息主体,曾在雅虎开通电子邮箱账户,
且去世后并未留下遗嘱。其父作为继承人认为该邮箱中可能存在与遗产处理、债务结算
等有关的信息,因此要求雅虎提供账户密码,以便其访问该邮箱并获取信息。最终被雅虎
以侵害用户隐私为由拒绝。[4]

---

[1]　程啸:《论个人信息权益》,《华东政法大学学报》2023 年第 1 期,第 8 页。
[2]　例如 2018 年的滴滴顺风车女子被害案件中,若有证据表明信息主体人身受到威胁,则平台不应以保护用户隐私和个人信息为由而拒绝家属查阅其行程记录等个人信息。
[3]　程啸、王苑:《论我国个人信息保护法中的查阅复制权》,《法律适用》2021 年第 12 期,第 23 页。
[4]　In re Estate of Ellsworth, No. 2005‐296, 651‐DE(Mich. Prob. Ct. Mar. 4, 2005).

案例解析

案例 2,死者甲的微信聊天记录涉及其隐私,故除非甲的父母有初步证据证明甲有他杀可能,否则不享有查阅甲微信聊天记录的权利。

(三) 为维护国家利益或公共利益

基于国家利益或公共利益而限制个人信息权利的行使是共识,既得到了立法的确认,也得到了学界的支持。就立法而言,《民法典》第 1036 条第 1 款第 3 项将"为维护公共利益"作为信息处理者无需承担民事责任的事由之一。《个人信息保护法》第 45 条规定,国家机关为履行法定职责处理个人信息、告知将妨碍国家机关履行法定职责、法律或行政法规规定应当保密时,可以拒绝信息主体的查阅、复制请求。此外,《个人信息安全规范》第 8.7(e) 条与欧盟《一般数据保护条例》第 23 条第 1 款均通过列举方式,将国家安全、国防安全、公共安全、公共卫生、重大公共利益、刑事司法独立与刑事司法秩序等列为处理者可不响应主体请求的事由。就理论而言,我国学者多主张,由于个人信息本身具备社会属性,故信息主体对其个人信息享有权利并不意味着其具有绝对的支配或控制权,当个人信息权的行使会损害国家利益或公众利益时便需限制主体对个人信息权利的行使。[①] 当然,这并不意味着当个人信息权和国家利益或公共利益发生冲突时,必然优先满足国家利益或公共利益。以著名的德国"人口普查案"为例,该案中联邦宪法法院认定德国政府所推行的全国人口普查法违宪,并以《基本法》第 1 条第 1 款和第 2 条第 1 款的一般人格权为出发点,明确提出个人信息自决权,并认为个人信息自决权是保护个人得以对抗国家信息收集行为的有力基础。因此,公共利益与个人信息权之间并不存在固定的位阶关系。一般而言,只有公共利益优位具备法律上的明确授权依据,且通过其他途径确实无法实现或维护公共利益时,方可以维护公共利益为由对个人信息权施以限制。

(四) 信息处理者无需履行或无法履行配合义务

此处所谓"无需履行"或"无法履行"是指除保护他人合法权益、个人其他合法权益、维护国家利益或公共利益以外的无需履行或无法履行义务的情形。根据《个人信息保护法》第 45 条,在"不需要告知"时,信息处理者可以拒绝信息主体的查阅、复制请求。"无需告知的情形"主要发生于信息主体行使个人信息权利的目的已经实现或目的已不复存在,故信息处理者无需再配合的情形。以个人信息查阅权为例,若信息主体已知晓其欲查阅的个人信息,则信息处理者无需再提供查阅。在"周某某与广州唯品会电子商务有限公司个人信息保护纠纷案"中,因一审被告唯品会提交的《原告个人信息情况》已经记载了原告的

---

① 姚佳:《论个人信息处理者的民事责任》,《清华法学》2021 年第 3 期,第 44 页;王锡锌:《国家保护视野中的个人信息权利束》,《中国社会科学》2021 年第 11 期,第 124 页。

注册时间、账号、昵称、性别、手机号码等部分个人信息，二审法院认为，就该部分信息而言被告无需再提供。[①] 欧盟《一般数据保护条例》第 14 条第 5 款 a 项也将"数据主体已经拥有信息"规定为信息处理者无需向信息主体履行提供义务的情形。当然，如果请求查阅的主体有初步证据证明其先前已经获悉的部分信息发生了变化，则信息处理者仍应继续履行提供义务。

除无需履行配合义务外，还存在无法履行配合义务的情形。无法履行主要发生于技术上难以实现的场合，即利用现有技术无法满足相应需求或需要付出不合理的成本。[②] 例如，根据《个人信息保护法》第 47 条第 2 款，当"删除个人信息从技术上难以实现"时，信息处理者不负有删除该信息的义务。类似地，根据《个人信息安全规范》第 8.1 条，"个人信息主体提出查询非其主动提供的个人信息时，个人信息控制者可在综合考虑不响应请求可能对个人信息主体合法权益带来的风险和损害，以及技术可行性、实现请求的成本等因素后，作出是否响应的决定，并给出解释说明。"欧盟《一般数据保护条例》第 14 条第 5 款 b 项也有相似的规定，即"此类信息的提供是不可能的，或者说需付出某种不相称的工作"。

> 【思考】
> 　　限制个人信息权利行使事由的理论根基可概括为权利冲突、权利滥用和相对义务的缺失。在上述事由中，哪些是基于权利冲突，哪些是基于权利滥用，哪些是基于相对义务的缺失？

拓展阅读　限制个人信息权利行使的方式

　　当存在限制个人信息权利行使的事由时，信息处理者可采取的最直接方式是拒绝响应信息主体的请求，但一概拒绝响应请求的方式有悖于"比例原则"。限制个人信息权利行使的目的不在于否定个人信息权，而在于平衡各方权益以使个人信息权的实现达到良好的均衡状态。因此，限制个人信息权利行使的具体方式应遵循作为"限制之限制"的比例原则，即考虑限制方式的适当性、必要性和均衡性。据此，限制个人信息权利行使的具体方式有不响应信息主体的权利请求、要求信息主体承担合理费用和以期间限制权利的行使范围。

　　不响应信息主体的权利请求可细分为完全不响应和不完全响应两种方式。其中，完全不响应指对信息主体的请求予以全部拒绝，但该方式会导致个人信息权完

---

① 广州市中级人民法院(2022)粤 01 民终 3937 号民事判决书。
② 程啸：《个人信息保护法理解与适用》，中国法制出版社 2021 年版，第 368 页。

全无法实现,对信息主体的利益剥夺最严重,基于比例原则的要求,这一方式应作为例外性的、最后的方式。不完全响应是指对信息主体的权利请求予以部分拒绝,主要表现为部分响应请求的内容、变更响应请求的形式和延迟响应请求的期限。例如信息主体请求查阅"全部"个人信息,但部分个人信息其已获知,则信息处理者无需再提供已获知的部分个人信息,只需提供剩余部分信息。

若信息主体构成个人信息权利滥用,则信息处理者可拒绝响应,但若其是否滥用权利不明且频繁行使权利又在客观上给信息处理者造成财产负担时,信息处理者可通过要求信息主体承担合理费用来限制个人信息权的行使。若信息主体不愿承担合理费用,信息处理者可拒绝其请求。

以期间限制权利的行使范围是指信息主体只能对一定期间内的个人信息行使权利。我国和欧盟《一般数据保护条例》都未对可行使个人信息权的期间作出规定,但实务中企业多对信息主体可行使个人信息权的期间范围作出限制。例如一些 APP 设置了个人信息查阅期间:哔哩哔哩为最长 30 日内、QQ 为最长 90 日内等。对信息处理和利用而言,限制可查阅的个人信息范围或许是基于运营成本和信息价值的考虑,且信息的价值会随着时间经过而递减。若要求腾讯在服务器上永久保存微信用户的所有聊天记录,以便用户可随时查阅其聊天记录,对腾讯而言可能是不小的成本负担。为了潜在的少量信息主体查阅个人信息而要求腾讯永久保存所有用户的聊天记录存在成本与收益上的失衡。

 **典型案例**

凌某某与北京微播视界科技有限公司隐私权、个人信息权益网络侵权责任纠纷案[①]

案件事实:原告凌某某在手机通讯录没有其他联系人的情况下,下载安装并注册了被告提供的抖音软件。登录后,在抖音软件"你可能认识的人"项下,显示有 30 位抖音用户,原告与其中 20 位存在社交关系(是微信好友、QQ 好友等)。原告起诉要求被告停止收集、存储、使用原告姓名和手机号码的行为,并删除未经原告明确授权而收集、存储的原告个人信息。经法院调查,被告之所以能向原告准确推荐与其存在社交关系的好友,是因为此 20 人曾授权被告收集的通讯录中有原告的手机号码。

法院裁判:北京互联网法院认为,手机通讯录属于个人信息,手机通讯录中包含的每

---

① 北京互联网法院(2019)京 0491 民初 6694 号民事判决书。

条联系人信息又属于该联系人的个人信息。所以,在处理手机通讯录中联系人姓名和手机号码时,一般应当征得双重同意——手机用户及每条通讯录联系人的同意,但这有可能会导致个人信息处理和数据利用的成本过高,甚至阻碍信息产业的健康发展。因此,应当在具体应用场景中考察是否构成个人信息合理使用的情形,以使信息主体与信息利用者之间的利益达到平衡。法院从姓名和手机号码信息的特点与属性、信息使用的方式和目的、对各方利益可能产生的影响三方面进行分析,认定被告读取和匹配原告的手机号码行为属于对该信息的合理使用,不构成侵权。

案例评析: 本案法院引入个人信息合理使用的直接目的是证成被告抖音的收集等行为的正当性,但存在理论不足。一是这一思路在价值取向上有失偏颇。本案所称的"个人信息合理使用"理论若成立,便意味着可以获取用户同意的成本较高为由,牺牲对个人信息的保护,换取信息产业的发展。二是以合理使用来正当化信息处理者的收集行为,会导致外在体系的逻辑冲突。依合理使用理论,信息处理者读取(收集)通讯录联系人的行为本是违法行为,故需通过合理使用来正当化该行为,但这意味着个人提供通讯录的行为也是违法行为,而这有悖于社会公众的普遍认识。三是从内在体系来看,企业收集第三人的信息,应认定为是以营利为目的。若认可企业以营利为目的收集第三人信息构成合理使用,将与我国在肖像权上以营利为目的的情形排除在合理使用范围外的制度选择存在体系上的不一致。

采合理使用论者是从信息处理者与第三人间的关系角度,对信息处理者的收集行为作出法律上的评价。但从法律的角度而言,与其说是信息处理者未经第三人同意收集了其信息,不如说是个人未经第三人同意,将其信息提供给了信息处理者。因此,法律上真正需要评价的行为是个人的提供行为,故本案是权利冲突问题,即个人能否未经第三人同意,向信息处理者提供涉及第三人的信息。

第二节 个人信息知情权和决定权

 教学案例

甲在其居住的屋檐下安装并使用了视频监控系统,相关摄像机安装于固定位置无法旋转,该摄像机对进入甲居所及公共人行道的情况均予以记录,甲安装摄像机的行为是否需要在行人知情的情况下获得行人同意?

本书中知情权和决定权具有广义和狭义两种理解。在广义层面,知情权是指信息主体所享有的知道与其信息将被处理的一切相关资讯的权利,包括知晓信息处理者身份、拟处理信息范围、处理依据、处理目的、处理类型、处理持续期间、后果影响、是否向他人或境外传输以及主体享有的各种权利等。决定权是信息主体在信息处理活动中有权决定其个人信息被何人处理,以何种目的、何种方式、在何种范围被处理的权利。这两项权利是信息主体在信息处理过程中所享有的最基础、最核心的权利内容。狭义层面,因告知同意是知情决定的关键,知情权和决定权也特指知情同意下的权利义务规则。[①] 本节在广义层面使用知情权和决定权概念。

一、个人信息知情权和决定权法律定位

关于个人信息知情权和决定权法律定位,有基础权利与具体权利两种主张。具体权利说中有学者主张,《个人信息保护法》对信息主体在个人信息处理活动中的权利作了列举性规定,包括知情权和决定权、限制权或者拒绝权等,这些权利是个人信息处理中概括的实体性权益,具备独立的实体权益内容,无法被其他权利所涵盖,是个人信息权益中的本权,要借助其他程序性权利(例如查阅权)实现,或是个人信息保护请求权(例如更正权)保护。[②] 也有观点认为,知情权和决定权是"个人在个人信息处理活动中的基础性、概括性权利",对其他个人信息权利发挥着统率作用。[③] 笔者认为,个人信息知情权和决定权在个人信息权体系中处于基础性地位。

(一) 个人信息知情权和决定权在个人信息权利体系中发挥统领作用

从《个人信息保护法》立法规定看,个人信息处理中的权利内容丰富,形成了层次分明的逻辑体系。个人信息知情权和决定权位于《个人信息保护法》第四章的章首,与其他权利规定的法律地位有所差异,属于个人信息权利的核心性或基础性内容。"决定权是一种偏理念性的信息自决基础,知情权则是整个信息主体权利体系的核心",[④]知情权和决定权是其他权利价值功能的集中表达,对其他权利发挥着统率作用。其他权利例如《个人信息保护法》第四章明确规定的查阅权、复制权、可携权、更正权、补充权以及删除权等,通过践行"知情""决定"促进个人信息实体法益的保护,这些权利是为了实现知情与决定由法律规定的具体权利内容。

(二) 个人信息知情权和决定权贯穿个人信息处理全生命周期

我国《个人信息保护法》对个人信息实体法益的保护存在多种方式,有的可通过信息

---

① 狭义知情决定多出现在司法裁判中,在《个人信息保护法》颁布实施前,多地法院曾基于"告知—同意"的要求认可个人对其信息享有自主决定。例如深圳市福田区人民法院(2016)粤 0304 民初 24741 号民事判决书;北京市第一中级人民法院(2020)京 01 民终 8911 号民事判决书;北京互联网法院(2019)京 0491 民初 16142 号民事判决书等。

② 张新宝:《论个人信息保护请求权的行使》,《政法论坛》2023 年第 2 期,第 27 页。

③ 孔祥稳:《个人信息自决权的理论批评与实践反思——兼论个人信息保护法第 44 条决定权之适用》,《法治现代化研究》2022 年第 4 期,第 94 页。

④ 姚佳:《个人信息主体的权利体系——基于数字时代个体权利的多维观察》,《华东政法大学学报》2022 年第 2 期,第 96 页。

主体行使信息处理中的法定权利来实现；有的则通过法律法规设定的信息处理者强制义务来规制信息处理行为而实现。在权利保护方式中，知情权、决定权始终贯穿于个人信息权利体系，删除权、查阅权、复制权、可携权、更正权、补充权等一系列权利，共同承担着保护个人信息权的特定功能。这些权利在个人信息处理活动全生命周期均可行使，覆盖个人信息处理活动各环节，不能转让或放弃，更不能遭受非法剥夺。

（三）个人信息知情权和决定权将决策自由理念贯彻个人信息保护全局

在数字社会，信息主体与信息处理者之间处于权力不对等的地位，信息壁垒、信息失控、信息滥用等使信息主体丧失了对信息的决策能力。为了矫正这种权力上的不对等，消解信息壁垒、对抗算法对信息主体的控制倾向，就需要法律赋予信息主体以知情权和决定权，使信息主体得以知晓在个人信息处理活动中与其自身利益密切相关的事项，维护人格尊严和自由。一方面，只有当信息主体对其个人信息的处理是知情的，他（她）才可能对个人信息处理做出真正自由、自主的决定；另一方面，只有信息主体可以按照自己的意思参与信息处理决策，能够在法律限度内限制或拒绝信息处理，才能实现人格尊严所要求的个人自治。因此，确认个人信息知情权和决定权，其目的是"通过保障个人的知情和参与来确保个人对信息处理者形成有效的监督制衡，从而保护个人信息背后的实体法益。"①

（四）个人信息知情权和决定权对其他具体权利起到弹性补充作用

个人信息知情权、决定权体现的是理念贯穿，并没有具体明确的权利义务细则，发挥了个人信息权一般条款功能。个人信息权属于发展中权利，法律不能穷尽个人信息权的一切规定，无法预见个人信息所有权利类型，知情权和决定权条款在法律适用中能够起到补充具体权利的作用。司法实践中，基于"法院不得拒绝裁判"的考虑，当存在已经类型化的具体权利时，应当优先适用具体权利，当不存在相应的具体化权利时，可以依据知情权和决定权，并依托个人信息保护的法教义学原理和理念解决争端，以弥补已定式化的各项具体权利之缺失。

> 📑 **拓展阅读**　**个人信息知情权和决定权与个人信息自决权的渊源**
>
> 个人信息自决权发端于德国，在 1983 年的"人口普查案"中，德国联邦宪法法院认为："个人的自我决定在现代化的资讯处理科技的环境下亦是以给予个人关于作为或不作为的决定自由（包含可能性在内），并且个人实际上得以按照决定作为

---

① 孔祥稳：《个人信息自决权的理论批评与实践反思——兼论个人信息保护法第 44 条决定权之适用》，《法治现代化研究》2022 年第 4 期，第 94 页。

前提的。如果个人不能充分肯定地掌握对于其在社会环境的特定领域内与其有关的资讯公开，并且不能在某种程度内预估可能的资讯往来对象时，个人基于自我决定而拥有的计划和决定之自由，将可能受到重大的妨害。"①德国个人信息自决权为宪法上的基本权利，德国《基本法》第1条第1款和第2条第1款能够推导出一般人格权，个人信息自决权便是对宪法上一般人格权的进一步具体化。在数字社会中，当个人不再能够了解何人、何时以及在何种场合会使用自己信息时，一个社会的秩序以及由此产生的法秩序将会受到威胁，这不仅会阻碍个人的自由和发展，而且妨碍公共利益，违背德国宪法一般人格权所贯穿的人格自决。德国《基本法》第1条第1款是德国宪法秩序的基石，其规范意旨：一是人本身即是目的，不得被视为物或者达成其他目的的手段；二是人的自主和自决应当得到充分尊重，在基本权行使的正当范围内，应保护人自主决定的机会。德国《基本法》第2条第1款的核心内涵是人格的自由发展应以个人自我形塑为核心，确保个人的意见及行为皆由自己决定，并由自己负责。在这样的内涵下，德国《基本法》第1条第1款和第2条第1款的"自主"和"自决"价值能够贯注到一般人格权当中，奠定其权利底色，个人信息自决权只是德国联邦宪法法院将自决理念应用于个人信息处理领域的结果。

虽然我国《宪法》未明确规定个人信息自决权，但从个人信息保护的理论和制度发展脉络来看，德国个人信息自决权理念对我国私法上的个人信息保护产生了较大影响。我国诸多学者主张，个人信息自决利益或信息处理中的自主决定利益是个人信息权的主要利益之一。② 司法审判上，也有多个典型案例在裁判规则中提出个人信息知情权和决定权。③ 不过由于我国法律制度欠缺个人信息自决的观念传承，即便有理论上的提议以及实践上的探索，但这样一种自决利益或自决权，其私法内涵十分模糊，其自由范围、行为边界并不清晰，个人信息自决权欠缺了私法意义上的行为规范意蕴。同时，作为宪法基本权利的个人信息自决权并不必然发生针对第三人的间接效力，个人信息自决权与个人信息人格权具有不同的目的功能与逻辑结构，将其扩展到私人间可能会引发信息关系的紧张。即便是德国联邦宪法法院的判例也较少涉及个人信息自决权的间接第三人效力和私法中的保护义务。因此，我国的个人信息自决权只是一种观念上借鉴，并无规范意义上的个人信息自决权。

① 陈戈、街建龙等：《德国联邦宪法法院典型判例研究：基本权利篇》，法律出版社 2015 年版，第 77 页。
② 商希雪：《个人信息隐私利益与自决利益的权利实现路径》，《法律科学》2020 年第 3 期，第 71 页；王苑：《私法视域下的个人信息权论》，《法治研究》2022 年第 5 期，第 41 页。
③ 北京市海淀区人民法院(2015)海民(知)初字第 12602 号民事判决书；北京知识产权法院(2016)京 73 民终 588 号民事判决书；天津市滨海新区人民法院(2019)津 0116 民初 2091 号民事判决书。

二、个人信息知情权和决定权的特性

(一) 个人信息知情权和决定权的限定性

在体例结构上,我国《个人信息保护法》将知情权和决定权规定在第四章权利专章中,并以"个人在个人信息处理活动中的权利"命名。比较法上,虽然不少法域的数据保护法或个人信息保护法都专列权利一章,但一般使用数据主体或信息主体的权利,很少出现信息处理中的权利。例如,欧盟《一般数据保护条例》第三章"数据主体的权利"(Rights of the Data Subject)规定了数据主体享有获取信息的权利、访问权、更正权、删除权(被遗忘权)、限制处理权、数据可携带权、反对权等;韩国《个人信息保护法》第五章"信息主体的权利保障"规定了信息主体享有个人信息的查阅权、个人信息的更正权与删除权等。我国立法对个人信息权进行了限定,将其界定为"个人在个人信息处理活动中的权利",即在个人信息处理活动中信息主体针对信息处理者享有的各种权利。

这一名称有三方面含义:首先,强调此等权利之主体是作为信息来源者的个人,权利所指向的义务人为从事个人信息处理活动的处理者,并非指向其他主体。其次,表明信息主体在个人信息处理活动中才享有这些权利,如果没有个人信息处理活动,则不存在此等权利。最后,信息主体在个人信息处理活动中的权利属于手段性权利,旨在保护包括个人信息权益在内的个人权益。[①] 也就是说,《个人信息保护法》通过将信息主体知情权和决定权以及由此产生的查阅复制权、可携权、删除权等限定在个人信息处理活动中,可以有效保护个人信息权益,防御信息处理者不当利用个人信息所带来的各种风险。

(二) 个人信息知情权和决定权的相互依存性

无论个人信息处理者是国家机关、企事业单位抑或其他主体,只要进行个人信息处理,原则上信息主体都有权知道哪个(些)信息处理者、基于什么目的、以何种方式、处理哪些个人信息,处理者原则上都负有告知信息主体个人信息处理相关事项的义务。之所以如此规定缘于处理者是实际的信息控制者,有关信息处理的决策实际由处理者做出,应当赋予信息主体决定权,避免信息主体丧失对自身信息的决策空间。基于信息主体与处理者能力失衡,若无知情权的保障,信息主体则完全处于信息壁垒状态,无法真正做出对自己有利的决定,这是对人格尊严的践踏,损害了人格自由,侵害了宪法上规定的基本人权;而若仅有知情权而无决定权,信息主体即便了解了全部、真实、有效的信息处理相关事项,但因无法做出自由决策,知情权也就丧失了其保障个人信息权益的法律功能。可以说,个人信息知情权与决定权在功能上相互依存。

正因为知情权与决定权有如此密切关系,《个人信息保护法》才将知情权保障情况与

---

① 程啸:《个人信息保护法理解与适用》,中国法制出版社 2021 年版,第 327 页。

决定权效力联系在一起,最突出的体现便是信息处理中的告知同意规则。信息主体的同意需要以知情权的实现为保障,法律从实体以及程序等方面详细规定了各种告知细则,同时,法定告知义务其功能在于使信息主体能够真实、自由做出同意表意,除有特殊规定,不能因告知满足形式要求而以默示同意等方式架空信息主体的同意。例如,欧盟《一般数据保护条例》第 42 条规定,控制者预先起草同意声明的,如果影响数据主体真实或自由的选择权,不得视为数据主体自愿做出同意。从该条规定可以看出,告知是为了保障数据主体同意意思真实有效,当数据控制者人为设置障碍或因其他原因导致数据主体不能真实、自由行使选择权时,数据主体的同意便是有瑕疵的同意。美国也有类似规定,告知是为了确保对个人数据处理决定起重要作用的信息能够传达给信息主体,对不符合要求的告知,美国联邦贸易委员会可以依据消费者保护相关规定,以欺诈交易为由进行追责。[①] 我国《个人信息保护法》虽未明确规定知情与同意的效力关系,但第 14 条同样要求,同意应当由个人在充分知情的前提下自愿、明确做出。

(三) 个人信息知情权和决定权的场景依附性

场景依附性是指不同场景下个人信息的保护程度和利用效度并不相同,具体情况取决于差异化的应用场景。个人信息知情权和决定权采用场景化方式的根本原因是,个人信息负载法益复杂,个人信息权可能和不同的利益产生冲突,因此,个人信息权益保护高度依赖于具体场景中信息主体与信息处理者之间的关系。

1. 依据义务主体不同的场景差异

个人信息知情权和决定权存在主体场景差异。当义务主体是私法上的信息处理者时,因信息处理以实现私法利益为主,信息主体的自决范围较广,自决度较高。当信息处理者为国家机关时,因国家机关处理个人信息的主要目的是增进公共福祉,实现公共利益,这种公共价值判断通常由立法形成,个人意志无法对其形成制约。因此,在信息处理全生命周期中,国家机关的某些行为具有单方性,信息主体意愿不作为主要考量因素,无论其同意与否都必须遵从法秩序的安排。诚如有学者指出,在公法层面和私法层面的个人信息处理活动中,信息主体所具有的具体权利并不相同,即便是同一权利,对公权处理者和私人处理者的要求也存在差别。例如美国《隐私法》只规定公民对联邦政府的信息处理活动享有知情权、查阅权、复制权、更正权、补充权,而未规定删除权。英国 2018 年《数据保护法案》(*Data Protection Act*) 设定了一系列专门针对刑事执法、司法 (law enforcement)机关和情报 (intelligence) 部门的信息主体工具性权利,包括查阅权、更正权、删除权、限制处理权,但不包括《一般数据保护条例》规定的可携权。[②]

---

① 美国《金融服务现代化法案》第 503 条从告知的程序和实质两方面进行规定,要求清晰、明显地(clear and conspicuous)披露个人数据处理政策和实践。See Edward J. Janger&Paul M. Schwartz. The Gramm-Leach-Bliley Act, Information Privacy and the Limits of Default Rules. *Minnesota Law Review*, Vol. 86, No. 3, 2002, pp. 1219, 1225 – 1226.

② 王锡锌、彭錞:《个人信息保护法律体系的宪法基础》,《清华法学》2021 年第 3 期,第 19 页。

2. 依据信息类型不同的场景差异

个人信息知情权和决定权在个人信息权利体系中处于基础地位,是信息自主决策理念在个人信息权上的贯彻,体现强烈的人格尊严与自由内涵。因不同类型的个人信息对个人信息人格权所要保护的核心利益意义不相同,《个人信息保护法》对个人信息进行了敏感信息、一般信息以及公开信息的区分。基于"利益平衡"的考量,对此三类信息的保护,经过利益衡量所确定的决策自由限度有所不同,例如《个人信息保护法》对三类信息的知情同意进行了不同的形式要求,对高风险的个人敏感信息适用加强保护的同意许可形式,《个人信息保护法》第 29 条规定敏感信息需要获取单独同意,《网络数据安全管理条例(征求意见稿)》指出:"单独同意是指数据处理者在开展具体数据处理活动时,对每项个人信息取得个人同意,不包括一次性针对多项个人信息、多种处理活动的同意。"在敏感信息外,《个人信息保护法》对公开信息同样有特殊规定。该法第 27 条指出对公开信息在特定条件下可以豁免明示同意,其逻辑是每个人每天都会在网络活动中留下大量个人信息。个人公开这些信息便丧失了对隐私的合理期待,放弃了权利主张,处理此类信息无需征得个人的同意。① 通过个人信息分类,在知情权和决定权的实现上建立起了分类、分层的梯度化模式,可以更好地平衡信息保护与利用之间的关系。

3. 依据具体情境不同的场景差异

依据场景完整性理论,个人信息权益是否遭受侵犯有三方面考量因素,即信息参与者、信息类型和信息流转原则,此三种要素分别对应法律上的主体、客体以及主体间的具体关系。场景完整性理论强调从信息所处的具体情境进行动态风险控制,要求信息处理要与特定的情境相匹配,符合信息主体的预期,即信息处理要尊重情境,要以符合情境的方式收集、使用个人信息。情境具有个案特点,这便对司法者或执法者提出了个案衡量的思维要求。例如在"王某与深圳市腾讯计算机系统有限公司个人信息保护纠纷案"②中,法院认为王某将卸载的微视 APP 二次下载后,该 APP 仍将"好友加入微视"默认为开启状态,不符合原告对其授权意思后果的合理预判,故微视 APP 在王某二次下载微视 APP 未予授权的情况下继续使用其微信好友关系的行为并未获得有效的用户知情同意。该案运用了场景化思维,法院结合具体场景判断信息处理是否符合信息主体合理预期,以此确定个人信息处理具体情境是否侵害了个人信息知情权、决定权。

 案例解析

　　该案甲安装摄像机的行为需要告知行人并获取行人的同意。理由在于:本案摄像机

---

① 在 HiQ Labs, Inc. v. LinkedIn Corp. 案中,法院判决称,若用户选择公开个人信息,那么其对资料被他人搜索、挖掘、整合及分析可能已经有了预期。See HiQ Labs, Inc. v. LinkedIn Corp., United States District Court for Northern District of California, Case No. 17-cv-03301-EMC.

② 深圳市中级人民法院(2021)粤 03 民终 9583 号民事判决书。

虽然出于保护家庭生命、财产安全的目的而安装,但其所覆盖的领域并非纯粹私人领域而包括公共街区,指向的是公共空间。基于场景化理论,考虑到甲所追求的合法权益性质,为平衡信息保护与信息利用间的利益,可以通过将行人信息解释为公开信息的方式而适用默示同意规则,避免此场景下明示同意的过分严苛。

三、个人信息知情权和决定权的内容构成

(一) 个人信息知情权的内容构成

1. 信息主体的积极权利

个人信息知情权衍生出多元的个人信息知情权利体系。《个人信息保护法》第24、45、48、50条分别规定了个人信息自动化决策解释权、个人查阅复制其个人信息的权利、个人请求处理者对其个人信息处理规则进行解释说明的权利,以及个人信息处理者权利保障行使和说明的义务,这些法律条款均体现了个人信息知情权的内涵。在数字社会中,信息主体与处理者之间存在巨大的技术鸿沟,为了应对与个人信息相关的算法黑箱问题,各国都在个人信息或个人数据保护法中规定了相关的算法解释权,若没有算法解释权的保障,信息主体便无法对自动化环境下的信息处理做出符合自身利益的决策。信息主体若不能查阅、复制其个人信息,便无法知晓个人信息被处理的真实情况,也不能知道其信息是否真实、准确地被处理利用,在这种情形下,很难说信息主体针对信息处理活动享有真正的知情权。个人信息处理规则是信息处理者自行规定的,这些规则决定信息处理关系中的权利义务内容,因此,处理者需要应信息主体的请求,对信息处理规则进行解释说明,以尊重信息主体对信息处理享有的知情权。个人信息权利的实现有赖于信息处理者的义务履行,因此,有必要建立起一套信息主体请求处理者履行义务的机制,当处理者拒绝履行义务时,信息主体有权知道权利请求被拒绝的正当理由,从权利保障环节保证信息主体在信息处理活动中的知情权。

2. 处理者的告知义务

除信息主体所享有的积极权利外,与知情权对应的处理者告知义务对保障个人知情权实现同样重要。在数字时代,信息主体在面对具有市场优势地位的平台企业时,往往处于信息不对称或信息过载的地位,信息主体面对信息处理没有选择和决定的余地,因此,个人信息决定权的行使与实现必须在充分告知的前提下,由信息主体自由、明确地做出。《个人信息保护法》第17条对个人信息处理前的告知义务和具体内容进行了具体规定,该条要求个人信息处理者在处理个人信息前,应当以显著方式,清晰易懂的语言真实、准确、完整地向个人告知法律和行政法规规定的应当告知的事项。这些事项原则上包括:个人信息处理者的名称或姓名和联系方式;个人信息的处理目的、处理方式,处理的个人信息种类、保存期限;个人行使本法规定权利的方式和程序以及法律、行政法规规定应当告知的其他事项。如果已经告知的前述事项发生变更,应当将变更的部分告知个人。处

理者的告知义务可以理解为信息主体知情权的重要构成,是落实信息主体知情权的重要保障。除此之外,《个人信息保护法》就一些特殊的个人信息处理活动,例如信息处理者因合并等原因转移个人信息,信息处理者向其他处理者提供其处理的个人信息,为维护公共安全所必需而在公共场所安装图像采集、个人身份识别设备等情形做出了特别的告知要求。

(二) 个人信息决定权的内容构成

我国《个人信息保护法》第 44 条规定:"个人对其个人信息的处理享有知情权和决定权,有权限制或者拒绝他人对其个人信息进行处理。"如果严格从文义上看,决定权指向的是限制处理或拒绝他人处理个人信息的权利,可以比照欧盟《一般数据保护条例》中的限制处理权和拒绝权。但从个人信息决定权的基础地位来看,如果进行此种严格的文义解释,无疑限缩了决定权的价值与意义。毫无疑问,限制处理与拒绝处理是决定权的重要内容之一,但并非全部,个人信息决定权应当包括参与信息处理的多种决策形式,例如选择、干预、限制以及拒绝等。《个人信息保护法》第 24 条规定的自动化决策拒绝权、第 45 条规定的可携权、第 46 条规定的更正和补充权,以及第 47 条规定的删除权等无不体现了信息主体对个人信息的自主决策。通过自动化决策方式做出的对个人权益有重大影响的决定,信息主体有权选择以人工方式做出处理。对于信息主体主动提供的或履行合同所必需的信息,因信息处理活动起因于信息主体自主决策,信息主体有权自主决定将个人信息从一个信息处理者手中转移到其他处理者手中。基于信息质量的要求,当个人信息不准确、不完整时,信息主体可以干预处理者的信息处理活动,请求处理者更正、补充个人信息。当个人信息已经丧失继续处理正当性之时,信息主体可以恢复个人信息处理之前的初始状态,请求处理者删除由其处理的个人信息。可见,个人信息决定权具有丰富内涵,并非仅是限制处理或拒绝处理,并且随着个人信息保护实践的发展,可由该权衍生出更多的权利种类,以保障信息主体在信息处理活动中的决策参与。

四、个人信息知情权和决定权的实现

(一) 个人信息知情权和决定权的实现程序

个人信息知情权和决定权核心在于形成个人信息处理的自主决策。一方面,以自主决策为基础,知情与决定效力与对物支配不同,不能以独占的意思通过控制个人信息的形式来实现;另一方面,因个人信息实际控制在处理者手中,信息主体权利的实现需要处理者积极履行义务,单纯消极的不作为无法满足信息主体的权利诉求。这就要求个人信息知情权和决定权的行使既要体现信息主体意愿,又要能够实现与处理者的有效互动;既要尊重处理者持有个人信息的事实,又要确保处理者为个人信息知情权、决定权行使提供便利。基于以上两点,法律规定了个人信息权实现的程序性要求。

1. 个人信息知情权和决定权实现的程序机制

个人信息权的实现主要有受理和处理两项机制,《个人信息保护法》第 50 条规定个人信息处理者应建立便捷的个人信息权行使申请受理和处理机制。受理机制是个人权利行使机制的启动环节,信息处理者应保证信息主体能通过系统交互或信息处理者指定的人员,向信息处理者提出权利行使请求。为确保后续权利行使以及对特定个人信息的操作是信息主体本人,信息处理者应在受理环节完成对主体身份的验证。[①] 信息处理者在受理信息主体的权利请求后,应当及时处理请求,对信息主体的请求内容以及是否存在不能行使其权利的情形进行审查,并告知信息主体请求处理的结论。信息主体行使权利的请求完全符合法律规定,既不存在法律规定的不能行使权利的情形,请求内容也不存在履行困难的情形的,信息处理者应及时履行相应义务并将义务履行情况通知信息主体。信息处理者拒绝信息主体行使个人信息保护请求权的,应以法定事由为限。

2. 个人信息知情权和决定权实现程序的核心要求

个人信息知情权和决定权是否能够落到实处,取决于信息主体是否能够便捷有效地主张权利。《个人信息保护法》虽明确提出了权利行使程序的便捷性要求,但未对其作出细致规定,对便捷性的具体要求散见于其他法律法规、行业标准的规定。总体来说,便捷性大致体现在简化请求环节以及时效性要求上。例如在申请受理机制方面,应以醒目、易懂的方式提醒信息主体提出权利行使申请途径,并以便于理解、操作的方式核验身份。在处理机制方面,应当允许信息主体在人工与智能处理机制间进行选择,应在合理期限内完成受理申请审核,并及时给信息主体请求以答复,拒绝请求的要做出合理解释。[②]

(二) 个人信息知情权和决定权的行使限制

个人信息上多元利益叠置,信息主体享有的信息人格权益虽然重要,但仅是其中之一,个人信息人格权的保护和实现需要兼顾其他利益诉求。从《个人信息保护法》第 1 条的立法目的可以看出,保护个人信息与个人信息合理利用均是《个人信息保护法》的价值追求,在此理念指导下,其第 44 条,个人信息知情权和决定权条款明确规定了权利限制或排除的情况,即"法律、行政法规另有规定的除外"。

1. 知情权的限免

特殊情况下,法律、行政法规可以对无需告知或限制知情的特别情形作出例外规定。例如,根据《个人信息保护法》第 18 和 35 条,法律、行政法规规定的应当保密或者不需要告知的情形,紧急情况暂缓告知情形以及告知将妨碍国家机关履行法定职责的情形等。

---

① 广州市中级人民法院 (2022) 粤 01 民终 3937 号民事判决书。
② 张新宝:《论个人信息保护请求权的行使》,《政法论坛》2023 年第 2 期,第 29—30 页。

2. 决定权的限免

依据法律、行政法规,特殊情况下个人不得限制、拒绝他人对其个人信息进行处理,或者是某一具体的决定权受到限制。例如,《个人信息保护法》第 13 条第 1 款第 2—7 项规定的信息处理不需要取得同意的情形、《个人信息保护法》第 27 条以及《民法典》第 1036 条第 2 项规定的合理范围内已公开个人信息处理的明示同意豁免情形等。

 **典型案例**

北京微梦创科网络技术有限公司与北京淘友天下技术有限公司、
北京淘友天下科技发展有限公司不正当竞争纠纷案①

案件事实: 脉脉软件是一款社交应用软件,依据与微梦公司的《开发者协议》获取用户信息,脉脉在实际采集数据过程中,不仅超越约定范围,而且采取技术措施获取了脉脉用户手机通讯录联系人与新浪微博用户的对应关系,并将对应关系以及通讯录联系人的新浪微博头像、名称(昵称)、职业信息、教育信息、个人标签等信息展示于人脉详情中。对于通讯录联系人中的非脉脉用户信息,原告主张被告采取的是非法抓取、使用行为;被告则认为其获取、使用的信息有一部分不是源于新浪微博,而源于新浪微博的部分依据的是《开发者协议》,并获得了用户的授权同意,具有合法性。

法院裁判: 一审法院认定被告获取的信息均来自新浪微博,依据合同相对性,《脉脉服务协议》对脉脉用户好友中的非脉脉用户并无约束力,不能以此作为非脉脉用户的授权依据。二审法院指出,互联网对用户个人信息的采集和利用必须以取得用户的同意为前提,这是互联网企业在利用用户信息时应当遵守的一般商业道德。上诉人在没有取得非脉脉用户同意的情况下读取其新浪微博信息,未能尊重信息主体的知情权及自由选择权,违反了诚实信用原则和互联网中的商业道德。并且,脉脉未经这些用户同意擅自公开其头像信息、标签信息、教育信息、职业信息,第三方可以轻松定位真实的对应关系,这是对新浪微博用户隐私权益的极大侵害。

案例评析: 本案作出裁判时,《民法典》《个人信息保护法》尚未颁布,我国法律尚无知情权、选择权(决定权)的成文规定,法院采用迂回方式,通过解释"服务使用协议""个人信息保护政策"的同意推导出用户享有个人信息知情权和选择权,这是本案的一大亮点,可以看作我国《个人信息保护法》上知情权和决定权的司法渊源。需要强调的是,用户的知情权、选择权是个人信息处理中的权利,而非消费者知情权、决定权。从主体角度看,知情权、决定权的义务主体范围要广于《消费者权益保护法》的规定,既包括经营者,也包括非经营性的组织和个人。从客体上看,消费者的知情权、决定权指向的是经营者提供的商品

---

① 北京知识产权法院(2016)京 73 民终 588 号民事判决书。

或服务,个人信息并非经营者所提供的商品或服务。从内容上看,严格来讲,信息处理中知情权仅在影响消费者人身健康和安全这部分存在与消费者知情权的重合,而在判断标准上,消费者的知情权以是否"影响消费心理和购买选择"为依据,个人信息处理中的知情权则从告知义务和知情权利体系角度对信息主体知情权进行了严格规定。在决定权上,消费者选择权指的是自主选择商品或服务的权利,而个人信息决定权,除决定是否由他人处理信息、由谁处理信息外,还包括携带、补充、更正等权利。从救济上看,侵害消费者知情权、选择权主要通过合同责任获得救济,而侵害个人信息知情权和决定权则可以主张侵权责任。因此,本案提出的知情权、选择权(决定权)虽在消费者保护的语境中,但其本质是用户作为信息主体所享有的个人信息权。

第三节　个人信息查阅权和复制权

 教学案例

案例 1: 甲电商平台的用户乙电话联系该平台客服,要求查阅其个人信息。客服答复,请乙通过发送邮件方式书面提出申请。后乙邮件提出查阅申请,但邮件中只说明了平台账户名称和需查阅的信息范围,并未提供乙的身份证等身份信息。甲平台以乙未提供身份信息而拒绝提供相关个人信息。请问甲平台是否侵害了乙的个人信息查阅权?

案例 2: 甲出于好奇,向乙平台提出查阅复制全部个人信息的申请,乙平台是否有义务提供相关个人信息?

《个人信息保护法》第 45 条前两款规定:"个人有权向个人信息处理者查阅、复制其个人信息;有本法第十八条第一款、第三十五条规定情形的除外。个人请求查阅、复制其个人信息的,个人信息处理者应当及时提供。"据此,我国立法确立了个人信息查阅权和复制权。鉴于信息处理者多以提供副本的书面方式来满足信息主体的查阅请求,故可将查阅权和复制权一并以查阅复制权的方式展开说明。

一、个人信息查阅复制权的规范目的

个人信息查阅复制权是指信息主体有权请求信息处理者提供其处理的与信息主体相关的个人信息,信息处理者在收到查阅复制请求后,应当及时提供。查阅复制权在欧美称为"访问权"。个人信息查阅复制权对于维护信息主体的人格利益有着重要价值,其不仅是《个人信息保护法》第 7 条"公开、透明"原则的具体实现途径,而且是更正补充权、删除权等权利行使的前提。详言之,查阅复制权的规范目的如下。

（一）查阅复制权有助于个人掌握信息处理者是否依法和依约定处理其个人信息

《个人信息保护法》第 5 条等对个人信息处理提出了一系列要求，包括合法、正当、必要和诚信原则等。落实这些原则的途径除了要求信息处理者遵循知情同意规则等来处理个人信息外，赋予信息主体查阅复制权是另一个重要途径。"查阅复制权具有核校数据处理者是否遵守了《个人信息保护法》所确立的系列原则的功能。"[①]信息主体经由查阅复制权的行使可以清晰了解到个人信息控制者所掌握的数据是否满足了个人信息处理的一系列规则，可以衡量数据最小化、目的特定等个人信息保护原则是否得到了遵守。[②] 根据《一般数据保护条例》序言（recital）第 63 条之规定，数据主体的访问权旨在使数据主体能够控制与其相关的个人数据，允许其"了解并验证处理的合法性"。换言之，访问权的目的是为个人提供关于数据处理的充分、透明和易于访问的信息，以便他们能够了解和验证处理的合法性和所处理数据的准确性。[③]

（二）查阅复制权往往是实现个人信息更正补充权等的前提

在涉个人信息的诸多权利中，部分权利的行使有赖于通过行使查阅复制权后才能进一步行使，例如更正补充权等。如果个人针对信息处理者不享有查阅、复制其个人信息的权利，个人也无法知悉其被处理的个人信息是否准确、完整，自然也无法行使《个人信息保护法》第 46 条和《民法典》第 1037 条第 1 款规定的提出异议并请求处理者及时采取更正、补充等必要措施的权利。

（三）查阅复制权有助于帮助个人以其积极行为支配个人信息，加强个人对个人信息的控制，并进而实现保护其人格利益的目的

尽管信息处理者在处理个人信息时负有告知并取得个人同意的义务，且信息处理者需遵循公开、透明原则，公开个人信息处理规则，明示处理的目的、方式和范围，但信息处理规则的公开与具体信息的处理并不相同，仅是处理规则的公开或告知无法让个人知晓其哪些个人信息在"事实上"被收集、个人信息在"事实上"以何种方式被处理。个人信息在事实层面被处理的情况直接影响了其个人信息权益，尤其是人格权益，查阅复制权则能够实现个人在事实层面对其信息的掌握。此外，保障个人对于个人信息的查阅复制权既可以缓解个人心理上"被操控""网上裸奔"的焦虑感，也有利于从外部积极主动地打破"信息茧房"，从而强化信息主体对个人信息的管理与控制。

---

① 汪庆华：《个人信息权的体系化解释——兼论〈个人信息保护法〉的公法属性》，《环球法律评论》2022 年第 1 期，第 76 页。
② 张新宝：《个人信息处理的基本原则》，《中国法律评论》2021 年第 5 期，第 18—27 页。
③ EDPB. Guidelines 01/2022 on data subject rights - right of access，https://edpb. europa. eu/system/files/2022 - 01/edpb_guidelines_012022_right-of-access_0. pdf，last visited on August 1, 2023.

二、个人信息查阅复制权与其他权利间的关系

(一) 个人信息查阅复制权与民法上的其他查阅复制权的关系

《个人信息保护法》第 45 条规定的查阅复制权属于信息主体在个人信息处理活动中的权利,其指向的对象是信息处理者。除了本条的规定外,民事法律中还规定了一些其他情形中的个人查阅复制相关信息的权利。这些权利有时也被称为"查阅复制权",但其与个人信息的查阅复制权并不完全相同。以《民法典》第 1029 条为例,"民事主体可以依法查询自己的信用评价"。虽然自然人的信用信息在有些场合也属于个人信息,关于自然人与信用信息处理者之间的关系适用个人信息保护的规定,但是《民法典》已将信用纳入名誉的范畴,通过名誉权加以保护。《民法典》第 1029 条规定的有权查询的是民事主体(自然人、法人、非法人组织),但《个人信息保护法》第 45 条规定的查阅复制权的主体主要限于自然人,故《民法典》第 1029 条中查询权的设立目的与查询范围和个人信息的查阅复制权有区别。

(二) 个人信息查阅复制权与个人信息知情权的关系

关于查阅复制权与知情权的关系,一般认为,查阅复制权是广义知情权的具体体现,"查阅权是知情权的延伸,也是实现知情权的重要方式,该权利强调信息主体向个人信息处理者的主动查阅权,更好地体现了个人信息自决的特征。"[1]"在整个保护个人信息相关权利体系中,查阅复制权是行使本法第 44 条知情权的保障和延续。"[2]"从实践来看,个人行使知情权一般来说是不需要提供理由的,尤其是当个人要求查阅、复制本人的个人信息时。"[3]

若对知情权采狭义理解,则知情权与查阅复制权的对象并不相同。《个人信息保护法》第 44 条规定:"个人对其个人信息的处理享有知情权。"第 45 条规定:"个人有权向个人信息处理者查阅、复制其个人信息。"查阅复制权的对象是个人信息,并不包括个人信息处理规则;而狭义知情权的对象是个人信息处理规则。据此,二者的主要区别在于:狭义知情权指向的是信息处理者负有对不特定信息主体告知一般性的个人信息处理规则的义务,该告知义务不以信息主体申请为前提,信息处理者应主动告知信息主体;[4]而查阅复制权指向的是信息处理者基于某一特定的信息主体的申请,对该特定信息主体负有告知相关的个人信息的义务。狭义知情权是对不特定主体主动告知一般性的信息处理规则,查阅复制权是对特定主体基于申请而告知特定的个人信息。狭义知情权和查阅复制权在

---

① 刘新宇:《中华人民共和国个人信息保护法重点解读与案例解析》,法律出版社 2021 年版,第 112 页。
② 江必新、李占国:《个人信息保护法条文解读与法律适用》,中国法制出版社 2021 年版,第 147 页。类似观点,参见程啸:《个人信息保护法理解与适用》,中国法制出版社 2021 年版,第 337 页。
③ 张平:《中华人民共和国个人信息保护法理解适用与案例解读》,中国法制出版社 2021 年版,第 179—180 页。
④ 龙卫球:《中华人民共和国个人信息保护法释义》,中国法制出版社 2021 年版,第 199 页。

侵权行为的表现方式、构成要件（例如是否以曾向信息处理者主张为前提）、侵害后果等方面有所不同。

【思考】

将个人信息查阅复制权作为知情权的具体体现，在理论上会造成哪些困扰？

三、个人信息查阅复制权行使的条件

个人信息查阅复制权的行使需要满足一定的条件，包括适格的行使主体、合理的申请理由和合法的行使范围。

（一）查阅复制权的行使主体

查阅复制权的权利主体是个人信息被处理的自然人。查阅复制权的行使并非具有人身专属性，故个人既有权自行行使查阅复制权，也有权委托他人代为行使该权利。如果自然人已经死亡的，其近亲属为了自身的合法、正当利益，可以对死者的个人信息行使查阅复制权，死者生前另有安排的除外。

为了避免个人信息被他人不当获取，申请人身份的验证确有必要。就理论而言，在申请查阅复制时，身份验证需要实现三方面目标：一是验证申请人的真实身份；二是证明查阅复制所涉的个人信息的信息主体身份；三是确认申请人和个人信息所涉主体的身份一致，或者申请人已获得信息主体的授权。其中，前两项是重点，第三项可通过对前两项的主体身份匹配来予以确认。为验证申请人的身份和信息主体的身份是否一致，申请人应满足如下要求。

第一，申请人应提供真实身份的证明材料和联系方式，例如身份证复印件、联系电话等。这主要是为了确保在申请错误时，能有效追究错误申请人的责任。"个人信息处理者在提供复制个人信息服务时，要注意验证权利人身份，避免发生个人信息的不当泄露。"[1]信息处理者对身份信息的要求以必要为限。"数据控制者不能在验证身份的必要信息之外再要求额外的个人数据。"[2]此外，申请人为了查阅复制而提供的真实身份材料，在合理的期限内不应适用删除权，即申请人不能在申请查阅复制后，又申请删除其真实身份材料，否则无法实现追究错误（恶意申请人）的规范目的。

第二，申请人应证明申请查阅复制个人信息的主体身份。申请人的真实身份和申请所涉信息主体的身份是两项不同的证明任务。前者是对申请人身份的确认，该身份证明

---

[1]　最高人民法院民法典贯彻实施工作领导小组：《中华人民共和国民法典人格权编理解与适用》，人民法院出版社2020年版，第391页。

[2]　EDPB. Guidelines 01/2022 on data subject rights — right of access，Adopted on 18 January 2022，p. 23.

与所查阅复制的个人信息无关,仅是为了确认申请人的身份;后者是对被查阅的信息主体身份(实践中往往表现为某个账号主体)的确认,以便明确哪些主体有权就该(账号)个人信息行使查阅复制的请求。如果查阅复制的账户本身已经包含了信息主体的真实身份,则申请人无需再提供额外证明材料。例如,银行等金融机构往往保有用户的真实身份材料。从实践来看,多数商业平台并不掌握其平台上注册用户的真实身份信息,在此背景下,至少有两种方式可验证账户主体的身份:一是申请人可通过在自己平台账户中补充真实身份信息来实现;二是平台通过验证申请人是平台账户的实际控制者来确认平台用户的身份。该实际控制可通过申请人能否准确输入相关平台账户的登录密码,或者准确提供平台账户关联的手机号码接收到的验证码等方式来实现。

第三,申请人的真实身份和信息主体的身份应当一致。唯有二者一致,申请人才是相关个人信息的信息主体,才有权利查阅复制其个人信息。当然,信息主体也可委托他人来实施查阅复制,此时申请人应同时提供信息主体的书面授权委托书等文件。若申请人与信息主体不一致,且申请人无法提供授权文书,则信息处理者应当拒绝其查阅复制。

 案例解析

案例1,因乙未提供真实身份信息,故甲平台有权拒绝其查阅请求。当然,甲平台应以合理的方式告知乙申请查阅需提供哪些材料,以便乙提供相关材料。

(二) 查阅复制申请人有合理的理由

一般认为,查阅复制个人信息时,申请人不需要提供理由。"我国《个人信息保护法》并未对其行使设置要件,个人只需要能够证明自己属于信息主体,即其个人信息被查阅复制权所指向的组织或个人所处理即可。"[1]除了少量例外情形,[2]欧盟原则上也不要求申请人提供申请理由。"数据主体不负有提供理由或正当化其申请的义务。只要符合《一般数据保护条例》第15条所规定的条件即可,申请背后的目的在所不问。"[3]但这一规则忽视了信息主体自由价值以外的其他价值,并不妥当。合理的申请目的应作为行使查阅复制权的要件之一,理由如下。

第一,从规范目的来看,查阅复制的规范目的是保障主体的人格利益和财产利益,若申请人查阅复制的目的与保障其权益无关,或者查阅复制无法有效实现其维护自身权益

---

[1] 程啸:《个人信息保护法理解与适用》,中国法制出版社2021年版,第349页。

[2] 例外主要有二:一是《一般数据保护条例》"前言"第63段提及的"当信息控制者处理海量与数据主体相关的信息时,控制者有权在提供信息前要求数据主体明确与申请相关的具体的信息或者处理行为。"二是《一般数据保护条例》第12(5)条规定:"当数据主体的申请明显毫无根据或者过分要求时,尤其是重复性申请时,信息控制者可以:(1)基于提供信息、沟通交流或采取行动相关的管理成本,收取合理的费用;(2)拒绝该申请。数据控制者负有证明申请是明显毫无根据或者过分要求的义务。"这些例外表明,在一些特殊情形下,要求申请人提供合理的申请理由仍可能是必要的。

[3] EDPB. Guidelines 01/2022 on data subject rights — right of access. Adopted on 18 January 2022, p. 49.

的目标,则不应赋予信息主体查阅复制的权利。查阅复制权是手段性权利,能否行使应取决于该"手段"能否实现合理的目的。查阅复制权的行使始终应以维护主体相关人格或财产利益为"初心",而非仅为了查阅复制而查阅复制。[1] 有观点认为,查阅复制本身便足以构成对维护个人信息权益的正当理由,因为只有通过查阅复制,信息主体才能了解信息处理者"事实上"处理了哪些信息,信息主体也才有可能发现不准确、不完整的信息,进而请求更正、补充等。[2] 但通过查阅复制了解个人信息及其处理情况是查阅复制的直接目的,并非根本目的。若信息主体并无任何理由,只是单纯想要了解自己的哪些信息事实上被处理,此种信息披露往往并不会为信息主体权益的保障带来多大的实益,但需要信息处理者为此承担查阅复制的成本,此时法律上的倾斜性保护是否有必要则值得商榷。

第二,从权利性质来看,认为行使查阅复制权无需提供申请理由的观点多基于一个前提,即作为具体人格权的个人信息权是一项权利主体可以自行支配的绝对权(权利主体可以根据自己的意愿支配其个人信息),但这一前提并不完全成立。个人信息权固然是一项人格权,但其与以隐私权为代表的传统人格权、以所有权为典型的物权存在一个显著的区别:信息主体往往并不在事实上管理控制个人信息,而是由信息处理者控制着个人信息。这意味着,信息主体对个人信息权利的行使并不如传统人格权或所有权那样,只要他人不加干涉即可,而是如债权那样需要借助信息处理者的积极行为才能实现。因此,不应以"人对物"(信息主体对个人信息)的绝对权思路来理解个人信息查阅复制权,认为信息主体可以根据自己单方的意愿自由支配,[3] 而是应以"人对人"(信息主体对信息处理者)的相对权思路来理解个人信息查阅复制权。根据民事基本原理,行为自由是民事基本原则,故一方主体要求另一方主体为或不为一定的行为时,应提供正当理由。该正当理由正是信息主体的权益受到或可能受到与个人信息相关的侵害,而信息处理者实际管理控制了申请人的个人信息。因此,信息主体的申请理由可正当化信息处理者提供查阅复制的作为义务。

第三,从实践效果来看,合理理由是避免查阅复制权滥用的重要途径之一。对行权目的不作限制的查阅复制权易引发权利滥用。正是基于此,最高人民法院对侵害查阅复制权的可诉性问题犹豫不决,对其是否单独可诉,强调"有待学理上进一步研究和实务中进一步总结经验","要看双方当事人之间是否存在平等主体之间的权利义务关系,也要充分考虑多元化解、非诉机制、诉讼效率、自力救济等因素,尽量做到依法保护当事人个人信息与避免滥诉相统一。"[4] 此外,在操作可行性上,有学者认为,信息处理者通常不会将特定

① 高富平、李群涛:《个人信息主体权利的性质和行使规范——〈民法典〉第1037条的解释论展开》,《上海政法学院学报》2020年第6期,第45页。
② 黄薇:《中华人民共和国民法典人格权编释义》,法律出版社2020年版,第205页。
③ Cases C-92/09 and C-93/09, Volker und Markus Schecke GbR and Hartmut Eifert v. Land Hessen, 2010, E.C.R. I-11117, para. 48;程啸:《个人信息保护法理解与适用》,中国法制出版社2021年版,第335—336页。
④ 最高人民法院民法典贯彻实施工作领导小组:《中华人民共和国民法典人格权编理解与适用》,人民法院出版社2020年版,第394页。

人的个人信息都汇聚成单一数据表单,而是以业务单元为架构,按需形成实时数据、存档数据和备份数据。囿于庞大的数据量、在线的更迭、复杂的格式和多样化保存,信息处理者难以满足个人关于其"所有"信息的宽泛请求。简言之,查阅复制上述信息无法直接通过自动化检索完成,仍须依靠人工审核与编辑。[①] 为了避免对信息主体而言实益不大的查阅复制给信息处理者造成较重的负担,要求信息主体在申请查阅复制时给出合理的理由是可取的方案之一。

第四,从我国相关规范和判决来看,也呈现出对查阅复制权予以适当限制的现象。《民法典》第 1037 条第 1 款规定:"自然人可以依法向信息处理者查阅或者复制其个人信息;发现信息有错误的,有权提出异议并请求及时采取更正等必要措施。"该条中"依法"两字或许表明了立法者认为查阅复制权的行使并非"想查就查",而是有一定的限制。[②] 该限制除了《个人信息保护法》第 45 条第 1 款规定的法律、行政法规规定的应当保密或者不需要告知的情形之外,或许应包含申请具有合理目的的限制。例如,2021 年 12 月公布的《网络数据安全管理条例(征求意见稿)》第 23 条规定:"个人提出查阅、复制、更正、补充、限制处理、删除其个人信息的合理请求的,数据处理者应当履行以下义务:(一)提供便捷的支持个人结构化查询本人被收集的个人信息类型、数量等的方法和途径,不得以时间、位置等因素对个人的合理请求进行限制"。该条将查阅、复制的申请限于"合理请求",或许可以从合理目的角度加以理解。

综上,申请人有合理的申请理由应作为查阅复制权行使的条件之一。那么,如何判断理由是否合理? 总体而言,申请理由应采对信息主体较为有利的宽松标准。若申请人等相关主体的合法权益遭受了现实侵害,或有遭受侵害之虞,且该侵害事实与所查阅复制的信息间存在关联则构成合理理由。仅声称想要了解个人信息状况不宜构成合理理由,例如,明显无理(manifestly unfounded)或明显过度(manifestly excessive)地要求信息处理者提供与申请人相关的所有个人信息,或者申请人提出个人信息查阅复制申请,同时表示愿意有条件撤回申请(例如信息处理者给予其一定经济利益)。除了上述较明显的情形外,是否构成合理理由存在一定的模糊地带。在判断是否属于合理理由存疑时,原则上应采有利于申请人的解释,即构成合理理由,以免信息处理者以此为由,过度限制查阅复制的申请。一般而言,申请人无需对自己声称的合理理由承担举证责任,申请人只需给出理由的说明即可。在申请人给出申请理由后,若信息处理者有理由怀疑申请人所声称的理由并非真实理由,或者申请人所提出的理由与所查阅复制的信息之间并无关联则可以拒绝申请。信息处理者以此为由拒绝申请时,应给出相应的证据,并向申请人书面说明理由。信息处理者不能仅以自身在数据保护方面已经达到了国家的相关标准,个人信息不可能泄露为由拒绝申请。

[①] 许可:《诚信原则:个人信息保护与利用平衡的信任路径》,《中外法学》2022 年第 5 期,第 1154—1155 页。

[②] 高富平、李群涛:《个人信息主体权利的性质和行使规范——〈民法典〉第 1037 条的解释论展开》,《上海政法学院学报》2020 年第 6 期,第 46—47 页。

【思考】

实践中申请人(信息主体)申请查阅复制个人信息常见的合理理由有哪些?

 案例解析

案例2,甲仅是出于好奇而申请查阅复制个人信息不构成合理的理由,乙平台可拒绝其查阅复制的申请。

(三) 可申请查阅复制的客体范围

查阅复制的申请中除了提供主体身份信息和查阅复制的合理理由外,还应说明申请查阅复制的个人信息范围。对此,基本的思路是:首先,申请查阅复制的个人信息应与申请查阅复制的目的相关,对于与查阅复制的合理理由完全无关的个人信息,信息处理者不负有提供查阅复制的义务。对于某一个人信息是否与申请理由相关,在信息主体与信息处理者发生争议时,原则上宜采有利于信息主体的从宽解释。其次,只要与查阅复制的目的相关,原则上所有个人信息都可以查阅复制,除非有正当理由来予以限制。该理由除了《个人信息保护法》第45条提及的"妨碍国家机关履行法定职责"等涉及公共利益的情形外,损害第三人利益也可能构成正当理由。例如《一般数据保护条例》第15条第4款便规定:"第3款规定的获取副本的权利不得对他人的权利和自由造成负面影响。"最后,哪些个人信息的查阅复制应受到限制需结合具体案件,运用权利冲突、权利滥用、利益衡量等法律原理来判断。

一般认为,个人信息查阅复制权的客体范围既包括个人信息,也包括个人信息处理规则。"依据本条的规定,查阅权的对象并非和个人信息处理相关的信息,而仅仅是个人信息本身,这就大大限缩了可以查阅的内容。"[①]而不少学者不受条文的"束缚",认为查阅复制的范围包括个人信息处理规则。"凡是《个人信息保护法》第17、22、23、39条所确定个人信息处理者应尽的告知义务规则体系中包含的相关事项都应属于查阅的范围之内。"[②]需注意的是,个人信息处理规则会在两种意义上被使用:一是一般意义上的个人信息处理规则,这主要体现于信息处理者的《隐私政策》《用户协议》等文件中。二是针对某一具体个人信息的处理规则(处理情况),例如某一用户的某个信息被用于何种用途。在行使查阅复制权时,信息主体除了查阅复制个人信息之外,还可同时查阅复制第二种意义上的处理规则,第一种意义上的处理规则并非查阅复制权的客体范围,而应是狭义知情权的范围。

---

① 陈甦、谢鸿飞:《民法典评注:人格权编》,中国法制出版社 2020 年版,第 396 页。
② 周汉华:《个人信息保护法条文精解与适用指引》,法律出版社 2022 年版,第 284 页。

【思考】

对于用户能够通过 APP 账户自行查看的个人信息,信息主体是否还能要求信息处理者提供副本?

四、个人信息查阅复制权行使的方式

(一) 信息主体与信息处理者可以约定行使查阅复制权的方式与程序

有学者认为,《个人信息保护法》第 45 条并未就信息主体向信息处理者提出查阅或者复制其个人信息的具体程序问题作出规定,这主要是考虑到信息处理者的类型不同,既有国家机关,也有非国家机关,信息主体要求查阅复制的个人信息也不相同。法律无法作出更细致的规定,不如交给信息处理者自行决定或与信息主体进行约定更妥当。[①] 从《个人信息保护法》第 17 条第 1 款第 3 项的规定来看,信息处理者可以就信息主体行使查阅复制权等权利的方式和程序作出规定,也可以与信息主体进行约定。当然,无论是信息处理者自行制定的权利行使方式和程序,还是与信息主体的约定,都不得违反法律、行政法规的强制性规定,也不得存在排除信息主体在信息处理活动中权利的格式条款,否则相关条款应认定为无效。

(二) 在信息主体提出查阅复制申请后,信息处理者应在合理期限内提供相应的信息

所谓"合理期限"并没有一个明确的时间段,因为申请人要求提供的信息数量、信息类型、信息搜寻的难易程度等都可能影响期限的长短。在"周某某与广州唯品会电子商务有限公司个人信息保护纠纷案"中,一审法院判决被告唯品会应在判决生效后的 10 日内提供原告的个人信息,而二审法院则将此期限改判为 30 日内。[②] 合理期限的判断应主要基于是否存在"不合理的迟延"来进行。例如欧盟《一般数据保护条例》第 12(3)条规定,控制者必须"不得无故迟延"(without undue delay)和"最迟在一个月内"(at the latest within one month)遵守,但在合理的情况下存在延长的可能性。

(三) 查阅复制权的行使也可以通过诉讼加以实现

有疑问的是,向信息处理者主张是否为行使诉讼的前置程序。根据《个人信息保护法》第 50 条第 2 款:"个人信息处理者拒绝个人行使权利的请求的,个人可以依法向人民法院提起诉讼。"若对本条采反面解释,则向信息处理者行使权利是其提起诉讼的前置程序。对查阅复制权而言,这一解释可取,理由在于:查阅复制权的实现往往有赖于信息主

---

① 江必新、郭锋:《〈中华人民共和国个人信息保护法〉条文理解与适用》,人民法院出版社 2021 年版,第 409—410 页。
② 广州市中级人民法院(2022)粤 01 民终 3937 号民事判决书。

体的主动行使,若信息主体并未行使查阅复制权,则信息处理者往往并不会主动向信息主体全面提供其个人信息。因此,是否侵害了信息主体的查阅复制权,需通过在信息主体提出查阅复制请求后,信息处理者是否提供相应的个人信息来加以判断。若信息主体未向信息处理者申请查阅复制,则无从判断信息处理者是否侵害了其查阅复制权。据此,向信息处理者主张查阅复制权是提起诉讼的前置程序。

五、个人信息查阅复制权的行使费用

关于查阅复制权的行使费用问题,在《个人信息保护法》的起草过程中就存在争论。有观点认为,应当要求行使查阅复制权的信息主体支付合理的费用,一是基于成本补偿原则。信息处理者为了满足个人查阅复制其个人信息的要求必将付出相应的成本。二是要求个人支付一定的费用可以在一定程度上遏制恶意的查阅复制申请而给企业造成不必要的负担。反对意见认为,《个人信息保护法》不宜就收费问题作出规定,理由在于：我国信息处理者的类型众多,既包括国家机关、事业单位等,也包括公司企业,且行使查阅复制的成本不尽相同,不宜由《个人信息保护法》作出规定,可以由相应的法律、行政法规作出规定,或者由当事人自行约定。此外,对于符合条件的个人在行使查阅复制权收取费用,容易对个人行使权利造成妨碍。[1] 此外,有意见认为,查阅复制是否收费应视情况而定,对于合理的申请不应收费。"合理"与否的判断可通过申请的次数、原因等来判断。

我国《个人信息保护法》没有对收费问题作出规定,不宜将此解读为我国在查阅复制问题上采取了不必收费的做法,而应认为我国在此问题上保持了开放立场,留待实践根据情况来逐渐厘清。《个人信息保护法》似乎有意不进行规定,旨在给其他法律或行政法规综合不同部门或行业的实际情况(信息采集、数据库建设等投入费用)、信息处理者的不同类型(公共机构抑或市场主体)和个人信息副本的形式(纸本抑或电子格式)等合理因素来进行具体规定预留足够的判断空间。[2]

 **典型案例**

周某某与广州唯品会电子商务有限公司个人信息保护纠纷案[3]

案件事实：原告周某某是被告唯品会平台的注册用户,其绑定了尾号 541 的手机号码。2021 年 3 月 1 日,原告通过电话客服和向被告唯品会隐私专职部门邮箱发送邮件的方式,请求被告披露其个人信息及个人信息处理相关情况,未得到回应。原告诉请被告向

---

① 程啸：《个人信息保护法理解与适用》,中国法制出版社 2021 年版,第 349—351 页。
② 龙卫球：《中华人民共和国个人信息保护法释义》,中国法制出版社 2021 年版,第 205 页。
③ 广州市中级人民法院(2022)粤 01 民终 3937 号民事判决书。

其披露原告在使用唯品会服务的过程中被告收集的原告的所有个人信息。

法院裁判：一审法院认为,查阅复制权的范围不仅包括个人信息本身,而且包括个人信息处理的相关情况。具体而言,① 关于"第三方 SDK 从唯品会公司收集到的其个人信息",被告需向原告提供实际内嵌第三方 SDK 收集的原告的个人信息。② 关于"原告的哪些信息被唯品会用于用户画像",原告并未提交证据证明被告作出了对其个人权益有重大影响的自动化决策,该请求不予支持。③ 关于被告"对外分享的信息",被告应向原告披露其与第三方(包括第三方支付机构)共享的个人信息清单,列明第三方的具体名称以及共享给第三方的原告个人信息。二审法院认为,关于被告提出的披露成本过高问题,因披露成本高并非法定的免责事由,故不予采纳。关于"第三方 SDK 收集的个人信息",唯品会公司并未参与该类信息的收集、上传、储存过程,故原告的该请求不予支持。

案例评析：本案核心法律问题在于个人信息查阅复制权行使的条件。就法院判决而言,本案存在诸多可商榷之处。

首先,查阅复制时真实身份的验证。法院采取了较宽松的规则。一审法院认为,"周某某通过实名登记的移动电话联系了唯品会公司的客服,客服亦通过周某某的来电核实到周某某的注册账号,因此,周某某已经证明了其属于案涉账号的信息主体。"这一宽松的信息主体身份验证规则既无法实现身份验证在理论上的规范目的,也提升了实践中错误申请乃至恶意申请查阅复制的概率,大大增加了个人信息泄露的风险。

其次,查阅复制申请人是否要有合理的理由。本案两审法院都对此进行了否定回答。但正如本书在个人信息查阅复制权行使条件中所分析的,查阅复制申请人应提供合理的理由,否则信息处理者可以拒绝申请。

再次,可申请查阅复制的客体范围。① 本案原告在请求查阅复制其个人信息的同时,也要求"说明收集的目的以及使用范围"。一审法院部分支持了该主张。尽管查阅复制权的直接客体是个人信息,但法律上允许申请人了解这些个人信息的处理情况,既能完整实现信息主体的查阅复制目的,又可避免将其纳入知情权而造成的权利行使复杂化,故与某一具体个人信息相关的该信息处理情况可作为查阅复制权的客体范围。② 关于提供 SDK 的第三方收集的个人信息。二审法院推理的逻辑似乎是：对于实际上并未收集个人信息的信息处理者,并不负有提供查阅复制的义务。但从法律关系来看,信息处理者与提供 SDK 的第三方间构成共同的信息处理者,故唯品会应负有提供第三方 SDK 所处理的个人信息的义务。

第四节　个人信息更正补充权

教学案例

案例 1：甲常年在乙公司购物平台购买生活用品,甲想查询留存在乙公司的个人信息,经查询后发现乙公司对其标注的个人偏好信息存在不当,当即要求乙公司更正个人行为偏好信息,乙公司是否应当更正甲的信息?

案例 2:甲使用乙公司支付软件多年,未填写职业身份是某高校大学学生。后甲在支付某视频软件包月服务中发现,学生身份可以享受学生折扣,甲于是提出在乙支付软件中更正个人职业身份为大学生,乙公司是否应当更正甲的个人信息?

个人信息更正补充权是个人信息权利体系中的重要权利,体现了《个人信息保护法》中的质量原则,是个人信息权利体系中决定权的具体表现。

一、个人信息更正补充权的内涵

个人信息更正补充权是指信息主体有请求信息处理者对不准确、不完整的个人信息进行更正与补充的权利。不准确的个人信息是指信息处理者处理的个人信息与真实的个人信息不一致;不完整的个人信息是指个人信息存在缺失与遗漏的情形。更正权是《个人信息保护法》中质量原则的要求,尤其在涉及信息主体重大权益时,个人信息更正权尤为重要。

当前我国相关立法已就更正补充权进行了初步规定,例如按照《个人信息保护法》第46 条第 1 款,信息主体发现其个人信息不准确或者不完整的,有权请求信息处理者更正、补充。《民法典》第 1037 条第 1 款规定,自然人发现信息有错误的,有权提出异议并请求及时采取更正等必要措施。《网络安全法》第 43 条规定,个人发现网络运营者收集、存储的其个人信息有错误的,有权要求网络运营者予以更正。《个人信息安全规范》第 8.2 条规定,信息主体发现个人信息控制者所持有的该主体的个人信息有错误或不完整的,个人信息控制者应为其提供请求更正或补充信息的方法。

对比《民法典》第 1037 条的规范,《个人信息保护法》规定的更正权在权利内容上存在一定的差异。一是异议更正权与更正补充权。《民法典》规定的是个人信息异议更正权。有观点认为异议更正权在内容上包括了三个方面:错误信息的更正、遗漏信息的补充和过时信息的更新。[①] 所谓异议权是指信息主体有权请求信息处理者对不正确、不全面的个人信息进行改正与补充的权利。[②]《个人信息保护法》则未明确规定异议权,而是在更正权基础上规定了补充权。虽然在措辞上两部立法选择不同,但是更正补充权逻辑上也蕴含了信息主体向信息处理者就信息不正确、不完全提出异议的内容。这种异议权表现为信息主体向信息处理者发出请求,因此可以认为,更正补充权包含异议更正权,对于异议权进行宽泛的理解也可以认为其包含了更正权与补充权。从权利内容上看,异议更正权与更正补充权二者并无实质性区别。二是错误信息与不准确、不完整的信息。信息主

---

① 申卫星:《论个人信息权的构建及其体系化》,《比较法研究》2021 年第 5 期,第 8 页。
② 黄薇:《中华人民共和国民法典人格权编解读》,中国法制出版社 2020 年版,第 223 页。

体行使更正补充权的条件，《个人信息保护法》并没有坚持《民法典》第 1037 条中有关"错误信息"的表述，而是将其细化为"信息不准确或不完善"。这一表述的改变具有合理性，因为从理论上来看，错误信息的内涵较为狭窄，采用"信息不准确或不完善"的表述不仅可以包括对错误信息的更正，而且包括对缺失信息的补充。实践中，信息处理者处理个人信息可能因某些信息的缺失，从而得出对个人不利的预测结果或个性标签。

在个人信息权利体系上，首先，个人信息更正补充权是个人信息决定权的具体体现，个人信息的准确与完整是维护个人人格尊严之必要。其次，更正补充权的行使以查阅权为前提。个人信息更正补充权以查阅权为基础，只有充分保障权利人的查阅权，使信息主体了解和知悉具体的个人信息状况，才存在行使更正权的基础。[1] 个人信息权利体系中的查阅权、复制权的行使很大程度上决定了信息主体能否知晓其个人信息的准确性与完整性。只有在充分知情的前提下，信息主体才可以决定是否行使更正补充权，以纠正被处理的个人信息中存在的信息不准确、不完整的情形，避免信息处理者的处理行为侵害其个人信息权益。最后，个人信息更正补充权的行使产生了人格权请求权的效果。有学者认为，个人信息更正权、补充权以及删除权的行使可起到与民法上停止侵害、排除妨害、消除危险等请求权相似的作用。[2] 尽管对于个人信息权的性质在理论上还存在争议，例如有人认为个人信息权是人格权请求权，[3]也有人认为个人信息权是程序性权利等，[4]但从法律效果上看，个人信息更正补充权的行使的确可以起到类似于请求权行使的效果。

 案例解析

案例 1，甲可以依据《个人信息保护法》第 46 条第 1 款行使个人信息更正补充权。甲需对该个人信息不准确承担举证责任，乙应当核实其个人信息，如果确实存在个人信息不准确的情形，应当及时进行更正、补充。

拓展阅读　个人信息更正权的域外实践

赋予信息主体更正权是国际社会的通行做法。欧盟《一般数据保护条例》第 16 条规定了"更正权"（Right to Rectification），其目的是纠正和预防因信息不准确、不完整对信息主体权利和自由造成的不利影响。1995 年欧盟《数据保护指令》第 12 条（b）项规定，成员国应当保证在数据处理不符合本指令的规定，特别是数据

---

① 陈甦、谢鸿飞：《民法典评注：人格权编》，中国法制出版社 2020 年版，第 397 页。
② 张新宝：《论个人信息权益的构造》，《中外法学》2021 年第 5 期，第 1159 页。
③ 王利明、丁晓东：《论〈个人信息保护法〉的亮点、特色与适用》，《法学家》2021 年第 6 期，第 4 页。
④ 张新宝：《论个人信息保护请求权的行使》，《政法论坛》2023 年第 2 期，第 26 页；蔡培如：《欧盟法上的个人数据受保护权研究——兼议对我国个人信息权利构建的启示》，《法学家》2021 年第 5 期，第 29—30 页。

不完整或不准确时,数据主体有权要求数据控制者对相关数据给予更正、删除或冻结。欧盟《一般数据保护条例》第 16 条规定:"数据主体应当有权要求数据控制者及时更正与其相关的不准确的个人数据。在考虑处理目的的前提下,数据主体应当有权补充不充分的个人数据,包括通过提供补充声明的方式。"[1]可以认为,欧盟《一般数据保护条例》的更正权是《一般数据保护条例》第 5 条关于数据质量原则的要求与体现,即要求控制者采取一切合理的步骤,"确保在考虑到处理目的的情况下,不准确的个人数据被立即删除或纠正"。值得注意的是,《一般数据保护条例》第 19 条还规定了数据控制者有义务将更正或补充的数据转移给之前的数据接收者,这项义务有助于数据主体停止或限制错误虚假信息的传播。

二、个人信息更正补充权的客体

个人信息更正补充权的客体是个人信息,而且只有在其个人信息不准确或不完整时,信息主体才可以行使更正补充权。界定某类信息是否属于个人信息,应当根据《个人信息保护法》第 4 条第 1 款内容进行判断,理论上存在识别说与关联说等不同学说。其中的难点在于,某些信息不仅涉及信息主体,而且可能关系其他第三人,个人能否就此类信息(涉第三人信息)行使更正补充权?典型的例如交易信息、微信好友关系、通讯录等。

有观点认为,个人不能以该个人信息不准确或不完整为由请求更正或补充,理由在于可能会损害他人的合法权益。[2] 也有观点认为,涉第三人信息本质上是权利冲突问题,在第三人提出异议后,信息处理者应根据第三人的意愿采取删除等措施。[3] 上述观点存在较大的差异,对于涉第三人信息,首先,要考虑的是信息处理者是否存在处理信息的合法性基础,该合法性基础不仅涉及信息主体,而且包括第三人,例如是否获取了第三人的同意,否则信息处理者应当删除上述信息。其次,涉第三人信息能否适用个人信息更正补充权也不能一概而论,关键在于判断更正权的行使是否会对第三人产生不利影响。

📄 **拓展阅读**　**区块链背景下的个人信息更正权**

区块链是一种分布式数据库技术,深刻改变了原有人与人之间的交往方式,重塑了数字社会中的信任问题,并引发了一系列法律层面的变革,例如数据安全、虚

---

①　General Data Protection Regulation,Article 16.
②　程啸:《个人信息保护法理解与适用》,中国法制出版社 2021 年版,第 355 页。
③　徐伟:《涉第三人信息的处理规则及其原理——兼评凌某某诉抖音案》,《华东政法大学学报》2022 年第 5 期,第 30 页。

拟货币、智能合约等问题,其中以个人信息保护问题最为突出。区块链技术最重要的特征是具有不可篡改性,是该技术在实践应用中安全性和透明性的重要保证。区块链中的数据不易被改变的特征与个人信息权体系中的个人信息更正权产生了冲突,使在区块链技术背景下个人信息更正权的行使成为一大问题。

要解决这一冲突,首先要回答的问题是,区块链上的数据是否绝对不能修改,即区块链使用的基本法律和伦理问题。依据法律与伦理的基本要求,是否允许对个人信息使用区块链技术。[①] 其次才是从技术上看,区块链上的数据也存在更正修改的可能性,即要达成51%以上算力节点按照意愿对区块链上的数据进行更正或删除,进而可能产生区块链重组或区块链分叉两种结果。[②] 所谓区块链重组事实上会发生数据的更正修改,个人信息更正权并非不可能被行使;而区块链的分叉事实上组成了一条新链,并不会发生更正的法律效果。尽管在技术上存在更正补充的可能性,但在具体操作中,要实现51%以上算力节点的更正其成本太高,现实中的可操作性并不强。如何在区链块背景下解决与更正权的冲突问题仍值得进一步探索。

三、个人信息更正补充权的要件

(一) 信息主体行使更正补充权的前提

信息主体行使更正补充权的前提在于,发现其个人信息存在不准确或不完整的情形。何为规范层面的不准确或不完整的个人信息,有待从解释论层面进行明确。

个人信息的不准确是指信息处理者处理的个人信息与真实的个人信息不一致,不能反映信息主体的真实情况,典型的如个人的职业、身份证号码、生物识别信息等信息出现错误。上述身份信息的判断较为容易,难点在于"信息是否准确"涉及的是个人主观价值判断,例如个人行为偏好信息、个人标签等。当信息处理者留存的信息与个人主观上认为的信息存在不符时是否属于不准确的个人信息? 有观点认为,这种情况下需要进行各方的利益平衡,从而判断该更正是否属于必要与合理。[③] 笔者认为,从保障信息主体权利而言,当信息主体提出更正请求时,只要该更正请求不影响其他第三人的利益,信息处理者原则上应当进行更正,否则会增加信息主体行权的成本,降低更正权的实效。

个人信息的不完整是指个人信息存在疏漏或缺失。个人信息是否完整的判断应当与具体的处理目的进行比较。换言之,个人信息是否完整是相对于信息处理者的处理目的

---

① 戚学祥:《超越风险:区块链技术的应用风险及其治理》,《南京社会科学》2020 年第 1 期,第 90 页。
② 齐爱民:《区块链环境中个人信息保护的法律障碍与应对》,《现代法学》2022 年第 5 期,第 183 页。
③ 程啸:《个人信息保护法理解与适用》,中国法制出版社 2021 年版,第 356 页。

而言,因为我国《个人信息保护法》规定了个人信息的处理必须遵循目的限制与最小必要原则,即信息处理者处理的个人信息只能是最小化的必要信息。但实践中存在着一种悖论,即信息处理者在收集个人信息过程中,对于个人信息可以或将来可以用于何种目的本身是不确定的,如何判断个人信息的处理是否完整,信息处理者本身很难进行实质性判断。因此赋予信息主体对于信息的更正补充权就具有重要价值,但应注意更正补充权的行使可能会对信息处理者造成成本与负担的增加。因此,是否支持信息主体补充个人信息需要从处理目的出发,从是否会导致处理目的落空等因素进行考量。

(二) 信息主体行使更正补充权的方式

信息主体发现其个人信息存在不准确或不完整时,有权请求信息处理者更正、补充。信息处理者应如何判断个人信息存在上述情形,并进行更正补充? 按照《个人信息保护法》第 46 条第 2 款,信息主体请求更正、补充其个人信息的,信息处理者应当对其个人信息予以核实,并及时更正、补充。根据条文内容,信息处理者应当对申请人的个人信息予以核实,以确定是否存在不准确、不完整的情形,必要时可以要求申请人提供相关材料,例如欧盟《一般数据保护条例》第 16 条要求数据主体在请求更正权时,要附上证明文件,这意味着信息主体对其个人信息的不准确或不完整负有举证证明的责任。至于信息处理者如何判断个人信息是否存在不准确或不完整的情况,需要结合主客观因素。如前所述,主要包括信息是否与真实的个人信息存在偏差、个人信息的不完整是否会导致处理目的的落空、是否存在涉第三人信息的情形等因素。

若确有申请人的个人信息存在不准确、不完整的情形,信息处理者应当及时予以更正或补充。所谓及时就是信息处理者应当毫不延迟。若不存在上述情形,应当向申请人说明拒绝的理由。关于信息处理者的通知责任,欧盟《一般数据保护条例》第 19 条进一步规定,更正权中的数据处理者的通知责任,即数据控制者应当将数据的更正告知该个人数据已经被披露给的每个接收者,除非此类告知是不可能或者需要付出不相称的工作。[①] 我国《个人信息保护法》没有规定具体时间,理论上应根据更正补充的难易程度等因素确定信息处理者进行更正或补充所需要的时间。《个人信息安全规范》第 8.7 条对于信息处理者规定了更正权的响应期限,即在验证信息主体身份后,应当在 30 天内或法律规定的期限内做出答复及合理解释。

 案例解析

案例 2,甲发现在乙支付软件上的个人信息不完整,影响其在支付视频软件包月服务中享受大学生优惠,其可以根据《个人信息保护法》第 46 条,请求乙支付软件更正其身份信息。

---

① General Data Protection Regulation, Article 19.

第五节　个人信息可携权

教学案例

案例 1：甲在购物节前期在乙公司软件购物车添加了购物清单，听朋友介绍丙软件购物优惠力度更大，便注册了丙公司软件账号，想对两个软件购物节活动期间的价格进行对比，便向乙公司提出行使个人信息可携权。甲想要直接移转的信息包括账号信息、浏览历史、购物记录、购物评价、用户画像等内容，甲主张移转上述信息是否有法律依据？哪些个人信息属于可以移转的范围？

案例 2：若乙公司响应了甲的请求，要求甲通过人脸识别方式进行认证与审核，并告知其 24 小时内移转。但直至购物节开始后，乙公司都未完成信息的移转。在甲再三催促下，乙公司告知由于移转数据较多，要实现移转需要额外收取费用。乙公司应在何时移转甲的个人信息？是否可以向甲收取相关费用？

我国个人信息可携权制度源于欧盟《一般数据保护条例》第 20 条，欧盟《一般数据保护条例》将其称为"数据可携权"（data portability）。该权利被认为是《一般数据保护条例》最重要的创新之一，也是《一般数据保护条例》生效之后对各国立法影响最大的制度之一。

一、个人信息可携权的内涵

个人信息可携权也称为携带权或移转权，是指在符合特定条件下，信息主体有请求信息处理者将处理的其个人信息移转至其他信息处理者的权利。《个人信息保护法》第 45 条第 3 款规定，信息主体请求将个人信息转移至其指定的信息处理者，符合国家网信部门规定条件的，信息处理者应当提供转移的途径。该条款被认为构成了我国的个人信息可携权。

该权利至少涉及三方当事人：一是可携权的权利主体，即信息主体；二是可携权指向的义务主体，即信息处理者；三是信息主体指定的信息处理者。其行使涉及信息主体之间、信息主体与信息处理者、信息处理者之间等多元主体的利益平衡关系。个人信息可携权具有两方面的意义：一是增强信息主体对其个人信息的控制权；二是减少大型互联网企业利用市场优势地位可能造成的数据垄断，减少"锁定效应"，改善市场竞争环境。

拓展阅读　**个人信息可携权的发展脉络**

　　数据信息具有开放共享的特征,个人数据应具有可移转性这一理念很早就成为数据产业的共识。例如 2007 年"数据可携性项目"(The Data Portability Project)旨在研究数据移转的解决方案。近年来,各国个人数据移转平台也应运而生,例如英国 MiData 平台旨在实现对于个人数据的访问,法国 MesInfos 和 SelfData 平台强化了数据主体对于数据的控制,美国互联网巨头公司脸书、苹果、微软、谷歌、推特等公司共同搭建的数据移转项目(Data Transfer Project)已初步实现了数据的高效流通与共享。欧盟早期法律也有类似于数据可移转的规定,只是并未抽象上升为一项权利,尚处在萌芽阶段。例如欧盟 1995 年《数据保护指令》中提出的数据访问权,为数据可携权的产生奠定了基础。为打造统一数字市场,2016 年,欧盟《一般数据保护条例》第 20 条正式确定了"数据可携权",并对世界各国立法产生了深远影响,目前中国、澳大利亚、印度、日本、菲律宾、新西兰和美国加利福尼亚州、科罗拉多州、康涅狄格州等国家和地区均进行了创新性法律移植。我国《个人信息保护法》第 45 条第 3 款正式确立了中国的个人信息可携权。

二、个人信息可携权的客体

　　个人信息可携权的客体是指信息主体行使可携权的对象。对此,《个人信息保护法》未作出明确的规定。按照体系解释,目前只要符合《个人信息保护法》第 4 条规定的个人信息均可构成可携权的客体。按照《个人信息安全规范》第 8.6 条的规定,根据信息主体的请求,信息控制者宜为信息主体提供获取以下类型个人信息副本的方法,或在技术可行的前提下直接将以下类型个人信息的副本传输给信息主体指定的第三方:本人的基本资料、身份信息、健康生理信息、教育工作信息。该规定只以列举方式限定了适用范围,缺乏可操作性。欧盟《一般数据保护条例》第 20 条适用的范围限定为数据主体"提供"的个人数据,[1]美国《加州消费者隐私法案》第 3 节第 4 条规定权利客体为"企业收集的个人信息",[2]新加坡《个人数据保护法》规定可以移转的数据主要包括"企业控制的数据、个人提供的数据、个人活动数据,但不包括衍生数据"。[3]

　　可见,我国当前立法并未限定可携权的权利客体,相较于国外立法可携权的行使范围较为宽泛,可能后续需要由网信办作出进一步的规定。

---

[1]　The General Data Protection Regulation,Article 20.

[2]　California civil code § 1798.100(d).

[3]　The Personal Data Protection Act,2020.

案例解析

案例 1,甲可以依据《个人信息保护法》第 45 条第 3 款行使可携权。在行使的范围方面,由于我国立法并未明确限定可携权的客体,理论上所有属于个人信息范畴的信息均可移转。

拓展阅读 | **可携权客体是否应包括非个人数据**

域外立法中信息可携权数据范围已拓展至用户画像,甚至非个人数据,例如印度《个人信息保护法》第 19 条认为"构成数据主体画像的一部分"属于可移转数据范围,法国数据可携权规则并没有限于个人数据。域外实践也将部分非个人数据纳入可移转范围,例如,脸书允许用户将自己发布在其网站上的博文内容迁移至谷歌平台。将可携权的范围扩展至非个人数据旨在促进相关数据在不同数据处理者之间进行移转。

三、个人信息可携权的内容

从权利内容上看,我国可携权的权利内容与欧盟《一般数据保护条例》第 20 条的个人数据可携权存在较大的差异。欧盟《一般数据保护条例》规定的可携权主要包含两方面的内容:一是个人数据副本取回权,信息主体有权取回个人数据的副本;二是个人数据移转权,即在符合一定条件下,信息主体可以请求信息控制者将其个人信息移转到指定的个人信息控制者处。[1]

关于个人信息可携权的权利构造,理论界存在不同的观点:一种观点认为,我国可携权规范并不包括个人数据副本取回权,而只限于个人数据移转权,《个人信息保护法》第45 条第 3 款只是一种个人信息移转权。[2] 有学者认为,从比较法上来看,个人信息可携权还应当包括个人信息获取权或个人信息副本获取权,宜扩张解释现有复制权的内涵,从而将个人信息获取权纳入可携权范畴。[3] 另一种观点认为,我国个人信息可携权包括个人数据获取权、转移权、请求权。[4]

比较法上,个人信息可携权包含的个人信息副本获取权,其与查阅权或复制权之间存在明显的差异,例如通过个人信息副本获取权取得的数据应当是可以移转传输的数据,而

---

[1] The General Data Protection Regulation,Article 20.
[2] 江必新、李占国:《个人信息保护法条文解读与法律适用》,中国法制出版社 2021 年版,第 148 页。
[3] 蔡培如:《个人信息可携带权的规范释义及制度建构》,《交大法学》2023 年第 2 期,第 63—65 页。
[4] 刘辉:《个人数据携带权与企业数据获取"三重授权原则"的冲突与调适》,《政治与法律》2022 年第 7 期,第 116 页。

非个人信息的查阅;信息主体获取其个人信息副本的目的是向其他信息接收者传输数据。但就现有规范解读来看,很难通过对查阅复制权进行扩张解释,得出所谓的信息主体直接向信息接收者移转数据的权利。在我国现有规范下可携权的理解应当限于个人信息移转权,即在技术可行条件下,在信息处理者之间直接进行移转(信息处理者 A—信息处理者 B),而不包括间接移转的模式(信息处理者 A—信息主体—信息处理者 B)。

拓展阅读　个人信息可携权与查阅复制权的关系

我国《个人信息保护法》第 45 条第 1、2 款规定了查阅权与复制权,其与该条第 3 款中的可携权是什么关系? 首先,查阅权是行使可携权的前提。查阅权既是公开、透明原则和个人知情权的体现,也是告知规则的必然推论。查阅权在域外立法一般被称为"访问权",欧盟《一般数据保护条例》早期立法中曾将可携权内容放置在访问权条文中,但后来由于访问权无法完全涵盖可携权内容,最终在正式稿中将可携权单独规定。其次,复制权属于广义上的数据可携权。欧盟《一般数据保护条例》第 20 条规定的数据可携权是广义上的,其包括了个人信息副本的取回权。我国《个人信息保护法》第 45 条第 3 款规定的可携权是狭义的,仅指个人信息直接移转权,不包括个人信息副本取回权。

四、个人信息可携权的法律性质

我国《个人信息保护法》第 4 章规定了信息主体在信息处理中的各项权利,可携权在内的个人信息权应当属于何种性质? 目前学界存在着三种具有代表性的观点。

一是积极权能说。可携权被认为是个人信息权中的一项积极权能,构成了个人信息权独立于隐私权的原因。[①]

二是程序性权利说。该学说认为我国个人信息保护是以基本权利的"个人信息受保护权"与"民事个人信息权益"作为实体权利,因而将《个人信息保护法》中的主体权利解释为程序性权利,得出了该权利的运行需要辅之以行政法上的行政程序权利的结论。[②]

三是规制策略性工具。该种学说认为由于可携权的适用涉及多重利益,不同利益和价值具有竞争性,将可携权作为一项个人信息保护规制工具,需要结合可携权在宏观和微观层面的数据"治理"功能。[③]

[①] 叶名怡:《论个人信息权的基本范畴》,《清华法学》2018 年第 5 期,第 154 页;付新华:《数据可携权的欧美法律实践及本土化制度设计》,《河北法学》2019 年第 8 期,第 164 页。

[②] 蔡培如:《欧盟法上的个人数据受保护权研究——兼议对我国个人信息权利构建的启示》,《法学家》2021 年第 5 期,第 21—22 页。

[③] 王锡锌:《个人信息可携权与数据治理的分配正义》,《环球法律评论》2021 年第 6 期,第 14—15 页。

上述学说均对于我们如何理解个人信息权，尤其是可携权性质提出了具有创见的观点。笔者认为，对于可携权的权利性质认识不能限于单一维度的理解，因个人信息可携权不仅是个人信息自决权的体现，而且承载了多重主体的利益关系，甚至在竞争法层面也有其特殊的制度价值。

拓展阅读　个人信息可携权的竞争法价值

个人信息可携权不仅是《个人信息保护法》的调整对象，而且是竞争法的调整范围。信息可携权促进数据流通，有助于数据市场竞争与创新，打破用户锁定效应。[①] 但也有观点认为，可携权可能会给数据竞争带来负面影响，例如传统反垄断法旨在规制占有市场支配地位的主体，而信息可携权的适用范围适用于所有数据控制者，且其对信息处理者的责任要求、对传输格式及兼容系统的要求，可能会加重中小企业的负担，与反垄断法内在理念相冲突，影响非垄断企业的创新能力与积极性。

五、个人信息可携权的行使

(一) 个人信息可携权的行使条件

《个人信息保护法》没有对可携权行使的要件作出具体规定，将可携权行使的条件授权由国家网信部门作出规定。我国《网络数据安全管理条例(征求意见稿)》第 24 条规定："符合下列条件的个人信息转移请求，数据处理者应当为个人指定的其他数据处理者访问、获取其个人信息提供转移服务：(一) 请求转移的个人信息是基于同意或者订立、履行合同所必需而收集的个人信息；(二) 请求转移的个人信息是本人信息或者请求人合法获得且不违背他人意愿的他人信息；(三) 能够验证请求人的合法身份。数据处理者发现接收个人信息的其他数据处理者有非法处理个人信息风险的，应当对个人信息转移请求作出合理的风险提示。请求转移个人信息次数明显超出合理范围的，数据处理者可以收取合理费用。"该条主要是从三个层面限定了权利行使的条件：一是可移转的个人信息是基于信息主体同意或合同为信息处理者所收集；二是本人信息或者请求合法获得且不违背他人意愿的他人信息；三是需要核验请求人的合法身份。

理论上来看，信息主体行使可携权的条件主要包括两个维度：一是权利的合法性基础；二是技术层面的要件。欧盟《一般数据保护条例》第 6 条中规定了数据主体同意、合同履行、法定义务、公共利益等一系列数据处理的合法性基础，但其中仅有"同意"和"合同"

---

① 　用户锁定效应是指先进入市场的主体积累了大量用户，较晚进入市场的一方很难再积累到用户，从而慢慢退出市场。

被作为数据可携权行使的法律依据，而排除了控制者基于其他合法性基础处理的个人数据。我国《网络数据安全管理条例（征求意见稿）》也将个人同意或合同作为个人信息可以移转的条件。当然，我国个人信息可携权行使条件是否应当只限于上述两种合法性条件，尚存在一定的争议。从技术层面看，可携权行使还需要数据符合相关格式要求。欧盟《一般数据保护条例》第 20 条规定可以移转的数据，在格式上具有"结构化"（structured）、"通用化"（commonly used）、"机器可读"（machine-readable）的特点。要实现数据在不同信息处理者之间的移转，需要进一步建立"交互操作性系统"，但这并不属于强制性义务。而且对于中小企业而言，构建这一系统可能构成不小的成本。为增强个人行使可携权的操作性与可行性，我国立法有必要进一步就数据格式与操作系统作出规定。

拓展阅读　信息主体行使可携权的技术标准

目前我国可携权规定的数据格式与操作系统均有待明确，在《一般数据保护条例》框架下，前者要求"结构化、通用化、机器可读"，后者要求"技术可行"（technically feasible）。虽然构建数据移转的互通性系统是倡导性建议，但信息移转是信息可携权的核心内容，实践中移转方式直接关系数据移转效率、数据安全保障。如果行业间已经有通用移转格式，例如现阶段国内大多音乐软件间可以通过复制—粘贴歌单连接的方式导入、导出歌单中的歌曲，浏览器之间也可以 HTML 格式通过下载—导入的方式移转收藏夹、密码、历史记录等数据，无需人工介入即可快速移转。欧盟《可携权指南》认为，缺乏通用格式时，应当使用常用的开放格式例如 XML，JSON，CSV 等，但不包含 PDF 等不具有再利用价值的格式。

（二）信息主体行使可携权的程序要求

信息主体行使可携权时，信息处理者应核实主体身份、审查被请求移转的数据内容，具体核验的方式包括但不限于人脸识别方式、密保问题、邮箱验证等。对于信息处理者是否可以收取移转信息费用，《个人信息安全规范》第 8.7 条规定，在验证信息主体身份后应当在 30 天内或法律规定的期限内给予答复，且对于合理的请求原则上不收取费用。但我国《网络数据安全管理条例（征求意见稿）》第 24 条认为请求转移个人信息次数明显超出合理范围的，数据处理者可以收取合理费用。

在移转数据中，数据处理者有相应的安全保障义务，例如评估移转风险并提示用户、采取适当措施保护数据安全等。《个人信息保护法》第 51 条详细规定了采取安全保障措施的义务，例如采取相应的加密和去标识化等安全技术措施、对个人信息实行分类管理等；第 55、56 条进行个人信息保护影响评估的要求为"对个人权益有重大影响的个人信息处理活动"，以及第 57 条规定的发生数据安全事件时的通知义务同样适用于可携权行使过程。个人信息接收者对于移转的个人信息,其后续的处理也应当符合《个人信息保护法》的相关规定。

 案例解析

案例2,根据我国《个人信息安全规范》第8.7条的规定,乙公司可以在30日内或法律规定期限内做出答复,原则上不能向甲收取费用。

六、个人信息可携权的限制

个人信息可携权在个人信息权利体系中较为特殊,因为此项权利不仅关系信息主体与信息处理者,而且具有明显的竞争法效果,会影响其他市场主体。因此可携权的行使必须解决其与其他权益的冲突问题。《一般数据保护条例》第20条对于可携权作出了明确的限定,规定"权利的行使不得优先于删除权,不得影响其他权利与自由"。[①] 结合域外立法,我国立法宜进一步规定以下权利限制条款。

(一) 可携权的行使不能排除删除权

我国《个人信息保护法》对此并未明确,但在第47条规定,如果"法律、行政法规规定的保存期限未届满"或者"删除个人信息从技术上难以实现",信息主体不能行使删除权。因此,从体系上解释,可携权的行使不属于现阶段排除行使删除权的情形,理论上不得妨碍删除权行使。

(二) 可携权的行使不得优先于他人个人信息权、隐私权

信息主体行使可携权请求移转的个人信息可能包含他人的信息,例如信息主体请求移转其在平台上的信息(照片、聊天记录、好友列表等)至其他平台,可能还包含其他人的信息,在此情形下,信息主体能否行使可携权? 在"黄某与腾讯科技(深圳)有限公司、腾讯科技(北京)有限公司等隐私权、个人信息保护纠纷案"中涉及的微信好友关系这一信息,其能否适用可携权就存在疑问。[②] 我国当前立法未限制可携权的行使,其结果是信息处理者面对该请求时,往往会基于安全与风险的考量而拒绝可携权的行使。

(三) 可携权的行使与商业秘密、知识产权的冲突

欧盟《一般数据保护条例》第20条并未明确可携权与商业秘密、知识产权的冲突,但

---

① The General Data Protection Regulation,Article 20.
② 北京互联网法院(2019)京0491民初16142号民事判决书。

一般认为"权利与自由"内容包括商业秘密与知识产权。企业面对信息主体移转数据的请求，若该数据可能构成企业的商业秘密或知识产权，则有理由拒绝移转该数据。[①]

 **典型案例**

深圳市腾讯计算机系统有限公司、腾讯科技（深圳）有限公司与
浙江搜道网络技术有限公司、杭州聚客通科技有限公司
不正当竞争纠纷案[②]

案件事实： 腾讯公司开发运营个人微信产品，其中的数据内容主要为个人微信用户的账号数据、好友关系链数据、用户操作数据等个人身份数据和行为数据。浙江搜道网络技术有限公司、杭州聚客通科技有限公司（以下统称两被告）开发运营的"聚客通群控软件"，利用 Xposed 外挂技术将该软件中的"个人号"功能模块嵌套于微信平台中运行，为购买该软件服务的微信用户在个人微信平台中开展商业营销、商业管理活动提供帮助。两被告在经过案涉软件使用者的授权许可后，将微信用户与案涉软件用户之间聊天记录、交易信息、资金往来的数据上传至服务器进行分析和使用。被告主张基于个人数据可携权，微信理应按照数据主体的请求，将规定的数据副本传输给数据主体个人或者第三方。腾讯公司提起诉讼，主张其享有微信平台的数据权益，两被告擅自获取、使用涉案数据，构成不正当竞争。

法院裁判： 两被告获取微信聊天记录、交易信息、资金往来等数据虽经过了微信平台中被控侵权软件用户的授权许可，但被控侵权软件所涉的聊天、支付等信息系其与其他用户交互完成的，并非被控侵权软件用户的单方信息，其中涉及其他用户的第三方信息安全。微信用户向微信平台提供信息是基于其对微信平台信息安全保护能力的信赖，两被告的被控侵权软件擅自将不知情的微信用户信息存储或使用，超出了相关微信用户对自身信息安全保护的原有预期。该行为不仅危及微信用户的数据安全，而且对腾讯公司基于数据资源整体获得的竞争权益构成了实质性损害。两被告的行为有违商业道德，违反了《网络安全法》相关规定，已威胁微信平台的安全运行，构成不正当竞争。

案例评析： 本案法院明确腾讯对微信产品数据资源享有合法权益，且享有权益的对象有两种数据形态：一是数据资源整体；二是单一数据个体。腾讯对数字资源整体享有竞争性权益，而对单一数据个体仅享有有限使用权。两被告的被控侵权软件具有收集、存储及监控微信产品数据的功能，虽然这部分功能的实现或许经过了微信平台中相关用户的授权许可，但被控侵权软件所涉的聊天、支付等信息系其与其他用户交互完成的，并非单方信息，其中涉及其他用户的第三方信息安全。本案判决于《个人信息保护法》出台前，

---

① Aysem Diker Vanberg & Mehmet Bilal Ünver. The right to data portability in the GDPR and EU competition law: odd couple or dynamic duo? *European Journal of Law and Technology*, Vol. 8, No. 1, 2017, p. 5.

② 杭州互联网法院(2019)浙 8601 民初 1987 号民事判决书。

当时现行立法并未规定"个人信息可携权"。在现有立法规范上,《个人信息保护法》已经确认了个人信息可携权,但当信息主体行使个人信息可携权请求转移的个人信息为"涉他人信息"和"涉第三人信息"时,信息主体能否可以行使可携权? 理论上存在两种规范路径:一是涉及他人信息的移转要获取他人的同意,否则信息主体不得行使可携权。欧盟《一般数据保护条例》第 20 条规定了可携权的行使不得与其他权利相冲突。二是涉及他人信息的移转不需要获取他人的同意。新加坡法律规定,在一定情形下无需当事人同意即可进行信息的移转,因获取每个第三方个人的同意是不切实际的。

第六节　个人信息删除权

 教学案例

案例 1: 甲向银行申请个人贷款,银行根据规定要查询个人征信信息,甲同意银行查询其个人征信信息用于发放个人信贷。银行在审核个人征信情况后,决定审批发放贷款。次日,甲收到银行发放的贷款,甲是否可以请求银行删除其留存的个人征信信息?

案例 2: 甲在使用乙公司引擎搜索个人姓名时,发现其在大学阶段因违纪被处分的信息仍然可以在互联网上搜到,甲是否可以要求乙公司删除上述信息?

作为信息主体权利的一项重要权利,个人信息删除权(right to erasure)是进入数字社会后一项典型的新型权利。我国《民法典》《个人信息保护法》均规定了个人信息删除权,其对于保障信息自决与信息的完整性具有重要意义。在欧盟,这一权利被称为"被遗忘权"(the right to be forgotten)。

一、个人信息删除权的内涵

个人信息删除权是指在符合法律规定或者当事人约定的情形下,信息主体可以请求信息处理者及时删除相关个人信息的权利。我国《民法典》第 1037 条第 2 款规定:"自然人发现信息处理者违反法律、行政法规的规定或者双方的约定处理其个人信息的,有权请求信息处理者及时删除。"《个人信息保护法》第 47 条在《民法典》基础上对删除权作出了更为具体的规定,第 1 款将删除权的适用情形扩展为五种:① 处理目的已实现、无法实现或者为实现处理目的不再必要;② 信息处理者停止提供产品或者服务,或者保存期限已届满;③ 信息主体撤回同意;④ 信息处理者违反法律、行政法规或者违反约定处理个人信息;⑤ 法律、行政法规规定的其他情形。可以说,《个人信息保护法》新增了 4 种删除权的适用情形,并增加了兜底条款,进一步扩大了删除权的适用空间,与欧盟"被遗忘权"呈现出高度的相似性。① 除了符合上述适用条件,删除权的行使还需要考虑客观上的可行性,因此本条第 2 款进一步对于法律、行政法规规定的保存期限未届满,或者删除个人信息从技术上难以实现的情形规定了信息处理者应当停止存储和采取必要的安全保护措施之外的处理行为。例如在区块链个人信息处理场景下,由于区块链存在不得篡改的特征,可能导致技术上难以"删除"个人信息,信息处理者仍然需要采取必要的安全保护措施,并停止其他处理行为。

> **拓展阅读　如何理解删除权中的"删除"?**
>
> 　　我国《个人信息保护法》并未对"删除"进行界定,《个人信息安全规范》第 3.10 条将删除界定为:"在实现日常业务功能所涉及的系统中去除个人信息的行为,使其保持不可被检索、访问的状态"。个人信息的删除并非技术上的要求,而是在效果上应该实现个人信息不可被检索与访问,这也意味着在不同技术与系统环境下,删除个人信息应采取的技术方案是不同的。例如在区块链技术下,因区块链技术具有不可篡改的特性,删除个人信息无法使用传统的方式,在技术上应当将其打入黑洞地址,实现无法访问。此外,当信息处理者主动删除个人信息的,其应当将删除个人信息这一情况告知信息主体。

二、个人信息删除权的性质

　　删除权是一项人格权益。《民法典》这一定位决定了删除权是一项民事权益,而非公法上的权利。② 首先,个人信息删除权不仅受到《民法典》相关人格权益规范的保护,而且也受到《个人信息保护法》的保护。从《民法典》对于个人信息的定位来看,其并非一项独立的具体人格权,而是一项受保护的民事权益。其次,删除权是一项消极防御的权利。有学者认为包含删除权在内,个人信息本身是由删除权、查阅权、复制权、可携权、更正权、补充权等一系列权能组成的"权利束"。这些权能对于实现个人信息保护发挥着特定作用,而删除权承载着保障主体在信息处理中人格尊严、信息完整等功能。删除权的权利内容是在满足一定条件下请求信息处理者删除其个人信息,因而删除权显然并非对个人信息权益的积极利用,而是一项典型的消极防御的权利。最后,删除权的权利客体为人格利益,而非财产利益。删除权的主要功能在于实现个人信息的自决与完整,其并不直接指向个人信息的财产利益。权利客体决定了删除权是一项私法上的人格权益。

---

① 申卫星:《论个人信息权的构建及其体系化》,《比较法研究》2021 年第 5 期,第 12 页。
② 我国有学者将删除权定位为一项公法权利,参见周汉华:《个人信息保护的法律定位》,《法商研究》2020 年第 3 期,第 52—53 页。

删除权是一项特殊的请求权。信息主体行使信息删除权的根本原因在于信息处理者的处理行为可能损害个人信息的自决与完整,在符合法律规定或合同约定情形下请求信息处理者删除个人信息。在这一意义上,删除权并非一项信息主体的支配权,而是一项请求权,即该权利的实现需要有信息处理者进行配合,信息主体只能针对特定的信息处理者行使删除权。《民法典》第 1037 条第 2 款、《个人信息保护法》第 47 条均规定了"个人有权请求删除",表明了个人信息删除权的权利运作方式需要通过请求信息处理者的方式实现,但此项请求权也具有特殊性,即该权利是一项防御性权利,在个人信息遭受侵害时才可采取,而且也并不是以特定给付为内容,而是以实现个人信息自决和完整为主要功能。

【思考】

个人信息删除权与"通知—删除"规则中删除的关系是什么?

三、个人信息删除权的行使

我国《民法典》第 1037 条第 2 款规定了删除权行使的条件,《个人信息保护法》第 47 条在此基础上对于删除权的行使条件进行了进一步的细化规定。删除权的行使条件主要包括以下情形。

(一) 处理目的已实现、无法实现或者为实现处理目的不再必要

该行使条件是《个人信息保护法》第 6 条目的限制原则的具体体现,根据这一原则,信息处理者需要在有明确、合理的目的下才能处理个人信息,并且要保证在实现目的的最小范围内处理个人信息。同时,我国《民法典》第 1035 条第 1 款规定,对个人信息的处理应当遵循合法、正当、必要的原则。从文义上看,信息处理者处理目的已经实现或者无法实现,或对于实现处理目的已不再必要,继续处理个人信息不再符合目的限制原则,后续的处理也就缺乏合法性、正当性、必要性。因此,在这一场景下,法律赋予信息主体可以请求信息处理者删除其相关个人信息的权利。

(二) 信息处理者停止提供产品或服务,或者保存期限已届满

在产业实践中,信息主体往往与信息处理者之间通过订立合同的方式提供相应的产品或服务,在这一过程中,信息主体往往需要同意信息处理者处理必要的个人信息。但是在信息处理者已经履行与信息主体之间订立的合同、双方协议解除合同、信息处理者因解散、破产等原因终止、已经无法提供产品或服务、法定保存期限或约定保存期限届满等情形下,信息处理者应当主动删除相关的个人信息。上述情形的共同点在于,信息处理者处

理个人信息的合法性基础已经不存在,信息主体有权依法行使删除权,请求信息处理者删除其个人信息。

(三) 信息主体撤回同意

《个人信息保护法》第 15 条第 1 款规定:"基于个人同意处理个人信息的,个人有权撤回其同意。"一旦信息主体撤回同意的,信息处理者基于同意的个人信息处理就丧失了合法性基础,其应当主动或者应信息主体的请求删除其个人信息。信息主体的撤回同意并不需要任何理由或前置条件,这是个人信息自决权的重要体现。信息主体撤回其同意,以同意作为合法性基础的处理行为均应当停止,相关的个人信息也应当删除。

(四) 信息处理者违反法律、行政法规或者违反约定处理个人信息

第一,违反法律、行政法规的规定。如果信息处理者超出法律、行政法规规定的范围处理他人个人信息,该行为不仅属于缺乏合法性基础的处理行为,而且属于违法处理个人信息的行为。若存在上述违反法定条件的情形,信息处理者未主动删除,信息主体可行使删除权请求信息处理者删除其个人信息。第二,违反约定处理个人信息。删除权也可以基于双方合同为前提,信息处理者可以基于合同约定处理个人信息。若信息处理者处理个人信息违反合同约定,信息主体有权依法请求信息处理者删除其个人信息。此外,双方当事人也可根据意思自治就删除权的行使期限、方式等内容进行约定,在出现合同约定的情形下,信息主体也可以依据合同约定行使删除权。

此外,我国《个人信息保护法》第 47 条第 1 款第 5 项规定了"法律、行政法规规定的其他情形"作为兜底条款,对于个人信息删除权的行使保留了一定的开放性,以应对将来日益复杂的个人信息处理场景。

 案例解析

案例 1,根据我国《个人信息保护法》第 47 条,甲为了申请贷款提供的个人征信信息,因银行审核个人征信情况、发放个人信贷的目的已经实现,银行继续留存个人征信信息的目的已经不存在,甲可以据此请求行使删除权。

四、个人信息删除权的限制

信息主体不得行使删除权的情形主要包括两种情形。

(一) 法律上不能,即法律、行政法规规定的保存期限未届满

立法上考量的是在有些情形下个人信息包含了社会公共利益。法律、行政法规对个

人信息保存规定了相应的期限,例如《中华人民共和国证券法》第137条规定,客户信息的保存期限不得少于20年;《中华人民共和国电子签名法》第24条规定,认证信息保存期限至少为电子签名认证证书失效后5年等。在法律没有规定保存期限且当事人没有约定的情形下,依照《个人信息保护法》第19条,个人信息的保存期限应当为实现处理目的所必要的最短时间。

(二) 客观上不能,删除个人信息在技术上难以实现的

随着信息技术的广泛普及应用,技术上存在无法彻底删除个人信息的情况,立法对此保留了空间。"删除个人信息从技术上难以实现"应理解为现有技术无法删除或在现有技术下需要付出不合理成本才能删除。但是出现上述信息主体不得行使删除权的情形时,信息处理者对于上述信息应当妥善保存,并采取相应的安全措施,并不得对个人信息进行再利用,其他处理活动应全部停止。

总体上看,我国立法对于个人信息删除权的限制仍然较为简单,可能未充分考虑信息主体与信息处理者之间的利益平衡。欧盟《一般数据保护条例》关于删除权的限制则较为具体和丰富。《一般数据保护条例》第17条第3款规定了删除权诸多的限制内容,包括为了行使表达自由和信息自由的权利、为了执行基于公共利益的某项任务、为了实现公共健康领域的公共利益等情形。上述例外情形的列举实质上赋予了法官或者行政机关一定程度的自由裁量权。

与欧盟《一般数据保护条例》相比较,我国《个人信息保护法》对删除权的限制存在不足,一定程度上给企业造成不利的影响。个人信息一旦被合法收集,就可能在企业内部进行流转与分析,删除权等权利的行使已经给企业造成了很多不合理的负担。[1] 事实上,删除权行使的情形较为复杂,是否违反法律、行政法规的规定或者合同约定,需要依据具体的场景来判断。

拓展阅读　个人信息删除权与被遗忘权有何区别?

被遗忘权(right to be forgotten)的概念源于欧盟法院的"冈萨雷斯诉谷歌案"。[2] 欧盟《一般数据保护条例》第17条第2款从内容上规定了被遗忘权。根据条款内容,如果控制者将符合第17条第1款条件的个人信息进行了公开传播,则其应采取所有合理的方式删除,并有责任通知其他数据处理者删除数据主体的数据。相较于删除权,数据控制者除了要删除自己控制相关数据主体的数据,还要通

---

① 丁晓东:《个人信息权利的反思与重塑——论个人信息保护的适用前提与法益基础》,《中外法学》2020年第2期,第350页。

② Google Spain v. AEDP, Case C-131/12, E. C. R. 317 (2014).

知其他数据处理者删除相关的个人数据。

理论界对于是否应当规定被遗忘权存在很大的争议。有学者认为,被遗忘权是现代信息社会中个人清除其负面历史信息、消除对其声誉不利影响的权利,是保障人格尊严的体现。[①] 删除权是个人信息自主权的权能,而被遗忘权属于个人信息自主权的范畴。[②] 反对被遗忘权的理由在于,网络上的个人信息不仅关系个人利益,而且涉及其他第三人利益,若赋予个人被遗忘权,可能会严重损害言论自由与信息的自由流动。[③] 承认被遗忘权意味着个人可以不断重写历史,掩盖其不良的过往,在一定程度上损害了公众的知情权与公共利益。[④]

虽然上述理论观点有一定的合理性,但是对于被遗忘权观察的视角存在不同,支持被遗忘权的学者主要是从信息主体权利与信息自决角度出发,反对被遗忘权的学者则更多的是从公共利益视角出发,坚持言论自由与信息自由流通的优先性。

我国《个人信息保护法》第 47 条规定的删除权内容是否包含被遗忘权? 从文义上来看,该条文似乎无法解读出类似于欧盟的被遗忘权。而且有学者也认为我国当前立法已经足以保护个人在具有正当利益前提下免受网络负面或不良信息的影响,没有必要单独规定被遗忘权。[⑤] 至于我国是否将来有必要进一步扩大删除权的内容与解释,以覆盖实质意义上的被遗忘权则有待学界进一步的研究。

五、个人信息删除权的保护

个人信息删除权既可以向信息处理者主张,也可以通过诉讼的方式行使。我国《个人信息保护法》第 50 条第 2 款规定:"个人信息处理者拒绝个人行使权利的请求的,个人可以依法向人民法院提起诉讼。"信息主体在行使删除权过程中,应当将删除请求通知信息处理者,即删除权必须以请求的方式行使。在信息处理者拒绝信息主体行使权利请求时,信息主体可以依法提起诉讼。

删除权是一种人格权请求权,信息主体在请求或通过诉讼请求删除时,是否应符合侵权损害赔偿的构成要件? 删除权的行使不同于侵权损害赔偿,信息主体并不需要证明遭受了损害,即并不以损害和过错为要件。只要信息处理者符合《个人信息保护法》第 47 条规定的情形,就丧失了进一步处理个人信息的合法性基础,如果其继续处理他人的个人信

① 杨立新、韩熙:《被遗忘权的中国本土化及法律适用》,《法律适用》2015 年第 2 期,第 31 页。
② 李立丰:《本土化语境下的被遗忘权:个人信息权的程序性建构》,《武汉大学学报(哲学社会科学版)》2019 年第 3 期,第 148 页。
③ 丁晓东:《被遗忘权的基本原理与场景化界定》,《清华法学》2018 年第 6 期,第 99—101 页。
④ 丁宇翔:《被遗忘权法定化不利于舆论监督》,《光明日报》2020 年 1 月 11 日,第 11 版。
⑤ 程啸:《个人信息保护法理解与适用》,中国法制出版社 2021 年版,第 370 页。

息就侵害了他人的个人信息权益。在符合删除权行使条件下，若信息主体请求删除信息，信息处理者拒不删除的也构成对个人信息权益的侵害。

此外，应当区分信息处理者拒绝删除造成信息主体权益的损害，在此情形下，信息处理者应当承担侵权损害赔偿责任。若信息处理者无正当理由拒绝删除个人信息，导致个人名誉和社会评价降低，丧失正常的交易机会，由此给信息主体造成的财产损害和精神损害，信息主体有权主张侵权损害赔偿责任。信息主体需要对损害的存在承担证明责任，损害数额可以依据《个人信息保护法》第 69 条第 2 款规定进行计算。① 在过错推定原则上，应当由信息处理者证明自己没有过错，否则应当承担损害赔偿的侵权责任。

除了上述行使删除权的方式，我国《个人信息保护法》第 47 条还规定了信息处理者在符合一定条件下有主动删除个人信息的义务。违反该主动删除信息的义务，会产生何种法律责任？有学者认为，违反此种义务可能产生行政责任，但并不必然导致民事责任的产生。理由在于，在大数据时代信息处理者难以准确判断哪些信息符合删除的法定情形，该删除义务并非真正义务。②

案例解析

案例 2，甲无权要求乙公司删除其在大学阶段违纪被处分的信息。虽然上述信息在性质上属于甲的个人信息，但并不满足《个人信息保护法》删除权行使的具体条件。我国现有删除权规范难以解释包含的"被遗忘权"。

典型案例

任某某与北京百度网讯科技有限公司名誉权纠纷案③

案件事实：原告任某某于 2014 年 7 月 1 日起在无锡陶氏生物科技有限公司从事过相关的教育工作，2014 年 11 月 26 日其与陶氏教育解除劳动关系。任某某认为陶氏教育声名狼藉，自己已与陶氏解除劳动关系，而百度公司搜索页面显示的关键词"陶氏教育任某某"等给其造成不利影响和经济损失。任某某曾多次发邮件给百度公司要求删除相关内容，也多次亲自从山东跑到百度公司处要求删除，但是至今百度公司仍没有删除或采取任何停止侵权的措施。同年 3 月，任某某曾应聘多家公司，但均由于"陶氏教育任某某"和"无锡陶氏教育任某某"等负面信息严重影响任某某取得公司信任而无法工作，每月造成

---

① 《个人信息保护法》第 69 条第 2 款："前款规定的损害赔偿责任按照个人因此受到的损失或者个人信息处理者因此获得的利益确定；个人因此受到的损失和个人信息处理者因此获得的利益难以确定的，根据实际情况确定赔偿数额。"
② 王利明：《论个人信息删除权》，《东方法学》2022 年第 1 期，第 50 页。
③ 北京市第一中级人民法院(2015)一中民终字第 09558 号民事判决书。

至少 50 000 元的经济损失。任某某以百度公司侵犯其姓名权、名誉权及一般人格权中的"被遗忘权",要求百度公司停止侵权、赔偿损失。

法院裁判: 任某某在与陶氏相关企业从事教育业务合作时并非未成年人或限制行为能力人、无行为能力人,其并不存在法律上对特殊人群予以特殊保护的法理基础。因此,任某某在本案中主张的"被遗忘"(删除)信息的利益不具有正当性和受法律保护的必要性,不应成为侵权保护的正当法益,其主张该利益受到一般人格权中所谓"被遗忘权"保护的诉讼主张,法院不予支持。

案例评析: 任某某认为之前的工作经历不应当在网上广为传播,应当被网络用户所遗忘,其理由在于这种"利益"可以根据一般人格权予以保护。法院认为,我国现行法中并无"被遗忘权"的法定权利类型,且任某某的信息是其他潜在客户或学生判断的重要信息依据,保留上述信息具有客观的必要性,因此对于任某某主张该利益受到一般人格权中所谓"被遗忘权"保护的诉讼主张,不予支持。本案判决于《个人信息保护法》出台前,当时立法并未规定"被遗忘权",法院基于社会公益的考量也拒绝了从一般人格权中解释"被遗忘权"。在现有立法规范上,尤其是我国个人信息删除权内容能否推导出"被遗忘权"仍然存在争议,在司法实践中,法院也会基于个人利益与社会公共利益衡量是否支持个人行使被遗忘权。

第七节　个人信息处理中的请求释明权

 教学案例

甲在手机通讯录除本人外没有其他联系人的情况下,使用手机号注册登录乙公司的社交软件 APP,其"关注列表"中出现诸多好友,经对比发现,大部分为微信好友,但甲从未使用微信账号登录乙公司的 APP,也未绑定微信账号。甲认为乙公司通过算法非法获取其个人信息用于好友推荐,要求乙公司向其书面告知其 APP 获取其"可能认识的人"的具体方式和向其推荐"可能认识的人"的详细算法。乙公司是否有义务向甲解释说明?

在个人信息处理活动中,信息主体与信息处理者之间在信息、权利、知识等方面严重不对等。为了缓解这种权义关系的实质不平等,世界个人信息保护法律体系以"公开透明"和"个人赋权"为两条应对路径的逻辑起点,既要求信息处理者主动履行法律规定的告知义务,也要求信息处理者须根据信息主体行使相应权利的请求而作出解释说明。我国《个人信息保护法》第 48 条规定:"个人有权要求个人信息处理者对其个人信息处理规则进行解释说明"(以下简称"个人信息处理规则请求释明权")与第 24 条规定:"通过自动化决策方式作出对个人权益有重大影响的决定,个人有权要求个人信息处理者予以说明"

（以下简称"算法解释权"）。本书将这两种权利统称为个人信息处理中的"请求释明权"。

一、个人信息处理规则请求释明权

（一）个人信息处理规则请求释明权的性质

个人信息处理规则请求释明权是指信息主体有权要求信息处理者对其个人信息处理规则进行解释说明的权利。就权利类型而言，个人信息处理中的请求释明权属于辅助性权利，[①]即辅助性请求权。权利的层次可分为基础性权利、辅助性权利与救济性权利。基础性权利是指能够直接实现法律主体利益追求及追求自由的权利，也是为主体生存和生活所必需的最基本利益需求，例如自然生存利益、社会生存利益、精神生存利益；辅助性权利是指为了辅助基础性权利的顺利产生、行使或实现，由基础性权利本身衍生或者由法律创设的某些新权利或某种具体的权利效能；当基础性权利依靠其自身效力或衍生的辅助功能不能实现自我保护而须寻求外在强力予以救济时，救济性权利便不可或缺。辅助性权利既可以是内含在基础性权利中的排除他人侵害或妨害的消极性权利，例如个人信息删除权，也可以是排除基础性权利实现过程中遇到的不便和阻碍，由法律创设的典型如抗辩权、形成权等。信息主体在信息处理活动中的一系列权利均属于为了实现个人信息权的辅助性权利，例如知情决定权、查阅复制权、更正权、请求释明权等，其中《民法典》规定了四种，个人信息处理中的请求释明权则是由《个人信息保护法》来规定，体现了《个人信息保护法》丰富发展《民法典》相关规定的规范关系特征。[②] 辅助性权利的基本内容是请求权，表现为基础性权利主体（信息主体）与特定相对人（信息处理者）之间的法律关系。《个人信息保护法》第四章赋予信息主体的权利实际上是请求权，即手段性权利或程序性权利，是信息主体在信息处理活动中针对特定信息处理者享有的权利。

（二）个人信息处理规则请求释明权的内容

个人信息处理规则请求释明权的客体或对象是个人信息处理规则。关于这一概念的理解，一种是指由信息处理者制定的、通常以隐私政策或服务协议等形式表现出来的文本和规则；另一种是《个人信息保护法》第二章规定的个人信息处理规则。两者从强制性上有所区别，前者是信息处理者单方拟定的，后者是由法律直接规定的，意味着前者不得违反后者的规定，例如信息处理者在其制定的隐私政策等规则中规定了信息主体不得撤回其同意，这一内容因与法律规范相违背而无效。因此，信息处理者应根据《个人信息保护法》的要求制定其规则，而不能与其抵触，故信息处理者所制定的个人信息处理规则是法律规定的处理规则的具体化，以文本的形式呈现给信息主体，该文本既可以包括《个人信

[①] 有关基础性权利和辅助性权利的划分，参见彭诚信：《现代权利理论研究：基于"意志理论"与"利益理论"的评析》，法律出版社 2017 年版，第 334—356 页。

[②] 程啸：《论〈民法典〉与〈个人信息保护法〉的关系》，《法律科学》2022 年第 3 期，第 21 页。

息保护法》第17条第1款的告知内容,也可以包括第24条在自动化决策场景中如何作出决策的规则等。只要信息主体对信息处理规则存在理解上的问题,便有权要求信息处理者加以解释说明。

个人信息处理规则请求释明权的时限主要是在事后解释,事前由信息处理者履行充分告知义务。在个人信息处理的全生命周期中,事前告知义务、事中查阅复制以及事后解释说明构成了一个动态有机整体的知情权体系,在不同时间点上互为协助。例如,实践中信息处理者通常以隐私政策来履行其告知义务,而隐私政策往往是个人信息处理规则的文本表达,当信息处理者履行告知义务后,信息主体不能理解或不能完全理解规则的内容,其便有权依据个人信息处理规则请求释明权要求信息处理者在告知的基础上进一步帮助其理解规则内容。同样,查阅复制权一般是在个人信息处理的过程中行使的,与告知义务不同,查阅复制权以及请求释明权都是以"个体化履行"为特征,查阅复制权通过信息主体获取自己个人信息的方式来确认并知晓个人信息被处理的范围、目的、方式;请求释明权则通过信息处理者答复等交互方式来帮助信息主体理解自己的个人信息被何人以及如何被处理了。每个信息主体都有权了解和被告知特别是被任何自动化方式处理个人信息所带来的后果。

(三) 个人信息处理规则请求释明权的例外

《个人信息保护法》第18条规定:"有法律、行政法规规定应当保密或者不需要告知的情形"和第35条规定:"告知将妨碍国家机关履行法定职责的",信息处理者不负有个人信息处理规则的告知义务,自然也就不需要承担对处理规则的解释说明义务。例如,信息处理者有正当理由不分享其算法的细节以避免泄露商业秘密,或侵犯他人的权利和自由(例如隐私)。告知义务的免除不能通过信息处理者与信息主体约定的方式或者通过格式条款来排除。不同于"免于同意"的情形,"免于告知"的范围更狭窄,因为告知义务既能维护信息主体的知情权,又不会对信息处理者实施个人信息处理活动造成法律障碍,相反,不要求告知会使处理活动变得不透明和不公平。因此,无须信息主体同意并不等于无须向信息主体告知。

二、算法解释权

(一) 算法解释权的基本原理

算法解释权最初由牛津大学研究助理古德曼和伦敦帝国学院讲师弗莱斯曼提出:既然信息主体难以理解算法的运算规则,那么可以要求算法的设计者或使用者以通俗易懂的方式进行解释。[①] 算法解释权的原理源于信息控制权理论,是为应对自动化技术引起

---

① 林洹民:《个人对抗商业自动决策算法的私权设计》,《清华法学》2020年第4期,第126页。

信息不对称的纠偏理论。该理论最初由美国学者威斯汀提出,主要针对的是利用数据库等自动化技术大规模处理个人信息的主体。[①] 美国个人信息保护制度以信息控制理论为基础,立足于"公平信息实践原则",针对特定主体的自动化处理行为进行规制。随后大部分国家都采用"主体赋权＋行为规制"的模式制定个人信息保护制度。就个人信息权利而言,围绕个人信息从收集、存储、分析、利用到删除的整个过程赋予信息主体相应的权利,确保信息主体在各处理阶段的参与、控制力度。例如,查阅复制权、反自动化决策权、删除权、算法解释权、个人信息可携权等,赋予信息主体积极参与信息处理的权利。这些权利旨在实现信息主体有能力通过自己的行为改变自己与他人或他人之间的规范关系的"权利"要素。[②] 算法解释权作为智能算法语境下的一种新型权利,正是信息控制理论延伸出来的,以确保最大限度地保障信息主体在算法处理中的合法权益。通过制度设计来实现信息主体知情权和反自动化决策权,保障信息主体的人格尊严与自由,是算法解释权的价值所在。在算法自动化决策中,个体对运算的决策结果要求设计者或者使用者进行解释时,可以被视为一种直觉性的个体尊严需求,[③]信息主体对算法解释权的行使是对其个人自治的体现。

📑 拓展阅读　算法解释权的设立目的

　　设立算法解释权的目的是规制算法权力,强化算法透明。在个人信息处理关系中,数据企业既可能利用个人信息为个体提供更好服务,也可能利用信息及技术优势而计算与支配信息主体。当信息主体与数据企业之间签订用户协议时,这种格式化的合同无法调和双方之间在事实上的不平等关系,因为算法权力造就了数据企业与信息主体在信息能力、权力之间的鸿沟,双方之间实则形成了一种支配与被支配的关系,传统合同法制度难以全面调整这种失衡局面。正如有学者指出,算法权力破坏了算法活动中义务原本的在场状态,打破了义务对算法行为的约束。如此产生的规范性真空状态才是算法权力失范乃至越界、滥用的根本原因。因此,调整这种失衡状态的有效路径就是对信息主体赋权,以此来应对信息处理者的权力暴政。个人信息权利应运而生,是智能环境中的权利纠偏机制,旨在对算法权力进行约束,强化信息主体对信息的控制力度。在个人信息权利体系中,算法解释权是专门针对算法黑箱行为而生,由算法活动中的信息优势方就技术黑箱的运作方式和裁判机制作出详细且外行人也能理解的信息披露。[④] 算法解释权的行使方式

① Daniel J. Solove. Access and Aggregation：Public Records，Privacy and the Constitution. *Minnesota Law Review*，Vol. 86，No. 6，2002，p. 1164.
② 温昱:《算法权利的本质与出路——基于算法权利与个人信息权的理论分疏与功能暗合》,《华中科技大学学报(社会科学版)》2022年第1期,第57页。
③ 丁晓东:《基于信任的自动化决策:算法解释权的原理反思与制度重构》,《中国法学》2022年第1期,第112页。
④ 唐林垚:《人工智能时代的算法规制:责任分层与义务合规》,《现代法学》2020年第1期,第206页。

是由信息主体提出要求,由算法的设计者及使用者来对算法加以解释,表面目的是破除算法的隐秘性弊端,避免数据企业暗箱操作,根本目的是加强智能算法进行个性化推荐的可责性。为缓和算法黑箱效应,世界各国或地区都在个人信息保护立法中规定了算法解释条款。例如我国《个人信息保护法》第24条规定的拒绝自动化决策以及解释说明义务,欧盟《一般数据保护条例》虽未明确规定,但通过分析条例第12条第7款、第13条第2款第(f)项、第14条第2款第(g)项、第15条第1款第(h)项以及第22条第1款和第3款关于公开透明机制和自动决策机制的规定可以解读出算法解释权。算法解释权由知情权和反自动化决策权衍生,主要为规制信息处理者利用算法对信息主体进行数据支配、数据歧视行为设立,旨在赋予信息主体可要求数据企业解释相关算法行为的权利。

(二) 算法解释权的性质

关于算法解释权是否具有独立权利地位具有争议。一种观点肯定算法解释的独立权利地位,例如有学者承认算法解释权已经是法定权利,通过获得算法解释的权利来提高算法的透明性,重塑算法决策的可责性,从而缓和算法黑箱等带来的隐私与歧视风险;也有学者进一步提出配置独立算法解释权,以平衡包含同意自动化决策的合同中主体之间的实质不平等,将事后的算法解释权视为由多种权利构成的"算法问责制"这一权利束中最核心和必要的一支。尽管肯定者认为通过解释权来对抗算法对己不利的妨害,这一权利的赋予是必要的,但不充分,因为在技术上面临着可解释性的难题,与商业秘密存在冲突,因此在算法解释权之外还要优化算法的应用监管。[①] 另一种观点则反对承认算法解释权。例如有学者认为算法解释仅是算法使用人应承担的重要信息说明义务,对应于相对人知情权的范畴,算法解释权难以成为独立的权利类型;更有学者认为设置解释权也难以执行,即使执行了很多用户也难以获得理解,总之,可行性不高且难以发挥实效,重要性和必要性也受到质疑。[②] 笔者认为,算法解释权是个人信息权利的重要内容,既可以表述为个人信息权的权能,也可以说是一种正当的程序性标准,而非自动化决策中诸如公平、公正或不歧视等实质性要求,为人格权保护体系中的非独立请求权。算法解释权可以根据其权利内容、解释程度、解释时间、解释方式不同而分为一般性主张与限定性主张、系统性解释与个案性解释、事前解释与事后解释、机器解释与人工解释,可以结合算法解释权的沟通信任原则与程序性性质,对算法解释权的内容、程度、时间与方式作出不同类别的要求。

---

① 张凌寒:《商业自动化决策的算法解释权研究》,《法律科学》2018年第3期,第65页;张恩典:《大数据时代的算法解释权:背景、逻辑与构造》,《法学论坛》2019年第4期,第152页;解正山:《算法决策规制——以算法"解释权"为中心》,《现代法学》2020年第1期,第179页。
② 贾章范:《论算法解释权不是一项法律权利:兼评〈个人信息保护法(草案)〉第二十五条》,《电子知识产权》2020年第12期,第49页;辛巧巧:《算法解释权质疑》,《求是学刊》2021年第3期,第100页。

(三) 算法解释权的内容

算法解释权是以强化算法的透明性达到规制算法权力的目的,但该项权利的行使不以绝对透明为目的,因为这一权利的制度设计所欲实现的并非算法的完全透明化,只是通过解释自动决策的运算规则来增加信息主体与设计者或使用者之间的信任。若要弥合算法解释权设立与实践之间的落差,需要引入信任机制,重塑算法解释权。

1. 算法解释权的适用场景

算法解释权应限定在"自动化决策"这一黑盒式系统场景中,且为完全自动化。"自动化决策"是"通过计算机程序自动分析、评估个人的行为习惯、兴趣爱好或者经济、健康、信用状况等,并进行决策的活动"(《个人信息保护法》第73条)。简言之,自动化决策就是在没有任何人工参与的情况下通过计算机系统来做出决策。自动化决策是"完全基于数据的自动处理",反之,任何人参与决策过程都可能意味着它不是"自动决策"。自动化决策的弊端表现在:一是过程的不正当,即自动化决策过程中缺失决策责任人,受到自动化决策影响的信息主体没有机会去质疑、反对或参与到决策中,算法不透明导致其失去了正当程序的保障,极易做出不合法或不公平或非人性化的决策过程;[①]二是结果的不正当,持续的、严重的歧视与偏见等不正当结果在算法加持下被固化并放大。因此,自动化决策的应对:一是进行算法规制,要求其具有可解释性,以增强透明度;二是对信息主体赋权,允许信息主体拒绝完全基于自动化决策而做出对其产生法律效力或不利影响的决定的权利,以消除自动化决策的黑箱效应。

2. 算法解释权的适用范围

算法解释权应限制在自动化决策对"个人权益有重大影响"。孟德斯鸠在《论法的精神》中称法官只适用法律,喻其为"法律之口"而不是法律的大脑。通过算法的自动化决策做出法律性质的决定或建议似乎更易实现孟德斯鸠的梦想(完全公正和理性的决策者),因为机器的运行极其理性且没有数据处理限制,但不同于传统决策者,机器无法解释和论证其决策的正当性。当这种决策改变了信息主体在法律上的权利、义务和责任关系,例如拒绝订立合同或撤销合同等,或者使得信息主体的经济地位、社会地位等状况发生了改变时,便是对个人权益有重大影响,例如由机器做出的行政决定、司法裁判过程中使用的系统建议或者更广泛意义上私主体所采纳的订立合同前的专家系统的建议。信息主体在对其权益有重大影响时才有权要求信息处理者对予以说明,而非审查。因为如果信息主体仅凭主观臆断认为决策不透明或结果不公平合理,就要求信息处理者提供相关数据并加以审查,一是信息主体并不具有专业性和技术性的能力审查自动化决策标准和程序;二是存在泄露商业秘密或侵害知识产权的风险;三是会极大增加信息处理者的成本。否则,依赖于负有个人信息保护职责的机构来进行监管,信息主体有权向监管机关进行投

---

① [英] 凯伦・杨、马丁・洛奇:《驯服算法:数字歧视与算法规制》,林少伟、唐林垚译,上海人民出版社2020年版,第24—30页。

诉和举报。为了避免信息主体主观判断，信息主体应当提出初步的证据证明对其个人权益有重大影响，例如影响其获取社会保险金、成功应聘某工作、导致其遭受不公平待遇或歧视等。

3. 算法解释权的主体包括权利主体及义务主体

权利主体是受自动化决策的信息主体，例如同类购物平台商品价格较他人更高的用户、信用自动评分机制下贷款被拒的客户都有权提出算法解释的要求。义务主体是指算法的设计者或者使用者，在接受权利主体的请求时，应该以简单易懂的方式进行解释。在算法所处的不同阶段，主体应该进行区分，以免让义务主体陷入冗长反复的解释状态。在系统性解释权模式中，权利主体应该是信息主体，义务主体则为算法模型的设计者，这一阶段对算法的解释以一般性解释为主。在个案性解释模式中，权利主体是受到智能算法推荐产生不利后果的受害人，这类解释一般是具体解释，解释的内容以双方之间的信任关系来确定。同时，因为智能算法的专业性和技术性较高，算法模型的设计者负有协助解释的义务。[①]

4. 算法解释权的解释标准

应该以算法决策所处的阶段以及权利双方的信任关系为基准加以判断。在系统性解释模式中，一般围绕算法模型的系统功能进行详细说明，义务主体在该阶段应该向权利主体呈现的信息内容包括：自动化决策系统的逻辑、意义、设想的后果和一般的功能。[②] 同时，由于算法模型的构造复杂，一般是由技术人员设计开发，银行、互联网企业等算法模型的使用者应该掌握算法的系统性解释，这是后续进行个案性解释的基础前提。因为在企业内部树立算法伦理与合规实践，才能真正将企业向消费者告知的隐私政策和对用户的回应落实到企业的每一个环节，构建客户和数据企业之间的良性互动的信任机制。[③] 在个案解释模式中，义务主体应解释的内容包括：个性化决策的原理和自动化技术输出结果的具体理由，例如银行拒绝提供贷款、公司拒绝进行聘用或保险公司拒绝进行保险的具体原因，这种解释的程序不要求绝对透明，而是对结果进行阐述说明其正当性。算法决策的使用者应尽量采取普通用户可以理解的方式解释，这有助于用户在充分理解算法运作的方式上判断是否救济，以及如何通过改变自己的行为从而获得期待的结果。[④] 此外，算法具体决策者还可考虑采用可视化与交互技术等技术手段来增进算法透明度，保证这些信息既是充分的又是可被理解的。[⑤] 在此种情形下，企业可以获得用户的信任，为自身赢得良好的信誉，构建可视正义。[⑥] 总之，无论算法决策处于哪种阶段，最后的解释标准呈现的是对算法决策的内在逻辑和算法的结果做出的合理说明。

① 张凌寒：《商业自动化决策的算法解释权研究》，《法律科学》2018 年第 3 期，第 72 页。
② 张恩典：《大数据时代的算法解释权：背景、逻辑与构造》，《法学论坛》2019 年第 4 期，第 159 页。
③ 丁晓东：《基于信任的自动化决策：算法解释权的原理反思与制度重构》，《中国法学》2022 年第 1 期，第 116 页。
④ 汪庆华：《算法透明的多重维度和算法问责》，《比较法研究》2020 年第 6 期，第 168 页。
⑤ 解正山：《算法决策规制——以算法"解释权"为中心》，《现代法学》2020 年第 1 期，第 188 页。
⑥ 马长山：《司法人工智能的重塑效应及其限度》，《法学研究》2020 年第 4 期，第 23 页。

5. 算法解释权的解释时间

在系统性解释模式中可进行事前告知,告知的方式应该采用一般性的模糊告知方式。这是因为智能算法决策是以相关关系而非因果关系为基础的,在算法的自我学习和演进中难以按照一贯的因果关系思维进行详细透明的解释。因此,在这一阶段对算法运行的整体逻辑进行描述有助于满足公众的知情权,使用户在进入算法运行的初步阶段就感受到其人格被尊重,同时也可以避免公开算法可能会对商业秘密、专利权等权利造成误伤。例如,在银行借贷关系中,银行可以对用户进行信用评分,将个人年龄、职业、收入、婚姻状况等数据纳入自动化评分体系中进行一般抽象的解释说明,但是没必要对具体数据如何影响运算规则进行详细描述。在个案性解释模式中,是具体的个性化推荐给信息主体带来不利后果后,信息主体才提出解释的要求,因此应该采用事后解释。如此可以避免一对一的解释机制给企业带来沉重的经济成本,信息主体可通过算法的具体决策者所做出的解释来考量需不需要法律救济。如果解释之后引起争议,不同的原因会产生不同的救济需求,如果是因为算法错误就应该要求使用者对自动化技术进行修正。例如,在"胡某与上海携程商务有限公司侵权责任纠纷案"中,[1]携程公司向胡某展示高出酒店实际房价 100% 以上的价格,致使胡某产生错误认知,这是因算法异化导致大数据杀熟的结果,平台应该修正算法技术。若是数据错误,就应该对相关数据进行删除或更正。例如,在"蚂蚁金服与朗动公司不正当竞争纠纷案"中,[2]朗动公司作为征信平台,在抓取涉及蚂蚁微贷公司的数据后,未能对数据进行审核和检验,由此推送"蚂蚁微贷公司的清算"的负面信息,引发大量负面报道,朗动公司应该及时删除错误信息。

6. 算法解释权的解释方式

正是由于算法决策过程不公开、算法设计的逻辑不透明以及决策理由的不充分,导致算法及其应用难以赢得充分的社会信任。从信任机制的原理出发,人工解释最能符合大多数个人的意志,获取信任。[3] 但是,考虑到数据企业的生产成本和算法技术创新的长远需求,一味采用人工解释的方式并不现实,还需要区分不同的算法阶段适用差异化的解释方式。在系统性解释中,可以选择以机器解释为主,并以简洁明了的显著方式阐释算法模型的运作逻辑,但如果算法模型决策对个人或者社会产生了较大影响时,就需要辅之以人工解释的方式,以人性化的沟通解释方式增强数据企业的信任度。在个案性解释中,可以选择以人工解释为主,机器解释为辅的解释方式,人工解释可以使信息主体充分了解引起不利结果的原因,而以机器解释可以发挥为信息主体提供消除一般疑虑的功能。

综上所述,在自动化决策场景中,当符合限制性条件而由信息主体行使其算法解释权

①　绍兴市中级人民法院(2021)浙 06 民终 3129 号民事判决书。
②　杭州铁路运输法院(2019)浙 8601 民初 1594 号民事判决书。
③　苏宇:《算法规制的谱系》,《中国法学》2020 年第 3 期,第 168 页。

时,信息处理者应予以说明,如果信息处理者不予说明,信息主体有权向履行个人信息保护职责的部门进行投诉和举报。自动化决策从程序上看决策责任人缺失,受影响的信息主体没有质疑、反对或参与决策的机会,也就失去了正当程序的保障。因此要求说明的权利就在一定程度上矫正了自动化决策中正当程序保障的缺失问题,从而保障信息主体对自动化决策的知情权和参与权。自然人参与决策有时也会受到自身观念和偏见影响,但使其拥有参与的权利是出于对自然人的人格尊严最基本的尊重,这是因为人是目的,不是手段。人的权利和自由、人的自主和命运不能交由机器或算法决定。

拓展阅读　**解释说明权与告知义务的区别**

　　告知义务的时间要求是"在处理个人信息前"就个人信息处理的主体、目的、方式、范围等系统性功能告知信息主体(《个人信息保护法》第17条),从逻辑上讲,这种只能算作在信息处理者进行自动化决策等处理活动之前对目的、方式和范围的一种"明示",其程度要求高于一般的"公开",但低于解释说明。因此,信息处理者告知义务不能作为以事后就个人信息处理规则、特定决策解释说明的权利的正当性依据。从比较法上看,以自动化决策为例,欧盟也区分了事前告知义务和事后自动化决策解释说明义务,前者为法律明确规定的具有法律约束力的义务,在决策发生前通知主体自动化决策系统所涉及的逻辑、重要性和预期后果;后者是由《一般数据保护条例》序言第71条描述性地提及的主体在决策发生后对具体决策要求解释的非约束性权利。

案例解析

　　乙公司是否应该公开其算法主要基于两方面考量:一是算法解释的可行性。由于算法设计和修改过程没有被充分记录在档、算法设计过程没有考虑人们的理解需求、以深度学习为代表的人工智能算法因具备自我学习能力而导致其具体决策本身不具备解释可能性等原因,打破算法黑箱困难重重。即使商业机构愿意公开算法,该机构也未必能完全解释算法。二是个人信息保护与商业秘密之间的协调性。商业机构使用自动化决策算法虽然可能导致歧视、大数据杀熟等问题,但并未严重侵犯基本权利。商业自动化决策算法在客观上还能降低商业风险和减轻消费者负担,提升经济活力,故"当商业机构使用自动决策算法决策时,立法应当赋予消费者弱化的算法解释权:算法解释以客观具备可行性为前提,且以不触犯知识产权为底线。"

　　但不可否认,企业亦有可能以"商业秘密"为借口放任算法运行中的黑箱行为侵害用户权益,"多数企业都将其开发的算法作为商业秘密以保护,这种保护在法律上亦是有依据的,但这种不可公开性在算法侵犯权利之时成为开发者逃避责任的主要方式。"①

 本章小结

1. 个人信息应采"权利"而非"合法利益"(权益)予以保护。

2. 限制个人信息权利行使的主要事由包括为保护他人合法权益、为保护个人其他合法权益、为维护国家利益或公共利益以及信息处理者无需履行或无法履行配合义务。

3. 个人信息知情权、决定权发生在个人信息处理活动中,两者是相互依存的关系,依据场景化的方式实现。

4. 个人信息知情权、决定权的实现具有程序性要求,并且其实现有法律特殊规定的限制条件。

5. 个人信息查阅复制权的行使需要满足一定的条件,包括适格的行使主体、合理的申请理由、合法的行使范围、妥当的行使方式以及一定情况下支付合理的行使费用。

6. 个人信息的权利是指"个人在个人信息处理活动中的权利",包括知情权、决定权、查阅复制权、可携权、更正权、删除权等。

7. 个人信息的主体权利属于手段性权利或救济性权利,只有个人信息处理活动中的个人才能享有。

8. 解释说明权是为了缩小告知义务与知情权之间的差距。

9. 个人信息处理规则解释说明权的权利人是个人信息被处理的个人。

10. 个人信息处理规则解释说明权的对象是个人信息处理规则。

11. 算法解释权的基本目的是强化透明性。

12. 算法解释权的性质是程序性权利,非独立请求权。

13. 算法解释权限定在"自动化决策"的具体场景中。

 延伸思考

1. 为什么个人信息知情权、决定权在个人信息权利体系中处于基础地位?《个人信息保护法》对知情权、决定权的规定与《民法典》的权利保护规定有何关系?

2. 个人信息知情权、决定权实现的程序规定对信息主体和信息处理者有何种法律意义? 权利的程序性规定应如何完善?

3. 个人信息权利尤其是个人信息决定权,是否意味着信息主体对信息本身具有控制支配权?

4. 个人信息权利在法律性质上是一种人格权请求权还是程序性权利? 二者的根本

---

① 吴椒军、郭婉儿:《人工智能时代算法黑箱的法治化治理》,《科技与法律(中英文)》2021年第1期,第19页。

分歧在哪里?

5. 与《一般数据保护条例》规定的相关权利相比,我国个人信息权利体系中缺少明确的"个人信息限制处理权"。是否可以从决定权中推导出限制处理权,抑或是需要创设该权利?

6. 个人信息删除权如何与言论自由、社会公众的知情权等价值进行平衡?

7. 信息主体权利在具体行使中,尤其是在产业实践中,其权利行使与救济存在何种困境?

8. 算法解释权有何适用困境?

9. 个人信息处理规则解释说明权与算法解释权是否有关联?

 参考文献

1. 程啸:《论〈民法典〉与〈个人信息保护法〉的关系》,《法律科学》2022 年第 3 期。
2. 金耀:《数据可携权的法律构造与本土构建》,《法律科学》2021 年第 4 期。
3. 吕炳斌:《论个人信息处理者的算法说明义务》,《现代法学》2021 年第 4 期。
4. 林洹民:《个性化推荐算法的多维治理》,《法制与社会发展》2022 年第 4 期。
5. 王锡锌:《个人信息可携权与数据治理的分配争议》,《环球法律评论》2021 年第 6 期。
6. 王利明:《论个人信息删除权》,《东方法学》2022 年第 1 期。
7. 王苑:《私法视域下的个人信息权益论》,《法治研究》2022 年第 5 期。
8. 解正山:《算法决策规制——以算法"解释权"为中心》,《现代法学》2020 年第 1 期。
9. 辛巧巧:《算法解释权质疑》,《求是学刊》2021 年第 3 期。

第六章

个人信息处理者的义务

第一节 个人信息安全保障义务

 教学案例

　　乙公司是某电商平台经营者,甲是该平台注册客户,甲在乙公司的电商平台购物后接到境外诈骗电话,涉及信息与甲在该平台所留个人信息高度相似,甲遂认为是该平台导致客户信息泄露。乙公司辩称已采取多项安全管理措施防止用户个人信息泄露,履行了必要的用户信息安全保护义务,请问乙公司需要进行哪些举证?

　　伴随数字社会的到来以及人工智能产业的发展,数据的经济价值也愈发重要,把数据比喻为土壤与石油往往就是针对数据的财产价值而言的。数据作为信息的本质属性,决定了数据必然包含个人隐私等重要内容,这也就产生了数据利用与个人信息保护的现实矛盾。[①] 信息处理者在处理个人信息时,除了要尊重信息主体所享有的权利,更重要的是作为处理者所应履行的安全保障义务。

一、个人信息安全保障义务概述

　　个人信息安全保障义务是指信息处理者在处理个人信息时,确保其处理活动能够保障个人信息安全的法律义务。个人信息安全保障义务的主体是信息处理者,客体是个人信息,其内容是通过法律规定的措施确保个人信息的安全。信息处理者的安全保障义务不仅包括自己处理个人信息时应采取必要措施保障个人信息安全,而且包括监督、处罚平台内其他违法处理个人信息的产品或服务的信息处理者的行为。[②]

　　《民法典》第 1038 条规定,信息处理者不得泄露或者篡改其收集、存储的个人信息;未

---

① 彭诚信:《宪法规范与理念在民法典中的体现》,《中国法律评论》2020 年第 3 期,第 27 页。
② 杨滟:《个人信息保护社会责任的法律内涵及其实现》,《上海大学学报(社会科学版)》2023 年第 1 期,第 38 页。

经自然人同意,不得向他人非法提供其个人信息,但是经过加工无法识别特定个人且不能复原的除外。信息处理者应当采取技术措施和其他必要措施,确保其收集、存储的个人信息安全,防止信息泄露、篡改、丢失;发生或者可能发生个人信息泄露、篡改、丢失的,应当及时采取补救措施,按照规定告知自然人并向有关主管部门报告。

《个人信息保护法》第51条规定了信息处理者应当根据个人信息的处理目的、处理方式、个人信息的种类以及对个人权益的影响、可能存在的安全风险等,采取相应措施确保个人信息处理活动符合法律、行政法规的规定,并防止未经授权的访问以及个人信息泄露、篡改、丢失。

《网络数据安全管理条例(征求意见稿)》第9条对数据处理者的义务进行了规定:数据处理者应当采取备份、加密、访问控制等必要措施,保障数据免遭泄露、窃取、篡改、毁损、丢失、非法使用,应对数据安全事件,防范针对和利用数据的违法犯罪活动,维护数据的完整性、保密性、可用性。数据处理者应当按照网络安全等级保护的要求,加强数据处理系统、数据传输网络、数据存储环境等安全防护,处理重要数据的系统原则上应当满足三级以上网络安全等级保护和关键信息基础设施安全保护要求,处理核心数据的系统依照有关规定从严保护。数据处理者应当使用密码对重要数据和核心数据进行保护。

随着数字经济的发展,数据的商业化利用成为数字经济的核心,因此对处理数据的主体都会要求其应当承担的法律义务。

信息处理者负有个人信息保护的义务。个人信息处理的合法基础只是个人信息保护的第一道屏障,并不能保证个人信息权不会遭受侵害。个人信息保护主要有两种法律路径,即以个人为中心的赋权保护路径和以信息处理者为中心的行为规制(义务施加)路径。在数字社会中,合理保护个人信息的方式应该是兼采赋权保护路径和行为规制路径,既明确个人拥有的信息权利,也课以信息处理者保护个人信息的义务,即围绕个人信息利用行为建立权利义务关系,与信息主体的权利配置规则形成链接,否则将难以使个人信息保护获得实效。

首先,信息处理者是个人信息的实际控制者,全面掌握个人信息的安全状态能够对个人信息风险进行充分、合理的评估,所以信息处理者应当具备个人信息侵害风险的控制能力,以及在个人信息侵害发生时的有效应对能力。其次,信息处理者将个人信息储存于网络平台之中,并基于获取经济利益的目的利用、共享个人信息,其利用行为在一定程度上增加了个人信息遭受侵害的风险,故有义务确保个人信息安全。最后,信息处理者是个人信息处理行为的实际受益者,其在获取个人信息财产权益的同时,应承担起防止个人信息人格权益受到侵害的义务,并应积极履行该义务,降低个人信息遭受侵害的风险。[①]

因此信息处理者对个人承担消极的和积极的安全保障义务,前者要求处理者保障个

---

① 彭诚信:《数字社会的思维转型与法治根基——以个人信息保护为中心》,《探索与争鸣》2022年第5期,第123页。

人信息安全;后者要求处理者保障第三人不滥用个人信息侵害个人权益。[①]

二、个人信息安全保障义务的具体措施

信息处理者应当遵循必要原则和合法原则,在处理个人信息前或者处理个人信息时,应当采取必要的安全保障措施来确保个人信息的安全。

(一)制定内部管理制度和操作规程

对于信息处理者而言,这是确保个人信息安全的基本义务,即需要制定关于个人信息处理的内部管理制度与操作流程的规定,既包括内部员工处理个人信息的制度,又包括员工个人信息的保护制度,例如个人信息的收集、存储、使用、加工、传输、提供、公开、删除流程中的内部管理制度。同时还包括内部关于个人信息的操作规程的制定,例如如何通过《隐私政策》《用户服务协议》等协议向信息主体告知并获取其同意。上述制度与规程共同构成信息处理者的内部制度体系。

(二)对个人信息实行分类管理

个人信息分为一般个人信息和敏感个人信息。应对以下两类信息进行甄别并加以特别关注:针对不同的个人信息,《个人信息保护法》提出了不同的要求,例如敏感信息的处理要求信息处理者应当取得个人的单独同意。信息处理者在处理用户个人信息的过程中,需要对用户个人信息实行分类管理,以方便后续对不同级别的个人信息采取相应的保护措施。常见的分类方式是根据个人信息的内容进行分类,再根据个人信息的敏感程度进行分级。敏感程度,即个人信息一旦泄露或者非法使用,个人受到歧视或者人身、财产安全受到危害的程度。《个人信息保护法》明确将不满 14 周岁未成年人的个人信息作为敏感个人信息,并要求信息处理者针对不满 14 周岁未成年人的个人信息制定专门的个人信息处理规则,足以看出国家对不满 14 周岁未成年人权益保护的重视。信息处理者根据自身属性,还可以选择参照《电信和互联网服务用户个人信息保护分级指南》《个人金融信息保护技术规范》《信息安全技术 移动智能终端个人信息保护技术要求》的规定进行个人信息的分级、分类管理。

(三)采取相应的加密、去标识化等安全技术措施

在网络环境下,数据安全是个人信息保护的基础,而保障数据安全是信息处理者的一项重要且基础的工作,同时也是一项法律义务。我国《网络安全法》要求网络运营者保障网络安全,维护网络数据的完整性、保密性和可用性;《数据安全法》强制性规定了数据处

[①]   谢鸿飞:《个人信息处理者对信息侵权下游损害的侵权责任》,《法律适用》2022 年第 1 期,第 23 页。

理者保障数据安全的法律义务。在个人信息处理活动中,必要的技术措施对于个人信息保护十分重要。根据个人信息分级分类的结果,采取不同的安全技术措施。以敏感个人信息为例,在充分保障用户知情权、决定权等权利基础上,还需要在敏感个人信息的处理过程中使用更高强度的加密措施,保障相关数据的机密性和完整性;对敏感个人信息采取严格的访问控制措施,设置内部数据审批流程,并对敏感个人信息的使用进行实时监控及预警,以降低个人信息可能面临的风险。

(四)合理确定个人信息处理的操作权限,并定期对从业人员进行安全教育和培训

内部操作权限配置应符合最小授权的访问控制策略,同时,信息处理者应定期对从业人员进行安全教育和培训。从业人员应当包含企业全体员工,中高层高度重视、基层员工严格践行对个人信息保护的相关法律法规、内部制度、操作流程等,特别是最新出台的规定和内部制度流程等方面的重要修订,应在员工入职阶段就强化个人信息安全意识,后续还应定期开展个人信息安全教育和培训。

人员管理上,需要明确涉及个人信息处理不同岗位人员的安全职责和操作权限,建立发生安全事件的处罚机制;与相关人员签署《保密协议》,并要求其即使调离相关岗位或者终止劳动合同后还需履行保密义务;根据信息处理者对个人信息分类分级的结果,对大量接触敏感个人信息的人员可以进行背景调查,了解其犯罪记录、诚信状况、工作经历等。

《个人信息保护法》明确指出应定期对从业人员进行安全教育和培训。参考《个人信息安全规范》的规定,对于新员工,可以将个人信息安全作为入职培训的内容,后续再同老员工一同参加个人信息安全教育和培训;对于老员工,信息处理者可以每年至少一次或者在个人信息保护政策发生重大变化时进行个人信息安全教育和培训,确保相关人员熟练掌握个人信息保护政策和信息处理者最新管理制度。从培训内容看,个人信息安全的相关法律、法规、国标、行标和信息处理者相关管理制度、操作规程等都可纳入培训内容。

(五)制定并组织实施个人信息安全事件应急预案

个人信息处理活动具有潜在风险,无论是内部操作不规范还是外部恶意攻击等都可能产生相应风险,这就要求信息处理者制定并组织实施相关应急预案,防患于未然。

可以参照《个人信息安全规范》第 10 条的要求,制作安全事件应急预案。应急预案进行以下处置:① 记录事件内容,包括但不限于发现事件的人员、时间、地点,涉及的个人信息及人数,发生事件的系统名称,对其他互联系统的影响,是否已联系执法机关或有关部门;② 评估事件可能造成的影响,并采取必要措施控制事态,消除隐患;③ 按照《国家网络安全事件应急预案》等有关规定及时上报,报告内容包括但不限于涉及信息主体的类型、

数量、内容、性质等总体情况，事件可能造成的影响，已采取或将要采取的处置措施，事件处置相关人员的联系方式；④ 如果安全事件可能会给用户的合法权益造成危害的，应及时将相关情况告知用户，难以逐一告知用户时，应采取合理、有效的方式发布与公众有关的警示信息。告知内容包括：安全事件的内容和影响；信息处理者已采取或将要采取的处置措施；用户自主防范和降低风险的建议；针对用户提供的补救措施；个人信息保护负责人和个人信息保护工作机构的联系方式。如果个人信息处理活动具有潜在风险性，则要求信息处理者制定并组织实施相关应急预案，防患于未然。

（六）法律、行政法规规定的其他措施

这是兜底条款，是其他法律对信息处理者应当作出的安全保障义务的规定。这一条主要是对其他法律法规的衔接。除了《个人信息保护法》之外，《民法典》《数据安全法》《网络安全法》以及《网络安全数据管理条例》（征求意见稿）都有相应的规定，信息处理者应当遵守。

三、个人信息安全保障的具体内容

为使信息处理者在享受信息财产利益的同时能够保障个人信息的人格利益安全，信息处理者要承担一系列的信息保护义务，确保信息处理具有合法性、正当性，这也是保护个人信息主要应基于行为规则模式（具体表现为行为控制模式）的理论来源。[①] 其具体内容落实到实践中主要表现为确定个人信息保护负责人、定期进行合规审计。

（一）确定个人信息保护负责人

信息处理者确定个人信息保护负责人主要体现在两方面：一是针对国内处理个人信息达到国家网信部门规定数量的信息处理者；二是针对在中华人民共和国境外处理中国境内自然人个人信息的信息处理者。

《个人信息保护法》第 52 条主要是针对第一种情况进行了规定：处理个人信息达到国家网信部门规定数量的信息处理者应当指定个人信息保护负责人，负责对个人信息处理活动以及采取的保护措施等进行监督。信息处理者应当公开个人信息保护负责人的联系方式，并将个人信息保护负责人的姓名、联系方式等报送履行个人信息保护职责的部门。这一个人信息保护人制度，提出要区分大型和小型信息处理者，只有达到国家网信部门规定数量的信息处理者才有必要指定个人信息保护负责人，专门负责个人信息的保护。个人信息保护负责人制度与欧盟等国家和地区的数据保护官（DPO-data protection officer）制度具有一定相似性，设立这一制度的核心在于提升企业个人信息保护的专业性

---

① 彭诚信：《论个人信息的双重法律属性》，《清华法学》2021 年第 6 期，第 94 页。

与独立性,强化企业的内部数据治理。但对于许多小型企业而言,由于其信息处理量比较少,不一定要建立个人信息保护负责人机制。

《个人信息保护法》第53条主要是针对第二种情况做了规定:中华人民共和国境外的信息处理者应当在中华人民共和国境内设立专门机构或者指定代表,负责处理个人信息保护相关事务,并将有关机构的名称或者代表的姓名、联系方式等报送履行个人信息保护职责的部门。针对数据跨境传输这一问题,同样规定了确定负责人的要求,依法在我国境内设立专门机构或者指定代表负责处理个人信息保护相关事务。[①] 具体而言,在我国境外进行个人信息处理活动的信息处理者有以向境内自然人提供产品或者服务为目的;有进行分析、评估境内自然人的行为,以及其他相关法律、行政法规规定的情形。

(二) 定期进行合规审计

信息处理者应当定期对其处理个人信息遵守法律、行政法规的情况进行合规审计。关于合规审计的具体流程需要参考《个人信息安全规范》的要求,应对个人信息保护政策、相关规程和安全措施的有效性进行审计;应建立自动化审计系统,监测记录个人信息处理活动;审计过程形成的记录应能对安全事件的处置、应急响应和事后调查提供支撑;应防止非授权访问、篡改或删除审计记录;应及时处理审计过程中发现的个人信息违规使用、滥用等情况;审计记录和留存时间应符合法律法规的要求。此外,《网络数据安全管理条例(征求意见稿)》规定,信息处理者在下述两种情形中开展个人信息合规审计:大型互联网平台运营者应当通过委托第三方审计方式,每年对平台数据安全情况、平台规则和自身承诺的执行情况、个人信息保护情况、数据开发利用情况等进行年度审计,并披露审计结果;国家建立数据安全审计制度。数据处理者应当委托数据安全审计专业机构定期对其处理个人信息遵守法律、行政法规的情况进行合规审计。主管、监管部门组织开展对重要数据处理活动的审计,重点审计数据处理者履行法律、行政法规规定的义务等情况。

 案例解析

案例中乙公司需要举证证明其采取了与案涉处理行为相关联的个人信息保护必要合规措施,乙公司没有违反与案涉处理行为相关联的关于信息处理者保护个人信息安全的义务的法律规范和关于个人信息保护影响评估义务的法律规范等法律保护性规范,例如,事前在宏观上是否尽到了《个人信息保护法》第51条与案涉处理行为相关联的信息处理者合规保障义务、是否具有数据信息安全的保证书和ISO安全认证、事中及事后是否尽到了个人信息安全事件补救和通知义务等。

---

① 王利明:《个人信息保护法的亮点与创新》,《重庆邮电大学学报(社会科学版)》2021年第6期,第8页。

典型案例

薛某某与浙江淘宝网络有限公司隐私权纠纷案①

案件事实：2021 年 12 月 15 日,原告通过淘宝官方网站平台购买食品,并按被告的要求填写了个人详细信息。之后,原告多次接到境外诈骗电话,诈骗团伙所知信息和原告在被告的官方网站上填写的一模一样,原告认为被告淘宝公司随意泄漏用户个人信息的行为侵害了其个人信息权和隐私权,遂诉至法院。

法院裁判：被告淘宝公司已举证证明其在案涉个人信息处理活动中没有过错,没有违反个人信息处理规则的法律规范且原告不能举证证明被告淘宝公司的个人信息处理行为与原告主张的损害事实之间存在因果关系,故原告主张被告淘宝公司构成个人信息侵权,缺乏事实和法律依据,驳回原告的诉讼请求。

案例评析：本案的焦点在于被告淘宝公司作为信息处理者是否履行了保护个人信息的法律义务,这就需要信息处理者证明自己没有过错。被告淘宝公司证明其处理行为合法,未违反个人信息处理规则的法律规范;同时证明其采取了与案涉处理行为相关的个人信息保护必要合规措施,特别是尽到了与其专业能力相匹配的合理、谨慎的安全保障注意义务,因此,本案被告淘宝公司不存在过错。

第二节　个人信息保护影响评估与记录义务

教学案例

甲公司成立于 2013 年 1 月,相关境内业务线主要包括网约车、顺风车、两轮车等,相关产品包括滴滴出行等 41 款 APP。在运营过程中,甲公司过度收集司机学历信息 14.29 万条,以明文形式存储司机身份证号信息 5 780.26 万条;在未明确告知乘客情况下分析乘客出行意图信息 539.76 亿条、常驻城市信息 15.38 亿条、异地商务(异地旅游)信息 3.04 亿条;在乘客使用顺风车服务时频繁索取无关的"电话权限";未准确、清晰地说明用户设备信息等 19 项个人信息处理目的,甲公司的行为是否合法?

一、个人信息保护影响评估与记录义务概述

(一) 个人信息保护影响评估的含义

个人信息保护影响评估是个人信息保护体系中对信息处理者要求的"前置性"或"预

---

① 杭州互联网法院(2022)浙 0192 民初 4259 号民事判决书。

防性"义务,是指信息处理者在一定条件下要事先对处理活动中涉及的个人信息保护进行影响评估,及时预防和规避风险,以确保个人信息的安全。个人信息保护影响评估只是信息处理者对个人信息进行保护的一个阶段性义务,主要针对具有较高风险的特定个人信息处理行为进行动态风险管理,[①]是信息处理者在不同场景中所需应对的义务,其并不能替代信息处理者所应承担的其他评估义务。个人信息保护影响评估属于受强制的自我规制,是一种事前性的合规评估和风险评估程序。[②]

　　个人信息保护影响评估是《个人信息保护法》第55、56条中明确规定的,要求信息处理者应当在对个人权益有重要影响的情形下事前对个人信息保护的具体内容进行影响评估。《评估指南》明确了个人信息安全影响评估的流程内容,强调信息处理者自主进行个人信息安全影响评估工作。个人信息保护影响评估和《一般数据保护条例》第35条第1款规定的数据保护影响评估制度是相似的。数据保护影响评估制度(Data Protection Impact Assessment,DPIA)是一种数据保护风险评估流程,评估其必要性和相称性并帮助管理因处理数据而对自然人的自由和权利造成的风险,主要通过评估风险并确定解决这些风险的措施,是一个建立和展示问责制的过程。DPIA的一般要求是针对数据处理行为,特别是在运用新技术可能会给自然人的权利和自由带来高风险时,数据控制者应当在进行数据处理行为之前综合考虑该行为的性质、范围、背景和目的,评估预期行为可能给个人数据保护带来的影响。[③]

　　影响评估是风险管理的重要手段,风险管理也是影响评估的关键部分。个人信息处理风险既可能来自组织内部的漏洞或项目本身的设计和实施,也可能来自外部威胁。个人信息保护影响评估在避免或管理风险方面具有优势,是整体风险管理策略的重要组成部分。

(二) 个人信息保护影响记录的含义

　　个人信息保护影响记录是与个人信息保护影响评估相互配合的,是指信息处理者在事先对处理活动中涉及的个人信息保护进行影响评估及时预防和规避风险时,应当按照法律规定对处理情况进行记录并保存的义务,以便出现问题时有针对性地采取补救措施,同时这也是证明信息处理者履行义务的方式。

　　《个人信息保护法》第55和56条规定,信息处理者应就对个人权益有重大影响的个人信息处理情况进行记录。《一般数据保护条例》第30条规定了记录义务,每个控制者以及每个控制者的代表都应当保持其所负责的处理活动的记录;每个处理者以及处理者的代表对于以控制者名义进行的处理都应当保存一份记录。这是将处理活动的记录作为所

---

① 杨合庆:《中华人民共和国个人信息保护法释义》,法律出版社2022年版,第139页。

② 刘权:《论个人信息保护影响评估——以〈个人信息保护法〉第55、56条为中心》,《上海交通大学学报(社会科学版)》2022年第5期,第40页。

③ 高富平:《个人数据保护和利用国际规则:源流和趋势》,法律出版社2016年版,第183页。

有数据控制者和处理者及其代表人的义务。

信息处理者对一些个人信息处理活动进行事前的个人信息保护影响评估并加以记录,不仅可确保个人信息处理活动进行事前的评估,而且可很好地发挥预防功能,提前发现风险并加以解决,从而有利于全面实现对个人信息权的保护。记录处理活动是一个非常有用的合规手段,不仅有助于企业及时评估处理活动对个人权利的风险,建立适当的数据合规体系来保护个人数据,而且有助于企业向监管机构证明其遵守了有关数据保护的法律规定。

二、个人信息保护影响评估与记录义务的适用情形

信息处理者在什么情况下应当履行个人信息保护影响评估与记录义务?根据我国《个人信息保护法》第55条,具体的情形包括处理敏感个人信息、利用个人信息进行自动化决策、委托处理个人信息、向其他信息处理者提供个人信息、公开个人信息、向境外提供个人信息,同时还设置了以"个人权益"为核心的其他情况,即其他对个人权益有重大影响的个人信息处理活动。

(一)处理敏感个人信息

敏感个人信息一旦泄露或者非法使用,容易导致自然人的人格尊严受到侵害或者人身、财产安全受到危害,其包括生物识别、宗教信仰、特定身份、医疗健康、金融账户、行踪轨迹等,以及不满14周岁未成年人的个人信息。只有在具有特定的目的和充分的必要性,并采取严格保护措施的情形下,信息处理者方可处理敏感个人信息。我国《民法典》强调自然人享有基于人身自由、人格尊严产生的其他人格权益,敏感个人信息与人的人格尊严相关,一旦遭到危害将会带来非常严重的后果,因此法律要求处理敏感个人信息的处理者必须在处理之前进行敏感个人信息的影响评估,并对处理情况进行记录。

(二)利用个人信息进行自动化决策

自动化决策是指通过计算机程序自动分析、评估个人的行为习惯、兴趣爱好或者经济、健康、信用状况等,并进行决策的活动,这是自动化决策的定义。自动化决策已经成为个人信息以及数据利用中的重要技术,例如购物网站对消费者消费习惯的评估,通过算法分析出消费偏好从而进行有针对性的购物推送,还有旅行网站的"大数据杀熟"等。我国人工智能法学也一直在研究如何保障决策的透明度,从而实现结果的公平,特别是避免产生对个人的不合理的差别待遇。例如,保险公司通过算法分析个人的生活习惯,例如是否喝酒、吸烟,是否从事危险的极限运动以及驾车习惯等,评估个人的生活方式并据此作出是否接受投保以及保费数额的决定。作为信息处理的重要方式,自动化决策是以自动化方式对自然人的性格、身份、行为偏好等方面进行识别分析,并将分析与评估结果用于定

向广告、信用评估、贷款申请、保险理赔、刑事司法等领域。[①] 因此当信息处理者利用个人信息进行自动化决策之前,由于其会对个人权益产生重大影响,必须进行个人信息保护的影响评估,并对处理情况进行记录。

我国《互联网信息服务算法推荐管理规定》明确了对于应用算法推荐技术提供互联网信息服务的服务提供者的服务规范,并要求定期审核、评估。算法影响评估在域外很多国家都率先在公共事业场景适用,因为攸关公共利益的公共事业领域的算法一旦发生决策失误,可能会带来系统性社会风险。例如,2018 年美国纽约市颁布《算法问责法》,明确规定行政机构以及慈善团体应用自动化决策系统时,应接受自动化决策系统工作组的算法影响评估。华盛顿州、加利福尼亚州等也规定公共机构在公共事业场景应用自动化决策系统时应进行算法影响评估。[②]

(三) 特殊个人信息处理活动

特殊个人信息处理活动主要是指委托处理个人信息、向其他信息处理者提供个人信息和公开个人信息。这三种个人信息处理活动在《个人信息保护法》第 2 章"个人信息处理规则"中都有相应的规定。

委托他人处理个人信息是信息处理者委托他人代自己进行个人信息的处理,是一种"委托法律关系",法律上要求信息处理者作为委托人要告知受托人其处理个人信息的处理目的、处理方式等。至于受托人是否能够处理个人信息就依靠委托人对他的信任,因此法律为了确保个人信息的安全,要求在此种情形下需要进行个人信息保护影响评估。根据欧盟《一般数据保护条例》第 80 条第 1 款,[③]对于委托关系也强调为了确保数据处理者代表数据控制者进行的处理符合本条例的要求,当委托数据处理者开展数据处理活动时,数据控制者应委托在专业知识、可靠性和资源方面能够提供充分保证的数据处理者,以实施满足本条例要求(包括为了数据处理安全)的技术措施和组织措施。

信息处理者向其他信息处理者提供其处理的个人信息,是信息处理者向其他信息处理者"提供其处理的个人信息"的行为,由于个人信息会在不同的信息处理者之间流转,虽然《个人信息保护法》规定了这种情况应当告知信息主体,但是依然存在侵害信息主体个人权益的风险,因此要求信息处理者在提供个人信息前必须进行个人信息保护影响评估,以确保个人信息的安全。虽然公开个人信息,法律有明确的要求与程序,但是由于公开个人信息与个人权益有重大关系,因此必须进行个人信息保护的影响评估,并对处理情况进行记录。

[①] 何新新、徐澜波:《个人信息处理者的自动化决策解释义务研究》,《学习与实践》2022 年第 8 期,第 79 页。

[②] 张欣:《算法影响评估制度的构建机理与中国方案》,《法商研究》2021 年第 2 期,第 107 页。

[③] 欧盟《一般数据保护条例》第 80 条第 1 款:"1. 数据主体有权委托非营利机构、实体或协会代表其行使第 77、78、79 条规定的权利,以及在成员国法律规定的情形下,代表其行使第 82 条规定的获得赔偿的权利。非营利机构、实体或协会应具备如下条件:按照成员国法律设立,其章程目标是实现公共利益,在为了保护数据主体的权利与自由而代表个人提起申诉方面表现积极"。

【思考】

如何保护儿童个人信息权？当儿童的父母在平台公开其个人信息时如何处理？

（四）向境外提供个人信息

党的二十大报告强调，随着数据成为重要的国家战略资源和推动经济发展质量变革、效率变革、动力变革的新型生产要素，数据安全对数据要素有序流通、护航数字经济发展、维护国家安全意义重大。向境外提供个人信息既关系我们国家的数据安全，也关系信息主体的个人信息权和隐私权的保护，因此我国《网络安全法》《个人信息出境安全评估办法（征求意见稿）》等对涉及数据跨境传输的信息处理活动有明确的法律限制性规定。由于其涉及重大的个人权益，信息处理者向境外提供个人信息时，必须进行个人信息保护影响评估来确定境外接收方所进行的个人信息处理活动是否合法、正当、必要，以及其对个人权益的影响。

（五）其他对个人权益有重大影响的个人信息处理活动

除了上述四种明确的个人信息处理的情形，法律还进行了兜底性的规定，即涉及其他影响个人权益的个人信息处理活动也需要进行影响评估并进行记录。随着科技的发展，法律本身的滞后性要求我们预先对未来的发展做出法律应对。

三、个人信息保护影响评估与记录义务的履行

（一）个人信息保护影响评估与记录的具体内容

个人信息保护影响评估的内容之一是评估个人信息的处理目的、处理方式等是否合法、正当、必要，这也是保护个人信息所确立的合法性和必要性的体现。全面掌握个人信息的安全状态，能够对个人信息风险进行充分、合理的评估，所以信息处理者需具备个人信息侵害风险的控制能力，以及在个人信息侵害发生时的有效应对能力。[1] 信息处理者会处理大量不同的个人信息，特别是涉及处理敏感个人信息时。众多不同的信息处理者对个人信息的处理目的和处理方式必然会不同，为了确保个人信息的安全，必须要事先对涉及的主体的处理目的、处理方式进行影响评估，还要确保所涉的信息处理者满足我国《个人信息保护法》的要求。

---

[1]　彭诚信：《数字社会的思维转型与法治根基——以个人信息保护为中心》，《探索与争鸣》2022 年第 5 期，第 123 页。

个人信息保护影响评估的内容之二是对个人权益的影响及安全风险的评估。个人信息保护影响评估的目的是保护个人权益,因此对个人信息处理涉及的个人权益的影响,特别是潜在的安全风险进行影响评估成为必要的手段。

个人信息保护影响评估的内容之三是所采取的保护措施是否合法、有效并与风险程度相适应。信息处理者在个人信息处理活动中时刻要确保其采取的保护措施能够有效预防风险,因此对信息处理者的保护措施进行影响评估,特别是其采取的保护措施是否合法、是否能够有效防止个人信息的泄露以及与其潜在的风险是否相匹配都是个人信息保护影响评估的重要内容。

(二) 个人信息保护影响评估与记录的时间要求

国家市场监督管理总局、国家标准化管理委员会发布的国家标准《个人信息安全规范》建议个人信息保护影响评估应定期(至少每年一次)开展,并根据业务现状、威胁环境、法律法规、标准要求等情况持续修正个人信息保护边界,改进安全控制措施。[①]

个人信息保护影响评估报告和处理情况记录应当至少保存 3 年,这是我国《个人信息保护法》针对影响评估与记录的时间要求。即使欧盟《一般数据保护条例》针对影响评估报告与记录的范围更广,但是并未在时间上作出具体规定。信息处理者在开展个人信息处理活动前进行个人信息保护影响评估,必然需要花费一定的时间和人力、物力及财力。信息处理者可通过将预期的数据处理行为与上述的风险情形进行匹配,将匹配程度作为风险因素对数据保护风险加以评估。[②] 个人信息自古有之,但在互联网时代,人类的存在结构及社会样态已发生明显变化,个人的信息及数据时刻被网络平台所记录、储存,并被加工使用乃至转让出售。[③] 3 年的保存期限在某种程度上有利于强制信息处理者具体落实影响评估与记录义务。

 案例解析

在教学案例中,从违法处理个人信息的数量看,甲公司违法处理个人信息达647.09 亿条,数量巨大,其中包括人脸识别信息、精准位置信息、身份证号等多类敏感个人信息。从违法处理个人信息的情形看,甲公司的违法行为涉及多个 APP,涵盖过度收集个人信息、强制收集敏感个人信息、APP 频繁索权、未尽个人信息处理告知义务等多种情形。

①　许可:《论反洗钱义务履行中的个人信息处理》,《中国社会科学院大学学报》2022 年第 5 期,第 13 页。
②　崔聪聪、许智鑫:《数据保护影响评估制度:欧盟立法与中国方案》,《图书情报工作》2020 年第 5 期,第 43 页。
③　彭诚信:《法学问题的发现与研究路径之探索》,《中国大学教学》2020 年第 7 期,第 36 页。

第三节　个人信息泄露的补救与通知义务

 教学案例

"甲市住房保障网"公示了 2013—2022 年多个公租房项目申请公租房保障人员的摇号结果、配租结果等信息,公开的各类名单包含有公民个人的姓名、身份证号、户籍所在地、申请住房门牌号、申请家庭人口情况、人均居住建筑面积、人均可支配月收入等信息,共计 87 000 余条。上述公民个人敏感信息未进行任何去标识化、匿名化处理,存在严重安全隐患,请问社会公共利益是否受到侵害?

一、个人信息泄露的补救与通知义务的规范内涵

在数字社会高度发展的今天,个人信息已经成为数字的"元素"的作用体现在各个环节中。不论是人脸识别风险还是人工智能伦理危险都绕不开防止个人信息泄露的法律问题。如果发生个人信息泄露,我们将如何处理并有效降低因此所带来的风险? 个人信息泄露的补救与通知义务就是规定在发生或者可能发生个人信息泄露、篡改、丢失的情形下,个人信息处理者应当立即采取补救措施,通知履行个人信息保护职责的部门和个人。

权利与义务相对等,信息处理者在收集并使用个人信息时,相应地就应当承担保护个人信息安全的法律义务,即信息处理者应当对其个人信息处理活动负责,并采取必要措施保障所处理的个人信息的安全。但是上述法律义务并不仅局限于采取必要措施保护其安全即可,还包括当发生个人信息泄露时为了防止损失的发生所承担的法律义务,信息处理者应当立即采取补救措施,并通知履行个人信息保护职责的部门,从而能够使信息处理者第一时间采取措施加以应对,有效保护个人信息安全。

二、个人信息泄露的补救义务

个人信息泄露的补救义务是指一旦发生或者可能发生个人信息泄露、篡改、丢失时,信息处理者应当立即采取补救措施的法律义务。个人信息泄露的补救义务的主体是信息处理者,时间上要求其立即进行,体现了需要立刻处理的紧迫性,要求其立即采取补救措施,即能够有效弥补因泄露而产生的损害,并对这种损害进行补救。信息处理者需要履行很多法定义务,最主要的是保护个人信息安全,在保护个人信息安全的同时要求信息处理者制定并组织实施个人信息安全应急预案,因此信息处理者所采取的补救措施是立即启

动应急预案,并同步采取补救措施。

信息处理者应采取与国家主管部门相配合的措施来履行个人信息泄露的补救义务,一旦发生个人信息泄露,信息处理者既要及时向个人信息主管部门报告,以便尽快采取补救措施,减轻损害后果,又要及时告知当事人,使其能够了解因信息泄露可能给其人身或财产造成的损失,以便做好应对准备或寻求保护。[①] 我国数据保护法律的合规流程性条款高度重视违法事件发生后的补救措施,企业在下列补救措施方面懈怠失职的,不仅构成合规管理失职行为,而且会导致加重处罚。一是发生或者可能发生个人信息泄露、篡改、丢失的,企业应当立即采取补救措施,并将信息种类、事件原因、可能造成的危害、补救措施、企业的联系方式等事项通知职能部门和个人。二是网络经营企业发现网络产品和服务存在安全缺陷、漏洞等风险的,应立即采取补救措施,并按规定及时告知用户,保存有关记录,向主管部门报告。三是网络经营企业对于违反法律、行政法规的信息,一经发现,应立即停止传输该信息,采取消除等处置措施,防止信息扩散。四是制定数据安全事件应急预案,及时处置系统漏洞、计算机病毒、网络攻击、网络侵入等安全风险,发生危害数据安全事件时,应立即启动应急预案,采取相应的补救措施,并按规定向主管部门报告。[②]

 案例解析

公民个人信息保护问题在诸多政府部门的政务公开过程中普遍存在,由于保障房信息必须公开、公示,相关部门往往忽略了对个人敏感信息的保护。在充分保障用户知情权、决定权的基础上,处理敏感个人信息还需要采取更高强度的加密措施,以保障相关数据的机密性和完整性。此外,对敏感个人信息应采取严格的访问控制措施,设置内部数据审批流程,并对敏感个人信息的使用进行实时监控及预警,以降低个人信息可能面临的风险。

三、个人信息泄露的通知义务

个人信息泄露的通知义务是信息处理者在发生或者可能发生个人信息泄露、篡改、丢失时,应当立即采取补救措施,并通知履行个人信息保护职责的部门和个人的义务。个人信息泄露通知义务的主体同样是个人信息处理者,时间上要求其立即通知发生或者可能发生个人信息泄露、篡改、丢失的信息种类、原因和可能造成的危害;个人信息处理者采取的补救措施和个人可以采取的减轻危害的措施;个人信息处理者的联系方式。同时明确

[①] 孙清白:《国家机关处理个人信息的特殊风险及其法律规制》,《安徽大学学报(哲学社会科学版)》2022年第3期,第95页。

[②] 毛逸潇:《数据保护合规体系研究》,《国家检察官学院学报》2022年第2期,第92页。

个人信息处理者采取措施能够有效避免信息泄露、篡改、丢失造成危害的,个人信息处理者可以不通知个人;履行个人信息保护职责的部门认为可能造成危害的,有权要求个人信息处理者通知个人。

(一)通知义务的履行形式

通知的方式具体表现在个人信息处理者在发生或可能发生个人信息泄露等情形时,应当采取补救措施和履行通知义务,但是如果个人信息处理者认为其已经采取措施能够有效避免信息泄露、篡改、丢失的,可以不通知个人。此外,如果履行个人信息保护职责的部门认为可能造成危害的,有权要求个人信息处理者通知个人。

信息处理者对个人的通知方式为三种:一是立即通知,即信息处理者应当立即通知履行个人信息保护职责的部门和个人;二是可选择性通知,即信息处理者采取措施能够有效避免信息泄露、篡改、丢失的,信息处理者在履行通知义务上具有可选择性,可以不通知个人;三是责令通知,即虽然信息处理者认为采取措施能够有效避免造成危害,但是履行个人信息保护职责的部门认为可能造成危害的,有权责令处理者通知个人。[1]

(二)通知义务的主体

个人信息处理者在发生或者可能发生个人信息泄露、篡改、丢失时,应当立即采取补救措施,并通知履行个人信息保护职责的部门和个人。通知涉及个人信息处理者、信息主体、履行个人信息保护职责的部门,承担通知义务的主体是信息处理者。即使在责令通知的方式下,履行个人信息保护职责的部门履行的也是责令义务,承担通知义务的主体仍然是信息处理者。

信息处理者作为履行通知义务的主体,不论信息处理者是单一还是共同的、不论是直接的还是委托处理的,基于履行通知义务主体的紧迫性,应当是在发生或者可能发生个人信息泄露等损害时,由第一时间知道的信息处理者来承担。在共同处理个人信息的情形下,承担通知义务的主体不是单一的,基于个人信息泄露的通知义务的紧迫性,应当由第一时间知道发生或者可能发生个人信息泄露的一方来承担,并在第一时间通知共同处理个人信息的其他信息处理者。[2] 在委托处理个人信息的情形下,委托人作为信息处理者应当承担通知的义务,但是受托人应当协助信息处理者履行通知义务。[3]

(三)通知义务的时间

个人信息处理者在发生或者可能发生个人信息泄露、篡改、丢失时,应当立即采取补救措施,并通知履行个人信息保护职责的部门和个人,通知义务的履行时间就是立即。通

---

① 程啸:《个人信息保护法理解与适用》,中国法制出版社 2021 年版,第 439 页。
② 谢鸿飞:《个人信息处理者对信息侵权下游损害的侵权责任》,《法律适用》2022 年第 1 期,第 43 页。
③ 程啸:《论个人信息共同处理者的民事责任》,《法学家》2021 年第 6 期,第 22 页。

知义务的履行时间很显然与个人信息泄露危险发生或者可能发生的时间相关,因此,履行通知义务的时间是作为信息处理者的主体知道发生或者可能发生的时间,在知道后立即也就是第一时间履行通知义务。

（四）通知义务的内容

个人信息处理者在发生或者可能发生个人信息泄露、篡改、丢失时,应当立即采取补救措施和通知义务,通知的内容如下。

一是发生或者可能发生个人信息泄露的信息种类、原因和可能造成的危害。信息处理者需要立即通知相关主体哪些信息可能或者已经发生泄露,造成这种信息泄露的原因以及可能对信息主体所造成的个人信息权的损害。明确个人信息泄露的种类和原因有利于保护个人信息安全的部门、个人和信息处理者共同第一时间采取有效措施进行补救,尽可能防止或者减轻损害的发生。

二是个人信息处理者采取的补救措施和个人可以采取的减轻危害的措施。这一通知内容包括两方面：一是阐述信息处理者在应对时所采取的补救措施具体有哪些；二是通知个人在面对损害发生时可以采取的能够减轻危害的措施,旨在信息处理者与个人进行协同合作,共同针对损害的发生采取措施以降低危害程度。

三是信息处理者的联系方式。要求信息处理者告知保护个人信息的部门和个人其联系方式,以方便进行沟通,从而协作减轻相应的危害。

四、不履行个人信息泄露的补救与通知义务的民事责任

如果信息处理者没有履行个人信息泄露的补救与通知义务,导致信息主体遭受损害,将由谁来承担相应的民事责任?

信息处理者与信息主体的法律关系可以界定为合同法律关系。当信息主体允许信息处理者使用其个人信息时,不论是页面还是 APP 都会跳出需要信息主体同意的协议,有的学者认为双方签订的是网络服务合同,属于信息处理者与用户（信息主体）之间的约定,属于信息处理者对用户的一种"承诺",这种"承诺"的实质是双赢的合同,信息处理者提供的"承诺"越是健全,越是注重对用户权益的保护,使用其产品或服务的用户则越多。[1] 因此基于合同关系,信息处理者应当按照承诺保护个人信息的安全。

当发生由于第三方侵权造成信息主体的民事权利损害时,信息处理者应当在发生个人信息泄露时立即采取补救措施并履行通知义务。在这种情形下,如果信息处理者依法履行相应义务,那么,按照《民法典》第 1175 条由第三方承担法律责任。如果信息处理者采取补救措施和履行通知义务有瑕疵,应依据《民法典》第 1197、1198 条承担连

---

① 杨旭：《个人信息处理中履行合同必需规则的限制适用》,《法学》2023 年第 6 期,第 96 页。

带责任。

　　基于合同法律关系,当信息主体的民事权利由于个人信息泄露、篡改、丢失而发生损害结果时,在信息处理者与个人之间基于合同法律关系有可能产生违约责任。值得注意的是,我国《民法典》第996条肯定了违约行为如果损害对方的人格权并造成严重精神损害的,受害人可以主张精神损害赔偿。因此,如果信息处理者泄露了用户的个人信息,且没有及时进行补救与通知,信息处理者或者第三人利用该信息损害了用户人格权并造成严重精神损害,用户可以就此请求精神损害的赔偿。[1]

　　【思考】

　　如何理解信息处理者违约责任的认定问题?

📖 典型案例

申某与支付宝(中国)网络技术有限公司等侵权责任纠纷案[2]

　　案件事实: 原告通过被告手机 APP 平台订购机票,因订购机票行为而产生的出行人姓名、航班日期、起落地点、航班号、航空公司信息、订票预留手机号信息被整体泄露,诈骗分子根据泄露的信息内容发送诈骗短信,引导原告使用支付宝亲密付功能消费及工商银行网上银行转账,最终导致原告银行卡内个人财产受损。

　　法院裁判: 法院认为,在公司利用个人信息进行经营活动产生的纠纷中,个人相对于具有一定数据垄断地位的公司实体在证据搜集和举证能力上处于弱势地位。因此,应顾及双方当事人之间实质公平正义进行举证责任的分配。被告作为信息处理者在发生个人信息泄露时,没有立即采取补救措施并通知履行个人信息保护职责的部门和个人的义务。因此,法院认定原告损害结果的发生与个人信息的泄露具有法律关系,基于个人信息泄露导致损害结果的发生,支持了原告的部分诉讼请求。

　　案件评析: 本案原告已举证证明其将个人信息提供给被告,后在较短时间内发生信息泄露,已完成相应合理的举证义务。被告应就其对原告的个人信息泄露无故意或过失之事实负举证责任。现被告的举证为两方面,即其在信息安全管理上无漏洞,以及个人信息存在被其他主体泄露的可能性。但从现有证据看,被告在信息安全管理的落实方面存在漏洞,未尽到对个人信息负有的信息保管及防止泄露义务,具有过错。至于其他主体获得个人信息问题,涉案信息的传递是因被告出于经营需要而发生,被告主张其他主体泄露

[1]　杨立新:《个人信息处理者侵害个人信息权益的民事责任》,《国家检察官学院学报》2021 年第 5 期,第 42—43 页。
[2]　北京市朝阳区人民法院(2018)京 0105 民初 36658 号民事判决书。

信息,依法应由其进行举证,现被告仅提出理论上存在其他主体泄露的可能性而未完成举证。故综合来看,原告对于个人信息泄露已完成举证,被告提出的主张及举证不充分。综上,被告在信息安全管理的落实方面存在漏洞,未尽到对个人信息负有的保管及防止泄露义务,具有过错,应承担侵权责任。

第四节　特殊个人信息处理者的义务

 教学案例

　　乙公司系某直播平台的经营者,甲是该平台用户,长期观看主播"小红"和"小雯"的直播,并添加他们为微信、QQ好友。甲向平台发送邮件,实名举报主播"小红"和"小雯"的直播存在违规行为。不久,两名主播向甲质问为何投诉。平台客服向甲承认,在处理举报信息过程中,公司会与被举报主播核实情况,平台的处理行为是否合法?

　　《个人信息保护法》第58条规定了特殊的个人信息处理者的义务,为大型互联网平台企业特别设置了"第三方义务",[①]规范了大型互联网平台企业处理个人信息的义务,促进了其在互联网治理特别是个人信息保护方面发挥积极作用,抓住了互联网生态处理个人信息的关键环节,起到了提纲挈领、纲举目张的效果,[②]贯彻了"推动形成政府、企业、相关社会组织、公众共同参与个人信息保护的良好环境"的网络治理思路。[③]

一、特殊个人信息处理者义务的概念

　　特殊个人信息处理者义务体现在两个方面:一是相对于"一般"信息处理者而言主体上的区别,"一般"信息处理者泛指一切涉及信息处理的主体;二是义务内容上的区别,即特殊个人信息处理者除了需要承担上文中提及的义务外,还需要履行"特殊"的义务。相较而言,用户数量巨大、业务类型复杂且提供重要互联网平台服务的个人信息处理者,即大型互联网平台企业,由于其业务涉及信息主体的个人信息权而具有特殊性,因此,特殊个人信息处理者的义务是指大型互联网平台企业在信息处理过程中所应遵守的四项义务。

　　规定大型互联网平台企业作为信息处理者所应履行的义务,其原理在于平台企业在数字社会发展中的重要作用以及平台企业潜在地对个人信息权的巨大影响力。数字社会

---

① 　高秦伟:《论行政法上的第三方义务》,《华东政法大学学报》2014年第1期,第38页。
② 　张新宝:《互联网生态"守门人"个人信息保护特别义务设置研究》,《比较法研究》2021年第3期,第12页。
③ 　张文显:《新时代中国社会治理的理论、制度和实践创新》,《法商研究》2020年第2期,第5页。

的应然思维模式应该以数据控制者或数据利用者为思考问题的着眼点,首先,肯定数据利用者对整个数字社会的构建所做出的贡献,没有这些平台或企业,数字社会便不会存在;其次,要对数据利用者对数据的利用进行限制,必须要依法利用,底线是不能侵害信息主体的隐私;最后,数据利用者也要为初始信息的获取付费,只不过该付费未必是直接交由信息主体,而是由国家专门建立的税收、基金、信托等部门代为收取,然后再将该费用服务于信息主体。[①] 治理大型互联网平台企业包括对其个人信息处理活动的监督,是互联网治理的关键和核心环节,为大型互联网平台企业施加个人信息保护特别义务是构建治理主体多元、工具多样的社会治理网络的必然要求。[②]

二、特殊个人信息处理者义务的特征

特殊个人信息处理者义务的特征主要体现在主体和义务两方面。

(一) 主体将这种特殊的义务赋予"大型互联网平台企业"来承担

大型互联网平台企业作为信息处理者的主要主体,是侵害个人信息权的风险源之一,[③]由此引发学者提出的"守门人义务"理论。[④]"守门人义务"回答了特殊个人信息处理者义务的主体性问题。信息处理者主体广泛,不仅包括大型互联网平台企业,而且包括政府。政府作为国家机关会直接处理与个人紧密相关的医疗信息等个人信息,同时还需要监管涉及信息处理、信息出境等信息处理活动。从这个意义上讲,将大型互联网平台企业作为履行个人信息处理的特殊义务主体,是与其对信息处理的参与度以及对个人信息权的危险性相关的。

对于大型互联网平台企业,由于其用户规模较大、数据类型丰富,容易成为人为恶意攻击的对象;个人信息利用方式较为多元,海量数据的沉淀大大提升了数据挖掘的价值,二次利用、数据融合等现象明显,而且非自用数据的交易、自用数据的 API 接口传输也会带来第三方关联风险;个人信息处理技术更为前沿,技术风险的隐蔽性、应用层的弱解释性等问题突出,因此有必要向大型平台施加与其处理活动相称的较重义务。[⑤] 大型互联网平台企业在处理个人信息时,应当以义务履行者的主体身份在法律允许的框架内处理信息,尽最大努力维护信息主体的合法权益。

---

① 彭诚信、杨思益:《论数据、信息与隐私的权利层次与体系建构》,《西北工业大学学报(社会科学版)》2020 年第 2 期,第 79 页。
② 张新宝:《大型互联网平台企业个人信息保护独立监督机构研究》,《东方法学》2022 年第 4 期,第 37 页。
③ 王锡锌:《个人信息国家保护义务及展开》,《中国法学》2021 年第 1 期,第 155 页。
④ 张新宝:《互联网生态"守门人"个人信息保护特别义务设置研究》,《比较法研究》2021 年第 3 期,第 11—24 页;周汉华:《〈个人信息保护法〉"守门人条款"解析》,《法律科学》2022 年第 5 期,第 37—40 页。
⑤ 张新宝:《大型互联网平台企业个人信息保护独立监督机构研究》,《东方法学》2022 年第 4 期,第 37—49 页。

（二）特殊义务，除了承担作为信息处理者的义务之外，大型互联网平台企业还需要承担四项特殊义务

这四项特殊义务包括：按照国家规定健全个人信息保护合规制度体系，成立主要由外部成员组成的独立机构对个人信息保护情况进行监督；遵循公开、公平、公正的原则，制定平台规则，明确平台内产品或者服务提供者处理个人信息的规范和保护个人信息的义务；对严重违反法律、行政法规处理个人信息的平台内的产品或者服务提供者，停止提供服务；定期发布个人信息保护社会责任报告，接受社会监督。

大型互联网平台企业会处理数量巨大且复杂的个人信息，在义务内容上会要求其承担上述四项义务，从而确保大型互联网平台企业能够保护其用户的个人信息权，同时协助政府更好地履行守门人义务，这就是所谓的权力与责任相匹配。一方面，特殊的信息处理者不能滥用权力，应当遵循公开、公平、公正的原则，按照国家规定建立健全个人信息保护合规制度体系，遵循公平、公开、公正的原则，制定平台规则，明确平台内产品或者服务提供者处理个人信息的规范和保护个人信息的义务；另一方面，对严重违反法律、行政法规处理个人信息的平台内的产品或者服务提供者，特殊的个人信息处理者也不能熟视无睹，而应停止对其提供服务。[1]

【思考】

特殊个人信息处理者的义务应该有哪些？

大型互联网平台企业的义务和政府的监管职责是什么关系？

拓展阅读　特殊个人信息处理者中"守门人"制度的发展

传统"守门人"存在于社会生活不同领域，通过履行第三方义务承担各种把关职责，构成治理体系的重要环节。[2]　随着社会的发展，"守门人"条款也逐渐进入新的领域。互联网平台的兴起，各国在探索互联网平台的治理过程中逐渐引入了"守门人"条款。欧盟、美国、法国、德国都对此进行过设想。在这些国家中，欧盟和美国确立了守门人制度并对此进行了探索。2020年12月15日，欧盟委员会在《数字市场法》（*Digital Market Act*，DMA）草案中正式提出"守门人"制度。美国紧跟欧盟之后，于2021年6月出台五项反垄断法案对互联网"主导平台"展开监管。[3]我国"守门人"制度主要体现在《个人信息保护法》第58条中。

① 王锡锌：《个人信息国家保护义务及展开》，《中国法学》2021年第1期，第162页。

② 周汉华：《〈个人信息保护法〉"守门人条款"解析》，《法律科学》2022年第5期，第36页。

③ 申琦：《是非"守门人"：国际互联网超大型平台治理的实践与困境》，《湖南师范大学社会科学学报》2023年第1期，第62页。

三、特殊个人信息处理者的义务内容

（一）建立合规体系并成立独立的监督机构

建立合规体系主要体现为《个人信息保护法》第 58 条规定的大型互联网平台企业按照国家规定建立健全个人信息保护合规制度体系，即要求大型互联网平台以法律法规的规定为指引，按照国家的法律、法规、规章等规定构建企业合规制度体系，重点在于该合规体系能够有效保护个人信息。从内容上要求合规体系需要包括个人信息安全与隐私保护、数据合规使用、平台安全运行等内容；从流程上包括识别风险、合规管理架构、合规管理制度、安全保护措施、合规监控与审计以及持续改进等；从环节上要求包括涉及信息的收集、使用、共享、传输、披露、存储、删除以及第三方信息处理、数据出境及境外数据处理等情形，旨在确保平台企业符合国家数据安全要求，减少企业对信息主体的个人信息权所造成的安全威胁，同时提升平台企业的商业信誉和客户信用度。

合规体系的正常运行依赖于有效的独立监督，成立主要由外部成员组成的独立机构对个人信息保护情况进行监督。独立机构要求大型互联网平台企业需要成立除内部成员之外的"外部成员"，以此区别于企业内部的合规管理负责人，从而进行独立监督，对信息处理者的个人信息保护情况进行监督。独立监督机构应当具有独立性，它应该是内设于大型互联网平台企业，与企业的日常经营管理部门隔离，独立进行个人信息保护监督的机构。[①]因此，独立机构的职责主要是对大型互联网平台企业的个人信息保护合规情况进行监督。

（二）制定平台规则

平台规则是指平台运营者对接受平台服务的用户设定的单方的、不可协商的格式条款，是为了重复使用而预先拟定的协议。除了协议外，平台以告示、通知、声明、须知、说明等形式规定用户权利义务的也属于平台规则。[②] 大型互联网平台处理个人信息涉及全流程，因此要求平台应当遵循公开、公平、公正的原则制定平台规则，明确平台内产品或者服务提供者处理个人信息的规范和保护个人信息的义务。一方面，强调大型互联网平台及其用户应当遵循公开、公平、公正的原则，即使在《民法典》及《个人信息保护法》等法律中多次强调，但是在此依然要求平台及其用户遵守平台规则，遵循法律原则。另一方面，平台规则作为平台、用户与第三方的行为守则，需要明确处理个人信息的规范并且保护个人信息，平台内产品或者服务提供者按照规范进行信息处理，并承担保护个人信息的义务。相较于《个人信息保护法》，平台规则是大型互联网平台企业"守门人"义务在个人信息保护体系中体现的一个环节。

---

① 张新宝：《大型互联网平台企业个人信息保护独立监督机构研究》，《东方法学》2022 年第 4 期，第 37—49 页。
② 姚建军：《我国在线诉讼平台规则之完善——以"人民法院在线服务"为例》，《数字法治》2023 年第 3 期，第 154 页。

（三）停止提供服务

停止提供服务在《民法典》《网络安全法》等中都有规定。此处的"停止提供服务"是针对特殊的个人信息处理者，即大型互联网平台企业而言，当发现存在严重违反法律、行政法规处理个人信息的平台内的产品或者服务提供者的情形时，大型互联网平台企业有权在平台内停止提供服务。这是大型互联网平台企业针对处理个人信息的平台内的产品或者服务提供者可以采取的一项措施，即在上述主体违反法律、行政法规的情形下，可以立即采取停止提供服务的措施，以此来保护个人信息的安全。

（四）接受社会监督

大型互联网平台企业除了进行独立的监督外，还需要定期发布个人信息保护社会责任报告，接受社会监督，这是作为特殊信息处理者的特殊义务之一。自然人、法人、其他非法人组织的法律行为都受到社会的监督，由于大型互联网平台企业的用户数量巨大，涉及多个信息主体的权利，因此，要求其在"个人信息保护社会责任"方面定期发布个人信息保护的报告，通过报告反馈其处理信息过程中保护个人信息的真实情况，从而接受社会的监督。这就要求报告的内容重点向公众阐述：平台的个人信息保护理念、个人信息保护规则制定、文件修订及实施情况、各相关方履行个人信息保护义务情况、个人信息保护理论研究成果、技术应用情况、个人信息保护重大事件及处置情况、外部监督机构履职情况、对投诉意见建议的反馈和监督意见的落实情况等。[1] 大型互联网平台企业应按照国家网信部门的要求定期向社会公开发布报告，形成有效的社会监督体制，切实发挥社会监督的作用，并形成长期追踪体系，确定社会监督所反馈的问题能够有效解决，构建长效机制。

 案例解析

在教学案例中，甲的举报行为是不愿为他人知晓尤其是不愿为被举报人知晓的私密活动，属于隐私范畴。甲在举报中所署的姓名和举报内容中的微信头像等信息因单独或者与其他信息结合能够识别其身份，属于个人信息。乙公司未经甲同意，向主播泄露举报情况，使被举报人知晓了甲的举报人身份，侵害了甲的隐私权和个人信息。

本章小结

1. 信息处理者的义务包括个人信息安全保障义务、个人信息保护影响评估与记录义务、个人信息泄露的补救与通知义务以及特殊个人信息处理者的义务。

---

[1] 王文华、姚津笙：《重要互联网平台个人信息保护合规体系研究——以个人信息保护法第五十八条为视角》，《人民检察》2022年第5期，第15—20页。

2. 信息处理者履行安全保障义务的具体内容落实到实践中主要表现为确定个人信息保护负责人、定期进行合规审计。

3. 信息处理者发现其处理的个人信息已经或者有可能泄露、篡改或丢失的,应当立即采取补救措施。

4. 特殊个人信息处理者的义务内容包括建立合规体系、成立独立的监督机构、停止提供服务与接受社会监督。

 延伸思考

1. 实践中如何评价信息处理者是否完成安全保障义务?
2. 信息处理者在个人信息保护中承担什么角色?

 参考文献

1. 程啸:《民法典编纂视野下的个人信息保护》,《中国法学》2019 年第 4 期。
2. 彭诚信:《论个人信息的双重法律属性》,《清华法学》2021 年第 6 期。
3. 彭诚信:《数字社会的思维转型与法治根基——以个人信息保护为中心》,《探索与争鸣》2022 年第 5 期。
4. 王锡锌:《个人信息国家保护义务及展开》,《中国法学》2021 年第 1 期。
5. 王利明:《〈个人信息保护法〉的亮点与创新》,《重庆邮电大学学报(社会科学版)》2021 年第 6 期。
6. 王文华、姚津笙:《重要互联网平台个人信息保护合规体系研究——以个人信息保护法第五十八条为视角》,《人民检察》2022 年第 5 期。
7. 谢鸿飞:《个人信息处理者对信息侵权下游损害的侵权责任》,《法律适用》2022 年第 1 期。
8. 许可:《论反洗钱义务履行中的个人信息处理》,《中国社会科学院大学学报》2022 年第 5 期。
9. 张新宝:《互联网生态"守门人"个人信息保护特别义务设置研究》,《比较法研究》2021 年第 3 期。
10. 周汉华:《〈个人信息保护法〉"守门人条款"解析》,《法律科学》2022 年第 5 期。

第七章

个人信息处理的基本原则

第一节　合法、正当、必要、诚信、自愿原则

 教学案例

　　案例1：甲公司以歧视性定价为目的,基于个人同意取得了个人信息处理的合法性事由,过程中也遵循了相关规定,甲公司确定的处理目的是否符合规定?

　　案例2：甲公司的个人信息处理行为本来就符合法定许可事由,但是为了业务方便,还是选择了个人同意作为个人信息处理的合法性事由,用户对此并不知情,甲公司是否应当告知信息主体已存在法定许可事由的事实?

　　个人信息处理的基本原则贯彻了《个人信息保护法》整部立法,并在规则条文中已经得以具体化,体现为《个人信息保护法》列举的各项权利和义务。个人信息处理的基本原则还发挥着行为指引、解释依据、漏洞填补的功能。在一些案件中,需要通过基本原则的适用,丰富和补充信息主体的权利和信息处理者的义务,以便更好地保护个人信息权和促进个人信息合理利用。适用个人信息处理的基本原则主要有两大情形:一是有规则,但既有规则因与原则相冲突而被排除适用;二是没有具体规则可以直接适用。[①] 当发生这些情形时,便需要运用法律原则解决实践问题。适用法律原则的核心在于原则的规则化,具体表现为由原则到规则的论证过程。[②]

　　《个人信息保护法》第5条规定了个人信息处理中应遵循的四项基本原则,分别是合法原则、正当原则、必要原则、诚信原则。这些原则有些已经具体化为《个人信息保护法》中的一些条文,因此基本原则与特定规则间存在紧密的联系。

---

① 彭诚信：《从法律原则到个案规范——阿列克西原则理论的民法应用》,《法学研究》2014年第4期,第92页。
② 彭诚信：《论禁止权利滥用原则的法律适用》,《中国法学》2018年第3期,第262—267页。

一、合法原则

合法性原则主要是指形式合法,[①]包含三个层次:目的合法、事由合法、行为合法。如果从狭义的角度理解,合法原则仅涉及目的合法和事由合法,决定了信息处理者能否开启个人信息处理进程。从广义的角度理解,合法原则不仅决定了个人信息处理行为的开启,而且决定了个人信息处理行为应怎样进行。第一个层次是目的合法。目的合法是任何个人信息处理的前提,或者说个人信息处理只允许用于法律的允许范围内。个人信息处理还需要符合《个人信息保护法》以外的其他法律,例如如果处理目的是为了诈骗、违法交易等,会交由司法机关进行处理。第二个层次是事由合法,任何个人信息处理行为必须具有合法性事由。合法原则被具体化为《个人信息保护法》第 13 条,共规定了 7 项合法性事由,任何个人信息处理行为必须符合 7 项合法性事由之一,否则即为违法。合法性事由包含个人同意以及其他法定许可事由。个人信息处理行为的开启是否合法并不完全由信息主体借助于同意所控制,在符合法律规定的情形下也可以不经信息主体直接开启个人信息的处理。法定许可事由的本质是利益衡量,需要在个人信息权益与国家、社会、其他主体合法利益之间做出取舍。如果国家、社会、其他主体的合法利益在特定情形下高于个人信息权益,那么,个人信息的处理可以直接获得合法性基础。法定许可事由中的法必须是法律和行政法规。只有法律和行政法规才能创设个人信息处理的合法性事由。第三个层次是处理行为合法。即便信息处理者取得了合法性事由,也不意味着后续的处理行为就绝对合法。在处理过程中,信息处理者还应当根据相关规定履行通知、报告等行为义务。除了《个人信息保护法》之外,信息处理者也需要遵守《民法典》《网络安全法》等法律法规。[②]

二、正当原则

正当原则是指任何个人信息处理行为应当具有正当性。只有目的正当,后续的手段才可能正当。如果一开始的处理目的就不正当,那么后续的个人信息处理行为基本上也是不正当的。目的正当性起到了过滤的作用。如果法院发现个人信息处理目的不具有正当性,就不需要再额外审查手段的正当性。

正当原则是合法原则的补充。正当原则比合法原则要求更高,仅满足合法性事由上的要求不足以推定出个人信息处理行为完全符合基本原则的要求。法官可以依据正当原则,通过自由裁判权将道德准则法律化,补充信息处理者的义务内容,实现个人信息基于伦理的治理。形式上的合规性不能掩盖实质目的上的不正当性,应准确探明个人信息处

[①] 刘权:《论个人信息处理的合法、正当、必要原则》,《法学家》2021 年第 5 期,第 2 页。
[②] 张新宝:《个人信息处理的基本原则》,《中国法律评论》2021 年第 5 期,第 19 页。

理的实质目的。个人信息处理和道德的判断建立在目的必要的基础上,目的必要强调的是个人信息处理的正当性。正当原则在《个人信息保护法》第 24 条中得到了体现。个人信息保护具有深层次的意义,它构成了他人认识信息主体的基础,从根本上影响信息主体的人格和财产利益。例如大数据杀熟即是企业基于个人信息所做出的歧视性定价。大数据杀熟等行为利用个人信息区别对待消费者,显然违反了正当原则。

 案例解析

　　案例 1 的信息处理者虽然取得了个人同意,但不能因此证成处理目的符合法律规定。个人信息处理目的是否具有正当性需要进行独立的价值判断。以歧视性定价作为个人信息的处理目的不具有正当性。因此,由于处理目的具有不正当性,信息处理者的个人信息处理行为是违法的。

三、必要原则

　　必要原则是指任何的个人信息处理行为必须要限定在所追求处理目的的最小范围之内。必要原则在除个人同意外的合法性事由中具有重大的意义,即《个人信息保护法》第13 条第 1 款第 2—7 项所提及的合法性事由。虽然信息处理者在特定情形下不需要取得个人同意即可以合法处理个人信息,但信息处理范围必须限定在处理目的关联范围之内。所以,《个人信息保护法》第 13 条第 1 款第 2—7 项都用"所必需""在合理的范围内"等限定词。必要原则可分为四个方面:一是处理行为本身的必要性。目的关联性是《个人信息保护法》的基石,任何个人信息处理行为都需要与确定的处理目的具有关联性。只有与处理目的相关联的处理行为才是必要的。二是处理范围上的必要性。即便开启了个人信息处理行为,所处理的个人信息范围必须要控制在最小范围之内。如果在较小的个人信息处理范围内就能够实现个人信息处理目的,则不能扩大化处理。三是储存时间上的必要性。根据《个人信息保护法》第 47 条第 1 款第 1 项,处理目的已实现、无法实现或者为实现处理目的不再必要时,信息处理者需要删除个人信息。只要信息处理者储存着个人信息,就存在泄露和滥用的风险,所以,信息处理者要及时删除信息。四是个人信息处理者应当选择对个人权益影响最小的方式。要实现同一个个人信息处理目的,在处理方式上会有多种选择,信息处理者有义务选择对个人权益影响最小的那一种方式。

四、诚信原则

　　诚信原则是指信息处理者应当履行适当的照顾义务,不辜负信息主体的信任。《个人信息保护法》中的诚信原则可以看作《民法典》第 7 条的反映,同时具有相对独立的含义。

信息处理者与信息主体具有天然的不平等性,信息主体在交出个人信息之后只能寄希望于个人信息处理的合规性。诚信原则主要关注权利行使和义务履行的合理性方面。[①] 因此,信息处理者应当致力于消除不平等性,通过告知等义务的履行取得信息主体的信任。信息处理者应当尽可能地让信息主体知晓各项权利,例如撤回权。信息处理者也应当为信息主体的权利行使创造有利条件,同时详细披露个人信息的处理过程。信息处理者与信息主体之间的不平等性与双方的信息差有着很大的关系,因此通过信息处理者告知义务的全面履行,能够减少双方的信息差。诚信原则能够补充信息主体的告知内容,避免秘密个人信息处理行为的出现。尽管《个人信息保护法》对于信息主体的权利和信息处理者的义务已经规定得较为完整,但是由于法律的滞后性,新兴技术的发展总会伴随着一些新问题,此时便需要根据诚信原则随时补充信息处理者的义务,以平衡信息主体和信息处理者之间的利益关系。

 案例解析

在案例 2 中,信息主体对法律知识不是很了解,未意识到法定许可事由的存在,信息处理者应当对此进行披露,减少双方的信息差。因此,信息处理者具有信息披露的义务,保证信息主体能够做出最适合自己的决定。

五、自愿原则

自愿原则是指信息处理者不得通过误导、欺诈、胁迫等方式处理个人信息。《个人信息保护法》通过个人信息处理过程中的禁止行为的列举从反面规定了自愿原则。这些所列举的行为属于典型的违反基本原则的行为,需要受到法律否定性的评价。

(一) 禁止误导行为

误导行为是指信息处理者利用误导手段,在违背信息主体真实意思的情况下实施的个人信息处理行为。例如信息处理者原本可以基于"为订立、履行个人作为一方当事人的合同所必需"而取得合法性事由,但是为了扩大处理信息的范围,仍然使用了"取得个人同意"的方式。误导行为违反了诚信原则,信息处理者没有向信息主体披露该项个人信息处理行为已具有的合法性事由。

(二) 禁止欺诈行为

欺诈行为是指信息处理者利用欺诈手段,在违背信息主体真实意思的情况下实施的

① 许可:《诚信原则:个人信息保护与利用平衡的信任路径》,《中外法学》2022 年第 5 期,第 1161 页。

个人信息处理行为。在受到欺诈时,信息主体根本无法意识到事情的发生。最典型的是,信息处理者做出的简单表述与冗余复杂的协议不一致,导致信息主体错误地做出了决策。信息处理者具有说明义务,应当清晰地表达合同文本的真实含义,以便让信息主体明白地知晓同意做出后可能面临的风险。

(三) 禁止胁迫行为

胁迫行为是指信息处理者利用强制手段,在违背信息主体真实意思的情况下实施的个人信息处理行为。为了迫使信息主体做出同意,信息处理者往往采用"二选一"的方式,信息主体要么同意苛刻的处理条件,要么不得使用该项服务。有些服务是消费者在日常生活中所必需的,所以消费者不得不做出同意。个人在面对企业时处于弱势地位,非常容易遭受此类的胁迫,最终被迫做出同意行为。信息处理者的胁迫行为违反了基本原则,信息主体基于胁迫的同意行为不属于有效的同意。

不得误导、欺诈、胁迫是从反面定义同意的自愿性。正面的表述是同意的做出应当以当事人的自愿为前提。由于非自愿性产生的原因多种多样,为了防止信息处理者利用不合法的手段取得同意,本条使用了"等方式"作为兜底,以涵盖将来有可能出现的新的违法形式。

> **【思考】**
> 必要原则与最小化原则的联系和区别是什么?

 **典型案例**

俞某与北京乐友达康科技有限公司等网络侵权责任纠纷案[①]

案件事实:2018 年 1 月 31 日,俞某来到位于北京市海淀区乐友清河店购买儿童牙膏一盒,并使用支付宝 APP 进行支付,支付完成页面中间有"成为会员"点击选项,页面底端"授权淘宝获取你线下交易信息并展示"前方勾选框中为默认勾选状态。打开淘宝 APP,在订单详情页面显示出相关购买信息。打开天猫 APP,在上述订单信息的下方可删除订单。俞某回到支付宝页面,将勾选框中的对号取消,然后再刷新全部订单,查看已经不存在该交易订单。俞某随后又购买了面巾纸一提,支付完成页面未再显示"授权淘宝获取你线下交易信息并展示"选项框。打开手机中的淘宝 APP 和天猫 APP,在"我的订单"中均可以找到其刚支付购买的纸巾的交易信息。俞某交易全程未点击"成为会员"。俞某以乐

---

① 北京市海淀区人民法院(2018)京 0108 民初 13661 号民事判决书。

友公司将俞某个人信息非法提供给支付宝公司,支付宝公司的个人信息处理行为违反了合法、正当、必要原则,且支付宝公司又将个人信息非法提供了淘宝公司、天猫公司,而淘宝公司、天猫公司同样违反了合法、正当、必要原则为由,诉至法院,要求:① 判令乐友公司向原告出具经原告审核的书面致歉声明;② 判令支付宝公司、淘宝公司、天猫公司分别向原告出具经原告审核的书面致歉声明;③ 判令乐友公司、支付宝公司、淘宝公司、天猫公司共同向原告赔偿经济损失1元;④ 判令乐友公司、支付宝公司、淘宝公司、天猫公司共同赔偿原告精神损害抚慰金1元。

法院裁判: 法院认为,在个人信息共享的过程中,个人信息使用者应当明确告知个人信息相关权益的所有人其使用信息的目的、范围,并获得个人信息相关权益的所有人的明确授权。同时,个人信息处理行为应当遵循合法、正当、必要原则。网络运营者收集、使用用户所提供的个人信息应当依照法律规定,使用范围限于必要范围,且应当向用户明示收集、使用信息的规则,同时应当取得用户同意。前述"必要范围"应指的是为用户之必不可少,而非仅凭网络运营者为运营者之必要。乐友公司、支付宝公司、淘宝公司、天猫公司在明知其使用智慧门店中个人信息需要事先获得用户授权的情况下,并未实际取得用户授权,使用了俞某的个人信息,该行为侵犯了俞某对其个人信息享有的权益,构成共同侵权,依法应当承担相应的侵权责任。

案例评析: 法院围绕案中个人信息处理行为是否符合合法、正当、必要原则展开了论述,特别是关于必要原则,从司法实践角度阐释了基本原则的内涵。首先,合法性原则不仅要关注信息处理者是否取得了合法性事由,而且要关注信息处理者法定义务的履行。其次,正当性原则涉及的是处理目的的正当性。案中个人信息处理的目的主要是商业引流。处理目的的确定既涉及合法原则,目的合法判定是合法原则的重要任务,也涉及必要原则,个人信息处理的限度需要以个人信息处理目的为基础。因此处理目的的确定是原则适用的核心。最后,必要原则适用的关键在于如何理解"必要范围"。根据法院的观点,个人信息处理是否必要不是从企业的商业需求出发,而是需要从满足客户适用目的角度进行认定。企业不能以商业考量为由随意扩大个人信息处理的范围。

第二节　目的明确和最小化原则

 教学案例

案例1: 甲公司在收集个人信息时没有明确的处理目的,而是将个人信息先储存起来,待有明确的处理目的时再做进一步的处理,这种方式是否合法?

案例2: 幼儿园为更好地了解入园儿童的情况,向家长发放了网上调查问卷,收集的信息不仅包含幼儿父母的信息,而且包括幼儿姑姑、舅舅等亲戚的信息,是否合法?

目的明确和最小化原则是《个人信息保护法》第 6 条规定的内容。目的明确原则是整个原则体系中相对核心的条款,相当部分的原则都是与目的明确原则相关联,最小化原则也与目的明确原则有着紧密的联系。目的明确体现在两个阶段:一是个人信息收集阶段;二是个人信息处理阶段,[①]主要的功能在于约束信息处理者的行为,同时增加个人信息处理行为的透明度。[②]

一、目的明确原则

目的明确原则是指处理个人信息应当具有明确、合理的目的。时间上,个人信息处理目的必须在个人信息收集之时就被确定下来,而不能待收集完成之后处理之前再确定。具体要求上,个人信息处理目的应当明确和合理。

(一) 处理个人信息的目的应当是明确的

个人信息的处理目的不能是抽象的或者笼统的,而应当是具体的。信息处理者不能仅以"商业用途""改善用户体验"等表述作为个人信息的处理目的。明确性要求信息处理者不能在预先确定的目的之外随意变更处理目的,除非能够取得新的合法性事由,明确性不是指唯一性。信息处理者可以在一个个人信息处理活动中确定多个处理目的,只要这些处理目的的每一项都足够明确。多个处理目的之间既可以具有内在的联系,也可以相互完全独立。实践中,有的用户隐私协议被设计得过于复杂,内容冗长,用户根本无法从中实际获取信息。是否达到明确应当从信息主体角度来认定。只要信息主体能够清楚地理解,就是符合目的明确的原则。

(二) 处理个人信息的目的应当是合理的

既然处理目的应当是合理的,那么,更应当是合法的。个人信息处理目的不仅需要符合法律的一般原则,而且要符合《个人信息保护法》以外的保护个人信息的条文规定,例如个人信息处理的目的是否合理,需要就个案进行价值判断。在判断过程中,需要明确具体的处理场景,并结合社会的一般观念。

 案例解析

案例 1 信息处理者的行为违反了目的明确原则,其在收集个人信息之前就应当确定个人信息的处理目的,而不能在个人信息收集之后再确定个人信息处理目的。

---

① 梁泽宇:《个人信息保护中目的限制原则的解释与适用》,《比较法研究》2018 年第 5 期,第 17 页。
② 杨合庆:《中华人民共和国个人信息保护法释义》,法律出版社 2022 年版,第 26 页。

拓展阅读 目的明确原则在《个人信息保护法》中的重要地位

目的明确原则与其他基本原则和个人信息的收集和管理有紧密的联系,在《个人信息保护法》中占据了重要的地位。首先,个人信息处理目的是信息处理者告知的必要内容。知情同意是合法性原则中的重要合法性事由之一。只有处理目的被明确之后,信息处理者才能进行全面的告知和取得有效的同意,进而符合合法原则的要求。信息处理者不能不告知或者事后告知,否则不符合合法原则的要求。其次,所明确的处理目的必须经过正当原则的检验。只有目的具有正当性,个人信息的收集才能开启,信息处理者才有必要进行下一步的合法性判定。即便后续的个人信息处理行为都符合法律的规定,只要个人信息处理目的起初就是不正当的,也不符合法律的规定。再次,最小化原则的运用需要以明确的目的为基础,处理的范围和方式都需要与处理目的具有直接相关性。个人信息处理目的起到了限定个人信息处理行为的作用,以防止信息处理者任意扩大个人信息处理的范围或者采用不利于信息主体利益的处理方式。最后,个人信息的全过程管理与目的明确原则相关。在处理目的已实现、无法实现或者为实现处理目的不再必要时,信息处理者具有删除义务。如果信息处理者不主动删除个人信息,那么,信息主体可以要求信息处理者予以删除。只有个人信息在物理上被删除了,个人信息处理背后的泄露风险才能被解除,个人信息的全过程管理才结束。如果信息处理者不履行义务,则需要承担相应的责任,这是责任原则、安全保障原则的要求。

二、最小化原则

最小化原则是指个人信息处理应当与处理目的具有直接相关性。最小化原则是必要原则的体现。司法实践采取的做法之一是将个人信息处理目的限定在满足顾客需求的某些业务功能。[①] 例如,在"俞某与北京乐友达康科技有限公司等网络侵权责任纠纷案"[②]中,法院认定"引流"目的下的个人信息处理行为违反了最小化原则。即使满足了直接相关性,信息处理者也要采取对个人权益影响最小的方式处理个人信息。如果处理目的可以不经个人信息处理而由其他方式实现,那么,个人信息处理行为在一开始就是违反必要原则的。最小化原则贯彻于个人信息处理的全流程,但个人信息收集环节是核心。

[①] 武腾:《最小必要原则在平台处理个人信息实践中的适用》,《法学研究》2021 年第 6 期,第 74—75 页。
[②] 北京市海淀区人民法院(2018)京 0108 民初 13661 号民事判决书。

案例解析

在案例 2 中,虽然幼儿园在管理过程之中有必要了解学生的相关家庭成员信息,但是家庭成员信息的处理应当与幼儿园管理本身直接相关,不能随意扩大收集范围。一般而言,幼儿园只需要收集学生直系亲属的个人信息即可满足管理的需要,因此扩大人员范围的收集不符合最小化原则。

在解释最小化原则的过程中,具有帮助的是公法中的比例原则。任何个人信息的处理本质上都会对个人信息权益造成影响,即使在利益衡量之下,特定情形下的个人信息处理行为满足了法定许可事由,具备了合法性。公法上的比例原则所规范的是行政行为对于相对人权益的影响。比例原则有四个子原则:目的正当性原则、适当性原则、必要性原则、均衡性原则。比例原则既没有绝对强调个人权益的保护,也没有认为公共利益完全优先,而是追求个人权益和公共利益的平衡。在个人信息保护的问题上同样如此。不能承认个人对于个人信息的完全控制,即个人同意不能作为合法性事由的核心。同时,在因法定许可事由而开启个人信息处理的进程时,要注意个人信息处理行为不能对个人权益产生不必要的影响。利益衡量贯彻于个人信息处理的全过程,既体现在个人信息处理的合法性事由上,也体现在个人信息处理的方式上。

可以用比例原则对个人信息处理中的最小化原则加以解释:第一,目的的正当性。目的正当性的判断可以在《个人信息保护法》中的正当原则中进行。目的不正当的个人信息处理,无论手段多么合适或结果多么正面,它都违反比例原则。第二,手段适当。个人信息处理行为必须作为实现个人信息处理目的的手段而进行,即个人信息处理行为作为手段与处理目的的目标需要具有相关性。个人信息处理行为有助于个人信息处理目的的实现。如果信息处理者采取的行为与其宣称的处理目的毫无关联,也违反比例原则。第三,手段必要。在个人信息处理收益与个人权益损害的两端,倾向的是个人权益损害最小,而非个人信息处理收益最大。在多种个人信息处理方式并存时,应着眼于个人权益一端,选择对个人权益损害最小的那一种处理方式。[①] 第四,禁止损益失衡。当选择了对个人权益损害最小的个人信息处理方式时,如果带来的收益明显小于信息主体的损失,等于个人信息处理行为不具有效率性,不能促进社会整体福利,也违反了比例原则。以上四点具有递进关系,只要在先一项不满足,即等于个人信息处理行为违反了比例原则,无需再进行子项的检验。违反比例原则,也就是违反了《个人信息保护法》的最小化原则。

最小化原则的内容主要有四方面的要求:目的的直接相关性、对个人权益影响最小的方式、不得过度收集、储存时间的限定。关于直接相关性的判断,《个人信息安全规范》

---

① 杨合庆:《中华人民共和国个人信息保护法释义》,法律出版社 2022 年版,第 28—29 页。

明确给出了解释,直接关联是指没有上述个人信息的参与,产品或服务的功能无法实现。在关系的判断上,未必需要严格遵循判断标准,还需要考虑技术上和经济上的可行性。如果绕开个人信息的处理,导致特定目的的实现将耗费过大的社会成本,综合其他因素,也不是不能在个人信息的处理与特定目的之间建立直接联系。即使处理目的具有合法性和合理性,也不等于个人信息处理不会对个人权益造成不利影响。因此,个人信息在处理方式上要选取对个人权益影响最小的方式,例如减少处理次数。《个人信息保护法》第 6 条特别强调了个人信息收集环节中的最小化原则。个人信息收集是个人信息处理的起始阶段和必要阶段。在个人信息收集后,就会存在个人信息泄露或非法使用的风险。所以,有必要进一步重申个人信息收集中的最小化原则。即使信息处理者合法、合理地收集了数据,之后的存储时间上也有要求。与之相关的是《个人信息保护法》第 47 条。个人信息储存上的时间限制是为个人信息处理划定时间上的边界。一旦个人信息的储存对于个人信息处理目的的实现已经不必要了,那么,个人信息的储存就应当终止。在具体的实现方式上,应根据个人信息的特定类型选择适宜的方式。关于必要时间的确定,信息处理者既可以预先确定好删除的具体时间,也可以建立定期的检查机制,在检查之中确定需要删除的时间。

有疑问的是,如果信息处理者采取个人同意作为合法性事由,此时是否还需要适用最小化原则? 从字面来看,《个人信息保护法》第 13 条中规定的个人同意未像其他合法性事由一样强调"所必需""在合理的范围"等字眼。事实上,个人同意下的个人信息处理行为仍然要符合必要原则。既然必要原则是《个人信息保护法》的基本原则,该原则就应当具有广泛的适用性。基于目的明确原则,个人信息处理具有确定的目的,这就给最小化原则提供了适用的前提。在判断的标准上,采取的应当是客观视角,而非主观视角。只要处理个人信息的范围和程度明显超过了确定的个人信息处理目的,该处理行为就违反了最小化原则。

【思考】

个人同意下的个人信息处理是否受到最小化原则的限制?

第三节　公开透明原则

 教学案例

互联网公司使用的"隐私协议"总字数达 3 万字,详细地告知了用户个人信息处理中的各项内容,但事实上几乎没有用户有时间和精力去阅读这些内容,该互联网公司是否遵守了公开透明原则?

公开透明原则是指信息处理者应当公开个人信息处理规则,明示处理的目的、方式和范围。信息处理者的告知义务和知情同意制度就是公开透明原则的体现。[①] 公开透明原则不仅指已发生的个人信息处理行为具有可追溯性,而且指信息主体对于将要发生的个人信息处理行为具有预期性的认识。公开透明原则既强调信息处理者的事前告知,也强调信息处理者的事后告知。信息自决权的维护需要以个人信息处理全过程的透明为前提。公开透明原则有效保障了自然人的知情权,也将个人信息处理置于社会监督之下。公开透明原则是诚实信用原则的要求。信息主体与信息处理者地位不平等的根源之一是双方存在信息差。公开透明原则是扭转信息偏差的重要制度规范。只有克服了信息差的问题,自然人才可能在充分知情的前提下做出决定,个人自决权才能得到真正的维护。

一、公开内容

公开的内容主要有两大类:个人信息处理规则、处理目的以及处理方式。《个人信息保护法》第 7 条没有完全列举信息处理者应当公开的内容,具体内容包括哪些在实践中并不明确,可供参考的是《个人信息安全规范》,所推荐的个人信息保护政策模板包括但不限于以下内容:① 个人信息控制者的基本情况,包括主体身份、联系方式;② 收集、使用个人信息的业务功能,以及各业务功能分别收集的个人信息类型,涉及个人敏感信息的,需明确标识或突出显示;③ 个人信息收集方式、存储期限、涉及数据出境情况等个人信息处理规则;④ 对外共享、转让、公开披露个人信息的目的、涉及的个人信息类型、接收个人信息的第三方类型,以及各自的安全和法律责任;⑤ 信息主体的权利和实现机制,例如查询方法、更正方法、删除方法、注销账户的方法、撤回授权同意的方法、获取个人信息副本的方法、对信息系统自动决策结果进行投诉的方法等;⑥ 提供个人信息后可能存在的安全风险以及不提供个人信息可能产生的影响;⑦ 遵循的个人信息安全基本原则,具备的数据安全能力,以及采取的个人信息安全保护措施,必要时可公开数据安全和个人信息保护相关的合规证明;⑧ 处理信息主体询问、投诉的渠道和机制、外部纠纷解决机构以及联络方式。

二、公开方式

在公开方式上,信息处理者需以易于让自然人理解的方式进行公开和明示。"隐私政

---

① 衣俊霖:《论个人信息保护中知情同意的边界——以规则与原则的区分为切入点》,《东方法学》2022 年第 3 期,第 66 页。

策""用户协议"等不应当被设计得太复杂,否则用户将无法在短时间内领会其意思。公开透明原则要求"隐私政策""用户协议"等应当易被信息主体查看、理解,并使用清晰和简单的语言。

案例解析

案例中复杂冗余的"隐私协议"不是合格的告知方式,用户事实上无法从中获得有效信息,因此复杂冗余的"隐私协议"违反了公开透明原则。

公开的内容不能隐藏在网站的角落里或链接里,而应当放置于诸如首页等容易被用户发现的位置。易于被人理解要求,信息处理者公开的信息应足够具体,例如应描述个人信息处理可能导致的具体风险,而非仅指明抽象风险。在语言的使用和表达上,公开的内容应少用晦涩难懂的专业语言,在可能的情况下,应多使用清晰和简单的语言。信息处理者应根据信息主体群体的年龄、职业等身份特征设计出相适应的文本,保证语言的易理解性。互联网平台可以将最重要、用户最关心的公开信息放在页面的第一层。更为具体的信息则可以放在第二层,只有在那些愿意阅读深层次内容的用户点击链接之后才会显示。这种方式既保证了可阅读性,又保证了公开内容的完整性。

【思考】

如何根据信息主体的身份设计公开方案?

第四节　质　量　原　则

教学案例

甲公司采用的是网上考勤方式,公司的上班时间是早上9点。根据系统的设置,如果员工在9点前打卡,到岗时间都会被统一记录为9点,而如果迟到,则会记录实际的到岗时间。员工乙在早上8点打卡,结果发现系统到岗时间显示为9点,乙对此提出异议,认为甲公司对于自己的个人信息记录不准确,要求将自己的到岗时间确认为8点,该主张是否应得到支持?

质量原则是指信息处理者负有保障个人信息质量的义务,不能因个人信息不准确、不完整对个人权益造成不利影响。前半句从正面规定了质量原则，后半句从反面规定了质量原则。个人信息处理活动与个人权益有着紧密的联系，基于不正确、不完整的个人信息的处理活动会得出错误结论，可能会对个人权益产生不利影响。[1]　例如，信息处理者上传了错误的征信信息，导致自然人的征信评分出现下降，使得该自然人的贷款申请落空，给自然人的经济利益带来了损失。

一、质量要求

个人信息质量主要有两个要求：个人信息的准确性和个人信息的完整性。这要求个人信息应当反映个人信息的最新状态，与自然人的现实相符合。正确与否采用的是客观性评价，而非主观性评价。客观性评价意味着评判的内容是事实陈述，而非基于事实陈述的主观评价。举例而言，债务人是否存在违约事实属于事实陈述，如果金融机构记录错误，就涉及质量原则。与之相关的案件是，因被他人冒用身份贷款而导致自身征信出现问题，使得后续的贷款申请落空。[2]　但是，如果债务人对违约事实不存在异议，而仅对自身的征信评价存在异议，此时则不涉及质量原则，因为征信评价属于主观评价。如果债务人承认征信记录的事实，但认为该征信记录不应导致贷款落空的后果则属于主观评价的问题，与质量原则无关。

二、判断标准

个人信息的准确性需要结合个人信息处理活动进行判断。一是个人信息处理活动的紧急程度。从个人信息的收集到个人信息的储存总会存在一定的时间差。要求信息处理者保证个人信息始终处于最新状态，在人力和技术上都存在较大的困难。所以，应当根据实际情况给予信息处理者一定的处理时间。但是，如果个人信息的处理目的具有紧急性，关系自然人的核心利益，那么给予信息处理者的处理时间应当缩短。例如，在涉及门禁、资格准入等事项时，自然人原则上可以要求信息处理者即时更正、补充个人信息内容。二是对个人信息处理结果的影响。有时，个人信息的合理误差对于个人信息处理结果不会产生实质影响，特别是在汇集信息的处理过程中。所以，个人信息是否准确应当结合个人信息的处理目的和处理场景进行综合判断。

 案例解析

在教学案例中，公司的上班时间为早上 9 点，考勤系统将早上 8 点到岗的乙记录为早

---

[1]　程啸：《论我国个人信息保护法的基本原则》，《国家检察官学院学报》2021 年第 5 期，第 16 页。
[2]　安阳市中级人民法院（2009）安民二终字第 234 号民事判决书。

上9点到岗,至少在考勤目的之下不涉及质量原则。乙究竟是被记录为早上8点到岗,还是早上9点到岗,对于判断员工是否准时到岗不会产生实质影响,所以本案不违反质量原则。

三、个人权利

质量原则在规则上体现在《个人信息保护法》第46条,个人享有更正权和补充权。信息主体发现其个人信息不准确或者不完整的,有权请求信息处理者更正、补充。个人请求更正、补充其个人信息的,信息处理者应当对其个人信息予以核实,并及时更正、补充。

> 【思考】
> 个人信息的记录必须完全准确吗?

第五节　责任原则与安全保障原则

 教学案例

甲公司储存在服务器内的个人信息发生泄露,导致乙遭受了损失,于是乙要求甲公司对此承担责任。甲公司认为,虽然自己因资金原因没有采取必要的措施保障个人信息安全,但毕竟自己没有主动向第三人提供这些信息,所以不应该承担责任。甲公司的抗辩是否具有依据?

责任原则与安全保障原则是指信息处理者是个人信息处理活动的第一责任人,信息处理者需要采取必要措施保障所处理的个人信息的安全。

一、责任原则的正当性基础

信息处理者之所以是个人信息处理活动的第一负责人,是因为信息处理者通过个人信息的处理获得了收益,自然要承担个人信息处理后可能导致的风险。信息处理者对于个人信息的处理具有决定能力,那么就要遵循"谁处理、谁负责"的原则。从预防功能来看,信息处理者对于个人信息拥有更强的控制能力和管理能力,将信息处理者作为第一责任人能够促使信息处理者采取更为全面、先进的技术手段和管理制度保护个人信息的安全。信息处理者的责任包含两方面的内容：一是信息处理者负有遵守个人信息保护规范的义务，任何个人信息的处理行为都要合法合规。二是信息处理者需要保护信息主体的利益，为信息主体的权利行使创造条件。

二、安全保障原则防范的风险

个人信息可能遭遇的风险可以分为两类：非法处理的风险和泄露的风险。非法处理的风险是指不被信息处理者认可的第三人处理了个人信息，或者信息处理者不具有合法性事由对个人信息进行处理。例如，信息处理者委托第三方储存个人信息，而所委托的第三方在信息处理者不知情的情况下对个人信息进行处理。泄露的风险主要是指信息处理者非故意的泄露个人信息。如果非法处理的风险尚处于信息处理者的控制之下，那么，信息泄露之后的风险则完全脱离了信息处理者的控制范围。例如，信息处理者储存的个人信息被他人非法复制，流入了黑市，之后的风险就完全脱离了信息处理者的控制。

 案例解析

因为个人信息泄露导致的损害，信息处理者需要对此负责。因此，甲公司的抗辩没有依据。

三、安全保障原则中的必要措施

加强个人信息的安全保护也是《个人信息保护法》的重要内容。[1] 信息处理者的必要措施主要包括两个方面，分别是技术措施和管理措施。技术上，信息处理者要及时修补发现的系统漏洞，在硬件和软件上构建防火墙。技术上的措施主要是防止外来的网络攻击，防止个人信息被他人非法复制。管理上，信息处理者要完善规章制度，不让无关人员接触原始数据。例如如果聘请外来的技术人员处理问题时，必须要由公司员工陪同，防止外来人员非法复制数据。《个人信息保护法》第51条规定，必要措施可以包括如下内容：① 制定内部管理制度和操作规程；② 对个人信息实行分类管理；③ 采取相应的加密、去标识化等安全技术措施；④ 合理确定个人信息处理的操作权限，并定期对从业人员进行安全教育和培训；⑤ 制定并组织实施个人信息安全事件应急预案；⑥ 法律、行政法规规定的其他措施。信息处理者对于其是否采取了必要措施具有证明责任，其既要向主张权利的信息主体证明，也要向履行个人信息保护职责的部门证明。必要措施不限于法律规定的措施，

---

① 高富平：《论个人信息保护的目的——以个人信息保护法益区分为核心》，《法商研究》2019 年第 1 期，第 102 页。

而是包括其他所有规范列举的措施。[①] 由第三方提供的数据安全认证在维护数据安全方面发挥着重要的作用,可以逐步提高企业的数据安全保护水平。[②]

四、违反责任原则的法律责任

违反责任原则时信息处理者有可能因此承担民事责任、行政责任、刑事责任。刑事责任是《刑法》第 253 条之一规定的侵犯公民个人信息罪。如果情节不严重,尚未达到《侵犯公民个人信息司法解释》入刑标准的,信息处理者还可能违反《网络安全法》,需承担行政责任。民事责任的规范依据是《个人信息保护法》第 69 条,在过错推定原则下,信息处理者需要就信息主体在人格利益和财产利益方面的损失承担损害赔偿责任。

【思考】

为什么信息处理者是第一责任人?

 本章小结

1. 合法原则的内容包括目的合法、事由合法、行为合法。

2. 正当原则对信息处理者提出了比合法原则更高的要求。

3. 诚信原则旨在平衡信息处理者与信息主体之间不平等的关系。

4. 目的明确是最小化原则的前提,只有确定了处理目的,才能真正限定个人信息处理的范围。

5. 公开透明原则能够减少信息处理者与信息主体之间的信息差。

6. 在自动化决策愈加普遍的背景下,个人信息的准确性和完整性非常重要,可以避免自动化决策得出错误的结论。

7. 信息处理者是第一责任人,需要采取合理措施避免个人信息泄露和滥用。

 延伸思考

1.《个人信息保护法》中的诚信原则与《民法典》中的诚信原则是什么关系?

2. 比例原则与最小化原则是什么关系?

3. 公开透明原则与企业商业秘密保护之间如何协调?

---

① 林洹民:《问责原则与安全原则下的个人信息泄露侵权认定》,《法学》2023 年第 4 期,第 110 页。

② 刘权:《数据安全认证:个人信息保护的第三方规制》,《法学评论》2022 年第 1 期,第 118—119 页。

4. 信息处理者违反安全保障原则的法律后果是什么？

参考文献

1. 程啸：《论我国个人信息保护法的基本原则》，《国家检察官学院学报》2021 年第 5 期。
2. 梁泽宇：《个人信息保护中目的限制原则的解释与适用》，《比较法研究》2018 年第 5 期。
3. 刘权：《论个人信息处理的合法、正当、必要原则》，《法学家》2021 年第 5 期。
4. 武腾：《最小必要原则在平台处理个人信息实践中的适用》，《法学研究》2021 年第 6 期。
5. 许可：《诚信原则：个人信息保护与利用平衡的信任路径》，《中外法学》2022 年第 5 期。
6. 张新宝：《个人信息处理的基本原则》，《中国法律评论》2021 年第 5 期。
7. 朱荣荣：《个人信息保护"目的限制原则"的反思与重构——以〈个人信息保护法〉第 6 条为中心》，《财经法学》2022 年第 1 期。

第八章

个人信息处理的一般规则

第一节　个人信息处理的告知规则

 教学案例

乙公司提供一款读书应用软件,用户甲以其微信账号信息登录并使用乙公司的该款软件,乙公司在未告知甲的情况下,将甲的微信好友列表信息自动添加到其读书好友中,且这些好友可以看到甲的书单、读书时长等信息。乙公司的行为是否合法?

告知规则与同意规则合称为告知同意规则或知情同意规则。告知同意规则既是个人信息保护的核心制度,也是信息处理者所遵循的"一般规定"。凡是需要取得个人同意方可合法开展个人信息处理活动的,信息处理者都需要履行向信息主体的告知义务,并在取得同意后再处理个人信息,否则,该处理活动就是非法的。个人信息处理的合法性依据并非只有个人同意,除了个人同意外,信息处理者还可根据法律、行政法规等明确规定合法处理个人信息,因此,存在适用告知同意规则的例外情形。这表明既要保护个人信息权,也要实现对个人信息的合理利用,从而平衡个人、信息处理者、国家、社会等多元利益。

一、告知义务的产生

告知同意因涉及信息主体的自决控制而获得道德论证上的优势,成为各国个人信息保护法律制度的普遍选择。我国《民法典》将征得"自然人或者其监护人同意"作为处理个人信息的首要条件。我国《个人信息保护法》第 13—18 条详细规定了告知同意的要求,该法其他条款则针对不同场景下如何适用告知同意进行了具体规定。在域外,美国在 20 世纪 60 年代提出"公平信息实践原则",其若干立法领域要求收集个人信息须向个人进行告知,到了 20 世纪 90 年代,基于隐私政策的告知成为企业通行做法。欧盟虽然不同于美国市场化模式,更注重人格保护,但也将隐私政策与告知同意规则作为其立法核心。[1]

告知规则与同意规则关系紧密。同意的适用存在例外情形，但同意规则的不适用并不完全等同于告知规则也不适用。例如信息处理者为履行法定职责或法定义务所必需时，可以不需要取得个人同意，但原则上仍然要履行告知义务，适用告知规则。究其原因，贯彻告知规则与落实公开透明原则的目的是保护个人对处理其个人信息所享有的知情权。

我国《个人信息保护法》将公开、透明确立为一项基本原则，是信息主体行使知情权和决定权的保障。《个人信息保护法》第7条规定："处理个人信息应当遵循公开、透明原则，公开个人信息处理规则，明示处理的目的、方式和范围。"公开是对处理方式上的要求，要求信息处理者公开其处理规则、目的、方式和范围。透明既是对处理结果上的要求，也是对信息主体知情权的保障，例如网络服务提供者一般通过制定隐私政策的方式来公开其处理规则以及目的、方式和范围等内容，这不仅是其自律的重要工具，[2]而且是符合立法公开透明原则的重要方式。"数据黑箱"使得个人信息处理过程保持一定程度的透明十分必要。信息处理者应当履行告知义务，告知义务适用于所有的个人信息处理行为，是信息主体做出同意或拒绝、行使知情权的前提。之所以对信息处理者课以告知义务，是因为信息主体只有在充分知情的前提下才有可能做出有效同意，明确的告知义务体现的是对信息主体人格的尊重。

> **【思考】**
> 不需要取得信息主体同意，是否等同于不需要告知信息主体？

二、告知义务的内容

尽管实践中告知最广泛的表现形式之一是格式文本形式的隐私政策，但告知规则要求信息处理者遵守关于告知时间、告知事项、告知方式等的一般规定，例如告知应当在个人信息处理活动前进行，以"显著方式、清晰易懂的语言"告知"真实、准确、完整"的内容。当个人信息处理的重要事项发生变更，应当重新向个人告知并取得其同意，以保障其对个人信息处理的知情权和决定权。告知既可以是一对一的向信息主体告知，也可以是通过公开个人信息处理规则来告知。

(一) 告知时间
信息处理者应当在"处理个人信息前"向个人信息被处理的个人履行告知义务。不能

---

[1]　王利明、丁晓东：《论〈个人信息保护法〉的特色、亮点与适用》，《法学家》2021年第6期，第4页。
[2]　王叶刚：《论网络隐私政策的效力——以个人信息保护为中心》，《比较法研究》2020年第1期，第120页。

已经处理个人信息后再去履行告知义务,否则信息主体的知情权和同意权都将沦为一纸空文。当个人信息的处理目的、处理方式、处理的个人信息种类等发生变化,那么信息处理者应当在变更前就将变更的相关内容告知信息主体,而不能在自行变更目的、方式等之后,才告知信息主体。

但是,在紧急情况下,为保护自然人的生命健康和财产安全所必需时,信息处理者无法及时履行告知义务的,可以在紧急情况消除后履行告知。这种情形并不是对信息处理者告知义务的豁免,信息处理者的告知义务仍有必要履行,只是因为紧急情况而不必恪守事前告知的时限要求。一方面,这种事后告知义务的履行是为了更好地保护自然人的生命健康和财产安全,这里的自然人既可能是个人信息被处理的信息主体,也可能是第三方主体。受保护的法益须是自然人的生命健康和财产安全所必需的。另一方面,紧急情况消除后,信息处理者的应当及时告知,改变的是履行告知义务的时间点而非义务内容本身,这种解释能维护信息处理者所享有的知情权。

(二) 告知事项

法律针对信息处理者的告知义务设定了具体、细致的规则,构建起个人信息处理中告知义务的合规要求,正是这一要求构成了信息主体知情权的具体内容。作为信息处理行为规则的告知义务与作为信息主体权利的知情权本质上是相互映射且同构的。[①] 具体而言,信息处理者应告知的事项包括以下内容。

第一,信息处理者的姓名或名称、联系方式。信息主体只有知道信息处理者的相关信息并能直接与之联系,才能进一步去行使《个人信息保护法》所赋予的查阅复制、更正补充、删除等请求权。如果涉及信息处理者向其他信息处理者共享和提供、委托他人处理、跨境提供个人信息等情形,还应向信息主体告知第三方、受托人、境外接受者的姓名或名称、联系方式。

第二,个人信息的处理目的、处理方式、个人信息的种类、保存期限。处理目的包括公共利益目的和商业利用目的,即无论信息处理者收集信息主体个人信息的处理目的为何,都应向信息主体如实告知,以缩小双方的"信息差"。依据处理目的限制原则,信息处理者只能在其告知的目的范围内去处理个人信息,不得随意超越明确告知的处理目的。处理方式包括个人信息的收集、存储、使用、加工、传输、提供、公开、删除等,不同的处理方式会对信息主体的权益产生不同影响,因此信息处理者应当对处理方式做出明确告知,以便信息主体自行判断该处理方式对其权益影响的风险,从而做出同意或者拒绝的表示。个人信息的种类包括自然人的姓名、出生日期、身份证件号码、生物识别信息、住址、电话号码、电子邮箱、健康信息、行踪信息等。应注意的是,个人信息限定于自然人的信息,不包括法人等组织的信息。在我国,对于企业法人信息,法律上仅禁止未经允许冒用其名称的行

---

① 王锡锌:《重思个人信息权利束的保障机制:行政监管还是民事诉讼》,《法学研究》2022 年第 5 期,第 3—18 页。

为,目前企业尚不属于个人信息权益主体。保存期限同样涉及对个人权益的影响。一般而言,保存期限过长对于个人权益的影响更大,因此信息处理者应当如实告知保存期限。实践中,若双方对个人信息的保存期限有争议,则应当根据《个人信息保护法》第 19 条,以实现处理目的所必要的最短时间来认定,当保存期限届满后,信息处理者应当根据该法第 47 条主动或者依据信息主体的请求删除个人信息。

第三,信息主体行使权利的方式和程序。信息主体都是自然人,包含生物学意义上的基于生理规律而出生的人(human being),也包含了规范意义上以权利能力为标志的人(person/individual)。自然人的个人信息受法律保护,这意味着不仅有《个人信息保护法》,而且还有其他保护"自然人"的个人信息的相关法律,例如《民法典》《数据安全法》《刑法》《消费者权益保护法》《未成年人保护法》等。个人享有知情权、决定权、查阅权、复制权、更正权、删除权、解释说明权等系列权利,不同权利的行使的方式不同,法律并未对具体行使方式予以规定,而是交由信息处理者来确定,信息处理者有义务就此向信息主体如实告知。

第四,法律、行政法规规定应当告知的其他事项。我国《征信业管理条例》第 14 条第 2 款规定:"征信机构不得采集个人的收入、存款、有价证券、商业保险、不动产的信息和纳税数额信息。但是,征信机构明确告知信息主体提供该信息可能产生的不利后果,并取得其书面同意的除外。"

(三) 告知方式

信息处理者可以通过单独或统一的方式履行告知义务。单独告知方式是指信息处理者以口头或书面的形式向某一特定自然人告知法律规定的相关事项。在自动化处理个人信息场景中,信息处理者通常借助互联网以对话框协议、隐私政策等形式告知,这种告知一般是格式条款。

单独告知方式面临现实困境。一是信息主体不阅读隐私政策或通知。有学者建议采用更直接、更感性的通知方式,即"震撼心灵的通知",类似于要求香烟上印有包括死亡图片在内的警示图案的通知。[1] 但问题是,前述吸烟警告可能是有效的,因为抽烟导致的癌症或死亡后果是具体的,隐私警告却很难转化成"震撼心灵"的通知,因为侵害隐私的后果要抽象得多。二是人们阅读隐私政策,却难以理解。三是人们阅读并理解了隐私政策,但是可能因为缺乏足够的知识,无法做出知情下的选择。人们拥有的是"有限理性","天生的有限理性限制了获取、记忆和处理所有相关信息的能力。"[2]信息主体缺乏足够的专业知识来评估同意个人信息处理的后果。消费者通常会为了很小的利益而交出个人信息。四是即使人们阅读并理解了隐私政策,且能做出明智的选择,他们的选择也可能会受到各

---

[1] Ryan Calo. Against Notice Skepticism in Privacy (and Elsewhere). *Notre Dame Law Review*, Vol. 87, No. 3, 2012, p. 1070.

[2] Solon Barocas and Karen Levy. Privacy Dependencies. *Washington Law Review*, Vol. 95, No. 2, 2020, p. 559.

种因素的影响而使得决策困难。依据我国《民法典》第 496 条,提供格式条款的信息处理者应该履行必要的提请注意和说明义务,且对这种注意和说明义务负举证责任,因为信息主体相对于处理者而言处于弱势地位。

统一告知方式是指信息处理者通过公开个人信息处理规则的方式告知法律规定的相关事项,这种统一的告知方式降低了个人信息处理的交易成本。个人有权根据《个人信息保护法》第 48 条要求信息处理者对其公开的个人信息处理规则进行解释说明。个人信息处理规则的公开方式如果不便于查阅和保存,应认定信息处理者未尽到告知义务,其处理行为不具有合法性,个人有权依据《个人信息保护法》第 47 条请求删除被处理的个人信息,并依据该法第七章的规定请求信息处理者承担相应责任。

 案例解析

在教学案例中,乙公司需要经用户甲同意方可处理其个人信息,而获得有效同意的前提是履行向甲的告知义务,因此乙公司应在将甲的微信好友列表信息自动添加到其读书好友之前充分告知甲。如果乙公司先获取甲的好友信息并展示到甲的读书软件好友中,后告知甲,则乙公司构成非法收集个人信息。

拓展阅读　告知环节应达到的标准

第一,采集告知的表现形式应当是清晰且显著的。在用语上,应避免采用生涩的法律或计算机技术专业术语,而是用平实且直白的语言表达。在形式上,告知内容应当显著地出现在用户可能看见的界面之中,且这种看见的可能性应当是合理的。

第二,采集的告知在内容上应当是渐进的,具备一定的层次性。第一层次的告知应当在采集行为本身的层面进行。企业应向用户说明采集主体、被采集信息的属性和内容,以及所使用自动化采集工具的基本功能等情况。第二层次的告知应深入采集后自动化处理的层面,将对行为信息后续利用环节带来的不确定性和潜在风险毫无保留地充分告知用户。

三、免除告知义务的情形

个人信息处理是以告知为原则,以不告知为例外。告知是确保信息主体享有知情权和决定权的前提,是基于信息主体同意的个人信息处理活动,信息处理者需要履行告知义务,并在取得信息主体同意后,才能具有实施个人信息处理活动的合法性基础。为了既能保护信息主体权益，又能保障个人信息流通和合理利用，并维护公共利益、国家利益，法律和行政法规，有必要规定一些无须经信息主体同意的例外情形。

不需要告知的情形与告知义务是为了平衡各方利益而特别规定的，包括以下内容。

（一）法律、行政法规规定应当保密的情形

这是指基于侦查犯罪、反间谍、反恐怖主义等维护公共安全、国家安全等社会公共利益和国家利益的考量，法律、行政法规规定信息处理者的保密义务。[1] 例如《中华人民共和国刑事诉讼法》第 152 条第 4 款规定："公安机关依法采取技术侦查措施，有关单位和个人应当配合，并对有关情况予以保密。"《中华人民共和国反间谍法》第 22 条规定："在国家安全机关调查了解有关间谍行为的情况、收集有关证据时，有关组织和个人应当如实提供，不得拒绝。"这意味着如果公安机关采取技术侦查措施获取个人的信息，或者国家安全机关向相关嫌疑人的工作单位或亲属收集调取其个人信息，是无需向相关人员履行告知义务的，不仅无须经信息主体同意，而且基于法定保密义务的规定也不能告知信息主体。此时，无论信息处理者是否属于国家机关，都依法负有保密义务，不仅其不能告知信息主体，而且告知行为本身违反了法定的保密义务，信息处理者需要承担相应的法律责任。

（二）不需要告知的情形，是指不告知对公共利益、国家利益并无负面影响的情形

对于具体或典型的情形，我国《个人信息保护法》并没有予以明确，但结合我国相关法律规定，不需要告知的情形包括：一是如果信息主体已经知晓了告知的内容，那么，信息处理者无须再行告知。例如，信息处理者根据《个人信息保护法》第 23 条在向其他信息处理者提供其处理的个人信息时，已经就接收方的名称或姓名、联系方式、处理目的、处理方式和个人信息的种类等信息告知信息主体，并取得其个人单独同意，此时接收方便不必再行告知信息主体。二是在合理范围内已经合法公开的个人信息。处理已经合法公开的个人信息无需取得个人的同意，告知义务也不必履行，否则，要求信息处理者逐一告知并取得同意会造成过高的成本，也具有现实操作上的困难，不利于个人信息的流通与合理利用。

（三）告知将妨碍国家机关履行法定职责的情形

这是指一些承担特殊职能的国家机关，其履行职责本身需要在具有隐蔽性、保密性的环境下开展，如果提前告知信息主体，可能会出现"打草惊蛇"等结果而导致其无法履行法定职责。公安机关在侦破案件时，若提前告知犯罪嫌疑人对其个人信息的处理情况，将直接影响案件的侦破和对犯罪嫌疑人的抓捕工作。我国《税收征收管理法》第 54 条规定，税

---

[1]　江必新、李占国：《中华人民共和国个人信息保护法条文解读与法律适用》，中国法制出版社 2021 年版，第 67 页。

务机关在"检查纳税人的账簿、记账凭证、报表和有关资料,检查扣缴义务人代扣代缴、代收代缴税款账簿、记账凭证和有关资料"时,处理个人信息无须取得信息主体的同意,也不需履行告知义务,否则可能出现个人销毁、转移、篡改账簿、记账凭证等有关资料的情形,税务机关无法完成关于税收征收管理的法定职责。[1]

【思考】

不需要提前告知信息主体,是否等同于不需要告知信息主体?

拓展阅读　国家机关处理者履行告知义务的认定

　　国家机关是我国数据资源的最大控制者,各级政府部门掌握了我国80%以上的数据资源。随着电子政务和智慧治理的兴起,国家机关在履行法定职责的过程中,往往涉及大量的个人信息处理活动,其处理行为不仅需要具备合法性基础,而且要履行相应的告知义务。个人信息处理的合法性基础是指"处理关于个人的信息所依据的正当的法律理由"。[2] 无疑,在《个人信息保护法》第13条规定的各项合法性基础中,"为履行法定职责所必需"是适用于国家机关的。有观点将"法定职责"界定为"特定政务部门进行个人信息处理,应当具有法律的明确授权"[3]和"国家机关处理个人信息,必须具有法律、行政法规的明确授权",[4]但也有观点认为"《个人信息保护法》第13条所言的'法定职责'并不是指必须由法律明确授权国家机关从事特定的个人信息处理活动……只要国家机关是在按照法定的权限和程序履行法定职责,而特定的个人信息处理活动又是履职所必需的,就可以合法处理,无需法律对处理活动本身特别授权"。[5] "告知义务"的履行对于国家机关处理个人信息的约束具有更为重要的意义。

　　"为履行法定职责所必需"的关键点在于如何理解"所必需"的程度,构成国家机关处理个人信息的范围、限度的约束。其判断标准是比例原则,而比例原则的适用需要考察适当性、必要性和相称性,从而认定国家机关处理个人信息行为的合法性,包括是否符合法定目的、是否存在滥用职权等。适当性分析考察的是处理个人信息活动是否与履行法定职责直接相关,是否有助于法定职责的履行

---

① 程啸:《个人信息保护法理解与适用》,中国法制出版社2021年版,第188页。
② 高富平:《个人信息使用的合法性基础——数据上利益分析视角》,《比较法研究》2019年第2期,第72页。
③ 张新宝、葛鑫:《个人信息保护法(专家建议稿)及立法理由书》,中国人民大学出版社2021年版,第178页。
④ 龙卫球:《中华人民共和国个人信息保护法释义》,中国法制出版社2021年版,第162页。
⑤ 彭錞:《论国家机关处理个人信息的合法性基础》,《比较法研究》2022年第1期,第162页。

与落实,例如为了履行疫情防控的法定职责,收集既往病历、作息时间等与防控并无直接关联的个人信息就属于不具有适当性的违法、过度收集。必要性分析考察的是处理个人信息是否为实现行政活动目的的必要条件,即是否有除了履行法定职责而处理个人信息之外的其他非处理手段能够对个人权益的影响更小,如果存在这样的手段则不应进行特定处理。履行法定职责若能不处理或少处理个人信息的,就应该不处理或少处理。国家机关处理个人信息应当履行的告知义务中包括对处理个人信息的方式进行告知的义务。[①] 相称性分析考查的是国家机关处理个人信息来履行法定职责所获得的收益与对个人信息主体权益的干预是否平衡。

第二节　个人信息处理的同意规则

 教学案例

甲注册并使用乙公司开发的小游戏软件 APP,点击同意了该软件页面弹出的隐私政策。后乙公司收集了甲的地理位置等信息,并向第三方提供。隐私政策中并未明确将收集游戏用户地理位置信息和向第三方提供的内容。乙的行为是否合法?

个人同意规则是最基本的个人信息处理规则,贯穿《个人信息保护法》。信息处理者应向信息主体充分告知,并征得信息主体同意,包括明确同意、单独同意或书面同意,否则即属违法处理行为,除非有法律、行政法规的特别规定。[②] 其逻辑是“个人信息自决”或“隐私自我管理”,[③]即通过赋予信息主体系列权利以实现个人控制,信息主体对个人信息分享成本与收益的自我权衡,做出管理自己个人信息的自主决策。在互联网时代,主要以隐私政策或(和)服务协议,来保障信息主体让渡个人信息权益时自决权的行使。

一、同意的丰富内涵

信息主体通过分享信息换取经营者提供的产品或服务,参与数字生活。为使个人深度参与、控制和决定信息处理过程,多数情况要求信息处理者须经个人同意,即个人有机

① 王锡锌:《行政机关处理个人信息活动的合法性分析框架》,《比较法研究》2022 年第 3 期,第 92 页。
② 程啸:《论个人信息处理中的个人同意》,《环球法律评论》2021 年第 6 期,第 40 页。
③ Daniel J. Solove. Introduction: Privacy Self-Management and the Consent Dilemma. *Harvard Law Review*, Vol. 127, No. 7, 2013, p. 1880.

会阅读隐私政策通知并同意后分享个人信息。有效同意包括基于通知的充分"知情"和基于知情的"自愿"选择两个层面的内涵,任何一个缺失都会限制同意的有效性。[①]

个人信息保护法中同意的内涵极为丰富,包含宪法、民法等多重含义与法律渊源。即使在民法层面,不同法律关系中的同意具有不同的法律效力,不宜单一化地局限于某一部门法或领域中。首先,依据法律体系与规范效力位阶逻辑,同意应有宪法上的效力渊源。宪法渊源确定了同意在法律体系中的客观价值秩序,部门法应依照同意所彰显的宪法价值制定具体的实现规则。其次,个人信息保护法中的同意不仅在不同层级法律中的内涵与效力不同,而且即使在同一部门法(例如民法)的不同法律关系中亦可体现为多元的法律效力。假如某人将其原来不愿为他人所知的信息(隐私)当众告知他人,或同意他人使用,此时隐私便质变为个人信息;若其进而同意他人使用该信息生产数据价值,此时个人信息中隐含的财产基因便可外化为财产利益,只不过其上承载着人格利益。[②]

拓展阅读   同意性质的争议

我国仅对个人同意作出法律上的要求,并未界定个人同意的法律性质。理论界对个人同意的性质主要有合同与侵权领域双重属性说、权益处分说、意思表示说、准法律行为说,目前尚未形成共识。

双重属性说认为个人同意在合同与侵权领域中有不同的含义,既是侵权法上阻却违法的事由,也是合同法上的法律行为。[③] 当用户同意隐私政策表明其愿受隐私政策约束,合同关系成立,产生授权效力。

权益处分说认为个人同意是一种对其个人信息权益进行的处分,是信息主体为了获得相应商品或服务而必须做出的权利处分,因此具有很强的语境要求,即不能脱离商品或服务合同的语境。[④] 授权源于处分行为而非合同。

意思表示说认为个人同意本身就是自然人做出的意思表示,可以适用我国《民法典》总则编关于意思表示的规定,包括可撤销的意思表示。[⑤]

准法律行为说认为个人同意是法律规定的信息处理关系形成的原因,无需个人具有设权意愿,法律确定信息处理权利义务规则,个人不为自己行为"立法","同意"自由实指是否给予同意的自由。[⑥]

[①] 向秦:《论个人信息处理中个人同意的"弱化"与信义义务的"补充"》,《法律适用》2022年第11期,第58页。
[②] 彭诚信:《数字法学的前提性命题与核心范式》,《中国法学》2023年第1期,第97页。
[③] 刘召成:《人格商业化利用权的教义学构造》,《清华法学》2014年第3期,第131页。
[④] 万方:《个人信息处理中的"同意"与"同意撤回"》,《中国法学》2021年第1期,第168—169页。
[⑤] 陈甦、谢鸿飞:《民法典评注·人格权编》,中国法制出版社2020年版,第379页。
[⑥] 王琳琳:《个人信息处理"同意"行为解析及规则完善》,《南京社会科学》2022年第2期,第80页。

【思考】

个人信息保护法中的同意内涵是什么？

二、同意的要件

个人做出的真正有效同意被视为发生阻却处理行为违法性的法律效果，直接影响信息主体重要权益，因此立法对于个人同意的有效要件予以明确，以更好地保护信息主体。《个人信息保护法》第 14 条第 1 款规定了知情、自愿和明确三个要件。

(一) 知情要件

知情要件要求同意是在信息主体充分知情的前提下做出的。知情是获得同意的先决条件和内在规范要求，要保证信息主体能够做出明智的决定，信息处理者应当向他们提供充分的资讯，并且还要告知他们所同意的具体内容，以及主体享有撤回同意的权利。信息主体想充分实现知情权须仰赖信息处理者告知义务，因为在个人信息处理活动中，信息处理者与信息主体之间的信息是极不对称的。换言之，知情的范围与告知的范围密切联系，信息处理者须充分告知来确保个人在充分知情的前提下做出同意，否则，处理者不告知或告知不充分都会导致个人在完全不知情或不充分知情的情况下做出同意，而这种同意是无效的。

《个人信息保护法》第 7 条规定："处理个人信息应当遵循公开、透明原则，公开个人信息处理规则，明示处理的目的、方式和范围。"公开是对处理方式上的要求，要求信息处理者公开其处理规则、目的、方式和范围；透明是对处理结果上的要求，是对信息主体知情权的保障，例如网络服务提供者一般通过制定隐私政策的方式公开其处理规则以及目的、方式和范围等内容，不仅是其自律的重要工具，[①]而且是符合立法公开透明原则的重要方式。"数据黑箱"使得个人信息处理过程中保持一定程度的透明十分必要。欧盟《一般数据保护条例》"导言"部分的第 58 条指出："透明原则要求任何向公众或者数据主体提供的信息都必须简洁明了、容易获取、容易理解，同时使用简单清晰的语言，并在合适的情况下使用可视化表达方式。该信息可以以电子形式提供，例如通过网站提供给公众。在行为人人数众多和实践的技术复杂性导致数据主体难以知晓、理解与其相关的个人数据是否被收集以及被谁、以什么目的被收集的情况下（例如在线广告），尤其需要通过电子形式提供信息。考虑到对儿童的特殊保护，任何面向儿童进行处理的信息和通信都应当使用儿童易理解的、清晰简单的语言。"公开透明原则体现在保障信息主体对其个人信息享有的

---

① 王叶刚：《论网络隐私政策的效力——以个人信息保护为中心》，《比较法研究》2020 年第 1 期，第 120 页。

知情权,信息处理者要基于公开透明原则履行充分告知义务。信息处理具有较长周期性,如何基于计算工具在不同环节增加透明度有待进一步探索。

透明性原则是个人信息处理的基本原则,个人信息收集、使用、披露等做法应向个人保持"公开",以便其调整信息分享决策,核心是通知选择或知情同意制度。在个人控制模式下,信息处理者充分告知或透明公开处理活动的目的、方式等通常足以免除其法律责任,而不论信息主体是否阅读及了解处理者的数据实践。但在数字信息关系中,仅存在"充分的告知"与透明程度是不够的,信息处理者有义务对信息主体负责并接受其检查,例如个人请求查阅、复制其个人信息时,信息处理者应当及时提供。

(二) 自愿要件

个人同意须是自愿做出的。如果信息主体是在受威胁、胁迫或欺诈等情况下做出的同意,这种同意就是不真实的、不自愿的,信息主体未能行使真正的选择权。当事人在决定过程中要有真正选择同意与否的机会,不受欺诈、胁迫等情况影响。

知情同意规则源于"个人自决"或"个人控制"的范式基础。个人控制旨在通过对信息主体赋权实现个人自治。从比较法上看,当今世界个人信息规制范式主要有美国"市场话语"(marketplace disclosure)理论下的信息隐私保护模式和欧盟"权利对话"(rights talk)理论下的个人数据保护模式,前者是基于洛克的财产理论以保护个人自由为主,后者是基于康德伦理学理论以保护人之尊严为主。个人控制的规范基础是以个人为本位,关注的是狭窄的个人利益。从一开始隐私被定位为与世界隔离和对抗的"独处",到隐私被划分到私人领域及其自主性不能被外界的公共性吞没,再到围绕个人的已识别和可识别信息的权利都是以个人为中心的。因此,对信息主体来说,"自由"意味着真实选择和控制。

若信息主体没有真正的选择权,被迫同意或同意是双方不可协商条款的一部分,便可推断该同意不是基于其自由意志做出的,这样的同意无效。任何对信息主体施加不适当的压力或者影响(无论是社会的、经济的、心理的还是其他来源的压力或影响),对信息主体有重大不利、显失公平的情形以妨害其自由意志的行为都会导致同意无效。[①]《人脸识别司法解释》第 4 条也规定:"有下列情形之一,信息处理者以已征得自然人或者其监护人同意为由抗辩的,人民法院不予支持:(一)信息处理者要求自然人同意处理其人脸信息才提供产品或者服务的,但是处理人脸信息属于提供产品或者服务所必需的除外;(二)信息处理者以与其他授权捆绑等方式要求自然人同意处理其人脸信息的;(三)强迫或者变相强迫自然人同意处理其人脸信息的其他情形。"

(三) 明确要件

个人做出同意须是明确、具体的。信息主体的同意应符合无歧义、不含糊的要求,同

[①] 江必新、李占国:《中华人民共和国个人信息保护法条文解读与法律适用》,中国法制出版社 2021 年版,第 51 页。

意的做出并无明确限制,既可以通过纸质、电子形式等书面表达,例如主动勾选、主动点击"同意"、主动提供或填写等,也可以是通过口头方式做出。"明确"意味着信息处理者原则上不能以默示形式(例如使用即同意)推定信息主体有同意的意思。明示同意是择入机制,利于科学分配个人信息交易成本,在确保信息主体选择权真实性的同时,不削弱信息处理者的市场利益。

从法律文本来看,"明确"仅是对个人信息处理中个人同意的一般性要求,因此明确同意并不是一种同意的类型。无论是单独同意还是概括同意、无论是书面同意还是口头同意均应以明确做出同意的方式。单独同意是与一揽子的概括同意相对照的。单独同意除了要求满足同意的一般性要件外,还须在信息主体充分知情的前提下自愿、明确地做出,法律、行政法规可以提出特别的要求,例如书面同意。我国《个人信息保护法》规定了五类会对个人权益产生较为重大影响而需要取得单独同意的个人信息处理活动。信息处理者必须就法律所规定的特定类型的个人信息处理活动专门取得信息主体的同意。在个人信息处理中,书面同意使得处理者负有举证证明存在该书面同意的义务。信息处理者如果不能证明取得了信息主体的书面同意,即便可以证明取得了同意,该处理活动也是非法的、无效的。我国《个人信息保护法》并没有要求同意必须是书面形式,但法律、行政法规要求采取书面形式的,从其规定。

【思考】

个人同意的有效要件是什么?

三、同意的效果

个人信息保护法中的有效同意产生启动或阻却个人信息处理进程的程序性效果。[①]同意指向个人信息处理行为,而非个人信息本身,即同意他人在个人主体权益范围内从事收集、存储、加工、分析、公开、删除等一系列事实上的行为。《个人信息保护法》的本质是个人信息处理规则法,规范对象是个人信息处理行为,与《宪法》《民法典》分别确立作为基本权利的个人信息受保护权和作为民事权益的个人信息权益不同,《个人信息保护法》旨在权利不对称的个人信息处理关系中,为信息主体提供程序性保护,其中一系列的权利设置也是对个人信息处理行为的程序性限制。从隐私与个人信息二元区分的真正意义来看,由隐私划分私人与公共领域、私权利与国家权力及他人行为自由的界限,由个人信息处理规则来实现处理中的合法、正当与必要性,增强算法透明度,确保信息主体参与个人

---

① 蔡培如:《欧盟法上的个人数据受保护权研究:兼议对我国个人信息权利构建的启示》,《法学家》2021 年第 5 期,第 16 页。

信息处理过程,其本身并不划定公私领域,亦不增加实质自由。从个人同意的效果来看,同意并非唯一合法性基础,也非优先于其他合法性基础。合法性基础仅为个人信息处理的前置性条件,设置逻辑是利益衡量,而非财产权或人格权的绝对权,故不产生阻却违法的绝对效力。[①] 同意机制是从程序上保障知情、透明和正当性,并使个人有随时退出的自由。

个人信息保护法中的同意之所以不能绝对产生免责的效力,是因为同意的有效性在实践中面临巨大挑战:一是结构性限制。隐私政策是用户不能主动讨价还价的由强势的信息处理者制定的格式条款,个人几乎没有选择。理想化地假设用户阅读了隐私政策,现实通常是不读或读不懂,且隐私风险也非常难用突出、生动的方式进行实质性描述。此时"隐私自我管理"模式不会促进个人自主性。二是外生性问题。信息主体难以评估信息如何使用以及流转向下游环节后的使用中的潜在损害,属于不可预见的风险,此时涉及未知的第三方,且信息主体一般未对该第三方建立信任,而且第三方与初始信息处理者之间的关系通常是受法律保护的商业秘密,信息主体更无从知晓。尽管《个人信息保护法》第23条要求初始处理者"应当向个人告知接收方的名称或者姓名、联系方式、处理目的、处理方式和个人信息的种类",但也面临如何简洁、完整、生动地将这些信息告知信息主体的问题,新信息技术只会加剧这些问题,因为其会不断地以不同于最初收集目的的新方式使用信息。

📋 拓展阅读   个人同意的有效性障碍

借鉴"同意病理学"(pathologies of consent)的概念框架来说明知情同意规则的适用障碍,具体可分为三种不同情况。

第一,不知情同意,即缺少"知道"和"自愿"中的"知道"。大多数消费者不知道可能的数据实践、他们同意的是什么,或者交易自己的个人信息的风险是什么。例如隐私政策,其法律性质具有争议,有的人认为隐私政策不能作为合同强制执行,是单独存在的,类似于通知公告;有的人则认为隐私政策具有合同效力,用户通过点击"我同意"而同意了隐私政策中的个人信息处理规则条款,条款通常被视为具有约束力的合同的一部分。一是消费者不理解其所同意的隐私协议。二是消费者不理解其所同意的技术。三是消费者不理解其所同意的实际后果或风险。

第二,强迫同意,即缺少"知道"和"自愿"中的"自愿"。典型的强迫或变相强迫同意是一个人面临"要么同意,要么失去重要东西(例如生活或工作)"的选择时,就会发生强迫。例如手术同意,如果将"签字"到"死亡"视为一个连续过程,主体离"要么签字,要么死亡"的情况越近,同意的强制性就越强,自愿的选择性就越弱。

[①] 向秦:《三重授权原则在个人信息处理中的限制适用》,《法商研究》2022 年第 5 期,第 133 页。

同样在数字环境中,如果将"同意"到"拒绝提供服务"视为一个连续过程,主体离"要么同意,要么不使用服务"的情况越近,同意的强制性就越强,也就是说,信息处理者的市场力量和在界面设计上塑造和影响消费者决策的力量越强,同意的强制性就越强。

第三,无行为能力同意,也是缺少"知道"和"自愿"中的"自愿"的情况,但这里是法律上不允许的"自愿",根据我国关于民事行为能力的规定,无行为能力同意者包括不能辨认自己行为的精神病人等成年人、八周岁以上但不能辨认自己行为的未成年人、不满八周岁的未成年人,从法律上来说无法享有完全的意思自治,不具备"自愿"同意的能力。[①]

四、同意的撤回

(一) 个人可以撤回同意的原因

个人同意虽然作为规制个人信息处理行为的核心规则,但一直也因其有效性局限而饱受争议。在实践中,由于个人信息承载着巨大的商业价值,信息处理者对获取更多个人信息的商业追求是永无止境的。告知同意容易沦为企业完成合规义务的"避风港"或"万能原则"。对信息处理者而言,取得个人同意的个人信息处理行为只要不超出个人同意的范围,原则上其就无需对此承担相关法律责任。但对信息主体而言,其做出的同意并不总是有效的、自由的和真实的。同意本质上是自治和自决的表达,但在信息能力不平等的个人信息处理关系中,处于信息能力弱势地位的信息主体往往需要被迫"同意",从而使其做出初始同意的真实性和有效性大打折扣。

为了补足同意规则的局限,促进个人信息的合理利用,保护个人信息人格权益,立法赋予了信息主体撤回同意的权利。我国《民法典》强调了告知同意规则在个人信息处理中的一般性与重要性,但并未对同意的撤回作出规定。《个人信息保护法》第15和16条增加确立了信息主体享有撤回同意的自由,并且对信息处理者提出限制要求,即不得以个人拒绝同意或撤回同意为由拒绝提供产品或者服务,旨在建立真正符合自由要件要求的同意规范。因为当下很多商品或服务均设置了使用限制,如果用户不点击"同意"便无法获取基本的商品或者服务,而这一现象在《个人信息保护法》的规定下无疑是应当被禁止的。个人同意的撤回权是通过法律强制力赋予信息主体在个人信息处理中做出同意后还能二次思考、权衡利弊,形成其相对真实的意思来救济这种不自由。[②]

---

① 向秦:《论个人信息处理中个人同意的"弱化"与信义义务的"补充"》,《法律适用》2022年第11期,第59—60页。
② 叶敏、玛丽亚木·艾斯凯尔:《论个人信息同意撤回权的现实困境与完善建议》,《财贸研究》2021年第11期,第64页。

（二）个人撤回同意的行使规则

《个人信息保护法》第 15 条规定的是一种个人同意的任意撤回权。一是行使同意撤回权的基本要求是，处理个人信息的合法性基础是基于取得信息主体的个人同意，而非其他法定许可事由。二是主要适用于"互联网＋"的时代背景下一般网络产品或服务"无偿"提供同意使用的场合。三是取得的个人同意不能是未生效的或无效的。

首先，为了保障个人同意撤回权的有效行使，信息处理者应履行告知义务，即以显著的方式告知信息主体有权撤回其同意，例如实践中很多 APP 的隐私政策都以单独规定的方式标示出个人撤回同意的权利。其次，信息处理者应提供边界的撤回同意的方式，即"撤回同意应当与做出同意一样容易"。《APP 违法违规收集使用个人信息行为认定方法》第 3 条第 8 款规定："未向用户提供撤回同意收集个人信息的途径、方式"属于"未经用户同意收集使用个人信息"的违法行为。根据《最高人民法院关于审理使用人脸识别技术处理个人信息相关民事案件适用法律若干问题的规定》第 11 条："信息处理者采用格式条款与自然人订立合同，要求自然人授予其无期限限制、不可撤销、可任意转授权等处理人脸信息的权利，该自然人依据《民法典》第四百九十七条请求确认格式条款无效的，人民法院依法予以支持。"最后，个人同意撤回权的行使不应当受到除斥期间的制约。① 个人撤回同意是无条件的，只要想撤回就可以撤回，既不需要法律上规定的理由，也无须向信息处理者说明理由。

（三）撤回个人同意的法律效果

信息主体享有个人信息同意任意撤回权，可随时撤回个人同意。信息主体撤回同意将产生一系列法律效果。一是个人撤回同意后，信息处理者应停止处理基于同意作为合法性基础获得的个人信息。若信息处理者希望转采《个人信息保护法》第 13 条第 1 款中的其他合法性基础，则需按照透明性和告知义务的要求，告知信息主体这一点，且该合法性基础的转变不能溯及证明之前个人信息处理活动的合法性。二是个人撤回同意并不具有溯及力，个人同意被撤回不影响基于同意进行的直至撤回为止的个人信息处理活动的合法性。如果信息主体决定撤回同意，所有基于同意并在撤回同意之前进行的信息处理操作依然是合法的，信息处理者无须根据《民法典》第 157 条返还或损害赔偿，而仍可保留其基于"同意"而取得的个人信息处理结果。在信息主体做出了撤回同意的表示之后，信息处理者必须停止相关的处理，并且在无其他法定事由的情况下应当删除存储的全部个人信息。当然，如果个人信息处理的合法性基础一开始就是《个人信息保护法》第 13 条第 1 款第（二）—（六）项，或是个人同意被撤回后，信息处理者又转采其他合法性基础的，则无须删除个人信息。② 三是在部分撤回的情况下，只是基于个人撤回同意的部分，个人信

---

① 万方：《个人信息处理中的"同意"与"同意撤回"》，《中国法学》2021 年第 1 期，第 167 页。
② 傅雪婷：《个人信息同意撤回与个人数据对价化》，《南大法学》2022 年第 5 期，第 18 页。

息处理行为丧失合法性,其他处理活动仍可继续进行。

【思考】

个人信息处理中的个人撤回同意是否与《民法典》中意思表示的撤回相同?

案例解析

在教学案例中,乙公司在并未取得用户甲的同意的前提下收集其定位信息,并向第三方提供的行为不合法。同意的有效要件是知情、自愿和明确。显然甲对于收集其位置信息和向第三方提供的事宜并不知情,其勾选同意隐私政策的行为不能视为对乙公司处理个人信息的一揽子、概括性同意。

典型案例

吴某某与上海某信息服务有限公司等违规提供用户个人信息保护纠纷案①

案件事实: 原告使用被告某电商购物 APP 的"某钱包"功能,在关联银行卡时得到某银行"暂无银行卡可以绑定"的反馈。原告发现该购物 APP 与"某钱包"分属两个运营主体,前者为被告 1 上海某公司,而后者为被告 2 某付费通公司;被告辩称两运营主体实际上为关联公司。原告还认为,被告 1 在原告并未明确知情同意的情况下,将其真实姓名及身份证号泄露给被告 2 和案外人某银行。原告自觉权利受损,遂决定注销"某钱包",但竟然无法注销,遂向法院提起诉讼。

法院裁判: 首先,自然人的个人信息受到的保护源自公民人格权。《民法典》第 1034 条第 1、2 款规定,个人信息权益是自然人对其个人信息的正当利益所享有的权益,是个人信息处理中的个人保护权,直接源于国家对公民人格尊严和人权的保护。其次,对个人信息处理行为应当具备合法性基础,即以取得同意为原则,以豁免同意为例外的个人信息处理合法性基础的二元结构。依照《个人信息保护法》第 13 条,知情同意规则并非信息处理行为的唯一合法性基础,为了在保护个人信息权益的同时也能实现个人信息的合理利用,同时维护公共利益、国家利益等,通常对于信息处理者为订立、履行个人作为一方当事人的合同所必需以及为履行法定职责或者法定义务所必需的处理行为等情形,也可认定为法定许可的情形,具有合法性基础,不属于违法处理行为。但信息处理者运用订立、履行

---

① 杭州市中级人民法院(2021)浙 01 民终 12780 号民事判决书。

合同必需规则、履行法定职责或法定义务规则等作为其信息处理行为的合法性基础时,需确保其处理行为符合对应规则的要求。本案中,被告既没取得原告同意,也不存在必须采集原告个人信息的情况,侵害了原告人格权和财产权双重权益。

案例评析:网购平台侵犯了个人信息权利主体的人格权。在使用该 APP 和"某钱包"的过程中,未明确告知运营主体不一致的行为违反了诚信原则,用户的知情权不仅未获得保障,而且其个人信息亦被违规收集、传输、留存及使用。根据《民法典》第 111 条和《网络安全法》第 41 条,自然人的个人信息受法律保护,任何主体收集、使用个人信息都应当遵循合法、正当、必要的原则,公开收集、使用规则,明示收集、使用信息的目的、方式和范围,并经个人同意。网购平台的相关行为已经严重侵害了用户的个人信息权益。

第三节　个人信息处理的法定许可事由

 教学案例

案例 1:甲公司经营一家网店销售女装,顾客乙浏览该网店后决定购买衣服,因此需要填写收货人相关信息,包括姓名、住址、联系电话等。

案例 2:自然人甲与乙公司存在借款纠纷,涉及 30 万元款项,为查明 30 万元款项用途情况,一审法院依法调取了甲的某银行卡所涉 30 万元款项收支明细表,该明细表显示收到款项的当天以"消费"名义支出 252 476 元,以"现支"方式支出了 10 000 元。一审法院依职权调取甲持有的某银行卡交易流水是否符合法律规定?

案例 3:公众可以通过丙公司旗下的网站查询转载"中国裁判文书网"的涉讼裁判文书等信息。自然人甲作为案件当事人所涉四起纠纷的判决文书被丙公司网站转载。丙公司转载时未征询甲的意见。

同意并非个人信息处理活动的唯一合法性根据,因为个人信息是具有多元利益客体的特征。个人信息上除了个人享有的人身财产利益,还有信息处理者的合理利用利益以及公共利益与国家利益。为了维护其他的合法权益、公共利益或国家利益,在特定情况下,法律允许信息处理者无须取得个人同意就可实施个人信息处理行为。我国《个人信息保护法》第 13 条第 2—7 项规定了无须经个人同意便可合法处理个人信息的法定许可情形。这些法定许可事由是对个人信息权的法律限制,任何权利都是有限的,客观上属于干扰或侵害了个人信息权的处理行为,在法律上未被评价为不法行为。这种处理行为并非对法律秩序的破坏,而属于合理限制。欧盟《通用数据保护条例》"序言"部分明确指出:"个人数据受保护的权利不是一项绝对权利,必须考虑其在社会上的作用并应根据比例原则与其他基本权利保持平衡。"

一、为订立或者履行合同所必需

为订立或者履行合同所必需是指当信息处理者处理个人信息的目的是出于订立或履行个人作为一方当事人的合同所必需时,不需要取得个人同意即可处理个人信息。

"合同"锁定了合理使用个人信息的适用范围。合同包括了民法上的合同、行政法上的合同、劳动法上的合同等。在日常交易中,合同一般是指民法上的合同。结合《个人信息保护法》第 13 条关于"按照依法制定的劳动规章制度和依法签订的集体合同实施人力资源管理所必需"和"为履行法定职责或者法定义务所必需"的规定可知,劳动法意义上的合同与行政法上的合同已有规定,可以推知"为订立或履行合同所必需"解释为民法上的合同更为妥当。

"订立或者履行"阐明了合理使用个人信息的客观要件,即处于合同订立与履行阶段以及该合同应是有效的。合同的订立是指两个或两个以上的当事人为意思表示、达成合意成立合同的过程和状态。[①] 该过程既包括缔约各方的洽商与讨价还价的动态行为,也包括至少合同的主要条款已经确定的静态协议。合同的履行侧重于债务内容的实现过程和行为,但因为有"所必需"的要求,显然高于一般合同的订立或履行条件。合同一经成立,原则上应同时生效。有效合同在当事人之间形成了保障合同债权的权利义务关系,以及为此可采取的法律措施,为后续合同的履行提供了合法性基础。如果合同无效、撤销或者终止后的合同效力丧失,就丧失了依据合同处理个人信息的合法性基础。[②]

"个人作为一方当事人"明确了合同的当事人一方为信息主体,另一方为信息处理者。信息主体一般是指自然人,需要满足年龄与民事行为能力的双重要件。年龄限制是指当信息处理者处理不满 14 周岁未成年人的个人信息时,应当取得未成年人的父母或其他监护人的同意。民事行为能力是《民法典》以年龄(8 岁、18 岁、附加限制的 16 岁)和辨认能力(不能辨认、不能完全辨认)为双重划分依据,将民事主体分为完全民事行为能力人、不完全民事行为能力人和无民事行为能力人。《民法典》与《个人信息保护法》之间存在衔接适用的问题,首先,应依据《民法典》判断信息主体行为的有效性,因为有效合同是适用该情形合理处理个人信息的前提;其次,对于不满 14 周岁的主体转向敏感个人信息的保护规定,加以更严格的保护。

"必需"是对适用该条来排除适用知情同意的限制。一方面,应该符合比例原则,即是否存在可以比处理个人信息的侵入性和干扰性更小的其他方式,如果有,那么处理个人信息就不符合比例原则;另一方面,应该考虑合同的目的,从信息处理者与信息主体双方的角度来考虑,处理个人信息是否对实现合同的目的来说是必不可少的。如果需依据该条

①　韩世远:《合同法总论》(第三版),法律出版社 2011 年版,第 71 页。
②　彭飞荣:《〈个人信息保护法〉第 13 条第 1 款第 2 项(合同中个人信息处理)评注》,《法治研究》2023 年第 3 期,第 132 页。

来认定个人信息处理行为的合法性,则由信息处理者承担证明责任,即信息处理者须证明如果其特定的处理活动不能在不经其同意的情形下进行,那么合同就无法订立或者履行。

二、为实施人力资源管理所必需

按照依法制定的劳动规章制度和依法签订的集体合同实施人力资源管理所必需的,信息处理者可以不经个人同意即可处理其个人信息。鉴于人力资源管理所涉及的内容非常广泛,导致这一内容在个人信息保护法立法过程中有较大争议。一种观点认为,人力资源管理所必需可以为告知同意规则和其他事由所涵盖,而无需单独规定,范围可能因无法限制而不利于个人信息保护。例如用人单位招聘时,信息处理者取得应聘者的个人信息可以通过告知并取得其同意作为合法性基础,对于准备签订劳动合同和已经签订劳动合同的员工,处理其个人信息可以根据"为订立、履行个人作为一方当事人的合同所必需"。另一种观点则认为,随着用人单位处理员工个人信息的情况越来越普遍,并非依靠取得个人同意或者履行合同所必需或者履行法定义务就可以解决,如果每个员工的个人信息处理行为都要逐一取得同意,则不符合效益原则。《个人信息保护法》规定"按照依法制定的劳动规章制度和依法签订的集体合同实施人力资源管理所必需"的无须个人同意。这意味着,首先,处理个人信息必须是人力资源管理所必需,结合《个人信息保护法》第6条关于最小必要原则,该处理活动应与人力资源管理目的直接相关,以及对个人权益影响最小。其次,并非所有出于人力资源管理目的的个人信息处理都可不经过个人同意,而是应限制在"按照依法制定的劳动规章制度和依法签订的集体合同"的管理情形中,故排除了企业根据自己制定的劳动规章制度而随意扩大解释人力资源管理的范围。

三、为履行法定职责或者法定义务所必需

法定职责包括法定职权和法定责任。法定职权是公权力机关的职权,来自法律法规的授权,这种职权是不可以任意扩张的,否则,超越职权范围的处理行为就是违法行为。法定责任是公权力机关依法行使其职权,不依法履行职权属于违法行为,应当承担法律责任。为了确保公权力机关履行其法定职责,《个人信息保护法》第13条第1款第3项将为履行法定职责所必需的个人信息处理行为认定为不需取得个人同意的法定许可情形。例如个人向公安机关申请自动车驾驶执照时,必须提供相应的个人信息,公安机关的交管部门不需要取得个人同意。法定义务是信息处理者依据法律法规的规定负有一定义务,这种主体限于普通的民事主体,而非公权力机关。例如《中华人民共和国社会保险法》《中华人民共和国劳动合同法》《工伤保险条例》等要求职工应当参加工伤保险、由用人单位缴纳工伤保险费的,用人单位在为职工投保工伤保险时必须处理员工的相关个人信息,否则,其无法履行这一法定义务。

四、为应对突发公共卫生事件所必需

依据我国《突发事件应对法》,突发事件是指突然发生,造成或者可能造成严重社会危害,需要采取应急处置措施予以应对的自然灾害、事故灾难、公共卫生事件和社会安全事件。突发公共卫生事件便属于突发事件,例如在疫情防控中,政府依法采取相应的应急处置措施需要收集和使用公民的个人信息时,可以不经个人同意。但需要强调的是,"必需"要求相关部门对于收集和使用的个人信息必须依法采取保密措施,做好相关公民个人的隐私与个人信息权益的保护。

在突发公共卫生事件发生后,信息主体将个人信息权进行部分让渡,从而为有关部门提供数据支撑,此时信息处理者需遵循处理个人信息合法性、正当性和必要性,实施相应保密措施和脱敏措施。不会对个人信息权造成较大损害的行为不需信息主体同意便可进行处理。①

五、为保护生命健康和财产安全所必需

依据《个人信息保护法》第 13 条第 1 款,如果信息处理者是为了在紧急情况下保护信息主体的人身财产安全所必需,则无须取得信息主体同意即可处理个人信息。需明确的是,紧急情况下处理信息主体信息不需经信息主体同意,所维护的法益是自然人的生命健康和财产安全,例如某自然人生命垂危,需要立即获取其个人病历信息,但无法取得其信息主体同意或近亲属的同意,此时救治其生命就属于无须经过同意便可处理个人信息的情形。

六、为公共利益实施新闻报道、舆论监督等行为

为公共利益实施新闻报道、舆论监督等行为,可以合理使用自然人的信息主体信息,依据《民法典》第 999 条,使用不合理侵害民事主体个人信息权的应该依法承担民事责任,依据《个人信息保护法》第 13 条第 1 款第 5 项,在合理的范围内处理个人信息的则不需要取得信息主体同意。

(一) 处理个人信息的目的是"公共利益"

公共利益涉及不特定多数人的利益,具有不确定性和模糊性,为避免在方法上公共利益向一般条款逃逸,此处的公共利益应指向具体的价值取向。从"新闻报道、舆论监督"的

---

① 陈凤润、郑成良：《突发公共卫生事件中个人信息保护规则的适用困境与消解路径》,《贵州社会科学》2023 年第 4 期,第 108 页。

行为来看,公共利益指向我国《宪法》第 35 条赋予公民的言论自由。新闻自由作为"行政权、立法权、司法权"之外的第四权,是现代社会语境下言论自由最重要的组成部分。[①]"舆论监督"属于言论自由的延伸,是公民行使《宪法》第 41 条"批评权、建议权和检举权"的具体体现。除了保障公民的言论自由外,个人信息中的"公共利益"还涉及其他参与社会生活中的必要性需求。

（二）处理个人信息的范围是"新闻报道、舆论监督等行为"

"新闻报道"是指新闻单位对新近发生的事实的报道,包括政治、经济、军事、外交等社会公共事务的报道以及社会突发事件的报道。"舆论监督"是党的十三大报告首次提出的,涵盖了充分发挥舆论监督,包括互联网监督的作用,领导干部要欢迎监督批评、对网上善意的批评要"认真研究和吸取",所报道的事实准确、所作的分析客观等主要内容。[②]

（三）处理个人信息的标准是"合理"

个人信息权保护与个人信息合理利用的公共利益平衡,类似于著作权法中作品的保护与使用作品的社会公众利益平衡,个人信息合理使用制度与著作权之合理使用有可类比性。个人信息合理使用的法律形式和地位究竟是局限于对个人信息权的限制与例外,还是上升为"合理使用权"的权利性质应予厘清。[③] 理论界多数认为合理使用本质是对民事权益的限制,理论基础是"民事权益限制理论",因此合理使用免责情形乃同意的例外,合理使用在于平衡未经同意的个人信息处理行为。[④] 合理的范围要求即使是出于公共利益的新闻报道、舆论监督等行为,也须是对个人信息的合理使用,服务于合理的目的,采用实现该目的的最缓和的手段。合理的程度判断关键取决于比例原则的运用。

> **📄 拓展阅读　人格权受到限制的考量因素**
>
> 即使是强大的人格权,也会受到限制。构成合理使用的考量因素主要有:一是社会实践的必要性,即社会化的人参与正常社会交往,必然需要向外提供和交换个人信息来提高生活的便利性和社会生产效率;二是言论自由,即理论上新闻报道因发挥着保障公民知情权的功能而享有一定程度的新闻自由,使得其可以合理使用他人的姓名、肖像及其他个人信息;三是监督权,即公民可以通过新闻、评论等方式监督国家公权力的行使,在监督过程中可能涉及公职人员个人信息的使用。[⑤]

---

①　王泽鉴:《人格权法:法释义学、比较法、案例研究》,北京大学出版社 2013 年版,第 308 页。
②　丁柏铨:《论改革开放以来中国共产党的舆论监督观》,《南京社会科学》2017 年第 10 期,第 97 页。
③　李军政:《"合理使用"的性质:著作权的例外还是合理使用权》,《河北法学》2014 年第 11 期,第 55 页。
④　程啸:《论我国民法典中的个人信息合理使用制度》,《中外法学》2020 年第 4 期,第 1005 页。
⑤　张红:《〈民法典（人格权编）〉之合理使用制度》,《学习与实践》2020 年第 12 期,第 41 页。

还有学者从个人信息权属的配置角度观察信息处理者享有的使用权,其中包括合理使用的情形。首先,将个人信息区分为普通个人信息与敏感个人信息,普通个人信息为信息主体与信息处理者所共有,敏感个人信息仅为信息主体所有;由于信息主体与信息处理者共同拥有普通个人信息的法律权属,意味着信息处理者在信息主体没有明确拒绝的情形下享有合理使用的权利,而敏感个人信息即使经过信息主体同意,信息处理者只能对敏感个人信息的使用权进行交易。[①] 目前我国个人信息合理使用的立法模式角度采取的是"列举式",类似于构建合理使用情形清单,故宜将个人信息合理使用解释为对个人信息权的限制,即无须信息主体同意便可处理个人信息的例外情形。

七、处理公开的个人信息

为了实现个人信息的合理利用,已公开个人信息的合理处理一般属于无须取得个人同意的法定情形。立法未对已公开的个人信息作出进一步定义。文义上,已公开的个人信息与未公开的个人信息相对,是根据公开与否所做的划分。实践中,已公开的个人信息一般指未通过登录规则或其他隐私保护措施设置访问权限的信息。类型上,已公开个人信息包括自然人自行公开的信息、其他已经合法公开的信息。内涵上,已公开的个人信息既可以是一般的个人信息,也可以是私密信息或敏感个人信息,但不同于已经无法识别特定自然人的匿名信息,也不同于"公共信息"。后者一般指公共数据,即行政部门以及其他具有公共管理和服务职能的机构在依法履行公共职能过程中生成、采集并以一定形式记录、保存的各类数据资源。[②]

"合理"是处理已公开个人信息的一般要求。我国《最高人民法院关于审理利用信息网络侵害人身权益民事纠纷案件适用法律若干问题的规定》第 12 条第 1 款第 4 项以及第 2 款规定:除非以违反公共利益、社会公德等方式公开或公开行为侵害了自然人的重大利益,否则,行为人再次公开"自然人自行在网络上公开的信息或者其他已经合法公开的个人信息"无需承担侵权责任。该规定被《民法典》第 1036 条第 2 项吸收,且在《个人信息保护法》第 27 条再次重申可在合理范围内处理已公开的个人信息。"处理"这一措辞扩大了合理利用已公开个人信息的方式,包括"收集、存储、加工、使用、传输、提供、公开、删除"等多种行为。司法实践中往往需要对个人信息保护与个人信息利用进行利益衡量,例如裁判文书公开及再度利用个人信息时的公共利益要与个人信息权利之间的协调。公开既可以是信息主体自己向不特定的人公开,也可以是其他合法路径公开的信息。他人通过侵

---

① 黄镕:《大数据时代个人数据权属的配置规则》,《法学杂志》2021 年第 1 期,第 106 页。
② 解正山:《论已公开个人信息的"合理处理"》,《学习与探索》2022 年第 9 期,第 69 页。

权行为甚至犯罪行为而非法公开的信息则不属于已经公开的个人信息，不适用该条规定。

八、法律、行政法规规定的其他情形

我国《个人信息保护法》第 13 条第 1 款第 7 项将"法律、行政法规规定的其他情形"作为个人信息处理合法性依据的兜底条款，且将个人信息处理的法定许可事由限定在"法律、行政法规"，而部门规章、地方性法规等其他法律都不能作为相关处理依据。此外，我国《民法典》第 1020 条对自然人肖像的合理使用作出规定："（一）为个人学习、艺术欣赏、课堂教学或者科学研究，在必要范围内使用肖像权人已经公开的肖像；（二）为实施新闻报道，不可避免地制作、使用、公开肖像权人的肖像；（三）为依法履行职责，国家机关在必要范围内制作、使用、公开肖像权人的肖像；（四）为展示特定公共环境，不可避免地制作、使用、公开肖像权人的肖像；（五）为维护公共利益或者肖像权人合法权益，制作、使用、公开肖像权人的肖像的其他行为"，在这些情形下，可以不经肖像权人同意而合理使用肖像。

> **拓展阅读　基于法定许可与基于个人同意处理个人信息的关系**
>
> 个人信息处理的合法性基础有两个层次：一是对于个人信息利益落入个人信息权保护范畴的情形，同意是判断处理个人信息行为合法与非法的标准；二是对于个人信息利益并未落入个人信息权保护范畴的情形，处理个人信息的行为依据其他合法性标准具有合法性。因此，处理个人信息的主要合法性依据是：用户"告知同意"和其他合法利益情形。信息主体对其个人信息的控制，内部动因是塑造"他人眼中的自己"，这是自然人自由发展人格的内涵，具有独立性和内在重要性。虽然塑造人格源于自由、尊严的价值，但其有"内在限度"，[①]这个限度就是个人控制的利益并非"获胜"，并非总是受到绝对化保护，而是存在让位于处理个人信息活动的其他合法利益的情形。告知同意规则是个人控制的实现方式，而其他利益的情形是信息处理者处理活动的其他合法性依据。"当认定公共利益或其他社会个体的利益在冲突中应得到优先考量时，即催生出知情同意原则的例外——其他应受法律保护之价值的存在，亦是用户行为信息采集的合法性基础。"[②]
>
> 需注意的是，信息处理者只能在基于个人同意或者具备法定许可事由之一中进行选择，而不能采取"双保险"的做法。信息处理者在收集个人信息之前就决定了其适用的合法性依据，而不能从同意转换到其他法定许可事由，尤其是在同意存

---

① 于柏华：《处理个人信息行为的合法性判准——从〈民法典〉第 111 条的规范目的出发》，《华东政法大学学报》2020年第 3 期，第 81 页。
② 郑佳宁：《知情同意原则在信息采集中的适用与规则构建》，《东方法学》2020 年第 2 期，第 207 页。

在有效性障碍的情况下,试图通过追溯法定许可事由来证明其处理的合法性,这对于信息主体而言显然是不公平的。

 案例解析

案例1,顾客乙将商品加入购物车时,属于合同准备阶段,尚未进入缔约,此环节涉及的个人信息须由顾客主动同意提供;当乙提交了订单则视为其发出了要约,收货人的相关信息为"必需信息",如果乙拒绝提供信息,甲公司则可依据《个人信息保护法》第16条拒绝交易;当乙"付款"时则属于履行网购合同的付款义务,此环节适用为履行合同所必需而获取乙相关的金融信息,以完成付款。

案例2,一审法院依职权调取的证据系甲的银行账户交易信息,该信息虽然属于个人信息保护法调整范围,任何组织或个人不能非法取得,但人民法院为了查明30万元资金流向,恢复客观事实,在原告公司无法自行取得甲的银行账户信息的情况下,依职权调取甲持有的某银行卡交易流水于法有据,属于为履行法定职责所必需。

案例3,丙公司旗下的网站查询转载中国裁判文书网的涉讼裁判文书等信息,属于典型的"国家机关依职权制作的文书和公开实施的职权行为等信息来源所发布的信息"。

 本章小结

1. "告知同意"并非个人信息处理的唯一合法性基础。

2. 告知义务的产生是基于公开透明原则。

3. 告知义务的一般要求是在处理个人信息之前,以"显著方式""清晰易懂的语言"告知个人信息处理的重要事项,其告知的内容应是真实、准确、完整的。

4. 告知义务的免除情形包括法律、行政法规规定应当保密的情形、不需要告知的情形,告知将妨碍国家机关履行法定职责的情形,紧急情况下为保护自然人的生命健康和财产安全无法及时向信息主体告知的情形。

5. 同意的内涵和样态是多层级、多元的。

6. 同意的类型包括单独同意与书面同意。

7. 同意的有效要件是具有同意能力,充分知情、自愿、明确。

8. 同意的撤回是无条件的,个人有权随时撤回。

 延伸思考

1. 个人信息处理的合法性认定规则是什么?

2. "告知同意"规则的缺陷是什么?

3. 个人同意撤回权与消费者反悔权有何区别?

4. 隐私政策的基本性质是什么?

 参考文献

1. 程啸:《论个人信息处理中的个人同意》,《环球法律评论》2021 年第 6 期。

2. 高富平:《同意≠授权——个人信息处理的核心问题辨析》,《探索与争鸣》2021 年第 4 期。

3. 万方:《个人信息处理中的"同意"与"同意撤回"》,《中国法学》2021 年第 1 期。

4. 王琳琳:《个人信息处理"同意"行为解析及规则完善》,《南京社会科学》2022 年第 2 期。

5. 向秦:《论个人信息处理中个人同意的"弱化"与信义义务的"补充"》,《法律适用》2022 年第 11 期。

6. 张新宝:《个人信息收集:告知同意原则适用的限制》,《比较法研究》2019 年第 6 期。

第九章

特殊个人信息的处理规则

第一节 敏感个人信息的处理规则

 教学案例

　　甲是某益智类游戏应用的玩家,乙公司负责运营该款益智类游戏。该游戏默认收集玩家位置信息、通讯录信息、短信等,乙公司是否侵犯了甲的个人信息权?

　　根据我国《个人信息保护法》第 28 条的规定,敏感个人信息是一旦泄露或者非法使用,容易导致自然人的人格尊严受到侵害或者人身、财产安全受到危害的个人信息,包括生物识别、宗教信仰、特定身份、医疗健康、金融账户、行踪轨迹等信息,以及不满 14 周岁未成年人的个人信息。相比一般个人信息,信息处理者处理敏感个人信息的过程中更容易侵害人格权利和人身、财产安全等实质性价值。法律要求只有在具有特定的目的和充分的必要性,并采取严格保护措施的情形下,信息处理者方可处理敏感个人信息。

一、敏感个人信息的判断标准

(一) 严重影响标准

　　认定敏感个人信息的核心标准为"严重影响"标准。这是由《个人信息保护法》针对敏感个人信息的规范目的与立法限定决定的,在判断时要关注和遵循。[①]

　　敏感个人信息之规范目的是保护信息主体免受该类信息泄露或者非法使用带来的严重危险或损害。[②] 侵害敏感个人信息,往往会导致信息主体人身、财产权益受损。[③]敏感个人信息与信息主体人格利益存在更为密切的关系,该类信息的泄露或非法使用容

---

① 郑晓剑:《论〈个人信息保护法〉与〈民法典〉之关系定位及规范协调》,《苏州大学学报(法学版)》2021 年第 4 期,第 61 页。
② 张建文、时诚:《〈个人信息保护法〉视野下隐私权与个人信息权益的相互关系——以私密信息的法律适用为中心》,《苏州大学学报(哲学社会科学版)》2022 年第 2 期,第 56 页。
③ 孙清白:《敏感个人信息保护的特殊制度逻辑及其规制策略》,《行政法学研究》2022 年第 1 期,第 129 页。

易对个人的人格利益造成侵害,故有必要对于敏感个人信息予以更优于一般个人信息的保护。[①]

法律依据损害后果的严重影响程度对敏感个人信息予以限定。这点很容易从《个人信息保护法》第28条的规定中得出。在《个人信息保护法》《民法典》的保护框架下,可以将敏感个人信息分为特别敏感个人信息和较为敏感个人信息两类。其中,特别敏感个人信息是指一旦泄漏后会对国家安全、社会秩序和公共利益造成特别严重危害的个人信息,而较为敏感个人信息是指一旦泄漏会对国家安全、社会秩序和社会公共利益造成危害,或者对信息主体的合法权益造成严重损害的个人信息。[②]

(二) 客观风险标准

判断个人信息是否敏感离不开社会公众基于一般经验和生活常识的整体性价值认可,在法学视角下"敏感"与"高度损害风险"相关联,评估敏感个人信息处理风险是必不可少的步骤。[③]《个人信息保护法》第28条第1款使用"容易导致"这一表述,实际上指向的是一种损害发生的概率,属于风险范畴。损害风险可以单独或同时源于个人信息内容、个人信息被非法使用时的工具性以及非敏感个人信息与敏感个人信息的关联性;敏感个人信息处理的损害风险程度较高,对敏感个人信息严格保护的目的不在于要求损害后果的实际发生,而侧重于预防并降低造成信息主体法益被侵害的可能性。[④] 损害发生的可能性是界定敏感个人信息必须考虑的因素,这是敏感个人信息与非敏感个人信息的关键区别。

二、处理敏感个人信息的法定规则

(一) 单独同意规则

为强化对敏感个人信息的保护,《个人信息保护法》第29条特别设立了单独同意规则。

第一,信息处理者应当请求信息主体对敏感个人信息的处理逐一授权同意,不允许信息处理者请求信息主体笼统地统一授权。信息主体的"单独同意"要求待同意的事项明确且具体,针对信息主体同意哪些信息收集、存储以及传输,信息处理者要逐一设立同意选项,信息主体需要对敏感个人信息的处理逐一授权同意。若未经信息主体逐一授权同意而处理敏感个人信息,就属于侵害信息主体民事权益的行为。《个人信息保护法》第29条专门规定了敏感个人信息的单独同意,这一要求强于《民法典》第1033条中明确同意

① 王利明:《论民事权益位阶:以〈民法典〉为中心》,《中国法学》2022年第1期,第45页。
② 管洪博:《数字经济下个人信息共享制度的构建》,《法学论坛》2021年第6期,第112页。
③ Muge Fazlioglu. Beyond the Nature of Data: Obstacles to Protecting Sensitive Information in the European Union and the United States. *Fordham Urban Law Journal*, Vol. 46, No. 2, 2019, p. 271.
④ 莫琳:《敏感个人信息的界定及其完善》,《财经法学》2023年第2期,第21—25页。

的要求。① 敏感个人信息关于单独同意的规定，比一般个人信息关于"明确同意"的要求更高。这也进一步体现出合理确定敏感个人信息范围的重要性。

第二，法律、行政法规可能会要求信息主体出具"书面的单独同意"。"书面的单独同意"在同意形式上提出了比"明确同意"更高的要求，"书面的单独同意"似乎有意排除了在意思不明情况下通过推定或者补充解释来认定单独同意的可能。② 在此场合，对于某些敏感个人信息的处理不仅必须取得个人的单独同意，而且应取得书面同意，例如信息处理者必须取得信息主体亲笔签名的针对某类敏感个人信息的处理表示同意的纸质同意书。③ 互联网世界中，"书面单独同意"的形式既可以是纸质形式，也可以是电子形式，例如平台对平台用户设置单独同意的弹窗机制时，让用户以电子化的书面单独同意形式实现敏感个人信息的处理授权。

（二）特别事项告知规则

信息主体作出同意决定依赖于对信息即将面临的处理事项的知情，因此法律规定了信息处理者的告知义务。为强化对敏感个人信息的保护，相比一般个人信息相关的告知规则，《个人信息保护法》专门设立了特别事项告知规则。

首先，信息处理者须向信息主体告知处理敏感个人信息的必要性。处理敏感个人信息的必要性可以理解为是否存在处理敏感个人信息的其他可替代途径。倘若没有更好的替代选项，针对该敏感个人信息的处理则为必要。处理敏感个人信息的必要性要求处理个人信息的活动限定在必要的范围内，④例如在人脸识别的案件中，"刷脸"涉及敏感个人信息处理，仅以方便管理、提高通过效率来论证"必要性"显然是不充分的，⑤因为处理人脸识别信息时应当满足非人脸识别方式安全性或便捷性"显著"低于人脸识别方式的条件，并且应同时提供安全措施保障人脸识别信息主体的信息安全。值得注意的是，告知处理敏感个人信息的必要性意味着要求信息处理者先自行评估必要性，但这并不意味着将必要性充分与否的判断权交给信息处理者来自行决定。⑥ 要处理敏感个人信息的"必要性"，需要结合实际情况综合对比有无其他替代方案的存在。

其次，信息处理者须向信息主体告知信息处理对个人权益的影响。在这一过程中，信息处理者需要将对信息的收集、存储以及传输等处理活动的后续影响明确告知信息主体，向信息主体明示敏感个人信息的处理目的、方式和范围，而不是简单告知一般处理目的。

---

① 韩旭至：《敏感个人信息的界定及其处理前提——以〈个人信息保护法〉第 28 条为中心》，《求是学刊》2022 年第 5 期，第 142 页。

② 萧鑫：《个人信息处理的多元同意规则——基于同意阶层体系的理解和阐释》，《政治与法律》2022 年第 4 期，第 169 页。

③ 程啸：《论个人信息权益与隐私权的关系》，《当代法学》2022 年第 4 期，第 65 页。

④ 张红：《从〈民法典〉人格权编到〈个人信息保护法〉》，《求索》2023 年第 1 期，第 177 页。

⑤ 杭州市中级人民法院(2020)浙 01 民终 10940 号民事判决书。

⑥ 韩旭至：《敏感个人信息处理的告知同意》，《地方立法研究》2022 年第 3 期，第 70 页。

信息处理者在从事对个人权益有重大影响的个人信息处理活动时,应当做事前影响评估和记录处理情况,重大影响的活动包括处理敏感个人信息、利用个人信息实施自动化决策等。

再次,处理未满14周岁未成年人个人信息时应当向未成年人父母或者监护人履行告知义务,进而获得其父母或者监护人的同意。[①]

最后,信息处理者在例外情形下有权不向个人履行告知程序。例外情形主要包括:一是个人信息处理者按法律、行政法规规定应当保密或不需要告知的情形,以及暂缓告知的情形——因紧急情况为保护自然人的生命健康和财产安全无法及时向个人告知的情形,无法告知的事由消除后依然应当告知;[②]二是国家机关为履行法定职责,因法律、行政法规规定应当保密或者不需要告知,或者告知将妨碍国家机关履行法定职责的情形。[③]

(三) 行政许可或其他限制规则

对于敏感个人信息的强化保护,《个人信息保护法》第32条特别设立了行政许可或其他限制规则。该条规定:"法律、行政法规对处理敏感个人信息规定应当取得相关行政许可或者作出其他限制的,从其规定。"

第一,法律、行政法规可以就处理敏感个人信息的行政许可或者其他限制措施作出规定。在这个意义上,信息处理规则本质上是国家建立的一套公法秩序,应该主要通过监管和公共执行机制予以保障和纠偏。[④] 举例而言,"征信信息"作为金融账户信息,属于《个人信息保护法》第28条规定的敏感个人信息。征信信息包含个人住址、联系方式等重要信息,一旦泄露或者被不当处理,容易导致个人人格尊严受到侵害或者人身、财产安全受到危害,造成严重后果,故法律或者行政法规对处理征信信息作出适当限制确有必要。《征信业管理条例》第16条规定:"征信机构对个人不良信息的保存期限,自不良行为或者事件终止之日起为5年;超过5年的,应当予以删除。在不良信息保存期限内,信息主体可以对不良信息作出说明,征信机构应当予以记载。"

第二,行政许可或者其他限制规则的执行要求行政机关承担敏感个人信息收集行为是否具有特定目的与必要性的判定工作。行政许可仅在具体的范围内有效,且个人信息收集者需要在履行个人信息保护职责部门的监督下实施一般敏感个人信息收集行为。由行政机关承担敏感个人信息收集行为是否具有特定目的以及充分必要性的判定工作,将有利于客观且全面地对敏感个人信息收集行为具有的相关风险予以识别、评估和管理。

[①] 《个人信息保护法》第31条。
[②] 《个人信息保护法》第18条。
[③] 《个人信息保护法》第35条。
[④] 王锡锌:《个人信息权益的三层构造及保护机制》,《现代法学》2021年第5期,第119页。

案例解析

　　乙公司收取玩家的位置信息、通讯录信息、短信等侵犯了玩家甲的个人信息权,理由在于:一是乙公司对相应权限的获取亦应征得用户的明示同意,而非默认开启权限并收集。二是乙公司利用所开发的移动应用程序肆意搜集玩家甲的个人信息,尤其是位置、通讯录、短信等敏感个人信息,严重违反收集个人信息"必要、合理"的原则。作为一款益智类游戏应用,短信、通讯录等权限与游戏本身的使用体验并无关联。

第二节　未成年人个人信息的处理规则

 教学案例

　　某短视频软件平台面向所有年龄段用户提供服务,在用户注册环节,只有一份《个人信息/隐私保护政策》,在未征得监护人同意的情况下允许儿童用户在平台内实名注册,并收集儿童网络账号、位置、联系人等信息。该短视频软件平台的行为违反了哪些义务?

　　处理未满14周岁的未成年人①个人信息需要遵守特殊的处理规则,满足特定的要求。作为敏感个人信息的一种,未成年人个人信息当然适用敏感个人信息的所有规则。鉴于未成年人的特殊性,个人信息保护法对未成年人个人信息的处理规则做了特别规定。《个人信息保护法》第31条规定:"个人信息处理者处理不满14周岁未成年人个人信息的,应当取得未成年人的父母或者其他监护人的同意。个人信息处理者处理不满14周岁未成年人个人信息的,应当制定专门的个人信息处理规则。"该条确立了未成年人个人信息的处理规则。另外,部分未成年人个人信息的处理规则还散见于《未成年人保护法》《国家庭教育促进法》《儿童个人信息网络保护规定》等法律规定中。

一、未成年人个人信息特点及其特殊处理规则

　　单独设置未成年人个人信息的处理规则,是因为未成年人个人信息具有不同于其他个人信息的特殊性,需要法律的特别关注。未成年人个人信息及其处理规则具体体现为如下特点。

----

① 　如无特别说明,本节所称未成年人均指未满14周岁的未成年人。

（一）未成年人个人信息特点

一是不满 14 周岁未成年人个人信息属于敏感个人信息。与其他个人信息相比，未成年人个人信息天然具有敏感性，应纳入敏感个人信息的范畴。其敏感性体现在：未成年人个人信息直接关系未成年人的保护，对未成年人造成的影响很大，一旦泄露或被非法使用，很可能给未成年人造成难以挽回的损害。在《个人信息保护法》的制定过程中，宪法和法律委员会经研究，建议明确将不满 14 周岁未成年人的个人信息作为敏感个人信息，并要求个人信息处理者对此制定专门的个人信息处理规则。[①] 最终，《个人信息保护法》第28 条在规定敏感个人信息的内涵和外延时，就明确将不满 14 周岁未成年人的个人信息包括进去。

二是未成年人对于处理个人信息的理解能力不足。未成年人的年龄和成熟程度可能会影响他们对信息处理行为的理解能力。未成年人存在知识水平和认知能力上的局限，对信息处理行为的风险、后果以及信息处理者的目的、动机往往缺乏理解。例如，在面对网络游戏、学习软件、社交软件等服务时，未成年人并不能理解针对收集个人信息目的之同意意味着什么，尤其随着专业分工的精细化，指向未成年人的细分市场逐渐形成，例如网络精准营销、个性化广告推荐、人工智能产品等，这会对未成年人个人信息的收集处理产生不可估量的影响。[②] 在这样的网络环境下，未成年人处理个人信息的能力显然不够，需要父母或其他监护人提供特殊保护。

（二）处理未成年人个人信息应遵循的特殊规则

鉴于上述特点，处理未成年人个人信息应遵循特殊的处理规则。首先，信息处理者应识别未成年人信息主体，判断其是否具有同意能力；其次，如果未成年人不具备同意能力，处理个人信息之前，信息处理者应当取得未成年人的父母或者其他监护人的同意；最后，对于未成年人的个人信息，信息处理者应当制定专门的个人信息处理规则。

二、未成年人的同意能力

以是否具备同意能力为标准，未成年人个人信息分为两种规范模式：如果具备同意能力，未成年人被认为可以做出有效同意，进而自行决定个人信息的处理；如果不具备同意能力，未成年人必须在监护人同意规则下作出处理，信息处理者也负有额外义务。是否具备同意能力是判断未成年人能否自行作出有效同意的前提，适用未成年人个人信息的处理规则之前，应判断未成年人是否具备同意能力。

[①]　《全国人民代表大会宪法和法律委员会关于〈中华人民共和国个人信息保护法（草案）〉审议结果的报告》，http://www.npc.gov.cn/npc/c30834/202108/a528d76d41c44f33980eaffe0e329ffe.shtml，最后访问日期：2023 年 8 月 15 日。

[②]　王苑：《中国未成年人网络个人信息保护的立法进路——对"监护人或家长同意"机制的反思》，《西安交通大学学报（社会科学版）》2019 年第 6 期，第 134 页。

（一）未成年人同意能力的界定

同意是处理个人信息的前提。同意能力作为个人信息处理中信息主体同意的有效要件，是指信息主体能够识别和理解同意内容、同意行为的性质与后果的意思能力。个人信息处理中的同意能力对于未成年人来说具有消极与积极之双重功能，前者限制未成年人独立作出同意以实现未成年人保护，后者保障未成年人信息自决权的行使。同意能力的消极功能，即为保护不满 14 周岁未成年人的个人信息安全及与此相关的人身和财产安全，消极性地使其不能独立同意信息处理者处理其个人信息，以避免可能的不利后果。同意能力的积极功能，即在实际上承认了对个人信息处理具备判断能力的信息主体可以独立作出同意。[①]

（二）未成年人同意能力的年龄标准

为了判断未成年人是否具备同意能力，各国大多划定"未成年人同意"的年龄界限，作为判断的客观标准。例如：我国将这一年龄标准定在 14 周岁；美国《儿童在线隐私保护法案》将儿童界定为不满 13 周岁的未成年人；欧盟《一般数据保护条例》将儿童界定为不满 16 周岁的未成年人，同时允许成员国将这一年龄降低至 13 周岁，德国、西班牙将这一年龄确定为 14 周岁；荷兰规定为 16 周岁。[②] 满足年龄标准的未成年人视为有能力理解、判断相关信息的处理风险，具备个人信息处理的同意能力，能够作出有效的同意决定；不满足年龄标准的未成年人视为不具有同意能力，需要父母或其他监护人的介入和协助。"未成年人同意"的年龄标准作为其中的一个制度设计，决定着应在何种节点上承认未成年人同意处理其个人信息的效力以及何时允许监护人的介入和协助，并成为各国立法为儿童信息主体提供专门保护的基本模式。[③]

（三）未成年人同意能力是特别行为能力

未成年人同意能力本质上是一种行为能力。行为能力通常被认为是指民事主体能够理解意思表示，并通过独立意思表示实施民事法律行为的能力。同意行为属于一种法律行为，信息主体对于信息处理者就其个人信息所要实施的处理活动而作出同意，意味着为自己设定了利益负担，并为信息处理者设定了处理信息的权利。相应地，同意能力作为一种理解意思表示内容的能力是符合行为能力界定的。

个人信息保护中的未成年人同意能力与一般行为能力相比有一定的特殊性。① 同意能力适用于防御性行为。同意是信息主体的一种防御性行为，并不同于积极主动地作出法律行为。在《个人信息保护法》中，尽管"同意"可以被视为一种对于个人信息权的处分，但此种处分不能脱离商品或服务合同的语境而单独存在，只能被视为信息主体为了获

---

① 李永军、张兰兰：《未成年人信息同意能力的双重功能及其法律实现》，《南京社会科学》2022 年第 4 期，第 88 页。

② 杨合庆：《中华人民共和国个人信息保护法释义》，法律出版社 2022 年版，第 90 页。

③ 冯恺：《个人信息处理中"儿童同意"的年龄标准》，《暨南学报（哲学社会科学版）》2021 年第 8 期，第 89 页。

得相应的商品或服务而必须作出的权利处分,此时,信息主体是在行使自己防御性的个人信息权益,而非积极主动行使自己的信息权益。[1] ② 同意的意思能力高低的要求比一般行为能力要求更低。因为同意行为以一定事实结果的出现为目的,主体在作出同意表示时,只要具备了认识与理解其同意的事实上性质、损害后果,并根据自己利益与价值观作出判断的意思能力即可;而一般法律行为需要有交往关系中平衡和合理计算利益的智慧,所以通常主体应当有较高的意思能力才能取得其预期的法律效果。[2] ③ 两者的年龄标准也并不重合。未成年人具备同意能力的年龄标准是 14 周岁,而具备完全民事行为能力的年龄标准是 18 周岁。

> **拓展阅读 同意能力的性质争议**
>
> 　　同意能力是否属于行为能力有争议。有观点认为同意能力和行为能力是有区别的,这种观点被称为区分论。区分论的一个理由是,信息主体的同意并非旨在发生民事法律后果的内心意思的外在表示,信息主体与信息处理者之间也没有就设立、变更、终止民事法律关系达成合意,在个人信息处理中信息主体所作出的同意并不是意思表示,不属于民事法律行为。[3] 这一观点立论的基础是信息主体的同意并不包含设立、变更、终止法律关系等法律后果的意思,但事实并非如此。信息主体作出同意决定就是对其信息利益作出处分,这本身是为其设定义务的体现,意味着信息主体在其同意的范围内必须容忍信息处理者的行为,同时使信息处理者获得处理信息的权利并豁免可能的侵权责任。区分论的另一个理由是,同意能力与行为能力对主体意思能力的要求并不相同。但这种不同只是体现出了同意能力相对于一般行为能力的特殊性,并不能为两者性质上的不同提供合理依据。

> **【思考】**
> 　　未成年人具备同意能力,一定具备一般行为能力吗? 未成年人的同意能力与行为能力有何关系?

三、监护人同意规则

　　对未满 14 周岁未成年人的个人信息,我国相关法律规范都予以特别保护,例如需经

---

[1]　万方:《个人信息处理中的"同意"与"同意撤回"》,《中国法学》2021 年第 1 期,第 169 页。
[2]　冯恺:《个人信息处理中"儿童同意"的年龄标准》,《暨南学报(哲学社会科学版)》2021 年第 8 期,第 92 页。
[3]　程啸:《论个人信息处理中的个人同意》,《环球法律评论》2021 年第 6 期,第 43 页。

过监护人同意才能被处理。未成年人个人信息承载着双重利益,即未成年人的个人利益和父母的亲权利益。实践中,未成年人受制于认知能力和自我保护意识,面对具有多发性、隐蔽性、因果关系模糊性等特征的信息侵权行为,势必需要监护人或父母的代位保护和帮助。①

(一) 监护人同意规则保护的利益

监护人同意规则体现了对未成年人的个人利益和父母亲权利益的双重保护。一方面,监护人替代未成年人作出同意的最终目的是保障未成年人的个人利益。信息主体对其个人信息享有自主利益,未成年人也不例外。未成年人尚不具备同意能力时,暂时无法独立行使权利,但其自主利益仍需法律保护。另一方面,监护人替代未成年人作出同意也体现了成年父母的亲权利益。父母的亲权及监护权中的一项重要利益是对未成年人的照顾和保护,父母希望未成年人能在健康的环境中茁壮成长,不受不利于未成年人成长的危险因素的干扰、引诱和损害。信息处理者对未成年人信息的收集与处理不仅可能产生不当处置信息带来的信息损害风险,而且可能给未成年人带来其他成长方面的风险,例如吸收不良信息、形成不良思想,或者破坏未成年人自律使用电子设备的良好习惯等风险。监护人同意规则兼顾了未成年人的个人利益和父母的亲权利益,这也是对未成年人利益最大化原则的贯彻。

(二) 监护人同意规则的内容

除《个人信息保护法》之外,《民法典》第 1035 条规定,处理未成年人个人信息,应当遵循合法、正当、必要原则,不得过度处理,并应征得其监护人同意。《儿童个人信息网络保护规定》第 8、9 条规定,网络运营者应当设置专门的儿童个人信息保护规则和用户协议;收集、使用、转移、披露儿童个人信息的,应当以显著、清晰的方式告知儿童监护人,并应当征得儿童监护人的同意。这些规范共同构成了监护人同意规则的内容。

监护人同意规则的内容离不开以下三个环节:一是身份验证。信息处理者具有双重验证义务,既要验证个人信息被处理的自然人是 14 周岁以下的未成年人,又要验证代表该未成年人作出同意的人是其父母或其他监护人。② 二是告知同意。信息处理者应当将拟收集的未成年人信息的内容和范围、拟使用的方式和目的、个人信息的保护标准以及法律救济等信息告知监护人,确保其充分知情。为履行监护职责,监护人代替未成年人行使广泛的个人信息权能,其中包括监护人对未成年人个人信息的知情同意权。监护人可以获取未成年人的个人信息,了解未成年人网络使用情况,并基于最有利于未成年人的原则,按照告知同意标准判断未成年人个人信息收集、使用的请求并予授权或拒绝。当然,

---

① 蔡一博、吴涛:《未成年人个人信息保护的困境与制度应对——以"替代决定"的监护人同意机制完善为视角》,《中国青年社会科学》2021 年第 2 期,第 128 页。
② 程啸:《个人信息保护法理解与适用》,中国法制出版社 2021 年版,第 278—279 页。

监护人的同意权应在行使目的与方式上受到限制。在行使目的上,监护人的代替行使应以未成年人的利益保护为目的,以弥补未成年人同意能力缺陷。在行使方式上,监护人的行为应符合《个人信息保护法》要求,做出符合未成年人利益的行为。三是后续保障。将未成年人信息收集之后,信息处理者还应保障未成年人及其监护人的修改权和删除权,回应其撤回同意的请求,全程保障信息主体的利益。

拓展阅读 **监护人同意与未成年人同意的关系**

"未成年人同意"强调未成年人对个人信息特定事宜的认识和自主决定能力,并依赖未成年人的实际同意能力而确定;而"监护人同意"作为一种法律行为,其设定的理论基础仍是自然人的行为能力,即监护人应满足成年人年龄标准、具备完全的民事行为能力。[①] 包括未成年人在内的信息主体享有自主的信息权益,理应自主作出同意,但不满 14 周岁的未成年人缺乏足够的处理信息的能力,需要监护人同意作为辅助。基于这样的考量,在未成年人具备同意能力时,由未成年人自主作出同意;在未成年人不具备同意能力时,应由监护人替代未成年人作出同意。

问题在于,在经过监护人同意后,信息处理者是否还需经过未成年人本人同意? 在 2020 年修订《未成年人保护法》的过程中,该法修订草案一审稿曾采取了双重同意原则,即信息处理者处理未成年人的个人信息时,既需要取得未成年人的同意,也需要取得未成年人的父母或者其他监护人的同意。在审议该修订草案时,立法机关考虑到双重同意原则难以落实,在修订草案二审稿确立了单独同意的立法思路,即只需取得父母或者其他监护人的同意即可。[②]《个人信息保护法》也采取单独同意的原则,强调"应当取得未成年人的父母或者其他监护人的同意",并未提及须取得未成年人同意。

(三) 监护人同意规则的实现方式

除了在相关法律规范中规定监护人同意规则外,还应明确该规则的实现方式。《民法典》《未成年人保护法》《儿童个人信息网络保护规定》均规定了监护人同意和告知说明义务,但未明确取得监护人同意的实现方式,这为实践中确定监护人知情同意的实现带来了困境。在平台运营实践中,信息处理者可以通过账户持有人确认、第三方验证、实名验证等方式告知监护人,通过设置链接或弹窗、在醒目位置展示隐私政策、采用清晰简洁的用语等方式告知监护人,通过及时的信息披露保障个人的更正权和删除权。例如,推特、

---

① 冯恺:《个人信息处理中"儿童同意"的年龄标准》,《暨南学报(哲学社会科学版)》2021 年第 8 期,第 93 页。
② 郭林茂:《中华人民共和国未成年人保护法释义》,法律出版社 2021 年版,第 223 页。

Instagram 直接通过注册时强制填写出生年月日的措施来阻断未满 13 周岁未成年人注册使用其 APP,以防止被课以责任。另外,信息处理者还可以采用青少年模式、亲子账号绑定等措施实现监护人对未成年人的代替决定和监督,此类方式虽然不直接涉及信息处理,但具有一定的参考价值。

拓展阅读 美国关于监护人同意规则的实现方式

从比较法上来看,美国《儿童在线隐私保护法案》建立了相对完善的监护人同意规则,值得参照。

美国《儿童在线隐私保护法案》要求收集儿童个人信息的网络运营商通知家长,并获得家长同意[15U. S. C. §6502(b)(1)(A)(ii)]。在监护人同意规则的实现方面,美国创设了"浮动比例尺"(sliding scale)规则(§312.5)和"避风港"(safe harbor)规则[§312.11(b)]。"浮动比例尺"规则要求根据信息的使用目的来调整监护人同意的严格程度,即监护人同意规则是通过划分不同的风险等级、运用场景化的方式得以实现的。首先,最小风险的网络服务无须得到父母的同意,例如没有互动或不共享儿童数据的网络服务的情形;其次,中等风险的网络服务采用较宽松的同意形式,例如网络服务商仅在内部使用儿童数据且不向第三方披露或公开时,可以向父母发送电子邮件,并在收到父母同意的回复后方可确认使用;最后,最高风险等级的网络服务必须符合最严格的同意机制,例如向第三方披露儿童数据、行为广告或儿童注册使用网络社交媒体时,网络服务提供者需要通过邮寄、传真或电子邮件等方式要求父母填写并返还同意书,提供信用卡号码、验证身份的证明文件、免费电话或视频会议等方式验证父母同意。为在征得监护人同意方面限制运营和监管成本,"避风港"规则授权网络运营商自行创设获取家长同意的机制或系统,由执法机关予以认可。①

四、信息处理者处理未成年人个人信息的义务

处理未成年人个人信息,信息处理者需遵循特殊的义务:一方面,告知监护人并取得其同意。与一般的告知同意规则不同,处理未成年人个人信息时,告知同意的对象是监护人。信息处理者在获取未成年人个人信息之前,应当充分告知监护人拟收集的未成年人个人信息内容和范围、拟使用的方式及目的、个人信息保护标准、是否将拟收集的未成年

---

① Dalia Topelson Ritvo. Privacy and Student Data:An Overview of Federal Laws Impacting Student Information Collected through Networked Technologies. http://nrs. harvard. edu/urn-3:HUL. InstRepos:27410234, last visited on August 15,2023.

人个人信息供第三方使用、监护人权利和可采取的措施、法律救济等信息,确保监护人充分知情,并在充分告知的基础上,取得监护人的同意。获得监护人同意,可以等待监护人做出明示同意,也可以采取合理方式,确认监护人所做出的同意。另一方面,制定专门的个人信息处理规则。对于未成年人个人信息的处理,应当遵循专门的个人信息处理规则,实现对未成年人的特殊保护。这样的规定是为了将未成年人个人信息与其他个人信息相区分,凸显二者的不同。为此,信息处理者除了制定一般的个人信息处理规则外,还应单独制定针对未成年人的个人信息处理规则,做出不同处理。

案例解析

本案中,短视频软件平台的行为违反了两项义务:一是未针对不满 14 周岁的未成年人制定专门的个人信息处理规则;二是收集不满 14 周岁未成年人个人信息时,未取得未成年人的父母或者其他监护人的同意。

典型案例

杭州市余杭区人民检察院与某短视频平台
未成年人保护民事公益诉讼案①

案件事实:公益诉讼起诉人发现,某科技公司运营的某短视频软件平台存在侵害众多不特定儿童个人信息的侵权行为,具体包括:① 在未以显著、清晰的方式告知并征得儿童监护人有效明示同意的情况下,允许注册儿童账户,并收集、存储儿童网络账号、位置、联系方式,以及儿童面部识别特征、声音识别特征等个人敏感信息;② 在未再次征得儿童监护人有效明示同意的情况下,运用后台算法,向具有浏览儿童内容视频喜好的用户直接推送含有儿童个人信息的短视频;③ 未对儿童用户采取区分管理措施,默认用户点击“关注”后即可与儿童账户私信联系,并能获取其地理位置、面部特征等个人信息。公益诉讼起诉人认为,平台前述行为侵害了社会公共利益,遂提起民事公益诉讼。

法院裁判:双方在法院主持下达成调解。① 平台停止对儿童个人信息的侵权行为,按照《民法典》《未成年人保护法》《网络安全法》《儿童个人信息网络保护规定》等对儿童个人信息保护的要求,对平台整改,并按双方确认的合规整改方案、时间推进表落实、执行;② 平台完成整改后,应评估整改完成情况及其效果,并向公益诉讼起诉人、人民法院出具详细的整改完成情况报告书;③ 平台应根据相关监管法规要求,将整改措施方案及整改完成情况报告书报送网信部门,自觉接受合规审查;④ 平台就涉案侵权行为,在《法治日

---

① 杭州互联网法院(2020)浙 0192 民初 10993 号民事调解书。

报》及平台官方账号首页显著位置公开赔礼道歉；⑤ 平台承诺在今后运营过程中严格遵守儿童个人信息保护的法律、法规，并自觉接受网信等行政监管部门的监督检查；⑥ 平台于调解协议生效后 7 个工作日内，赔偿因侵权行为造成的社会公共利益损失人民币 150 万元，款项交相关儿童公益保护组织，专门用于儿童个人信息安全保护等公益事项。

案例评析： 本案系全国首例儿童个人信息、网络安全保护民事公益诉讼。本案从平台对儿童用户的识别义务、平台如何获得监护人有效明示同意、平台能否对儿童用户做个性化推荐、平台能否对儿童用户做自动化决策、平台如何主动安全保护儿童隐私信息等多个维度提供了较为合理的方案。例如，儿童个人信息属于敏感个人信息，信息处理者应对儿童个人信息建立专门保护池，采取加密存储措施。信息处理者在获得儿童监护人单独授权同意的情况下才能处理儿童个人信息，包括基于算法的自动化决策将含有儿童用户个人信息的短视频向其他用户推送，对儿童用户画像，运用算法向儿童推送个性化内容等。

第三节　已公开个人信息的处理规则

 教学案例

案例 1： 甲通过某 APP 开通信用服务，与乙公司签订了《信用服务协议》。后甲收到某信用平台的信息，包括：被执行人、案件号、执行单位、履行情况、过程记录等。甲认为乙公司在未经其同意的情形下，违法搜集了其"被执行信息"作商业用途，故以严重损害其隐私权为由，诉诸法院，请求判令被告停止侵害，并删除其相关信息。

案例 2： 乙公司以提供商业查询服务为主营业务，公众可通过其网站查询涉讼裁判文书等信息。2021 年乙公司将中国裁判文书网公布的关于甲的判决书转载至其经营的网站供公众查阅。在甲联系乙公司要求删除文书之后，乙公司仍以诉争文书已公开为由拒绝删除。因此，甲认为被告侵犯其个人信息等人格权，诉诸法院，请求被告删除其判决书，并赔偿其经济损失。

《个人信息保护法》第 13 条规定了处理个人信息的合法性事由。其中，"信息主体同意"是信息处理者处理个人信息的一般性前提，而该条第 6 项规定，信息处理者可"依照本法规定在合理的范围内处理个人自行公开或者其他已经合法公开的个人信息"。可见，立法将"个人信息已公开"列为可豁免于同意规则的合法处理事由，显示了公开个人信息处理规则的特殊性。在此基础上，《个人信息保护法》第 27 条对该类信息处理规则进一步细化，赋予信息主体对该类信息处理的拒绝权，且若对个人权益产生重要影响，则需要取得信息主体的同意。此处产生的疑问是：按照《个人信息保护法》第 13 条的规定，个人信息公开是信息处理者处理的合法性依据，然而，第 27 条又对该类信息的处理增加了除外规则和同意规则。这类模糊性的规定导致在司法实践中法院对相似判决呈现裁判不一的结果。因此,信息处理者处理该类信息的合法性标准如何确定是不得不探讨的重要课题。

一、已公开个人信息的限定

我国立法对个人信息与隐私权采用二元区分的保护模式,就隐私而言,其一旦公开则秘密性不在,不受隐私权规则的保护。但个人信息本身就具有标识个人身份的功能,即使将其公开也依然具有人格权益。因为个人信息在某阶段被置于公共领域并不意味着个人失去了对该消息的隐私利益或不再享有对信息再次披露或传播的控制。[①] 因此,公开性只是个人信息在具体情境中的客观表现,仅以"公开"作为同意框架之外的合法处理条件,并不能周延解释其跳脱于个人自决之外的正当性。如何解释"公开"的含义,还需要考量其他要素。

(一) 已公开的个人信息需处于公开状态

我国《个人信息安全规范》第 3.11 条将"公开披露"界定为"向社会或不特定人群发布信息的行为",即在客观上已经处于可由不特定的人获取的状态,这种可获取性不是已经处于被获取的事实状态,而是指具有被不特定第三人获取的可能性。[②] 这是定义"公开性"的一般标准,而可获取的正当性基础,仍需要在具体情境通过限定公开范围和不特定第三人进行解释,否则过宽的公开标准会架空同意规则的核心自决功能。公开的判定有绝对公开标准和相对公开标准,前者是指只要个人信息可以为不特定第三人获取和使用就属于已公开的状态,不受公开场景的限制;后者是指信息只在具体场景内公开,一旦脱离具体场景,就属于非公开个人信息。个人信息天然的社会属性决定了其在不同场景中的多重含义,在此情景中是公开状态,例如在微信朋友圈发布文字、图片、视频等,而在另一个情景中则可能属于非公开状态。特定群体的共同情感取决于具体场域,信息参与者在不同情境中的角色定位影响着对公开与否的确定,进而影响着个人的合理期待。"场景的转换会涉及信息传播方式、信息发送者、信息接收者的变化,这都成为影响人们对隐私合理期待的因素"。[③] 例如在"黄某与维斯瑞隐私权纠纷案"中,[④]维斯瑞公司将黄某的减肥信息和图片公布于公众号,显然超出信息共享的合理范畴,故维斯瑞公司的行为构成侵权。可以说,绝对公开标准扩大了豁免同意的适用范围,将初次公开的合法性延续至后续利用阶段,显然与我国立法以知情同意为核心构建的信息处理规则相悖。

---

① Woodrow Hartzog. The Public Information Fallacy. *Boston University Law Review*, Vol. 99, No. 2, 2019, pp. 459 – 522.
② 程啸:《论公开的个人信息处理的法律规制》,《中国法学》2022 年第 3 期,第 88 页。
③ Kirsten Martin & Helen Nissenbaum. Measuring Privacy: An Empirical Test Using Context to Expose Confounding Variables. *Columbia Science and Technology Law Review*. Vol. 18, No. 1, 2016, p. 190.
④ 萍乡市中级人民法院(2017)赣 03 民终 240 号民事判决书。

（二）已公开的个人信息必须符合合法性要件

合法性要件是指个人信息的初次公开是依据个人意愿或者法律规定公开，而非通过侵权或其他非法方式获取。这种合法性并非单指公开方式的合法性，还包括信息处理活动的合法性。例如，《个人信息保护法》第 10 条规定，任何组织或者个人需要获取他人个人信息的，应当依法取得并确保信息安全，不得非法收集、使用、加工、传输他人个人信息，不得非法买卖、提供或者公开他人个人信息。如果公开的个人信息属于敏感个人信息，还要符合《个人信息保护法》"敏感个人信息的处理规则"的具体规定。

二、已公开个人信息的类型化处理规则

《个人信息保护法》第 13 条将个人信息的公开区分为自行公开和其他合法公开。本书以是否符合信息主体意愿为标准将已公开的信息分为意定公开和法定公开。前者包括信息主体自愿公开和同意信息处理者公开的情形；后者则是指依照法律、行政法规的规定强制公开，无需征得信息主体同意。不同类型的公开信息，其侧重的价值取向、公共利益不同，故处理规则应该区分讨论。

（一）意定公开个人信息的处理规则

意定公开个人信息强调信息主体对其信息的控制或自决。信息主体自行公开的情况基于其意思自治，信息主体选择自行公开其信息的行为可以产生一种推定同意的法律后果，意味着其在一定程度上同意他人对这些个人信息的处理。[1] 这种推定同意的法律后果必须与合理的处理范围相一致，且信息主体必须具有明确无疑的公开行为。欧盟《一般数据保护条例》第 9.2(e) 条下规定的"明确无疑"的"自行公开"界定，因该类信息是敏感信息同意豁免的合法事由。欧盟对其构成要件要求非常严格，需要综合考虑很多因素。以《关于针对社交媒体用户提供定向服务的指南》为例，需要考虑社交媒体平台的默认设置、社交媒体平台的性质、发布信息页面的公开可访问性、信息主体是否被明确告知他们发布的信息将被公开、该信息是否信息主体自行公布，或由第三方公布等。[2] 因此，从信息主体表示行为推定他人对公开信息的再利用是对信息主体初始同意的延伸，相当于获得信息主体同意的法律效果，符合合理的隐私期待。例如，个人在小红书发表的旅游、化妆、学习等视频，此类信息的传播范围和传播方式依个人意志公开且希望获得更多关注，可由不特定第三人获取或转载。如果超出信息主体的预期范围，则该类信息应该推定为"非公开"，仍以取得信息主体同意为合法处理的前提。

---

[1] 黄薇：《中华人民共和国民法典人格权编解读》，中国法制出版社 2020 年版，第 220—221 页。
[2] European Data Protection Board, Guidelines 8/2020 on the Targeting of Social Media Users, adopted on 13 April 2021, paras. 127 - 129.

（二）法定公开个人信息的处理规则

不同于意定公开信息，法定公开信息与个人意志、人格间的关联较为薄弱，其或关涉公众知情权、信息自由流通等公共利益的实现，或具有"较大经济社会效益潜力"。[①]这类信息侧重于保护已公开个人信息的流通价值，更强调信息的公共利益。对这类信息的公开不以信息主体同意为前提，而是必须以明确的法律规定为豁免同意的合法事由。

基于强制公开的豁免呈现出双层结构：合法强制公开为一次豁免，公开后的处理则为二次豁免。[②] 例如，政府信息公开是强制公开的典型场景，尽管在初始阶段，政府公开信息可能受到信息主体或第三人的合法性质疑，但若公开的信息未触及个人信息重大利益或对信息主体的权益未造成巨大威胁或实质损害，则可以推定该类信息公开的合法性，那么对于信息处理者而言，该类信息的处理也可以推定为合法的。[③] 此外，在满足合法性事由外，这种公开性还必须满足最小必要性原则的限制。即公开的个人信息必须基于特定的目的，且以实现目的最小范围为限，不得过度公开。例如，为防控需要对患者的流调信息进行公开，但应对其姓名、身份证号码进行适当脱敏，以免侵害患者的人格利益。此外，当公开的个人信息中包含敏感个人信息，信息处理者应当采取严格的保护措施，将公开的范围降至最小，以影响最小为参考标准。

 案例解析

案例 1 中，甲的"被执行信息"是人民法院依法向社会公众公开的内容，符合强制公开的合法事由。乙公司通过公开渠道就可查询到相关信息，不需要经过甲的事前同意，因此，乙公司的行为并不属于非授权公开个人信息的情形。且乙公司未向不必要的第三人公开甲的征信信息，符合最小必要原则，未损害甲的人格权益，故并不存在非法披露个人信息的情形。

三、已公开个人信息的处理限度

《个人信息保护法》第 27 条规定了信息处理者处理已公开个人信息的除外条件，即信息主体明确拒绝和对信息主体权益有重大影响时需要重新获得信息主体同意。这两个条件目前在实践中尚未有明确解释，故此处作重点阐述。

---

① 齐英程：《已公开个人信息处理规则的类型化阐释》，《法制与社会发展》2022 年第 5 期，第 221 页。
② 宁园：《"个人信息已公开"作为合法处理事由的法理基础和规则适用》，《环球法律评论》2022 年第 2 期，第 72 页。
③ 刘晓春：《已公开个人信息保护和利用的规则建构》，《环球法律评论》2022 年第 2 期，第 61 页。

（一）拒绝权的行使

当信息处理者未经信息主体同意或不具备法定公开的情形时，信息主体有权拒绝公开，此种情形并无太多争议。问题是，当信息处理者在合理范围内处理已公开的个人信息，信息主体是否能够直接行使拒绝权？

事实上，无论个人信息公开与否，其人格利益不褪去。初始公开和二次处理的区别仅在于后者不需要取得信息主体同意或具备其他合法事由，而处理规则并无二致。信息主体的拒绝权不应区分是否在合理范围内。这是处理个人信息活动的对应权利，是拒绝权在二次处理中的延伸，也可以解释为"撤回同意"。这类信息毕竟属于已公开的状态，其同意规则的适用不同于未公开信息，这种同意已经降格为一种"选择退出机制"，与"选择进入"机制不同，决定权的时间发生在事后。因为信息主体需要承担个人信息利用的调查和了解成本，控制风险的成本转移到信息主体身上，在结果上导致个人信息控制权的弱化。[①] 当然，拒绝权的行使也有例外情形。如果公开的个人信息属于强制公开且符合最小必要原则时，此时即使信息主体拒绝处理，也不发生阻断效力。因为法定公开信息承载的公共利益较高，是公众知情权的具体体现，以防止自己陷入不利境地或不公平的交易中。在初始公开阶段就属于同意规则的豁免事由，信息主体的自我决定权已经受到了限制。而当二次处理时，如果与初始公开的目的和方式一致，则信息主体不得拒绝处理。

（二）影响到信息主体重大权益

处理已公开个人信息的第二个限制条件是当处理个人信息对信息主体的权益产生重大影响时，必须取得个人同意。"对信息主体权益有重大影响"是较为抽象的概念，仍需解释。所谓"重大"，是指对信息主体的信息权益造成威胁或严重不利后果。也就是说，此时的二次处理会导致信息主体的信息权益无法行使，或者造成实质性侵害。例如，个人因债务纠纷被法院纳入失信人黑名单予以公开，A银行收集该公开的信息之后进行加工分析，依此作为信用评价的依据。但是个人偿还所欠借款之后，A银行仍以信用不佳为由拒绝贷款，这明显对个人带来不利影响。因此，信息处理者应通过个人信息保护影响评估来确认是否对个人权益有重大影响，[②]如评估确有重大影响的，应该取得信息主体的再次同意，且即使同意，还是受合法性要件的约束。

 案例解析

在案例2中，甲要求乙公司删除其公开的诉讼文书之前，乙公司的行为不构成非法公开行为。但当甲发送删除请求时，乙公司处理其信息的合法性效力已经被阻断，公司不得

---

① 刘晓春：《已公开个人信息保护和利用的规则建构》，《环球法律评论》2022年第2期，第65页。
② 程啸：《论公开的个人信息处理的法律规制》，《中国法学》2022年第3期，第97页。

再以中国裁判文书网已公开为由拒绝删除,否则构成对甲的个人信息的不当利用。

 **拓展阅读** **"线上发布判决文书案"的适用规则**

算法识别性是个人信息的本质特征,只有被算法处理的个人信息纠纷才能适用个人信息权规则。若案涉算法只是依字母、发布时间排序等简单的处理技术时,也可能无须适用个人信息权。以"线上发布判决书案"为例,"贝尔塔案"与"汇法正信案"是典型案例。两案的案情相似:被告都是提供信息查询等服务的公司,它们将源自中国裁判文书网的法院裁判文书上传到自己网站,供客户查询。被告网站的裁判文书中包括原告与第三人的诉讼文书,文书中涉及原告姓名、纠纷过程等信息。原告以侵害个人信息权、名誉权、隐私权等为由提起诉讼,"贝尔塔案"法院判决被告侵害了原告的个人信息权,"汇法正信案"(以侵害隐私权为由)法院则驳回了原告的诉讼请求。在此类案件中,能否适用个人信息权与被告所采取的技术密切相关。若企业爬取了中国裁判文书网上公开的判决文书并收录于自己网站,而没有做出更多的技术处理,或只是做了案件名、案号、审级等分类编排上的处理,此时便不应适用个人信息权。若企业通过技术手段提取了判决书、企业工商注册信息、行政处罚文书、失信被执行人名单中的当事人信息,并将这些信息相关联,例如在查看企业工商注册信息时能看到该企业股东的判决书或行政处罚文书,对被纳入失信被执行人名单的股东做出重点标注,并在数据分析基础上提供企业或个人信用等级、交易风险预警等"增值"服务,此时适用个人信息权的可能性便明显加大,因为企业实施了对个人信息的自动化处理行为,导致个人信息具有"可连接性"。因此,"贝尔塔案"中被告提供的信息与裁判文书等做了关联,使用户在查看企业信息时能同时看到和连接到与之相关的裁判文书,可适用个人信息权规则。相反,"汇法正信案"中被告是法律资讯信息网站,其仅对司法案例进行了编排,故该案无须适用个人信息权规则。①

典型案例

伊某与苏州贝尔塔数据技术有限公司一般人格权纠纷案②

案件事实:贝尔塔公司经营商业查询服务,公众可通过其经营的启信宝网站查询涉

---

① 彭诚信:《重解个人信息的本质特征:算法识别性》,《上海师范大学学报(哲学社会科学版)》2023 年第 3 期,第80—81 页。
② 苏州市中级人民法院(2019)苏 05 民终 4745 号民事判决书。

讼裁判文书、公司信用等级等信息。2017年,贝尔塔公司将中国裁判文书网上发布的关于原告伊某的诉讼文书转载至网站,以供他人查询知悉。原告知晓后,联系被告贝尔塔公司要求删除文书,被告公司以文书已公开至中国裁判文书网为由拒绝删除。之后原告向法院提起诉讼,请求法院判令贝尔塔公司删除在启信宝网站转载的诉争文书,并赔偿经济损失。

法院裁判: 苏州市中级人民法院审理认为,中国裁判文书网和人民法院公告网登载涉原告的裁判文书和公告文书,系基于司法解释的强行性规定,原告对此负有容忍之义务。但个人对其信息传播控制的人格权益高于合法公开的个人信息流通所产生的潜在财产权益,个人信息权益不能因个人信息公开而被当然剥夺。贝尔塔公司初次转载并公开系争法律文书,是基于法定事由进行的公开,内容并不涉及个人的重大利益,因此并不违法。但当贝尔塔公司收到原告要求删除系争文书时,仍然拒绝,且被告的处理行为对原告的后续就业和生活造成了重大影响,这不仅背离了原告对已公开信息再次利用的意思表示,而且违反了合法性、正当性和必要性原则,因此,侵犯了原告的个人信息权益。

案例评析: 本案中,法院在裁判文书中公开原告的个人信息,符合法定的公开事由,故在信息主体并未反对或质疑时,应该认定这一公开行为具有合法性,因此,贝尔塔公司将系争文书转至启信宝网站原则上不需要取得原告同意。但是,当原告联系贝尔塔公司要求删除案涉文书时,行使的是《个人信息保护法》第27条的拒绝权,贝尔塔公司本应该及时删除或者对该文书的识别信息进行脱敏。但是被告贝尔塔公司以案涉文书处于公开状态为由拒绝删除,这显然为违背了信息主体的意思表示。另外,原告在诉讼中明确表示,被告贝尔塔公司的转载行为已经给其权益带来重大影响,此时的转载和公开行为已经丧失合法性基础,被告公司应该再次取得原告同意,否则构成对原告个人信息权益的侵害。

本章小结

1. 敏感个人信息的判断采用严重影响标准和客观风险标准。

2. 敏感个人信息的处理者应当向信息主体告知处理敏感个人信息的必要性以及对信息主体利益的影响。

3. 信息处理者处理敏感个人信息时,应当取得信息主体的单独同意,不允许信息处理者请求信息主体笼统地统一授权。

4. 未成年人具备同意能力是做出有效同意的前提,具备同意能力的未成年人才能自行决定个人信息的处理。

5. 信息处理者应当制定专门的未成年人个人信息处理规则。

6. 不满14周岁未成年人个人信息属于敏感个人信息。

7. 如果具备同意能力,未成年人被认为可以做出有效同意,进而自行决定个人信息的处理；如果不具备同意能力，未成年人信息必须在监护人同意规则下处理，信息处理者也负有额外义务。

8. 已公开的个人信息依然具有人格权益，对其处理依然需要遵循个人信息保护规则，其范围的界定应该符合"公开性＋合法性"要件。

9. 根据个人对个人信息公开的意愿，可将已公开的个人信息分为意定公开和法定公开两类。

 延伸思考

1. 敏感个人信息可否通过民法上的隐私权制度来保护？两套规则在适用上有什么关系？

2. 信息主体的同意行为属于何种法律性质的行为？

3. 在实践中，监护人同意规则应如何实现？

4. 信息处理者针对未成年人制定专门的个人信息处理规则时，应规定哪些特殊的权利义务？

5. 当个人在平台公开个人信息之后，第三方平台是否有权不经在先平台同意而直接抓取、利用个人信息？若第三方平台仅征得个人同意未经在先平台同意，个人同意是否有效？

 参考文献

1. 程啸：《论公开的个人信息处理的法律规制》，《中国法学》2022 年第 3 期。
2. 李永军、张兰兰：《未成年人信息同意能力的双重功能及其法律实现》，《南京社会科学》2022 年第 4 期。
3. 宁园：《"个人信息已公开"作为合法处理事由的法理基础和规则适用》，《环球法律评论》2022 年第 2 期。
4. 彭诚信：《重解个人信息的本质特征：算法识别性》，《上海师范大学学报（哲学社会科学版）》2023 年第 3 期。
5. 齐英程：《已公开个人信息处理规则的类型化阐释》，《法制与社会发展》2022 年第 5 期。
6. 孙清白：《敏感个人信息保护的特殊制度逻辑及其规制策略》，《行政法学研究》2022 年第 1 期。

第十章

特殊场景中的个人信息处理规则

第一节　多个信息处理者的个人信息处理规则

 教学案例

　　案例1：旅行社甲和酒店乙为了更好地为游客提供服务，二者共用了一个数据库，游客丙因个人信息泄露而遭受了损害，谁应该对此承担责任？

　　案例2：一家小型餐饮公司甲想进行数字化升级，但受制于自身无技术条件，于是将个人信息处理业务委托给了科技公司乙，乙在设备更换期间未经得甲的同意，私自将个人信息处理业务转委托给了科技公司丙，该转委托行为是否合法？

　　涉及多个信息处理者的个人信息处理情形有两类，分别是共同处理和委托处理。共同处理规则被规定于《个人信息保护法》第20条。《个人信息保护法》第20条规定，两个以上的信息处理者共同决定个人信息的处理目的和处理方式的，应当约定各自的权利和义务，但是，该约定不影响个人向其中任何一个信息处理者要求行使本法规定的权利。信息处理者共同处理个人信息，侵害个人信息权益造成损害的，应当依法承担连带责任。委托处理规则被规定于《个人信息保护法》第21条。《个人信息保护法》第21条规定，信息处理者委托处理个人信息的，应当与受托人约定委托处理的目的、期限、处理方式、个人信息的种类、保护措施以及双方的权利和义务等，并对受托人的个人信息处理活动进行监督。受托人应当按照约定处理个人信息，不得超出约定的处理目的、处理方式等处理个人信息；委托合同不生效、无效、被撤销或者终止的，受托人应当将个人信息返还信息处理者或者予以删除，不得保留。未经信息处理者同意，受托人不得转委托他人处理个人信息。

一、共同处理规则

　　共同处理规则旨在强调对于信息主体的保护。[①]　不能因为个人信息采取了共同处理

---

① 　曹明德、赵峰：《委托处理个人信息的私法规制》，《重庆大学学报（社会科学版）》2022年第4期，第205页。

的方式而使得信息主体处于劣势。在现代社会中,个人信息的处理不只局限于单个信息处理者的处理,还包括多个处理者的个人信息处理。在多个处理者的个人信息处理活动中,由于存在多个主体的参与,个人信息处理的过程变得更加不透明,不利于对于信息主体的保护,尤其在发生纠纷时,信息主体不知道该向谁主张权利。[①] 同时,个人信息的监管部门也需要明确的责任分配规则,以便更好地监管。

(一) 个人信息共同处理者

《个人信息保护法》未对个人信息共同处理者直接下定义,对于个人信息共同处理者的理解仍需要建立在信息处理者概念的基础上。根据《个人信息保护法》附则的定义,信息处理者是指在个人信息处理活动中自主决定处理目的和处理方式的组织及个人。《个人信息保护法》第 20 条指明了个人信息共同处理者的特征,即他们能够共同决定个人信息的处理目的和处理方式。因此,认定为个人信息共同处理者有两个条件:一是存在两个以上的信息处理者。如果只有单个信息处理者,无论如何都不可能被认定为共同处理者。二是多个信息处理者能够共同决定个人信息的处理目的和处理方式。从反面进行解释,更能够帮助理解“共同决定”的含义。“共同决定”的反面是,任何一个主体都无法单独决定个人信息的处理目的和处理方式,这个特征构成了个人信息共同处理者和个人信息委托处理者的核心区分标准。个人信息委托处理者虽然参与到个人信息处理活动中,但是无法决定个人信息的处理目的和处理方式。

共同决定个人信息的处理目的和处理方式在实践中可以表现为多种组织形态,十分常见的是多个信息处理者共用一个数据库,此时信息处理者实际上共同控制了数据库。例如,旅游电子商务平台、航空公司、旅行社、酒店共用了一个数据库,旨在改善旅游者的用户体验,为其提供更加全面和周到的服务。在这种情形下,旅游电子商务平台、航空公司、旅行社、酒店就构成了个人信息的共同处理者。个人信息共同处理者不需要追求同一个处理目的。一个为了市场定价,另一个为了开发管理系统,并不妨碍二者构成个人信息的共同处理者。在民事基础关系上,个人信息的共同处理者一般具有持续性合同关系,从而形成共同控制的长期性状态。一旦这种合同关系终止,个人信息的共同处理者身份将会受到影响。

(二) 个人信息共同处理者之间的约定

个人信息的共同处理者应当订立合同,约定各自的权利和义务。个人信息的共同处理者之间订立合同是法定义务,是公开透明原则的当然要求,在表达方式上,用语应追求通俗易懂,可以利用一切可能的方式让第三人在短时间内了解核心内容的具体含义。[②] 个人信息的共同处理者各自的权利和义务是合同的必要内容。这里的权利和义务主要是

---

① 程啸:《论个人信息共同处理者的民事责任》,《法学家》2021 年第 6 期,第 17—18 页。
② 夏庆锋:《〈个人信息保护法〉第 20 条“共同处理者”的规则释评与检视》,《经贸法律评论》2022 年第 2 期,第 137 页。

指个人信息的共同处理者之间的内部分配,例如究竟谁向信息主体履行《个人信息保护法》所规定的义务。在内容的设计上,尽力保证体系的严密,不能出现约定上的漏洞,导致出现义务履行主体的真空状态。合同约定实际上也起到了告知信息主体的作用,信息主体可以通过合同的内容,清楚地知晓个人信息处理的每一个阶段,以及每一个阶段的参与人。这样信息主体能够更快地找到各阶段的负责人,迅速主张自己的权利。共同处理者的约定内容需要符合法律的强制性规定,任何个人信息的共同处理者不得借此排除自己的法定义务,否则约定无效。

个人信息共同处理者之间的内部约定不会影响其与信息处理者之间的外部关系,个人信息共同处理者仍需遵循《个人信息保护法》的规定。即便信息处理者之间属于共同处理者的关系,一方取得合法性事由并不意味着当然地能够被另一方所用,另一方仍需要单独取得自己的合法性事由。个人信息共同处理者之间约定的价值主要体现在,帮助个人信息处理主体之间建立稳固的组织体系,在对外发生纠纷时,该约定可以作为追偿权的基础。

(三) 个人信息共同处理者构成连带责任

在个人信息处理活动侵害个人信息权益时,个人信息共同处理者构成共同侵权,需要对信息主体承担连带责任。该种情形属于《民法典》第1168条规定的共同侵权,个人信息的共同处理者属于连带债务人关系。债权人拥有选择上优待,他可以向任何一个信息处理者主张损害赔偿责任。但是,债权人的选择不能决定信息主体之间的责任分配。在某一个信息处理者实际承担了责任之后,还可以依据内部约定和法律规定,向其他信息处理者要求补偿。

 案例解析

教学案例1中,甲和乙属于个人信息共同处理者,需要就个人信息的泄露向受损害的丙承担连带责任。

> **【思考】**
> 个人信息共同处理者之间是否可以自由地传输个人信息?

二、委托处理规则

在一个数字化的时代,个人信息的处理如此的重要,一些不具有个人信息处理能力的主体也希望进行个人信息处理,于是个人信息的委托处理出现了。在个人信息的委托处理活动中,受托人系为了委托人的利益,而不是为了自己的利益。信息处理者和受托人并非规范上的对立概念,不是非此即彼的关系。信息处理者和个人信息的委托处理者概念是功能性的定义,需要结合具体的场景和所起的作用判定主体的具体身份。[①] 判定身份的作用是为了准确界定该主体在特定处理场景中所负有的义务。

当受托人为了委托人的利益,根据委托人确定的处理目的处理个人信息时,属于典型的个人信息委托处理关系。但是,如果委托人私下为了自己的利益,出于其他的处理目的而处理个人信息时,委托人在此情形下就具有信息处理者的身份,需履行信息处理者的义务。[②]

(一) 委托处理的特征

委托处理的核心特征是,受托人始终在委托人的指示和控制下进行个人信息的处理,具有信息处理者身份的只有委托人。受托人不具有信息处理者的身份,仅是相对于信息主体而言,即受托人对于信息主体不负有信息处理者的相关义务。[③] 在其他方面,受托人仍具有类似信息处理者的身份,受托人在个人信息安全、受监管方面与信息处理者负有几乎相同的义务。[④]《个人信息保护法》第59条规定,接受委托处理个人信息的受托人,应当依照本法和有关法律、行政法规的规定,采取必要措施保障所处理的个人信息的安全,并协助信息处理者履行本法规定的义务。

委托人和受托人必须是相独立的主体。例如,公司将公司员工薪酬的发放委托给另一家公司处理,这就是典型的个人信息的委托处理。不过,如果仅是人力资源部门将薪资发放表交给了财务部门,要求财务部门按照表上的标准发放工资,则不属于个人信息的委托处理,因为两个部门隶属于一个主体。虽然受托人确实接收并处理了个人信息,但是在规范上,受委托的第三方既不属于《个人信息保护法》第20条规定的个人信息的共同处理者,也不属于《个人信息保护法》第23条规定的接收个人信息的第三者。

将受托人排除在个人信息处理者之外,本质上是给予了受托人优待地位。受托人受制于其与委托人的约定,任何的个人信息处理行为都是在委托人的指示下进行。信息处理者之所以需要承担相应的义务,是因为他能够自主决定处理、处理方式。而受托人只能在委托人的指示下进行活动,实际上已经失去了自主性,再让其承担信息处理者应当承担的义务,已经没有正当性依据。

(二) 双方的委托合同

信息处理者应当与受托人约定委托处理的目的、期限、处理方式、个人信息的种类、保护措施以及双方的权利和义务等方面的内容,双方应当订立委托合同。委托合同的书面

① 王海峰、何泽昊:《实现个人信息"控制者—处理者"模式的与时俱进》,《宁夏社会科学》2021年第6期,第109—114页。
② 刘琬乔:《论共同处理个人信息的侵权损害赔偿责任》,《财经法学》2022年第5期,第116页。
③ 程啸、杨嘉祺:《类型化思维下委托处理个人信息的侵权责任认定》,《南京社会科学》2022年第11期,第99页。
④ 阮神裕:《个人信息委托处理中受托人的地位、义务与责任》,《当代法学》2022年第5期,第115—116页。

约定内容实际上记载了委托人对受托人的指示。委托人对于受托人的指示要具体,而不能过于抽象。只有指示足够的具体,受托人才能选择具体的处理手段和方式。受托人应当按照约定处理个人信息,不得超出约定的处理目的、处理方式等处理个人信息,这正是受托人不具有自主性的体现。委托人和受托人之间的委托合同不完全等同于《民法典》第919条规定的委托合同。委托合同兼具私法和公法的性质。委托人应当对受托人的个人信息处理行为进行监督,其中的手段包括了对委托行为进行个人信息安全影响评估。[①]

委托合同不生效、无效、被撤销或者终止的,受托人应当将个人信息返还信息处理者或者予以删除,不得保留。无论如何,受托人都不得保留个人信息。允许受托人保留个人信息,有可能出现受托人滥用个人信息或者个人信息被泄露的风险。为了彻底防范这些风险,需要将个人信息脱离受托人可接触的范围。受托人究竟是返还个人信息还是直接予以删除,需要结合个人信息的具体类型和合同约定进行确定。例如,如果受托人储存的个人信息对于委托人极其重要,在无备份、无约定的情况下,受托人不能采用删除的方式处理,而应当予以返还。

(三) 个人信息处理的转委托

受托人不得随意转委托。委托关系更强调双方的信赖基础。尽管在法律上受托人受制于委托人的指示,但受托人是否真的履行相关指示,有赖于受托人自身。所以,委托人在考察受托人人选时,更多的是信赖受托人本人,考察内容包括受托人的信用记录、技术能力、管理制度等方面。在这种情况下,受托人将个人信息处理转委托给尚不被委托人认可的第三人,实际上是背离了委托人的意思,不利于委托人利益的保护。随意的转委托也会使委托人的监督落空。委托人需要对受托人的个人信息处理行为进行监督,未经委托人同意的转委托会让委托人无法监督实际受托人的行为,监督的持续性会受到影响。所以,未经委托人同意的转委托既违背了委托人的意愿,也不利于个人信息的保护,原则上应予以禁止。[②] 根据《民法典》第169条的规定,转委托代理经被代理人同意或者追认的,被代理人可以就代理事务直接指示转委托的第三人,代理人仅就第三人的选任以及对第三人的指示承担责任。转委托代理未经被代理人同意或者追认的,代理人应当对转委托的第三人的行为承担责任。

 案例解析

受托人不能随意转委托,转委托必须履行法定程序,所以教学案例2中的转委托行为违法。

[①] 杨合庆:《中华人民共和国个人信息保护法释义》,法律出版社2022年版,第70页。
[②] 唐林垚:《超越"马法之议":非完全合同视角下的个人信息保护法》,《苏州大学学报(哲学社会科学版)》2022年第2期,第62页。

【思考】
个人信息处理的转委托纠纷是否适用《民法典》第 923 条？

第二节　对外提供的个人信息处理规则

 教学案例

案例 1： 甲是某社交平台，掌握了大量的用户信息，现甲通过《平台开放协议》规定的 OpenAPI 的方式向多个第三方信息处理者实时提供数据。甲公司在《平台用户协议》中规定，平台用户同意该协议即默认甲可以为提高用户服务与体验，将其个人信息与第三方合作商共享。甲公司在《平台用户协议》中规定的向其他合作商提供个人信息条款是否合法？

案例 2： 甲是某社交平台，通过《平台用户协议》合法收集了乙的个人信息用于提供平台社交服务。丙公司为研究市场用户偏好，与甲公司签订用户信息共享协议，允许其一段时间内可以实时获取甲平台的用户信息。问甲能否直接依据该共享协议向丙提供关于乙的个人信息？丙获取乙的个人信息，是否应获取乙的同意？

信息安全与保护问题是个人信息法律制度首要关注的问题，而个人信息的流通与利用问题在一定程度上并未得到足够的重视。《个人信息保护法》第 23 条规定了个人信息流通条款，该条款被认为是信息处理者对外提供个人信息的处理规则，即个人信息的流通条款。[①]

一、对外提供个人信息的概念及内涵

（一）提供个人信息的概念

《个人信息保护法》第 23 条规定，信息处理者向其他信息处理者提供其处理的个人信息的，应当向信息主体告知接收方的名称或者姓名、联系方式、处理目的、处理方式和个人信息的种类，并取得信息主体的单独同意。接收方应当在上述处理目的、处理方式和个人

---

① 有学者认为，数据流通指的是向他人提供数据或使他人接触或使用数据的行为。高富平：《数据流通理论—数据资源权利配置的基础》，《中外法学》2019 年第 6 期，第 1409 页。若涉及的是个人信息，向他人提供个人信息，或使他人接触或使用个人信息，只是表述的视角不同。从信息提供者视角来看，包含的是个人信息的提供；而从信息接收者视角来看，则是个人信息的获取。

信息的种类等范围内处理个人信息。接收方变更原先的处理目的、处理方式的，应当依照本法规定重新取得信息主体同意。

所谓提供个人信息，是指信息处理者将其处理的个人信息提供给其他的信息处理者，并由接收方对个人信息进行处理。[①] 提供个人信息是典型的个人信息处理活动之一，《个人信息保护法》第 4 条第 2 款规定了个人信息处理包括收集、存储、使用、加工、传输、提供、公开、删除等。《民法典》第 1035 条第 2 款规定："个人信息的处理包括个人信息的收集、存储、使用、加工、传输、提供、公开等。"信息处理者提供个人信息，就要遵守《个人信息保护法》中关于个人信息处理的全部规则，包括个人信息处理的合法性基础以及信息处理者义务。在对外提供个人信息法律关系中，至少包含了三方主体，即信息主体、信息处理者、信息接收者，其各自的利益保护侧重点是不同的。信息主体利益以个人人格尊严与信息自决为首要因素；而信息处理者对于其处理的个人信息，从激励创新角度也应当承认其具有一定的财产利益，受法律保护；信息接收者则代表了社会第三方，其获取信息的方式与成本应当符合数字经济发展的需求。如何在信息流通中构建三方的利益平衡，不仅是《个人信息保护法》第 23 条规范的难点，而且是《个人信息保护法》追求的价值目标。

(二) 提供个人信息的内涵

首先，信息处理者提供的是"其处理的个人信息"。文义上来看，信息处理者可以提供的是与信息主体相关的个人信息自然无争议，但有疑问的是，信息处理者在收集个人信息后一般会对个人信息进行清洗、整理、分类等处理，从而形成相关的个人信息集合，其是否可以被纳入本条规范的范围？从规范目的来看，其要解决的并非单个个人信息的流通问题，而是包含大量个人信息形成的数据集合的流通问题，因此有必要将该条适用范围扩大至个人信息集合，即对"其处理的个人信息"作扩张解释。司法实践中，数据集合会被认为是平台多年积累而成的商业资源，例如新浪微博收集的用户数据的集合，一般认为可以具有财产价值，在符合法律条件下可以提供给其他信息处理者。[②] 此外，应当明确，不能直接识别信息主体的数据产品不属于个人信息范畴，不应进入本条规范的"射程范围"，例如在"淘宝公司与安徽美景公司不正当竞争纠纷案"中的生意参谋，就是在深度加工处理个人数据之后形成的具有预测功能的数据产品。[③]

其次，提供个人信息与共同处理个人信息、委托处理个人信息具有区别。共同处理个人信息的认定在于其处理目的和处理方式是由两个以上信息处理者共同决定的；委托处理个人信息关系中，委托人决定了个人信息的处理目的和处理方式，受托人只能依据约定内容处理个人信息，因此其不是信息处理者。对外提供个人信息的信息处理者可以自主决定何时、何地将何种个人信息提供给其他信息处理者，即对外提供个人信息发生在至少

---

① 　程啸：《个人信息保护法理解与适用》，中国法制出版社 2021 年版，第 215 页。
② 　新浪微博与脉脉软件不正当竞争纠纷案，北京知识产权法院 (2016) 京 73 民终 588 号民事判决书。
③ 　杭州互联网法院 (2017) 浙 8601 民初 4034 号民事判决书。

两个信息处理者之间，不同于委托处理和共同处理。此外，《个人信息保护法（草案二审稿）》第 24 条曾使用"个人信息处理者向他人提供"表述，"他人"这一表述无法区分"受托人""其他处理者"等概念，因此当前《个人信息保护法》第 23 条采用了"个人信息处理者向其他个人信息处理者提供"的表述。

最后，提供个人信息与个人信息共享、转让、交易等概念具体区分。《个人信息安全规范》第 3.13 条将个人信息共享界定为"个人信息控制者向其他控制者提供个人信息，且双方分别对个人信息拥有独立控制"。同时，《个人信息安全规范》明确区分了个人信息共享、转让、公开披露。个人信息的转让，即原有的信息处理者失去了对于个人信息的独立控制，而由其他控制者实现对于个人信息的独立控制；个人信息的公开披露，即个人信息向不特定他人公开，从性质上称为公开的个人信息，可为他人自由获取与使用。从概念上比较，《个人信息保护法》第 23 条规定的个人信息的提供，包括"个人信息的共享"与"个人信息的转让"两种情形。个人信息交易是指当事人通过合同收集或传输个人数据的行为。数据交易不同于纯粹的个人信息处理活动，当事人之间存在有效的合同关系，因此个人交易呈现出双重法律构造，即合同关系与数据处理关系。[①] 信息处理者提供个人信息性质上属于个人信息处理活动，受个人信息相关法律规范调整，而数据交易合同则受合同法规范调整。

拓展阅读　个人信息流通规则之流变

相较于《民法典》《网络安全法》，《个人信息保护法》第 23 条规定的个人信息流通方式存在明显的不同。我国《网络安全法》第 42 条、《民法典》第 1038 条对于个人信息流通规则，理论上认为个人信息的流通一般存在两种方式，即个人同意与匿名化。[②] 而《个人信息保护法》目前只保留了个人同意这一种方式，并进一步细化了同意的条件。事实上，《个人信息保护法（一审稿）》第 24 条仍然把个人同意与匿名化作为个人信息流通的方式。但二审稿删除了一审稿第 24 条第 2 款关于匿名化的规定，仅保留了个人同意一种方式。因为在草案意见征求过程中，多数观点认为第 24 条第 2 款内容与匿名化的定义相矛盾，也有观点认为应当规定去标识化信息作为流通例外，不需要得到个人同意。匿名化是否应当作为信息流通方式？个人信息匿名化理论上不宜作为个人信息流通方式。《个人信息保护法》第 4 条将匿名

---

①　林洹民：《个人数据交易的双重法律构造》，《法学研究》2022 年第 5 期，第 41—42 页。
②　《网络安全法》第 42 条第 1 款："网络运营者不得泄露、篡改、毁损其收集的个人信息；未经被收集者同意，不得向他人提供个人信息。经过处理无法识别特定个人且不能复原的除外。"《民法典》第 1038 条规定："信息处理者不得泄露或者篡改其收集、存储的个人信息；未经自然人同意，不得向他人非法提供其个人数据，但是经过加工无法识别特定个人且不能复原的除外。"

化处理后的信息排除在个人信息规范之外。[①] 换言之，匿名化后的信息本身就不是个人信息，因而也不宜将匿名化作为个人信息流通的规范。值得注意的是，个人信息去标识化处理后能否向其他个人信息处理者提供？[②] 其是否还要遵守本条规定的"告知与同意"规定？司法实践中应明确，去标识化个人信息仍然属于个人信息范畴，仍然要适用相关的个人信息保护规范。当前立法并未明确去标识化信息的流通规则，从促进信息利用角度来看，若个人信息去标识化后仍然要严格适用第23条规定，则对于个人信息进行去标识化处理的意义就不大。对于去标识化个人信息流通规则适用，应当限缩本条的适用，宜在符合国家标准和安全风险评估情况下，促进此类信息的流通与利用。根据《个人信息保护法》第23条，对外提供个人信息主要以个人同意为基础。

 案例解析

在案例1中，甲社交平台依据《平台用户协议》收集大量的用户信息，符合《个人信息保护法》关于信息处理的要求。但其后续的提供和共享用户信息的行为违反了《个人信息保护法》第23条规定，即向其他个人信息处理者提供个人信息的，应当告知个人并取得其单独同意。该同意无法被笼统地涵盖在用户协议之中，需要信息处理者专门取得个人的单独同意。

二、对外提供个人信息的类型

由于个人信息具有无形性、非排他性等特征，不同信息处理者可以同时处理同一信息主体的信息，并不会导致个人信息的损耗。因此，对外提供个人信息是个人信息共享的方式之一，也是个人信息再利用的重要途径，对于数据要素流通与利用具有重要作用。

（一）根据是否涉及跨境因素，提供个人信息可以分为个人信息的境内提供与个人信息的跨境提供

我国《个人信息保护法》第23条主要涉及的是个人信息的境内提供。个人信息的跨境提供或流通问题涉及问题更为复杂，不仅涉及个人权益的保护，而且涉及公共利益、国

---

① 《个人信息保护法》第4条第1款：个人信息是以电子或者其他方式记录的与已识别或者可识别的自然人有关的各种信息，不包括匿名化处理后的信息。

② 《个人信息保护法》第73条第3款规定去标识化，是指个人信息经过处理，使其在不借助额外信息的情况下无法识别特定自然人的过程。

家安全等问题。因此,我国立法对于个人信息的跨境提供有必要制定更为严格的规定。我国《个人信息保护法》第 3 章专门规定了"个人信息跨境提供的规则",包括需要符合安全评估、保护认证、制度标准合同等条件,同时在第 39 条规定:"个人信息处理者向中华人民共和国境外提供个人信息的,应当向个人告知境外接收方的名称或者姓名、联系方式、处理目的、处理方式、个人信息的种类以及个人向境外接收方行使本法规定权利的方式和程序等事项,并取得个人的单独同意。"

(二) 根据信息流通的方式不同,可以分为一对一许可、一对多许可和相互许可[①]

一对一的数据许可指的是数据提供者仅向特定对象提供数据,数据接收者应当在约定范围内获取与使用数据,典型的例如通过 OpenAPI 协议提供数据;一对多许可指的是数据提供者向不特定主体许可数据的使用,主要是面向社会需求的许可,典型的例如开放数据、公开个人信息等;而互为许可指的是信息处理者之间相互许可的方式,其典型特征在于两个以上的主体对于信息均有独立的控制权。我国《个人信息保护法》第 23 条确立的提供个人信息,包含了一对一的许可和相互许可,而不包括一对多许可。

(三) 根据信息处理者类型的不同,包括了企业提供个人信息与政府公共机关提供个人信息

企业之间基于商业利益的考虑会提供个人信息,其包含了丰富的商业场景,典型的例如授权登录、网络购物、房屋租赁、嵌入插件等。而公共机关为了提升行政效率、展开便民服务,需要进一步打破信息孤岛,实现各个部门之间的数据连通与共享。公共机关之间的数据共享,如果涉及个人信息也应当获取个人的单独同意,尤其是当个人信息处理的目的和方式发生变化时。

拓展阅读　个人信息提供与个人信息交易

我国《个人信息保护法》第 23 条明确了个人信息提供规则,是典型的个人信息处理关系。而个人信息交易则具有双重法律构造,一次完整的个人数据交易同时包含了表意人的承诺与信息主体同意,即个人信息交易由基础性合同与个人信息处理活动组成,前者受合同规则调整,后者则受个人信息保护法的调整。[②] 因此,提供个人信息是个人信息处理活动,应当符合《个人信息保护法》第 23 条规定,若其根据双方当事人约定发生了个人信息的共享或转让,则也构成个人信息交易。

[①]　高富平:《数据流通理论—数据资源权利配置的基础》,《中外法学》2019 年第 6 期,第 1413—1414 页。
[②]　林洹民:《个人数据交易的双重法律构造》,《法学研究》2022 年第 5 期,第 43—45 页。

但若个人信息的提供并不是基于当事人合意,例如基于公共利益目的等法定原因的信息共享,则不属于个人信息交易范畴。此外,提供个人信息也不等同于非法买卖个人信息,买卖个人信息属于有偿提供个人信息。我国《网络安全法》第44条、《刑法》第253条、《民法典》第111条对于非法买卖个人信息都有规定。根据《个人信息保护法》第23条规定,是否取得个人的单独同意,决定了提供个人信息的行为是否属于非法出售、非法提供个人信息的违法甚至犯罪的行为。[①]

三、对外提供个人信息的规则适用

除了确立个人信息对外提供方式以个人同意为条件之外,《个人信息保护法》第23条进一步细化了对外提供个人信息的具体规则。

(一) 信息处理者的告知义务

《个人信息保护法》第23条规定,向其他信息处理者提供其处理的个人信息,应当向信息主体告知接收方的名称或姓名、联系方式、处理目的、处理方式和个人信息种类。此项告知义务是对《网络安全法》第42条、《民法典》第1038条的补充,旨在进一步保障个人的知情权。同时应注意到,相较于《个人信息保护法》一审稿、二审稿中规定的告知义务,当前立法将告知"接收方的身份"修改为"接收方的名称或姓名",进一步细化了告知的内容,也更有利于统一实践中的操作。在个人信息流通环节中强调告知义务,是《个人信息保护法》第17条告知义务在流通领域的特别规定,在法律适用上涉及流通环节的告知义务应当优先适用第23条的规定。对于第23条未规定的告知形式,则应当适用第17条的内容,即告知的形式包括以显著方式、清晰易懂的语言真实、准确、完整地告知等。

(二) 获取信息主体的单独同意

信息处理者对外提供个人信息在告知信息主体的基础上,还需要获取信息主体的单独同意。对于单独同意的理解应当把握以下几点。

第一,单独同意的情形应当由法律、行政法规规定。不同于信息主体的一般同意,单独同意的保护力度更大,对于信息处理者提出了更高的要求。因而,单独同意的情形原则上应当由法律、行政法规规定。第23条规定了个人信息流通中应当取得信息主体的单独同意,当事人之间不得排除单独同意的适用。除了本条之外,《个人信息保护法》第25、

---

① 程啸:《个人信息保护法理解与适用》,中国法制出版社2021年版,第218页。

29、39条分别在公开个人信息、处理敏感信息、向境外提供个人信息情形中也要求采用信息主体单独同意。

第二,履行告知义务和获取单独同意的主体为信息处理者,而非信息接收者。从本条文义来看,该义务应当是由提供个人信息的处理者承担。在司法实践中,"新浪微博与脉脉软件不正当竞争纠纷案"确立了三重授权原则,[①]即不仅个人信息提供者要获取信息主体的同意,而且接受者也要获得信息主体和提供者的同意。显然,该规则最大限度地保护了个人信息权益,但由于为个人信息流通设置了过多的障碍,不利于个人信息的流通利用。建议在司法裁判中放弃原来的三重授权原则,采纳本条的"告知与单独同意"模式作为个人信息流通的方式,且此项义务应当由个人信息提供者而不是接收方获取同意。换言之,个人信息处理者在收集、处理个人信息时要获取个人同意,在向其他个人信息处理者提供其处理的个人信息时,应获取单独同意。

【思考】

若信息接收者获取了个人同意,但信息处理者不同意提供个人信息,该个人信息能否进行流通?

(三) 适用重新同意的情形

《个人信息保护法》规定个人信息接收方应当在告知同意的处理目的、处理方式和个人信息的种类等范围内处理个人信息。接收方变更原先的处理目的、处理方式的,应当依照本法规定重新取得信息主体同意。《个人信息保护法》第14、22条也规定了重新取得信息主体同意的情形,对于重新取得个人同意的适用,应注意以下问题。

第一,重新取得信息主体同意的主体。从本条文义解释看,接收方变更原先的处理目的、处理方式应当重新取得信息主体同意,即不同于上述获取单独同意的主体为个人信息提供者,重新获取同意的主体应当是个人信息的接收方。

第二,重新取得信息主体同意的条件。本条规定接收方在变更原先的处理目的、处理方式的情形下,需要重新取得信息主体的同意。立法过程中,有观点认为,接收方如果超出种类范围处理个人信息应当重新获取同意。根据本条的规范目的,要求个人信息接收方处理个人信息应当遵循目的限定,在原来个人信息的种类范围内处理个人信息是本法的应有之义。因此,在司法实践中,宜扩张解释重新获取个人同意的条件,接收方超越原来个人信息的种类范围的处理行为也应当重新获取个人同意。

第三,重新取得信息主体同意的适用。有观点认为关于重新取得个人同意的情形,应当仅限于原来的个人信息处理只基于同意,而不包括其他合法性基础,但这种观点并没有

---

① 北京知识产权法院(2016)京73民终588号民事判决书。

被立法者采纳。不论个人信息提供者基于何种合法性基础处理个人信息,接收者只要超出处理目的和方式,均需要重新取得信息主体同意。在产业实践当中,此类重新获取同意以何种方式实现仍有待实践经验的总结。

案例解析

在案例 2 中,甲并不能依据甲和丙之间的协议,直接向丙提供关于乙的个人信息。根据《个人信息保护法》第 23 条的规定,甲应当向乙告知丙的名称、姓名、联系方式、处理目的、处理方式和个人信息的种类,并取得个人的单独同意。丙应当在上述告知的处理目的、处理方式和个人信息种类等范围内处理个人信息,不需要再取得乙的同意。但丙若变更处理目的、处理方式,应当重新取得乙的同意。

拓展阅读　提供个人信息与三重授权原则

在司法实践中个人信息的流通问题,涉及不同信息处理者之间关于信息获取是否具有正当性的问题,即信息获取行为是否构成不正当竞争成为数据纠纷案件审理的焦点,其中最为典型的是 2016 年"新浪微博与脉脉软件不正当竞争纠纷案",其从知情同意规则发展出"三重授权原则",并为后续的典型案例再次明确,[1]成为当前企业之间个人信息流通利用的基本准则。所谓"三重授权原则"将信息处理者之间的个人信息流通规则明确为"用户授权＋平台授权＋用户授权",即信息处理者在收集个人信息时应当获得用户的授权,而第三方信息处理者要从信息处理者间接获取用户数据,不仅要获取平台的授权,而且要获取用户的授权。该原则被认为是检验第三方信息处理者行为正当性的标准,通过该原则检验即可认为相应的行为遵守了商业道德和行业惯例,否则就构成不正当竞争行为。

司法实践中法院抽象出的三重授权原则与《个人信息保护法》第 23 条规定的对外提供个人信息规则是何种关系? 有观点认为,三重授权原则是对于第 23 条提供个人信息的典型描述,但其适用应当受到合理的限制。[2] 也有观点认为,三重授权原则不利于技术创新,是一种伪隐私保护,并提出了根据数据类型不同而区分适用三重授权。[3] 显然,三重授权规则进一步强化了信息流通环节中信息主体的自决,但加重了信息流通的成本,严格适用三重授权原则对构建与发展数据要素市场

①　淘宝公司与安徽美景公司不正当竞争纠纷案,杭州互联网法院(2017)浙 8601 民初 4034 号民事判决书。
②　向秦:《三重授权原则在个人信息处理中的限制适用》,《法商研究》2022 年第 5 期,第 113 页。
③　徐伟:《企业数据获取"三重授权原则"反思及类型化构建》,《交大法学》2019 年第 4 期,第 37 页。

可能会产生消极影响。事实上,根据《个人信息保护法》第23条,信息处理者之间的个人信息提供并非以三重授权原则为模型,而是原则上以信息主体"单独同意"作为要件,属于典型的"用户同意＋平台授权"。在一定条件下,第一重用户授权并不是必需的,因为信息主体同意并不是处理个人信息的唯一合法性基础;第二重平台授权也不是绝对的,在信息主体行使可携权的符合法律规定的情形下,亦不需要平台授权就可以实现个人信息的流通。

 典型案例

新浪微博诉脉脉软件不正当竞争案[①]

案件事实: 微梦公司经营的新浪微博作为社交媒体平台,与淘友公司经营的脉脉软件就用户数据产生了法律纠纷。双方曾在2013—2014年通过新浪开放平台进行合作。2014年5月,微梦公司发现脉脉软件数据调用异常,除了开放授权的微博客户头像、名称、标签之外,脉脉软件还抓取了新浪微博用户的职业信息、教育信息。微梦公司因而停止了淘友公司的合作。但在合作终止后,淘友公司并未及时删除双方合作期间获取的新浪微博用户信息。微梦公司遂以不正当竞争为由将脉脉软件诉至法院。

法院裁判: 一审认定脉脉软件构成不正当竞争,须立即停止涉案行为,并刊登声明、消除影响。被告不服,上诉至北京知识产权法院。二审驳回上诉,维持原判。一审法院首先认为原被告之间存在竞争关系,且被告获取并使用新浪微博用户信息的行为没有合同依据,也缺乏正当理由,存在主观恶意,因而构成不正当竞争。二审法院肯定了新浪微博对于用户数据的正当利益,认为其有权就第三方未经授权获取用户数据的不正当行为主张利益,同时,认为在OpenAPI开发合作模式中,第三方获取用户数据应当坚持"用户授权＋平台授权＋用户授权"的三重授权原则,否则就违反了诚实信用原则和互联网行业中的商业道德。

案例评析: 本案是早期数据纠纷的典型案件,其对于后续的数据纠纷审判产生了深远的影响。法院审判过程中首先明确了信息处理者,即新浪微博对于用户数据的合法利益,认为用户数据是维持并提升用户活跃度、开展正常经营活动、保持竞争优势的必要条件。其次,就个人信息的流通与获取而言,二审法院将产业实践中的行业惯例抽象为三重授权原则,并未被后续判例所进一步肯定。三重授权原则一定程度上对于遏制数据爬取、规范数据市场秩序起了积极的作用,尤其是体现出信息主体对于个人信息流通有了更大

[①]　北京知识产权法院(2016)京73民终588号民事判决书。

的控制权。但也应当看到,三重授权原则是当时缺乏相应数据流通规范下的产物,其适用的领域包括数据类型应当受到一定的限制,否则三重授权原则并不利于信息的自由流通与利用,过高的流通成本会进一步损害数据要素市场的建设。最后,本案也进一步明确了数据纠纷案件采用《反不正当竞争法》的调整方式。虽然本案事实上是新浪微博与脉脉软件的合同纠纷,即脉脉软件超越授权非法爬取用户数据类型,但本案原告并未采用合同纠纷的诉讼策略,回避了信息处理者对于其用户数据到底享有何种权利的问题,而是采用《反不正当竞争法》一般条款诉讼策略,有效维护了原告的合法利益。因此,后续信息处理者大多采用《反不正当竞争法》保护数据权益,这一模式也成为司法实践中解决数据纠纷的主要方式。

第三节　自动化决策的个人信息处理规则

 教学案例

甲在乙购物平台购买某品牌衣服,甲因为该购物 APP 的会员而享受 9 折购物优惠,在购买某件上衣之后甲在逛街时发现,同一品牌上衣,其以会员身份购买比线下原价还要贵 300 元。对此,甲应该如何维护其合法权益?

随着人工智能等技术的发展,自动化决策在社会生活中得到了越来越广泛的应用。在给社会生活带来便利的同时,自动化决策也带来了一些负面影响,大数据杀熟、被困在算法中的外卖骑手等现象引起了社会普遍关注。《个人信息保护法》第 24 条对利用个人信息进行自动化决策作出规范,避免不当的自动化决策对信息主体权益造成损害。

一、自动化决策中处理个人信息的规范要求

《个人信息保护法》第 73 条第 2 项的规定,自动化决策是指通过计算机程序自动分析、评估个人的行为习惯、兴趣爱好或者经济、健康、信用状况等,并进行决策的活动。信息处理者利用个人信息进行自动化决策时,应当遵循合法、正当、必要、诚信的原则,前述原则在自动化决策场景下的主要表现是信息处理者要保证决策的透明度和结果的公平、公正,不得对信息主体在交易价格等交易条件上实行不合理的差别待遇,具体包括以下两点。

(一) 保证自动化决策的透明度
自动化技术贯穿个人信息全生命周期,对信息主体充分告知是保证决策透明的首要

处理规则。算法本身是技术应用程序,其价值问题本质上是算法设计者和使用者利用算法损害某些价值。[①] 在算法异化的问题上,算法崛起带来的最大挑战在于算法的不透明性,人们常常感到它是一个黑箱,无法理解它的逻辑或决策机制。[②] 面对"算法黑箱"效应,算法的公开与透明可以构建良好的法律议论方式。[③] 因此,《个人信息保护法》第24条第1款明确信息处理者利用个人信息进行自动化决策应当保证决策透明、结果公正。该法第17条规定了告知的内容和方式,即信息处理者处理个人信息前必须以通俗易懂、显著的方式告知信息主体对其信息处理的目的、方式和范围。同时除该法第13条第2—7项情形外,处理个人信息还需取得信息主体的同意。处理敏感个人信息还需要取得信息主体的明确同意或书面同意。事前告知规则只是一种预防规则,其目的对信息主体而言,保障了其知情权和算法透明度;对信息处理者而言,相当于明确了算法自动化决策的可追责性。

(二) 确保自动化决策结果公平、公正

这主要指自动化决策不应导致影响个人信息权益的不合理的差别待遇和不合理的要求。实践中的典型表现是当信息主体为消费者时获得的交易条件不同,进而导致消费者的公平交易权利受损。当然,需强调的是,规制的方向是"不合理的差别待遇",而非所有的差别待遇,许多情况下的差别待遇是合理的,例如针对新老客户给予不同待遇等。无论是给新客户优待以吸引新客户,还是给老客户优待以回馈老客户,均是合理的差别待遇。[④] 因此,在判断差别待遇是否合理时,应由信息处理者对该差别待遇作出解释,并给出此种差别待遇的主要理由,再根据社会普遍认同的公平价值观念判断该理由是否合理。[⑤]

拓展阅读 关于"自动化决策"的理解

对于自动化决策的理解,应当注意以下两个问题:一是坚持技术中立原则,避免过度异化基于大数据分析技术的自动化决策。自动化决策是指计算机程序(算法技术)识别、分析特定的消费者,并以此向其提供特定内容或附加不同交易条件。自动化决策的核心在于算法分析技术,这类技术本身并不违法,不能先入为主地认为自动化决策过程存在问题。相反,基于大数据分析的自动化决策在当今互联网

---

① 郑玉双:《计算正义:算法与法律之关系的法理建构》,《政治与法律》2021年第11期,第94页。
② 丁晓东:《论算法的法律规制》,《中国社会科学》2020年第12期,第140页。
③ 季卫东:《人工智能时代的法律议论》,《法学研究》2019年第6期,第48页。
④ 程啸:《个人信息保护法理解与适用》,中国法制出版社2021年版,第233—234页。
⑤ 《互联网信息服务算法推荐管理规定》第6条规定:算法推荐服务提供者应当坚持主流价值导向,促进算法应用向上向善。

经济中具有基础性和广泛性。二是决策透明和结果公平、公正应作为自动化决策合法性的判断标准。自动化决策合法性判断坚持了事前决策透明、事后结果公平公正的标准，但上述标准在实践中的具体判断将成为难点。首先，自动化决策透明性要求指的是算法决策的透明，或者符合个人信息处理的告知事项即可。从文义上看，算法决策的透明度并非《个人信息保护法》第17条规定的告知事项的透明度。因此，对透明度的理解宜包括自动化决策处理者告知最低限度的算法决策依据，但不包括可能构成商业秘密的算法核心技术。其次，自动化决策不得存在"大数据杀熟"等严重影响个人信息权益的结果，结果是否公平、公正应当由执法部门或司法机关在个案中进行具体判断。

二、自动化推荐的限制规则

信息处理者利用自动化技术分析消费者的个人信息并形成"用户画像"，再向信息主体推送个性化服务，但"用户画像"、算法推荐等新技术可能会引发大数据杀熟问题，故应对自动化推荐予以限制。

第一，不针对信息主体特征的选项是指信息处理者在为信息主体提供服务时，需为信息主体提供去除其特征的选择。例如，在信息推送时，应提供不针对信息主体特征的自然结果。实践中，信息处理者会根据信息主体的搜索记录、浏览记录、消费记录等而对其贴上各种"标签"，实现"用户画像"。该用户画像会作为信息处理者决策的重要因素。用户画像有助于信息处理者向信息主体提供"个性化"的服务，但也可能导致信息主体被不公平、不公正对待。同时，长期的"个性化服务"还可能导致信息主体受困于"信息茧房"，只能看到经算法筛选的内容。因此，向信息主体提供不针对个人特征的选项，既是信息主体对信息处理者的自动化决策加以监督和对自身个人信息自决的体现，也有利于信息主体的充分知情。

第二，信息主体拒绝接受信息处理者提供的自动化决策服务时，信息处理者应向信息主体提供便捷的拒绝方式。实践中，大多数APP会在"设置"中加入"个性化推荐"的开关，以满足"向用户提供便捷的拒绝方式"的要求。

第三，关于信息主体能否选择性地要求信息处理者删除部分用户标签，而非只是选择"全有"或"全无"的问题，可参考《互联网信息服务算法推荐管理规定》第17条第2款："算法推荐服务提供者应当向用户提供选择或者删除用于算法推荐服务的针对其个人特征的用户标签的功能。"据此，信息主体有权选择仅删除部分标签。当然，信息主体选择的权利应受到限制，若信息主体提出的删除要求可能对他人合法权益造成损害，信息处理者可拒绝其要求。

三、个人在自动化决策中的拒绝权

在自动化决策可能对信息主体产生重要影响的情形下，信息主体可以要求信息处理者进行说明，并有权拒绝信息处理者仅通过自动化决策的方式作出决定。欧盟《一般数据保护条例》第 22 条规定，数据主体有权拒绝仅依靠自动化处理决策，包括"用户画像"对数据主体做出具有法律影响或类似严重影响的决策。具体而言，信息主体在自动化决策中行使拒绝权主要包括两个方面。

（一）拒绝权行使的前提是"仅通过自动化决策方式作出决定"，排除了人为参与的因素

这是个人信息权利行使的基本前提，因为个人信息的可识别性必须以算法为前提，[①]而基于个人信息形成的最终决策也必须源于算法的运行。使用自动化决策本身并不违法，过度的限制会阻碍数据技术的创新和发展，因此，信息主体行使拒绝权必须在"对个人权益有重大影响的决定"时才可行使，且拒绝的内容并非对自动化行为的拒绝，而是对自动化决策结果的否定。如何理解"重大影响"，我国立法中尚无明确规则。有学者认为，应当具体到个人信息处理的具体场景和个人的具体特征来加以认定。[②] 从比较法来看，欧盟《通用数据保护条例》第 22 条第 1 款对于自动化决策的相关表述是：对相关主体产生"法律上的影响"（legal effects）或"类似的显著影响"（similarly significant effects）；第 29 条认为，所谓法律上的影响是指影响个人的法律权利、法律地位或者其在合同项下的权利。所谓类似的显著影响指虽然未对个人法律上的权利产生影响，但是该影响可能落入《一般数据保护条例》第 22 条的范围。[③] 据此，有学者认为，我国法中的"重大影响"可包括两种情况：一是该决定改变了信息主体的法律上的权利、义务和责任关系；二是该决定使得信息主体的经济地位、社会地位等状况发生了改变。[④] 笔者认为，上述认定方式较为宽泛，似与"重大"不符。对重大影响的认定，应达到一定的严重程度，而非仅"有影响"。重大影响的认定主要分为两类：一是可能对信息主体人身权益造成严重的影响；二是可能对信息主体财产权益造成较大损失。但上述标准有待立法机关与司法机关进一步厘清。

（二）通过自动化决策方式作出对个人权益有重大影响的决定，信息主体有权要求处理者予以说明，这是由"重大影响"衍生出的算法解释权

欧盟《一般数据保护条例》第 22 条规定了"算法解释权"，其被认为是算法透明原则的

---

① 彭诚信：《数字社会的思维转型与法治根基—以个人信息保护为中心》，《探索与争鸣》2022 年第 5 期，第 117 页。
② 江必新、郭锋：《〈中华人民共和国个人信息保护法〉条文理解与适用》，人民法院出版社 2021 年版，第 235 页。
③ Guidelines on Automated Individual Decision-making and Profiling for the Purposes of Regulation. 2016/679（wp251rev. 01）.
④ 程啸：《个人信息保护法理解与适用》，中国法制出版社 2021 年版，第 232—233 页。

具体化体现。算法解释权的行使仅限于对个人权益有重大影响的决定场合。这意味着信息主体有义务证明处理者的自动化决策行为对个人权益造成了重大影响。当然,鉴于信息主体在举证能力上的现实困难,其只需做出初步证明即可。对于信息处理者而言,其需向信息主体说明的内容并非自动化决策的基本原理、目的意图、主要运行机制等一般性内容,而是在信息主体已经初步证明自动化决策行为对个人权益造成重大影响后,由信息处理者证明其采取的依据自动化决策所得出的决定并不会对个人权益造成重大影响,即因果关系的证明。若信息处理者能够证明其自动化决策行为不会对个人权益造成重大影响,则其自然无需对其算法作出调整,也无需为信息主体的损失承担责任。

> **拓展阅读　"仅通过自动化决策的方式做出决定"的理解**
>
> 从《个人信息保护法》第73条第3款看,应当由信息处理者证明具体决定并非完全依靠自动化决策,否则,要承担举证不能的不利后果。若信息处理者证明提供了第73条第2款中的"不针对其个人特征的选项,或者向个人提供便捷的拒绝方式",也就意味着个人已经有了拒绝自动化决策的方式,就不再适用本条第3款规定。因此,拒绝自动化决策具有严格的前置性条件,即该决定仅通过自动化决策得出,且会对个人信息权益产生重大影响。

 案例解析

案例中,乙购物平台未将衣服的实际价格如实告知,且未能对向甲承诺的优惠价格配以相应的监管措施,以致向甲显示的价格高于其实际价格300元,显然属于价格歧视,属于网络环境中典型的侵权行为,故甲对自动化决策的结果可以行使拒绝权,还可以依据《消费者权益保护法》第55条要求乙公司退一赔三,并对其赔礼道歉。

 典型案例

胡某与上海携程商务有限公司侵权责任纠纷案[①]

案件事实: 原告胡某在被告所运营的携程 APP 平台上预订酒店,因其是被告公司的钻石贵宾用户,故预订酒店享受8.5折优惠。胡某入住酒店后发现,其所支付的价格高于酒店实际挂牌价格1倍以上,胡某认为被告采集其非必要信息进行"大数据杀熟",属于欺

---

① 绍兴市中级人民法院(2021)浙06民终3129号民事判决书。

诈行为,要求被告归还预付款并退一赔三,且在 APP 上增加不同意《服务协议》和《隐私政策》时仍可继续使用服务的选项。

法院裁判: 被告携程公司作为中介平台,虽然对标的物价值无实质定价权,但其作为引发胡某信赖利益损失的行为方,未对价格进行监管,且未向原告如实报告酒店方给出的房价信息,致使胡某产生错误认知,应当承担责任。同时,根据我国《常见类型移动互联网应用程序必要个人信息范围规定》第 5 条规定的形成订单必需的要素信息,被告在 APP 设计上要求用户必须对《服务协议》和《隐私政策》的全部内容进行同意授权,从内容上来看,携程公司超出了合理收集个人信息的范围,并存在强制用户授权、违规分析数据进行商业利用等情形,违反了正当性原则。据此,法院判定携程公司退还胡某订房差价243.37 元,并按差额房费的三倍支付赔偿金 4 534.11 元;同时,携程公司为胡某增加不同意其现有《服务协议》和《隐私政策》仍可继续使用的选项,或去除对用户非必要信息进行采集和使用的相关内容。

案例评析: 首先,本案中携程公司通过《隐私政策》《服务协议》收集用户个人信息并使用自动化技术分析用户个人信息,形成用户画像,在此基础上向胡某进行个性化营销,属于《个人信息保护法》第 24 条自动化决策的情形,携程公司本身的行为并不违规。其次,根据《个人信息保护法》第 52 条,信息处理者负有设立个人信息保护负责人的义务,对其自身的信息处理活动进行监管,防止侵害个人权益的结果发生。本案中,携程公司作为信息处理者,不仅未对其处理活动进行监管,而且对胡某采取强制授权的方式,失去了处理个人信息的合法性依据。最后,携程公司使用自动化技术运算的结果显然给胡某权益造成重大影响,胡某当然有权行使拒绝权,并要求携程公司承担相应的损害赔偿责任。

第四节　公共场所的个人信息处理规则

 教学案例

　　甲新居住的小区物业公司采用人脸识别作为出入小区的唯一验证方式。甲认为这种验证方式极可能泄露其隐私,后与物业公司多次沟通,要求删除其人脸信息,并向其提供无障碍出入小区的其他方式,但物业公司拒绝其要求。对于此种情境,甲应该如何维权?

　　随着智能算法技术的发展,在公共场所安装图像采集和个人身份识别设备,可以随时对个人的面部、声音、指纹等生物信息进行处理,其中人脸识别技术较为典型。因人脸识别技术处理的对象主要是生物识别信息,具有高度敏感性,一旦侵害信息主体,造成的损害往往是不可逆的。对此,我国《个人信息保护法》第 26 条对在公共场所处理个人信息的行为采取了较为严格的规制。

一、公共场所和区域的限定

在西方文明史上，一直存在着公私领域的划分。一般而言，公共领域是在开放环境中所生活的世界，而私人领域核心在于家庭领域，是个体不受公共生活规则约束的领域。[①]最初的隐私利益是一种物理性隐私，是防止他人非法对自己的身体、住宅等物理空间入侵的一种利益，是围绕"公私二分"规则划分公民生活安宁与人格自主的天然屏障，具有私密性特征。但当这一信息被第三方知晓或泄露，个人就不再具有合理的隐私期待，不再受隐私权的保护，[②]这就是著名的"第三方原则"。[③]但信息技术的发展促进了新闻媒体产业的发展，信息共享成为一种常态，新闻媒体机构成为信息收集的主力军，信息传播的广泛性与快速性决定了其对私人信息的收集更具有侵入性。[④]受第三方原则的限制，公共领域的隐私很难受到隐私权的保护，尤其在人脸识别技术的应用情景中，行为规范的设定场景与数字社会的复杂识别情景差距明显，公私界限的预设划分十分困难。

就理论而言，狭义上的"公共场所"仅限于为了社会公共利益而设置，且社会公众可以随意进出的场所，例如免费的公园、博物馆等。若设置目的是为社会公共利益，但公众需要以付费（例如购票）等方式来进出，一般也可纳入公共场所的概念中。若设置目的并非社会公共利益，但可以向社会公众开放，则一般并不认定为公共场所，可将其称为"经营场所"，例如《民法典》第1198条规定的安全保障义务人便包括了经营场所的经营者和公共场所的管理者。[⑤]

在公共场所处理个人信息的场景中，对"公共场所"应采取广义理解，即包括商场、超市甚至宾馆等经营场所，这主要基于两种缘由：首先，公共场所采集的信息往往涉及个人生物识别信息等敏感信息，对比其他生物识别信息获取的技术性与需求设备的复杂性，人脸信息的获取较为普遍且便利，仅需要利用摄像装备即可轻易获得，同时信息主体难以觉察，故立法对采集图像和个人身份识别的行为严格限制，扩大适用范围以最大限度地保护信息主体权益。其次，商场、超市甚至宾馆等经营场所成为图像与个人身份识别信息的主力军，也成为带来信息安全风险的最大隐患。人脸信息发挥个人与社会交往的媒介功能，而在数据技术的应用下，人脸信息开始具有了身份验证的价值，机器算法替代人脑，脱离

[①] Daniel J. Solove & Paul M. Schwartz. *Information Privacy Law*. Wolters Kluwer Press，2018，p. 87.

[②] Daniel J. Solove. Conceptualizing Privacy. *California Law Review*，Vol. 90，No. 4，2002，p. 1107.

[③] "第三方原则"最初源于一系列个人私密事务被其朋友泄露给警方线人或便衣警察的事件。在 Lee v. United States、Hoffa v. United States 以及 United States v. White 中，法院认为当个人将其私密信息泄露给他人时，就不再属于《宪法（第四修正法案）》的保护范围，因为《宪法（第四修正法案）》并不禁止第三方主体将获知他人的秘密提供给第三人的自由。因此，以 United States v. Miller 案为契机，隐私概念以公私二分法则为基线，围绕《宪法（第四修正案）》形成了著名的"第三方原则"（Third Party Doctrine）。

[④] Daniel J. Solove & Paul M. Schwartz. *Information Privacy Law*. Wolters Kluwer Press，2018，p. 135.

[⑤] 《人脸识别司法解释》第2条将"宾馆、商场、银行、车站、机场、体育场馆、娱乐场所等"统称为经营场所和公共场所。

了熟人社会中对人脸信息验证身份的单一识别方式,成为对特定自然人身份认证与识别的重要方法。人脸识别技术在对比人脸信息的同时和信息主体的姓名、年龄、身份证号码、手机号码相互关联,实现了身份认证一体化,能够方便快捷地进行在线交易,在商业领域具有不可比拟的优势。但人脸识别技术通过自动化闭关技术对个人信息进行持续整合分析,可能会导致信息泄露、信息诈骗等安全风险。因此,将公共场所扩大至商场、超市、宾馆等确有必要。

二、公共场所处理个人信息的规范要求

(一) 以维护公共安全为必要

《个人信息保护法》第 26 条规定在公共场所安装图像采集、个人身份识别设备应当为维护公共安全所必需,并设置显著的提示标识。维护公共安全的必要性还应该具体到人脸识别技术应用的情境中,以收集必要信息为界限。《人脸识别司法解释》第 2 条第 8 款认定违反"必要"情形收集处理人脸识别信息构成人格权益侵权。比例原则要求信息处理者在适用人脸识别技术时必须充分考虑人脸信息的安全,并证明人脸识别技术是实现信息利用目的所必需的。只有在为处理目的不能通过其他合理方式实现的情形下才能进行处理。[①] 当人脸识别信息的收集并非实现信息处理目的的唯一方式或者最安全的方式时,这种技术的应用即与必要原则不符。例如,北京地铁将试点刷脸安检,引起人们对个人隐私的担忧。有学者认为,该技术的应用需要考虑目的正当性和必要性,无论是北京地铁还是相关管理部门都需更清楚地界定设立人脸识别通道的目的。[②] 需指出的是,尽管公私部门处理人脸识别信息的目的存在差异,但是这种独有的身份标识符可能会混同公私服务的界限,导致信息主体授权权限使用的混乱,尤其人脸识别系统在公共场景中的应用往往突破"同意使用"原则,强制、过度授权。[③] 因此,无论是公共部门还是私营企业在收集人脸识别信息时均需遵守必要原则,从初始源头保障个人信息安全。

(二) 履行充分的告知义务

在公共场所使用人脸识别技术必须对信息主体进行充分告知,设置显著的提示标识。由于公共利益在必要性原则下优先于个人利益,故对公共场所收集处理人脸识别信息并不需要设定明确、书面的同意标准,但需要详细告知人脸信息的使用目的、方式和范围,确保信息主体知情。例如在疫情防控之中,为防止个人在流动过程中被传染,在支付宝中录入人脸识别信息进行身份验证,以便于国家疫情管理具备必要性和适当性的要求。在以

---

① 程啸:《个人信息保护法理解与适用》,中国法制出版社 2021 年版,第 82 页。
② 《北京地铁又见刷脸安检,引隐私泄露担忧》,https://www.sohu.com/a/512902924_161795,最后访问日期:2023 年 2 月 8 日。
③ 张勇:《敏感个人信息的公私法一体化保护》,《东方法学》2022 年第 1 期,第 66 页。

公共管理与公共安全为目的对生物识别信息进行使用的情景中,欧盟也延续了其一贯的基本人权立场。基于《一般数据保护条例》的严格规范,欧盟基本权利局在 2019 年发布《人脸识别技术:执法中的基本权利考量》,[①]该报告指出人脸识别技术的应用可能会严重威胁公民的基本权利,故对该技术的应用应进行特别规制。在司法实践中,欧盟法院将包括人脸信息在内的生物识别信息上升为宪法层面的权利,这在 Michael Schwarz v. Stadt Bochum 一案中得到了承认。在该案中,欧盟法院认为指纹信息具有高度敏感性,是一种宪法性的权利,但是对该类信息的保护需要区分公共目的和合同目的,并且公共管理的正当使用需要优先于个人信息保护。[②]

> **拓展阅读　公共场所处理个人信息的除外规则**
>
> 在公共场所处理个人信息需要以维护公共安全为目的,而《个人信息保护法》第 26 条第 2 款对此作出除外规定,即"取得个人单独同意的除外"。然而,数字时代的到来给以同意规则为核心构建的保护体系带来冲击,该规则投射到人脸识别信息保护的适用困境日益凸显。在人脸识别技术应用之初,其技术逻辑仅仅是捕捉图像进行横向匹配识别,对个人造成的侵害风险较小。而大数据、区块链、人工智能技术的开发使得人脸信息的应用场景复杂多变,人脸识别分析朝纵向进阶,人脸信息的属性开始发生变化,从最初表征身份的自然符号向识别分析的机制转变。[③] 此时,单一概括的同意规则很难预判人脸信息的后续使用方式。由于人脸信息本身的唯一性、收集行为的非接触性以及易采集性,在采集环节更为便利,这在采集之初就埋下了风险的种子。在后续的存储、加工、利用环节均可能发生人脸识别信息的泄露风险、歧视风险或技术破解风险,贯穿从收集到利用的整个处理周期。因此,信息处理者在公共领域处理个人信息以维护公共安全为限制,若出于公共安全以外的目的,则以获得信息主体单独同意为例外。但考虑到人脸信息的高度敏感性和风险的未知性,信息处理者仍应以必要性为原则,履行相应的告知、保护义务,且信息主体可以随时撤回同意。

三、出入公共场所或区域验证方式的多重选择

相较于《个人信息保护法》第 26 条,该条第 3 款是新增规则,即不得以图像采集、个人

---

① European Union Agency for Fundamental Right. Facial Recognition Technology: Fundamental Rights Considerations in the Context of Law Enforcement.

② Michael Schwarz v. Stadt Bochum (Case C — 291 / 12) , 17 October 2013.

③ 韩旭至:《刷脸的法律治理:由身份识别到识别分析》,《东方法学》2021 年第 5 期,第 71 页。

身份识别技术作为出入公共场所或者区域的唯一验证方式。这一新增规则参考了《人脸识别司法解释》第 10 条,其第 1 款规定:"物业服务企业或者其他建筑物管理人以人脸识别作为业主或者物业使用人出入物业服务区域的唯一验证方式,不同意的业主或者物业使用人请求其提供其他合理验证方式的,人民法院依法予以支持。"最高人民法院的这一规定,主要回应了社会中引发广泛关注和讨论的小区安装人脸识别门禁并将其作为出入小区唯一方式的现象。但《人脸识别司法解释》第 10 条规定仅适用于物业服务企业或者其他建筑物管理人,未提及其他主体,例如公园、景区管理人等。事实上,我国人脸识别第一案——郭某与杭州野生动物世界合同纠纷案,涉及的焦点恰是动物园能否将人脸识别作为出入动物园的唯一验证方式。

为进一步拓展最高人民法院的规定,《个人信息保护法》第 26 条将其适用范围拓展至公共场所和区域,即当信息主体出入公共场所和区域,赋予其被采集图像及生物识别信息作为出入方式的选择权,以信息处理者提供"替代方案"的方式,更大程度保障了信息主体的个人信息权益,防止滥采、强采等现象的出现。

 案例解析

本案中,虽然小区物业公司出于居民安全的需要采用人脸识别验证的方式,目的是避免外来人员随意进出带来安全、财产风险,符合《个人信息保护法》第 26 条规定的公共安全目的,具有合理性,但维护小区安全并非以采集较为敏感的人脸信息为必需,这有违本条的必要性原则。根据《人脸识别司法解释》第 10 条,物业公司以人脸识别验证方式经过业主委员会同意拒绝为甲提供其他验证方式的决定无效。甲可以诉诸法院要求物业公司删除顾某人脸信息,并提供其他通行验证方式维护其合法权益。

 **典型案例**

郭某与杭州野生动物园合同纠纷[①]

案件事实:郭某在杭州野生动物世界购买了一张年卡,并留存了个人身份信息、照片及指纹信息,后野生动物世界告知郭某入园方式由指纹识别变更为人脸识别,要求其录入其人脸信息进行面部识别认证。郭某不同意这种变更方式,要求野生动物世界退卡。在协商未果的情况下,郭某诉至法院,要求杭州野生动物世界解除合同,承担违约责任,并删除其预留的全部个人信息。

法院裁判:一审法院认为,被告未经郭某同意更改合同内容属于违约,应承担违约责

[①] 杭州市中级人民法院(2020)浙 01 民终 10940 号民事判决书。

任;被告收集郭某的人脸识别信息,超出了处理个人信息的必要原则要求,不具有正当性,因此野生动物世界应删除郭某办理指纹年卡时提交的包括照片在内的面部特征信息。二审法院维持了一审法院的部分判决,并进一步指出,鉴于野生动物世界单方变更指纹年卡的入园方式,并停止使用指纹识别闸机,致使原约定的指纹识别入园服务方式无法实现,故应当删除指纹识别信息。

案例评析：在该案中,杭州野生动物园向不特定人开放游玩,属于《个人信息保护法》第26条所定义的公共场所。被告野生动物园在公共场所使用人脸识别技术作为游客入园的验证方式,是出于管理动物园而非维护公共安全的目的,这种情形下必须取得个人同意。但被告在未经原告郭某同意的情形下私自更改合同协议,将入园方式从指纹识别变更为人脸识别,本就属于违约,尤其是在违背必要性原则的前提下收集郭某面部特征信息,其收集行为更不具有合法性基础。因此,被告杭州野生动物园应该承担相应的违约责任,并停止对郭某面部特征信息的处理。

第五节　个人信息跨境提供的规则

 教学案例

甲公司是某国外企业的第三方服务咨询公司,由甲公司收集中国境内用户的订单以及定期将客户资料等信息传输给该境外企业。

以数据要素为核心驱动的数字经济时代,信息数据跨境流动在国际贸易、全球经济增长、加速创新等方面发挥着重要作用,与此同时,信息数据跨境往往涉及个人权益、国家安全等重大议题,因此我国以《全球数据安全倡议》为基础,以《网络安全法》《数据安全法》《个人信息保护法》为主干,以《数据出境安全评估办法》《网络安全审查办法》《个人信息出境安全评估办法(征求意见稿)》《个人信息出境标准合同办法》《规范和促进数据跨境流动规定(征求意见稿)》等多层次跨境细则和指南为具体指引,旨在实现个人信息跨境流动中平衡数字经济的开放与安全。[①]

一、个人信息跨境提供的含义

个人信息跨境提供是指一国境内的个人信息或个人数据流动至境外,为他国的公权

---

① 许可:《自由与安全:数据跨境流动的中国方案》,《环球法律评论》2021年第1期,第22页。

力机关或私权利主体所获取、收集、存储、加工、分析等。[①] 跨境流动的数据是否属于个人信息,这是开展个人信息跨境提供专项合规计划的前提条件,因此首先要对跨境提供的是否属于个人信息进行有效甄别。

我国《个人信息保护法》在法律层面搭建了相对全面的个人信息跨境流动制度,第38—43条涵盖了个人信息权利保护、企业合规以及我国数据跨境中对外合作与博弈等内容。第38条将个人信息跨境提供的目的限定为"因业务等需要",信息处理者仅能为了业务等需要而实施个人信息跨境提供,即为了更好保障其各项业务的顺利开展,或者跨境提供个人信息活动本身就是跨境业务的主要内容。例如在跨境电商活动中,我国境内的消费者购买境外公司的产品或服务时,须由境内的信息处理者将消费者的姓名、联系方式、快递地址以及支付账户等信息提供给境外公司,否则跨境电子商务便无法进行。这是延续该法第6条所确立的目的明确原则,即信息处理者在开展包括跨境提供个人信息活动在内的处理活动时应遵守目的明确原则,如果缺乏特定的目的而随意实施个人信息跨境提供,易导致数据跨境流动中的个人信息被滥用或泄露而产生合规风险。[②]"因业务等需要"的既可以是内部业务,也可以是外部业务。在实践中,企业通常注重外部业务中个人信息跨境提供的合规问题,但内部业务也可能成为被规制的范畴,例如在德国,H&M公司因大范围收集员工的就医、病假、医疗诊断等个人信息,将宗教信仰、家庭背景等个人信息作为员工考评任用的参考依据而被德国数据保护部门罚款3 530万欧元。[③]

第38条还采用"确需向中华人民共和国境外提供个人信息的"表述,凸显了向境外提供个人信息的必要性,那么并非只要与业务活动相关就可向境外提供个人信息。"必要性"意味着信息处理者如果不向境外提供个人信息,便无法正常开展业务等活动。个人信息跨境提供限于信息处理者实现相关业务所需要的最小范围。过度或者超出必要范围的个人信息跨境提供,不仅无助于提升信息处理者跨境业务,而且会让其个人信息跨境提供活动丧失正当性和必要性,从而可能损害信息主体对其个人信息的自主权。

个人信息跨境流动制度的设计尤其需要兼顾多重面向与利益。一方面,个人信息跨境流动是随着信息技术和数字经济发展而在国际数字贸易、金融投资等业务中不可避免地存在,已经成为我国数字经济发展的迫切要求,数字产品或服务的供给、交付均需要清晰的数据(含个人信息)跨境制度的指引。另一方面,这一活动不仅涉及一国公民的个人信息权益保护,而且涉及国家主权、公共安全等重大问题。地缘政治冲突的加剧,世界数字大国间的博弈,使不同经济体主导的数据跨境流动框架竞争日趋激烈。同时,数字贸易保护主义抬头,导致数字经济发展面临着更加复杂的国际环境。[④] 因此,当信息处理者在实施个人信息跨境提供的行为时,须严格遵守国内的相关法律法规,并针对数据跨境建立

---

① 程啸:《个人信息保护理解与适用》,中国法制出版社2021年版,第301页。
② 谢登科:《个人信息跨境提供中的企业合规》,《法学论坛》2023年第1期,第87页。
③ 王倩、顾雪莹:《GDPR下涉欧企业的员工个人数据合规管理》,《德国研究》2021年第2期,第118页。
④ 张凌寒:《个人信息跨境流动制度的三重维度》,《中国法律评论》2021年第5期,第37页。

完善的专项合规计划,否则,不仅难以实现正常的数据跨境业务,而且可能因违法违规而遭受行政监管处罚甚至刑事追诉。[①]

二、个人信息跨境提供的路径

个人信息跨境传输需要确保个人信息出境的安全,我国《个人信息保护法》第 38 条规定,判断个人信息是否允许跨境提供,主要采取的标准是同等保护水平,即要求个人信息的境外接收方所在国家或地区的数据保护水平和标准必须达到我国《个人信息保护法》所规定的个人信息保护标准。具体的实现路径主要有三种:一是按照《个人信息保护法》第 40 条的规定通过国家网信部门组织的安全评估;二是按照国家网信部门的规定经专业机构进行个人信息保护认证;三是按照国家网信部门制定的标准合同与境外接收方订立合同,约定双方的权利和义务。当然,《个人信息保护法》还设置了兜底条款,即法律、行政法规或者国家网信部门规定的其他条件。依据《规范和促进数据跨境流动规定(征求意见稿)》第 1 条,国际贸易、学术合作、跨国生产制造和市场营销等活动中产生的数据出境,不包含个人信息或者重要数据的,不需要申报数据出境安全评估、订立个人信息出境标准合同、通过个人信息保护认证。

(一) 安全评估

所谓"安全评估",是对个人信息跨境提供是否存在损害个人信息权益、危害国家安全和公共利益等情况所作的分析和评判。在个人信息跨境流动中,一国可能利用大数据分析技术和海量个人信息对他国社会状况予以精准画像,从而实施危害他国国家安全和国家主权的活动。根据《个人信息保护法》第 40 条,关键信息基础设施运营者和处理个人信息达到国家网信部门规定数量的信息处理者,应当将在中华人民共和国境内收集和产生的个人信息储存在境内,确需向境外提供的,应当通过国家网信部门组织的安全评估。因此,对于关键信息基础设施运营者和处理个人信息达到国家网信部门规定数量的信息处理者,一般应落实数据本地化要求,将在境内收集和产生的个人信息储存在境内。若确需向境外提供个人信息,必须经过国家网信部门组织的安全评估。

1. 关键信息基础设施运营者的认定

根据《网络安全法》第 31 条第 1 款,国家对公共通信和信息服务、能源、交通、水利、金融、公共服务、电子政务等重要行业和领域,以及其他一旦遭到破坏、丧失功能或者数据泄露,可能严重危害国家安全、国计民生、公共利益的关键信息基础设施,在网络安全等级保护制度的基础上实行重点保护。对此,《关键信息基础设施安全保护条例》第 2 条对关键信息基础设施运营者的含义作出具体规定,关键信息基础设施运营者是指公共通信和信

[①] 谢登科:《个人信息跨境提供中的企业合规》,《法学论坛》2023 年第 1 期,第 85 页。

息服务、能源、交通、水利、金融、公共服务、电子政务、国防科技工业等重要行业和领域的，以及其他一旦遭到破坏、丧失功能或者数据泄露，可能严重危害国家安全、国计民生、公共利益的重要网络设施、信息系统等。关键信息基础设施运营者有两个关键的要件：一是要从事特定的行业或部门领域；二是设施系统一旦遭到破坏、丧失功能或数据泄露，其危害和影响会危及国家安全、国计民生、公共利益。按照《关键信息基础设施安全保护条例》的要求，重要行业和领域的主管部门、监督管理部门是负责关键信息基础设施安全保护工作的部门，上述保护工作部门需要结合本行业、本领域实际，制定关键信息基础设施认定规则，并报国务院公安部门备案。在具体认定过程中，主要考虑以下因素：网络设施、信息系统等对于本行业、本领域关键核心业务的重要程度，网络设施、信息系统等一旦遭到破坏、丧失功能或者数据泄露可能带来的危害程度，对其他行业和领域的关联性影响。

2. 处理个人信息达到国家网信部门规定数量的信息处理者

处理个人信息数量和规模巨大的信息处理者也需要落实安全评估要求。对于具体数量规模的判断标准，根据国家网信部门颁布的《数据出境安全评估办法》第 4 条，主要有三类处理个人信息达到法定要求的信息处理者会触发安全评估：一是处理 100 万人以上个人信息的信息处理者；二是自上年 1 月 1 日起累计向境外提供 10 万人个人信息；三是 1 万人敏感个人信息的信息处理者。达到以上条件的信息处理者向境外提供个人信息需要通过所在地省级网信部门向国家网信部门申报数据出境安全评估。

3. 安全评估的工作程序和评估标准

我国颁布了《数据出境安全评估办法》及其配套指南《数据出境安全评估申报指南（第一版）》，形成了相对完整的有关数据出境安全评估工作程序和评估标准的立法框架。根据上述两项法律文件，通过数据出境安全评估进行个人信息出境，必须以"申报评估＋自评估"相结合的方式进行。同时，需注意的是，申报安全评估是向拟开展数据出境的企业组织所在地的省级网信部门提交申请，在经省级网信部门进行初步的文件完备性查验后，提交至国家网信办进行实质审查评估。在安全评估和自评估的重点事项中，存在重合但也有少许差异。从整体上看，重点评估事项包括数据出境活动的合法性、正当性、必要性，境外法律政策环境的影响，出境数据的规模、范围、种类、敏感程度，数据出境的风险，境外接收方的数据保护水平是否达到与我国的同等水平，个人信息权益保障和救济是否充分，与数据出境有关的合同等各类法律文件是否充分约定了数据安全保护责任义务等。不过，差异主要体现在根据《数据出境安全评估办法》，企业自评估重点事项不包括境外法律政策环境的影响和出境方遵守中国法律、行政法规、部门规章的情况。

（二）个人信息保护认证

个人信息保护认证是由专门的认证机构以相关技术标准为依据，对信息处理者的管理体系、运行状况、产品服务等是否达到个人信息保护标准要求而出具的意见。全国信息安全标准化技术委员会发布了《网络安全标准实践指南——个人信息跨境处理活动安全认证规范》及其 V2.0 版本,用于指导经专业机构认证开展个人信息跨境处理的活动。其初步确认了个人信息保护认证的适用情形及基本要求,既可作为认证机构对个人信息跨境处理活动进行个人信息保护认证的认证依据,也为个人信息处理者规范个人信息跨境处理活动提供参考。

1. 适用情形

专业机构认证主要适用于两种情形:一是跨国公司或者同一经济、事业实体下属子公司或关联公司之间的个人信息跨境处理活动;二是《个人信息保护法》第 3 条第 2 款适用的个人信息处理活动,主要是指境外信息处理者处理境内自然人的个人信息的情形。需要指出的是,专业机构认证是属于国家推荐的自愿性认证,不具有强制性。但是从实践中来看,很多企业在向境外集团公司内的母公司或其他关联公司进行数据转移或境外组织实体开展分析、评估境内自然人行为,收集处理境内自然人的个人信息时,都会选择开展认证,以作为企业数据合规的重要步骤。

2. 基本要求

一是必须有法律约束力的协议,即开展个人信息跨境处理活动的信息处理者和境外接收方之间应当签订具有法律约束力和执行力的文件,确保个人信息主体权益得到充分的保障。

二是必须具备组织管理的能力,即作为数据出境方和接收方的企业需要有专门的个人信息保护负责人和个人信息保护机构。

三是必须遵守个人信息跨境处理规则,具体包括跨境处理个人信息的基本情况,跨境处理个人信息的目的、方式和范围,个人信息境外存储的起止时间及到期后的处理方式,跨境处理个人信息需要中转的国家或者地区,保障个人信息主体权益所需资源和采取的措施,个人信息安全事件的赔偿、处置规则。

四是必须开展个人信息保护影响评估,在数据出境前即判断境外提供个人信息活动是否合法、正当、必要,所采取的保护措施是否与风险程度相适应并有效等。

五是必须落实对个人信息主体权益的保障,具体包括确保个人信息主体享有具体的个人信息保护权利,并要求数据出境方和数据接收方承担相应的责任和义务。

虽然该认证规范搭建了个人信息保护认证的基本制度框架,但是在很多实践中落地的具体规则仍然比较模糊,例如具体的认证机构及其组成人员、开展认证工作的具体程序等实施细则尚不明确。在实践中,对经专业机构认证开展数据出境的需求较大,因此可以预见未来相关的配套规则会更加的细化。

(三) 个人信息出境标准合同

标准合同是从个人信息提供者与接收者之间的契约关系角度实现数据跨境中的个人信息权益保护。国家互联网信息办公室公布《个人信息出境标准合同办法》,对个人信息出境标准合同的适用条件和备案监管等作了具体规定,目的是"为了确保境外接收方处理个人信息的活动达到中华人民共和国相关法律法规规定的个人信息保护标准""明确个人信息处理者和境外接收方个人信息保护的权利和义务"。基于此目的设置了个人信息出境活动中,作为境外接收方的外国企业、组织等实体的最低合同义务要求,并通过合同对各方权利义务的合理分配、法律适用与违约责任等予以规定,保障了对个人信息出境活动的各方管理制度、安全技术措施的验证与追责,使得个人、境内外企业组织等实体完全可以通过民事诉讼等方式维护自身合法权益,而无需动辄启动公权力。

1. 适用主体

《个人信息出境标准合同办法》对于能够采取标准合同实施个人信息跨境的主体范围进行了非常明确的界定,包括:非关键信息基础设施运营者;处理个人信息不满 100 万人的;自上年 1 月 1 日起累计向境外提供个人信息不满 10 万人的;自上年 1 月 1 日起累计向境外提供敏感个人信息不满 1 万人的。信息处理者必须同时满足上述四项条件,才能够适用标准合同。

2. 效力范围

《个人信息出境标准合同办法》规定,信息处理者与境外接收方签订与个人信息出境活动相关的其他合同如与标准合同冲突,标准合同条款优先适用,且信息处理者和境外接收方不能对标准合同的内容进行调整或删减,否则将视为未签订《个人信息保护法》第 38 条规定的标准合同。而如果未签订标准合同,则可能导致对《个人信息保护法》出境条件的不符合而承担不利法律后果。

若各方确需对个人信息的出境情况进行补充,补充条款不应对标准合同条款进行任何效力修订、否定或排除,不得与标准合同相冲突,并不得规定低于标准合同设置的义务和责任,特别是不得对个人信息主体的权利及其行使设定任何障碍或限制。签订和履行标准合同仅是从民事合同层面约定的各方权利义务,以及违反合同约定的民事责任,并不能当然减轻或免除信息处理者因违反《个人信息保护法》而导致的其他法律责任。

3. 生效条件

《个人信息出境标准合同办法》要求信息处理者应当在标准合同生效之日起 10 个工作日内,向所在地省级网信部门备案。明确标准合同的生效不依赖于备案或任何前置条件,备案标准合同不属于行政许可,即使未备案,也不影响合同本身的有效性,充分尊重各方当事人的意思自治,但同样这不影响因违反《个人信息保护法》而产生的相关行政责任。如果在合同有效期内发生重大的约定事项变化,信息处理者需要补充或者重新签订标准合同并备案。

4. 个人信息保护影响评估报告

信息处理者向境外提供个人信息前,应当开展个人信息保护影响评估,重点评估以下内容:信息处理者和境外接收方处理个人信息的目的、范围、方式等的合法性、正当性、必要性;出境个人信息的规模、范围、种类、敏感程度,个人信息出境可能对个人信息权益带来的风险;境外接收方承诺承担的义务,以及履行义务的管理和技术措施、能力等能否保障出境个人信息的安全；个人信息出境后遭到篡改、破坏、泄露、丢失、非法利用等的风险，个人信息权益维护的渠道是否通畅等；境外接收方所在国家或者地区的个人信息保护政策和法规对标准合同履行的影响；其他可能影响个人信息出境安全的事项。"其他条件"主要是作为兜底条款而设置，基于个人信息跨境提供本身有着很浓的公共政策考量意味，需要随着实践的发展和需求予以调整和回应。

【思考】

个人信息跨境提供主要有哪几条合规途径？

拓展阅读　个人信息跨境提供的共性规则

无论是选择哪一条出境路径，一是信息处理者都需要获得信息主体的单独同意。根据《个人信息保护法》第39条，信息处理者向中华人民共和国境外提供个人信息的，应当向个人告知境外接收方的名称或者姓名、联系方式、处理目的、处理方式、个人信息的种类以及个人向境外接收方行使本法规定权利的方式和程序等事项，并取得个人的单独同意。二是与境外数据接收方签署法律文件，包括但不限于标准合同。符合条件的信息处理者通过网信办申报安全评估进行数据出境的，其中申报材料中就应包括"与境外接收方拟定的数据出境相关合同或者其他具有法律效力的文件"；采取标准合同出境的，则必然需要签署标准合同；而采取认证方式出境的，要签署具有法律约束力的协议。三是开展评估活动。在通过网信办安全评估进行出境的方式中有一种评估是国家网信办进行的"安全评估"，是国家网信办对拟申报数据出境企业的评估，但在此之前，拟申报数据出境的企业应当对自己开展"自评估"；根据《个人信息出境标准合同办法》，信息处理者向境外提供个人信息前，应当事前开展个人信息保护影响评估；根据《网络安全标准实践指南——个人信息跨境处理活动安全认证规范V2.0》第5.4条，开展个人信息跨境活动的信息处理者应当事前进行个人信息保护影响评估。由此可见，标准合同及认证方式的出境路径都需要进行"个人信息保护影响评估"，企业进行该评估可具体参考《信息安全技术　个人信息安全影响评估指南》。

三、个人信息跨境提供的其他制度

（一）司法和执法协助

我国《数据安全法》和《个人信息保护法》都有类似规定，要求禁止境内组织或个人未经主管机关批准，向外国司法或执法机构提供存储于境内的数据或个人信息。① 据此，在国际司法与执法协助中开展数据的跨境提供需要满足必要的限制性条件。

1. 跨境提供数据有具体依据

根据《数据安全法》《个人信息保护法》，主要的依据包括有关法律、条约、协定或互惠平等原则，对此，跨境提供数据的主要法律依据是我国《国际刑事司法协助法》，其中对主管机关跨境提供司法协助的主要情形进行了具体规定和限制。② 条约、协定依据是我国参加的与外国缔结的双边或多边的司法或执法协助的协议。当不存在该类条约或协定时，则只能基于平等互惠的外交原则进行处理，若存在损害国家主权、安全或社会公共利益的情况，则应当拒绝提供。③

2. 跨境提供数据的主体限制

基于司法或执法协助开展跨境数据提供，其主体仅限于官方公权力机构之间而不包括私人组织或个人。因此，只能由境内的主管机关与境外的官方机构之间开展数据跨境调取，禁止私人组织或个人直接参与，即除了境内外官方机构之间直接开展的刑事司法或执法互助合作外，当涉及私人组织或个人向境外提供数据时，无论私人组织或个人是出于主动在境外发起诉讼还是被动应诉或经受执法调查，都必须首先经过境内司法或执法机构批准，才能向境外机构提供数据以用于执法或司法活动。关于具体的官方公权力机构范围，根据《国际刑事司法协助法》，主要有国家监察委员会、最高人民法院、最高人民检察院、公安部、国家安全部等部门。④

(二) 黑名单制度

根据《个人信息保护法》第 42 条，如果境外组织、个人从事侵害我国公民个人信息权益或危害我国国家安全、公共利益的个人信息处理活动，国家网信部门可以将其列入限制或禁止个人信息提供清单，并予以公告，采取限制或禁止向其提供个人信息的措施，该规定被称为个人信息保护"黑名单制度"。该制度是我国《网络安全法》第 75 条关于"境外的

---

① 《数据安全法》第 36 条规定："中华人民共和国主管机关根据有关法律和中华人民共和国缔结或者参加的国际条约、协定，或者按照平等互惠原则，处理外国司法或者执法机构关于提供数据的请求。非经中华人民共和国主管机关批准，境内的组织、个人不得向外国司法或者执法机构提供存储于中华人民共和国境内的数据。"《个人信息保护法》第 41 条规定："中华人民共和国主管机关根据有关法律和中华人民共和国缔结或者参加的国际条约、协定，或者按照平等互惠原则，处理外国司法或者执法机构关于提供存储于境内个人信息的请求。非经中华人民共和国主管机关批准，个人信息处理者不得向外国司法或者执法机构提供存储于中华人民共和国境内的个人信息。"

② 《国际刑事司法协助法》第 2 条规定："本法所称国际刑事司法协助，是指中华人民共和国和外国在刑事案件调查、侦查、起诉、审判和执行等活动中相互提供协助，包括送达文书，调查取证，安排证人作证或者协助调查，查封、扣押、冻结涉案财物，没收、返还违法所得及其他涉案财物，移管被判刑人以及其他协助。"

③ 程啸：《个人信息保护法理解与适用》，中国法制出版社 2021 年版，第 322—323 页。

④ 《国际刑事司法协助法》第 6 条规定："国家监察委员会、最高人民法院、最高人民检察院、公安部、国家安全部等部门是开展国际刑事司法协助的主管机关，按照职责分工，审核向外国提出的刑事司法协助请求，审查处理对外联系机关转递的外国提出的刑事司法协助请求，承担其他与国际刑事司法协助相关的工作。在移管被判刑人案件中，司法部按照职责分工，承担相应的主管机关职责。办理刑事司法协助相关案件的机关是国际刑事司法协助的办案机关，负责向所属主管机关提交需要向外国提出的刑事司法协助请求、执行所属主管机关交办的外国提出的刑事司法协助请求。"

机构、组织、个人从事攻击、侵入、干扰、破坏等危害中华人民共和国的关键信息基础设施的活动,造成严重后果的,依法追究法律责任"的延续;《数据安全法》第2条的规定亦有所体现,即"中国境外的组织、个人开展数据活动,损害中国国家安全、公共利益或者公民、组织合法权益的,依法追究法律责任"。不同的是,个人信息保护黑名单制度的适用前提是"违反规定＋损害权益",具有"防御性"特征,一方面,坚决回应了国外无理制裁,例如美国将部分中国企业无端列入"实体清单";另一方面,也体现出我国国内法域外效力的谦抑性,拓展了国内法适用的域外效力。[①]

(三) 对等原则

《个人信息保护法》第43条规定,任何国家或者地区在个人信息保护方面对中华人民共和国采取歧视性的禁止、限制或者其他类似措施的,中华人民共和国可以根据实际情况对该国家或者地区对等采取措施。该条对于在当前国际背景下应对复杂的国际形势和挑战具有重要意义。从近期美国在数据安全和网络安全领域的一系列立法与执法动作来看,其政策导向处处透露着冷战思维和对抗思维,将中国设立为假想竞争对手甚至敌对国家。在此国际背景下,若想以法律的手段采取必要的反制措施并在国际上收获舆论的支持,该类对等原则条款就显得十分重要。

 案例解析

在教学案例中,A公司收集中国境内用户的订单以及定期将客户资料等信息传输给该境外企业的行为属于典型的个人信息的跨境提供。既然存在个人信息出境活动,A公司需要进一步识别,应当采取哪种出境路径,考虑企业是否达到强制安全评估的标准,如果已达到该标准,则必须进行申报安全评估。A公司须选择合适的出境路径,按照监管的相关要求执行相关的合规要求,履行相关数据安全保障等义务,例如完成评估工作、对境外接收方进行调查、签署相关合同等。个人信息保护影响评估在一定条件下应重新进行。此外,数据出境安全评估结果的有效期只有2年,发生一定情形时还应当重新申报,因此,A公司应持续追踪。

本章小结

1. 个人信息的共同处理者承担连带责任。
2. 个人信息处理的受托者需要在信息处理者的指示和监督下进行个人信息的处理。
3. 信息处理者对外提供个人信息以信息主体的单独同意为条件。

[①]　张凌寒:《个人信息跨境流动制度的三重维度》,《中国法律评论》2021年第5期,第37—47页。

4. 在自动化决策场景下,信息处理者要保证决策的透明度和结果的公平、公正,不得对个人在交易价格等交易条件上实行不合理的差别待遇。

5. 在自动化决策可能对个人产生重要影响的情形下,个人可以要求个人信息处理者进行说明,并有权拒绝个人信息处理者仅通过自动化决策的方式作出决定。

6. 在公共场所处理个人信息,应该以必要原则为标准限制维护"公共安全"的目的性;同时,由于公共利益在必要性原则下优先于个人利益,故在公共场所收集处理人脸识别信息需要详细告知人脸信息的使用目的、方式和范围,确保个人知情。

7. 个人信息跨境提供主要有安全评估、个人信息保护认证、出境标准合同三种途径。

8. 按照《数据出境安全评估办法》规定,在符合法定条件时,通过所在地省级网信部门向国家网信部门申报数据出境安全评估,在通过数据出境安全评估的情况下,个人信息处理者可以将数据跨境提供。

9. 按照《关于实施个人信息保护认证的公告》规定,在个人信息处理者符合《个人信息安全规范》《个人信息跨境处理活动安全认证规范》的要求时,经个人信息保护认证机构按照《个人信息保护认证实施规则》进行认证,可以实施个人信息数据跨境提供。

10. 按照《个人信息出境标准合同办法》规定,在符合法定条件时,个人信息处理者可以与境外接受机构订立个人信息出境标准合同,并在完成个人信息保护影响评估、合同备案等工作的情况下,实施个人信息数据跨境提供。

11. 黑名单制度,即负面清单制度,主要基于境外组织和个人往往难以有效追责或难以防止其再次从事违法活动的考量。

 延伸思考

1. 法律应该如何规制私人场所中的人脸识别技术?
2. 安全评估与个人信息保护认证的区别?
3. 安全评估、个人信息保护认证、出境标准合同之间如何衔接?

 参考文献

1. 丁晓东:《论算法的法律规制》,《中国社会科学》2020 年第 12 期。
2. 韩旭至:《刷脸的法律治理:由身份识别到识别分析》,《东方法学》2021 年第 5 期。
3. 季卫东:《人工智能时代的法律议论》,《法学研究》2019 年第 6 期。
4. 金晶:《作为个人信息跨境传输监管工具的标准合同条款》,《法学研究》2022 年第 5 期。
5. 刘金瑞:《迈向数据跨境流动的全球规制:基本关切与中国方案》,《行政法学研究》2022 年第 4 期。
6. 谢登科:《个人信息跨境提供中的企业合规》,《法学论坛》2023 年第 1 期。
7. 张凌寒:《个人信息跨境流动制度的三重维度》,《中国法律评论》2021 年第 5 期。
8. 张勇:《敏感个人信息的公私法一体化保护》,《东方法学》2022 年第 1 期。
9. 郑玉双:《计算正义:算法与法律之关系的法理建构》,《政治与法律》2021 年第 11 期。

第十一章

个人信息权的民事救济

第一节　个人信息权的侵权法救济

 教学案例

案例 1：甲与乙公司之间存在民事纠纷，乙公司擅自将其与甲在处理纠纷过程中相关单位出具的载有甲的家庭地址、电话号码等个人信息的法律文书张贴在公司公告栏。甲起诉乙公司，该案件是否可以适用《个人信息保护法》第 69 条规定的过错推定原则？

案例 2：甲公司未取得乙的同意，擅自收集乙的个人信息并用于数据分析，推送个性化广告，获取经济利益。乙能否请求甲公司承担个人信息财产利益损害赔偿责任？

个人信息被收集、储存、转让和使用已成为人们的社会生活常态，[①]人们在享受数字社会给自己带来的生活便利的同时，个人信息权也频繁遭受侵害，如何有效规制个人信息权侵害行为已经成为数字社会持续健康发展的重要任务。《个人信息保护法》第 69 条规定："处理个人信息侵害个人信息权益造成损害，个人信息处理者不能证明自己没有过错的，应当承担损害赔偿等侵权责任。前款规定的损害赔偿责任按照个人因此受到的损失或者个人信息处理者因此获得的利益确定；个人因此受到的损失和个人信息处理者因此获得的利益难以确定的，根据实际情况确定赔偿数额。"该条款完善了侵害个人信息权的民事责任配置，结束了个人信息侵权责任相对缺位或者零散的状态，[②]能够为个人信息权侵害提供有效的救济。虽然个人信息权也属于人格权的范畴，但是数字社会中的个人信息侵权和线下社会中的人格权侵权无论在归责原则、责任构成还是责任承担等方面均有不同，甚至还存在本质性差别。[③]

---

①　程啸：《论个人信息侵权责任中的违法性与过错》，《法制与社会发展》2022 年第 5 期，第 202 页。
②　龙卫球：《中华人民共和国个人信息保护法释义》，中国法制出版社 2021 年版，第 321 页。
③　彭诚信：《数字法学的前提性命题与核心范式》，《中国法学》2023 年第 1 期，第 101 页。

一、个人信息侵权责任适用过错推定原则

《个人信息保护法》第 69 条第 1 款规定："处理个人信息侵害个人信息权益造成损害,个人信息处理者不能证明自己没有过错的,应当承担损害赔偿等侵权责任。"该条款明确了个人信息侵权责任适用过错推定原则。按照《民法典》第 1165、1166 条的规定,我国的侵权责任以一般过错责任原则为常态,以过错推定原则和无过错责任原则为例外(需要法律明确规定)。传统人格权侵权责任属于一般侵权责任的范畴,以《民法典》第 1165 条第 1 款为请求权基础,适用一般过错责任原则,此类归责原则的立法目的更倾向于保护行为自由。《个人信息保护法》第 69 条第 1 款明确,采用过错推定原则是以数字社会为背景做出的选择。

数字社会是一个以电子化的个人信息[①]为基本要素、以算法为技术支撑的社会形态,而且无论是个人信息还是算法均为信息处理者所实际控制,这也就意味着遭受个人信息权侵害的信息主体寻求救济时,在举证层面面临技术阻碍,因为能够真实反映、重现侵权事实的个人信息存储系统、算法技术等都由信息处理者所掌握。个人信息处理活动缺乏透明性,信息处理者与信息主体之间存在严重的信息不对称问题。[②] 在数字社会的个人信息处理中,信息处理者距证据较近,信息主体则距证据较远。而且对于个人信息处理中过错的证明专业性较强,特别是涉及算法等数据分析技术的具体运用时,只有信息处理者才具备判断个人信息处理过程中是否存在过错的专业知识和技能,而信息主体的举证成本十分高昂。[③]

正因如此,数字社会的个人信息侵权救济规则便需要作出相应的调整,其中最重要的就是适用过错推定原则,即法律推定信息处理者本身具有过错,从而避免信息主体在举证时面临信息处理者是否存在过错(即故意或者过失)的困境。如果信息处理者能够结合自身掌握的相关证据,充分证明自己已经尽到充分、合理的注意义务的话,也能够免除侵权责任承担,如此便兼顾了个人权利保护和行为自由,避免对信息处理者的活动造成过度限制。同时,此项举证责任分配调整具有合理性的原因在于将责任分配给最有举证能力的一方,即信息处理者。

> **拓展阅读　个人信息侵权归责原则的学理争议**
>
> 《个人信息保护法》出台前,有多位学者主张将个人信息侵权确立为一项特殊侵权类型,适用特殊的归责原则。有的观点主张个人信息侵权责任一律适用无过错责

---

① 《个人信息保护法》第 4 条以及《民法典》第 1034 条第 1 款关于个人信息的定义均强调个人信息的"电子形式"。
② 孔祥稳:《论个人信息保护的行政规制路径》,《行政法学研究》2022 年第 1 期,第 133 页。
③ 王利明:《〈个人信息保护法〉的亮点与创新》,《重庆邮电大学学报(社会科学版)》2021 年第 6 期,第 11 页。

任原则;①有的观点主张采取数据处理技术的个人信息侵权责任适用过错推定原则,而未采用数据处理技术的个人信息侵权责任适用一般过错责任原则;②有的观点主张采用三元归责原则,即公务机关以数据自动处理技术实施的个人信息侵权,适用无过错责任,采用自动化处理系统的非公务机关的个人信息侵权适用过错推定责任,未采用自动数据处理系统的信息处理者的个人信息侵权适用一般过错责任原则。③

　　数字社会的个人信息处理活动发生于赛博空间,具有显著的无形性、隐蔽性、技术性等特征。虽然个人信息无时无刻不在被处理,但是信息主体实际上往往无法感知具体的个人信息处理活动,在此情形下,如果适用一般过错责任原则,则信息主体在技术层面难以证明信息处理者存在过错。如果信息主体遭受的个人信息侵权损害因此难以获得有效救济,而信息处理者也未因违法的个人信息处理行为而遭受惩罚,显然有失公平。

　　相反,如果采取无过错责任原则的话,似乎对信息主体的损害救济更为有效,但对于信息处理者而言过于苛刻。信息处理者是否有过错均需承担侵权责任,将不当限制信息处理者的行为自由,妨碍数字社会的个人信息合理利用。侵权救济规则的主要目的是实现个人权利保护与行为自由保障二者的平衡,不宜过度保护个人权利,不合理地限制行为自由。数字社会的基本元素是个人信息,而个人信息处理活动是数字社会得以诞生并进一步持续发展的重要基础,个人信息处理活动已成为数字社会中的一种常态,维持着数字社会的运转,故不应过度限制个人信息处理活动。《个人信息保护法》采用过错推定原则兼顾信息处理者与信息主体的利益保护,具有充分的合理性。

 案例解析

　　案例 1 所涉及的侵权责任不适用过错推定原则,因为案涉侵权行为发生于传统线下社会,属于传统的人格权侵权,不属于数字社会的个人信息侵权,所以,不能适用《个人信息保护法》第 69 条第 1 款规定的过错推定原则,仍应适用《民法典》第 1165 条第 1 款规定的一般过错责任原则。

二、个人信息侵权的构成要件

　　个人信息存在于数字社会之中,并且信息处理者往往运用算法等数据分析技术对个

---

① 程啸:《论侵害个人信息的民事责任》,《暨南学报(哲学社会科学版)》2020 年第 2 期,第 43 页。
② 陈吉栋:《个人信息的侵权救济》,《交大法学》2019 年第 4 期,第 51 页。
③ 叶名怡:《个人信息的侵权法保护》,《法学研究》2018 年第 4 期,第 93—95 页。

人信息进行深度处理,故在个人信息侵权的责任构成方面,无论是加害人的侵权行为、主观过错,还是因果关系等方面的证成,都含有明显的技术性特征,这与线下社会侵权责任构成要件的认定存在明显不同。[①]

(一) 信息处理者的加害行为

《个人信息保护法》第 69 条第 1 款规定的个人信息侵权责任构成要件之一是侵害个人信息权。个人信息权侵害的行为样态与个人信息处理活动紧密相关。《民法典》第 1035 条第 2 款规定:“个人信息的处理包括个人信息的收集、存储、使用、加工、传输、提供、公开等。”《个人信息保护法》第 4 条第 2 款在此基础之上,增加“删除”的个人信息处理形式。信息处理者在进行上述类型个人信息处理活动时如果未尽相应的法定义务或者约定义务,侵害个人信息权,便属于加害行为。数字社会的个人信息权侵害行为样态具有多样性,主要表现为以下几种类型。

1. 未经同意收集个人信息

“知情同意规则”是指信息处理者在处理个人信息之前要向信息主体充分履行告知义务,并征得信息主体同意的规则。我国《民法典》第 1035 条将“同意”确立为个人信息处理的重要合法性基础;《个人信息保护法》第 13 条进一步强调“信息主体同意”的重要性,并在多个条款中明确“同意”的具体规则。个人信息的收集是个人信息处理活动的初始阶段,信息处理者充分履行告知义务和征求同意的义务能够从根源上保证个人信息权不受侵害。

实践中,未经同意收集个人信息的加害行为主要体现为以下两种具体的样态:一是信息处理者未告知信息主体并征得信息主体的同意便直接收集个人信息。例如,在“凌某某与北京微播视界科技有限公司隐私权、个人信息权益网络侵权责任纠纷案”中,[②]被告通过向其他手机用户申请授权收集并存储了其他手机用户的手机通讯录信息,其中包含了原告的姓名和手机号码,此时原告尚未注册使用抖音 APP,被告的行为属于未经同意收集个人信息的加害行为。二是信息处理者虽然表面上已经履行告知义务并征得信息主体的同意,但是不构成有效的“知情同意”。例如,在“黄某与腾讯科技(深圳)有限公司等隐私权、个人信息权益网络侵权责任纠纷案”中,[③]法院指出,微信读书收集原告微信好友列表,向原告并未主动添加关注的微信好友自动公开其读书信息,且未以合理的“透明度”告知原告并获得原告的同意,侵害了原告的个人信息权。

2. 不当使用个人信息

信息处理者收集个人信息的目的是利用个人信息获取经济利益,包括运用于自动化决策、商业广告推送等具体情景。在此过程当中,如果信息处理者违反个人信息保护的相

[①] 彭诚信:《数字法学的前提性命题与核心范式》,《中国法学》2023 年第 1 期,第 101 页。
[②] 北京互联网法院(2019)京 0491 民初 6694 号民事判决书。
[③] 北京互联网法院(2019)京 0491 民初 16142 号民事判决书。

关法律法规、未取得信息主体的同意或者超出其与信息主体之间约定的范围使用个人信息，便属于侵害个人信息权的加害行为。

有的信息处理者未经同意擅自利用个人信息发送商业性短信。例如，在"何某与上海合合信息科技发展有限公司网络侵权责任纠纷案"中，①被告为"扫描全能王"和"早稻"APP 的开发者，被告通过"扫描全能王"APP 收集了原告的手机号码信息，在未征得原告同意的情况下，通过短信方式向原告推送了"早稻"APP 的商业性信息，属于不当利用个人信息的行为。在"王某与北京淘友天下科技发展有限公司隐私权纠纷案"中，②被告从已经注册的用户处获得原告的电话号码后向其本人发送了信息。原告认为被告的行为侵害了原告的隐私权，请求被告永久删除保有的原告所有个人信息，并赔礼道歉。法院认定被告的行为构成隐私权侵权，支持了原告的诉求。本案中，虽然被告基于已注册用户的同意收集其通讯录信息，具有合法性基础，但是被告使用通讯录所包含的原告的个人信息亦需单独取得原告的同意，而其未经原告同意便发送商业性推荐信息的行为构成个人信息的不当使用。

有的信息处理者超出合理范围使用已公开个人信息。《民法典》第 1036 条和《个人信息保护法》第 27 条明确信息处理者可以在合理范围内使用已公开的个人信息，如果超出合理范围，亦属于不当使用。在"刘某与成都华律网络服务有限公司个人信息保护纠纷案"中，③被告未经原告刘某许可将其已经公开的律师执业证信息登记在其后台数据库中，原告诉至法院，要求被告赔礼道歉。法院认为律师执业证是律师重要的个人信息，是其从事执业活动的有效证件，公开的目的是核定律师身份。律师的律师执业证信息虽依法公开但未经其本人同意不得用于当事人查证以外的其他用途。被告未经原告允许使用原告的律师执业证信息的行为明显缺乏必要性和正当性，确系对原告个人信息的不当使用，存在过错，在一定程度上构成了对原告个人信息权的侵害，应承担赔礼道歉的责任。

3. 未经同意共享个人信息

数字社会的个人信息以电子为载体，具有可控制性，在技术上能够在不同的企业之间进行传输，实现个人信息共享。如果个人信息的共享未取得信息主体的同意，也属于侵害个人信息权的行为。例如，在"俞某与浙江天猫网络有限公司等网络侵权责任纠纷案"中，④原告俞某在乐某达康公司线下门店购买商品，并用支付宝支付后，淘宝、天猫订单中即显示有涉案交易信息，故诉至法院，主张乐某达康公司、支付宝公司、淘宝公司、天猫公司侵犯其个人信息，要求 4 被告承担赔偿经济损失 1 元等责任。法院认为个人信息共享行为应当取得用户的知情同意。网络运营者共享用户个人信息的行为也不应概括授权。网络运营者即使向用户告知了其将共享用户的个人信息，在用户明确拒绝的情况下，亦不

---

① 成都市双流区人民法院(2018)川 0116 民初 3003 号民事判决书。
② 北京市海淀区人民法院(2018)京 0108 民初 25154 号民事判决书。
③ 长沙市中级人民法院(2021)湘 01 民终 11420 号民事判决书。
④ 北京市海淀区人民法院(2018)京 0108 民初 13661 号民事判决书。

得再实施个人信息的共享行为。本案原告第一次支付完成后,在支付完成界面已经出现了"授权淘宝获取你线下交易信息并展示"字样,原告应当已经知晓其交易信息会在淘宝、天猫订单中出现,但是原告将该默认勾选取消,应当视为原告明确拒绝各被告对其个人信息实施共享行为,用户主观上不希望淘宝公司获取其线下交易信息并进行展示,则各被告理应遵从用户意愿,不应再对用户交易信息进行共享。但各被告未遵从用户意愿,反而在后续交易中不再征求用户同意,该行为违背用户意志。

4. 泄露个人信息

由于个人信息储存于信息处理者的平台之上,而在信息处理者未尽充分安全保障义务的情形下,会发生个人信息的泄露,主要体现为黑客攻击个人信息储存平台,造成大量用户的个人信息被黑客窃取,引发诸多司法纠纷。例如,在"毛某与福州航空有限责任公司、浙江飞猪网络技术有限公司等侵权责任纠纷案"中,[①]原告毛某通过飞猪网站购买机票,后其收到短信称其预定的航班因机械故障无法起飞,并附有客服电话且注明改签或退票可获得 300 元航班延误费。原告以福州航空公司、飞猪公司等被告泄露其个人信息,导致其遭受电信诈骗为由,主张被告承担赔偿经济损失等侵权责任。法院认为原告被电信诈骗一案尚未侦破,不能得知其信息泄露的原因,其亦未举证证明该信息确系由本案被告公司泄露,故不支持原告的诉求。

(二) 个人存在损害

"损害"概念在各国法律制度中具有十分重要的意义,但只有少数国家的成文法明确界定"损害"的概念,例如《奥地利民法典》第 1293 条对"损害"的范畴进行界定,表述为"损害是指某人的财产、权利或人身遭受的一切不利。"[②]我国《民法典》侵权责任编第二章"损害赔偿"有多个条文详细规定侵权损害赔偿的内容,但未明确界定损害的具体内涵。在司法实践中,法官也往往将损害赔偿的范围限定于《民法典》所明确规定的损害类型,即人身损害、精神损害以及财产损失,有针对性地适用相应的损害赔偿规范。

个人信息侵权可能给信息主体造成人身损害,例如信息主体因为个人信息泄露而导致生命权、身体权、健康权等物质性人格权遭受侵害,从而造成人身损害。[③]《民法典》和《个人信息保护法》都明确个人信息具有"算法可识别性"的重要特征,既包括对个体身份的识别,也包括对个体特征的识别。识别个体特征的个人信息能够显现信息主体的自然痕迹或者社会痕迹,勾勒出信息主体的人格形象。[④] 由此可见,个人信息具有人格权益的本质属性是显而易见的,其能够表征信息主体的人格特征,故个人信息侵权往往会侵害信息主体的人格利益,给信息主体造成一定的精神损害。例如,数字社会中私密信息的泄露

---

① 福州市鼓楼区人民法院(2019)闽 0102 民初 3696 号民事判决书。

② 方新军:《权益区分保护和违法性要件》,《南大法学》2021 年第 2 期,第 21 页。

③ 2016 年,徐玉玉因为个人信息被泄露,进而被不法分子诈骗 9 900 元,伤心欲绝,不幸离世。参见沈寅飞:《徐玉玉案调查》,《检察日报》2016 年 10 月 12 日,第 5 版。

④ 北京互联网法院(2019)京 0491 民初 16142 号民事判决书。

往往会导致信息主体遭受严重的精神损害。

此外，个人信息侵权也会给信息主体带来财产损失。例如，在"周某与广东快客电子商务有限公司网络侵权责任纠纷案"中，[①]原告由于订单信息被泄露而被诈骗 49 990.96 元，属于因个人信息侵权导致的财产损失。在个人信息侵权案件中，信息主体为维护自身合法权益需支出公证费、律师费等必要费用，也属于个人信息侵权所引发的财产损失。个人信息侵权纠纷的诉讼成本高昂，如果信息主体为此所支出的必要费用难以获得相应的支持，则信息主体不会轻易提起个人信息侵权诉讼，如此将导致个人信息侵权行为更加猖獗，在此意义上，相关法律支持信息主体的合理维权费用获赔具有重要的价值。在个人信息侵权案件中，如果法院认定行为人构成个人信息侵权，一般会支持信息主体所提出的合理维权费用的赔偿诉求。[②]

上述情形下的个人信息侵权损害属于传统侵权损害观念下常见的损害类型，信息主体主张对此类损害进行救济具有充分的规范性依据。需要强调的是，即使信息主体不存在损害，也可以请求信息处理者承担停止侵害、排除妨碍、消除危险等侵权责任，损害是损害赔偿责任的构成要件。

拓展阅读　个人信息侵权引发的风险不构成损害

关于个人信息侵权所引发的风险能否直接认定为损害，并通过损害赔偿的责任方式予以救济，我国学界存在较大的分歧。肯定说认为将一定条件下个人信息侵权所引发的风险认定为损害已有相关领域的司法实践经验作为借鉴，并不违背损害的"确定性"要求，也符合风险社会背景下的信息风险分配、损害概念扩张的国际趋势，具有充分的正当性基础。[③] 此种观点主张突破传统的损害认定观念，直接将个人信息侵权所引发的风险认定为损害。近期也有学者对"将风险认定为损害"的观点提出质疑。例如，有学者认为受害人因为个人信息泄露而被侵害的风险，其性质上属于在未来的不确定期限内遭受不特定的人实施不特定的侵害行为的风险。毫无疑问，此种风险与个人信息泄露，即个人信息权被侵害之间的因果关系实在过于遥远，不仅具有很强的推测性，而且中间可能有太多的介入因素或行为在起作用（例如第三方黑客的各种技能和意图）。因此，将这种风险作为确定的、法律上可救济的损害，对于传统确定财产损害的差额说构成太大的冲击。在没有损害的情形下，强行扩张损害的概念并要求信息处理者承担巨额的赔偿责任，等于变相承

---

① 深圳市中级人民法院(2019)粤 03 民终 3954 号民事判决书。
② 例如在"黄某与腾讯科技(深圳)有限公司等隐私权、个人信息权益网络侵权责任纠纷案"中，原告黄某要求被告腾讯公司支付公证费 6 600 元。法院认定被告的行为构成个人信息侵权，并判定被告赔偿原告公证费 6 600 元。参见北京互联网法院(2019)京 0491 民初 16142 号民事判决书。
③ 田野：《风险作为损害：大数据时代侵权"损害"概念的革新》，《政治与法律》2021 年第 10 期，第 30—33 页。

认了惩罚性赔偿责任,这也与《民法典》第 179 条第 2 款关于惩罚性赔偿必须由法律加以规定的要求不符。[①]

笔者认为损害需要具有"确定性"的典型特征,故个人信息侵权所引发的风险难以直接认定为损害,应适用损害赔偿责任予以救济。如果直接将个人信息侵权所引发的风险纳入损害范畴,将对传统的损害赔偿体系造成较为严重的冲击,尤其是难以厘清其与常见的财产损失、精神损害之间的关系。虽然直接将个人信息侵权所引发的风险认定为损害的路径并不可行,但是并不意味着无法对数字社会中个人信息侵权所引发的风险进行有效规制,其中最有效的措施便是将信息主体预防个人信息侵权损害风险"现实化"的费用纳入可赔偿损害的范围,[②]其属于财产损失的范畴,仍可以在传统的损害赔偿体系之下获得充分的救济,并且具有充分的正当性,如此既能够实现对数字社会中风险的有效治理,也不会对传统的损害赔偿体系造成严重冲击。

(三) 因果关系

《民法典》第 1165 条规定:"行为人因过错侵害他人民事权益造成损害的,应当承担侵权责任。依照法律规定推定行为人有过错,其不能证明自己没有过错的,应当承担侵权责任。"该条文明确侵权责任中的因果关系包括两个方面:一是行为人所实施的加害行为与受害人的民事权益被侵害之间具有因果关系;二是受害人的民事权益被侵害与受害人所遭受的损害之间具有因果关系。在侵权责任成立方面,并不要求受害人证明自身存在损害。如果受害人要求行为人承担损害赔偿责任,则需要证明自身存在可赔偿的损害。《个人信息保护法》第 69 条第 1 款亦遵循《民法典》第 1165 条所秉持的因果关系认定思路。个人信息侵权责任的成立需要证明信息处理者的个人信息处理行为与信息主体的个人信息权被侵害之间具有因果关系,如果信息主体要求信息处理者承担损害赔偿责任,还需要进一步证明个人信息权被侵害与自身所存在的损害之间具有因果关系。

在我国个人信息侵权的司法实践当中,信息处理者的个人信息处理行为与信息主体的个人信息权被侵害之间具有因果关系较难认定,集中体现在个人信息泄露侵权案件。在此类案件中,信息主体往往难以获得充分的救济,原因就在于信息主体很难充分证明自身的个人信息被泄露与被诉的信息处理者的个人信息处理行为之间具有因果关系,因为被泄露的个人信息往往同时为多个主体所掌控,所以,难以准确证明个人信息泄露与特定信息处理者的个人信息处理行为之间具有因果关系。例如,在"郑某与天津航空有限责任

[①] 程啸、曾俊刚:《个人信息侵权的损害赔偿责任》,《云南社会科学》2023 年第 2 期,第 102—103 页。
[②] 程啸、李西泠:《论个人信息侵权责任中的因果关系》,《郑州大学学报(哲学社会科学版)》2023 年第 1 期,第 22—23 页。

公司等侵权责任纠纷案"中,①原告通过被告淘宝公司天猫网购平台,从被告天航公司处购买了一张机票,之后收到与机票信息相关的诈骗短信,故要求两被告承担泄露个人信息的侵权责任。法院认为两被告并不是掌握原告个人信息的唯一介体,原告主张不具有唯一性、排他性,不能确认系两被告将原告的个人信息泄漏。实践中,也有部分法院采用"高度可能性"的标准减轻信息主体的举证负担。例如,在"庞某某与北京趣拿信息技术有限公司等隐私权纠纷案"中,②法院首先排除了原告庞某某及其机票代买人鲁某泄露原告个人信息的可能性,然后结合"趣拿公司和东航都掌握着原告的姓名、身份证号、手机号、行程信息",以及"趣拿公司和东航都被媒体多次质疑存在泄露乘客隐私的情况"等具体事实,认定趣拿公司和东航具有泄露原告个人信息的高度可能性,而且趣拿公司和东航未能充分举证推翻这种高度可能性。数字社会中的个人信息可能同时被多个主体所收集、存储和利用,个人信息的传递也具有显著的隐蔽性,要求信息主体确切无疑地证明个人信息泄露的实施主体显然强人所难。③ 笔者认为当存在多个信息处理者,进而导致信息主体无法充分举证证明具体哪个信息处理者泄露个人信息时,应当采取"高度可能性"的证明标准,以减轻信息主体在因果关系要件上的举证责任。

(四) 信息处理者存在过错

在《个人信息保护法》生效前,个人信息侵权并未被确立为一种特殊侵权类型,适用的是一般过错责任原则,信息主体请求信息处理者承担侵权责任需要证明对方存在过错。《个人信息保护法》第 69 条明确个人信息侵权责任适用过错推定原则,但信息处理者具有过错仍是个人信息侵权责任成立的构成要件之一,只是在个人信息侵权案件中推定信息处理者具有过错,但信息处理者可以提出充分的证据证明自身并不存在过错。因此,在个人信息侵权案件中,需要重点探讨的并非证明信息处理者具有过错,而是信息处理者如何证明自身无过错。

过错可以分为主观过错和客观过错,主观过错直接指向行为人的主观心理状态,而客观过错则主要依赖于外界的判断标准予以界定,例如法律规定、理性人标准和社会秩序等。对信息处理者过错的判断,应当采取客观过错标准。④ 信息处理者要推翻对自己具有过错的推定,不仅要证明自己没有违反个人信息保护法律中的保护性规范,而且要证明自己已经尽到了作为合理谨慎的信息处理者所应尽到的注意义务。⑤

以实践中较为常见的个人信息泄露侵权案件为例,信息处理者要证明自己并不具有过错可以重点展示自身对于个人信息存储系统的日常维护,以及在发现个人信息存储系

---

① 天津市东丽区人民法院(2014)丽民初字第 1720 号民事判决书。
② 北京市第一中级人民法院(2017)京 01 民终 509 号民事判决书。
③ 程啸:《论侵害个人信息的民事责任》,《暨南学报(哲学社会科学版)》2020 年第 2 期,第 45 页。
④ 王道发:《个人信息处理者过错推定责任研究》,《中国法学》2022 年第 5 期,第 114 页。
⑤ 程啸:《论个人信息侵权责任中的违法性与过错》,《法制与社会发展》2022 年第 5 期,第 200 页。

统具有安全漏洞之后及时采取了应对措施。就个人信息存储系统的日常维护而言,信息处理者可以提供相关证据证明维护成本,例如投入的资金、维护人员的技术水平等。在个人信息存储系统发生安全漏洞之后,信息处理者已经及时采取合理的措施补救也是证明信息处理者不具有过错的重要考量因素。例如,在"庞某某与北京趣拿信息技术有限公司等隐私权纠纷案"中,[①]二审法院认定被告具有过错的重要理由就在于被告在被媒体报道多次泄露用户隐私之后,应知晓其在信息管理方面存在漏洞,但其又无法证明在媒体报道之后及时采取专门的、有针对性的有效措施,因此认定被告具有过错。同理,如果信息处理者在知晓个人信息存储系统具有安全性风险时采取合理有效措施予以补救,其行为便可以作为证明自身不具有过错的重要依据。

三、个人信息侵权的责任承担

(一)财产损害赔偿

在我国个人信息侵权案件中,信息主体常见的财产损害主要体现为以下两种类型:一是信息主体因为个人信息泄露遭受电信诈骗,从而产生财产损害;二是信息主体因为个人信息权遭受侵害,为了维护自身合法权益采取相关措施所支出的费用,例如公证费、律师费,构成信息主体的财产损害。针对个人信息泄露导致信息主体遭受电信诈骗所产生的财产损害,如果法院认定被诉侵权人构成个人信息泄露侵权,通常会判定被告赔偿原告因此遭受的财产损害。[②] 至于信息主体的合理维权费用,最高人民法院《信息网络侵权司法解释》第12条第1款规定:"被侵权人为制止侵权行为所支付的合理开支,可以认定为民法典第一千一百八十二条规定的财产损失。合理开支包括被侵权人或者委托代理人对侵权行为进行调查、取证的合理费用。人民法院根据当事人的请求和具体案情,可以将符合国家有关部门规定的律师费用计算在赔偿范围内。"故信息主体为维权所支出的合理费用也应获得赔偿。[③] 上述两类财产损害属于非基于个人信息财产利益的财产损害,在司法实践中争议不大,通常而言,如果法院认定被诉侵权人构成个人信息侵权,会合理支持信息主体的损害赔偿诉求。存在争议的是,数字社会的个人信息具有天然的财产利益,那么,当个人信息被擅自商业化利用时,信息主体能否以此为依据要求信息处理者承担个人信息财产利益损害赔偿责任?这个问题与信息主体享有个人信息财产利益是否具有规范

---

① 北京市第一中级人民法院(2017)京 01 民终 509 号民事判决书。

② 法院通常会结合原被告双方的过错程度,判定被告承担一定比例的财产损害赔偿责任。例如在"申某与上海携程商务有限公司等侵权责任纠纷案"中,原告申某通过被告携程公司 APP 订购机票,因手机号码、航班信息泄露,导致原告遭受电信诈骗,损失 118 900 元,故要求被告承担财产损失赔偿责任。法院综合原被告双方的过错程度,判定被告赔偿原告 5 万元。参见北京市朝阳区人民法院(2018)京 0105 民初 36658 号民事判决书。

③ 法院也往往会结合具体案情,酌情支持原告的合理维权费用赔偿诉求。例如在"凌某某与北京微播视界科技有限公司隐私权、个人信息权益网络侵权责任纠纷案"中,原告要求被告赔偿维权合理费用 4 231 元。法院认定被告的行为构成个人信息侵权,并支持原告关于赔偿维权合理费用的诉求。参见北京互联网法院(2019)京 0491 民初 6694 号民事判决书。

基础紧密相关。

信息主体享有个人信息财产利益具有一定的规范基础,只是此种规范基础需要进行一定程度的证成。如果信息处理者未经信息主体同意使用个人信息,需要承担个人信息财产利益损害赔偿责任。我国现行法并未明确个人信息之上承载着信息主体所应享有的财产利益。[①] 在《民法典》人格权编的立法过程中,关于是否将个人信息明确为一项可以允许信息主体进行商业化利用的人格要素,存在较大的争议。《民法人格权编(草案)》(2017 年 11 月 15 日民法室内稿)第 3 条只是明确列举肖像、姓名、名称属于人格权人可以许可他人使用的人格要素。相比之下,《〈民法典〉人格权编(草案征求意见稿)》(2018 年 3 月 15 日)第 4 条则规定:"民事主体对其名称、肖像、个人信息等具有经济利益内容的人格权益享有支配的权利,可以许可他人使用,但根据其性质或者依照法律规定不得许可的除外。"[②]该条款直接明确民事主体对于自己的个人信息享有支配的权利,并且个人信息与名称、肖像一样,均属于可以进行商业化利用的人格要素。依照此条款,那么显然信息主体对于自己的个人信息的控制利益将具有更加充实的法律依据。但之后所公布的多个版本《民法典》人格权编(草案)均未再明确将个人信息纳入可以商业化利用的人格要素范围,信息主体享有个人信息财产利益最终未能在立法层面获得明确肯定。

《民法典》未明确个人信息属于人格要素商业化利用的范畴,但并不意味着信息主体应享有个人信息财产利益缺乏相应的规范基础,只是需要进行进一步的证成。《民法典》第 993 条并未采取穷尽列举的方式明确人格要素商业化利用的类型,其采用"等"字便为姓名、名称、肖像之外的人格要素的商业化利用提供了解释的空间。具体而言,人格要素具有财产利益从而允许商业化利用的证成需要从两个方面加以阐释,即需要排除两个禁止性条件:一是法律未明确禁止该人格要素的商业化利用。我国相关法律未明确禁止个人信息的商业化利用,故个人信息满足该条件。二是该人格要素的商业化利用不会违背其性质。人格权的主体是人,是以人的存在为基础的。人格权的根本目的是维护人的自由与尊严,使"人之成为人",能够自主地、有尊严地生活。[③] 人格要素商业化利用的基本前提是不损害人格尊严。[④] 个人信息是否能够纳入《民法典》第 993 条规定的可以商业化利用的人格要素范围需要重点考察是否会与其人格权的本质属性相违背,即个人信息的商业化利用是否会导致信息主体的人格权严重受损。

人格要素的许可使用是有限的,以不损害其基本人权属性为前提,[⑤]故越是接近人格

① 王锡锌:《个人信息权益的三层构造及保护机制》,《现代法学》2021 年第 5 期,第 116 页。
② 何勤华、李秀清、陈颐:《新中国民法典草案总览(增订本)续编》,北京大学出版社 2020 年版,第 78、186 页。
③ 程啸:《论〈民法典〉对人格权中经济利益的保护》,《新疆师范大学学报(哲学社会科学版)》2020 年第 6 期,第 110 页。
④ 叶涛:《民法典编纂中人格标识财产利益的制度构建——从人格权衍生财产利益的比较展开》,《河南财经政法大学学报》2018 年第 4 期,第 20 页。
⑤ 汪习根:《论民法典的人权精神:以人格权编为重点》,《法学家》2021 年第 2 期,第 7 页。

利益核心部分,越不应允许商业化利用,例如生命、健康、身体等物质性人格要素便不能允许商业化利用,而姓名、肖像等标表型精神性人格要素则允许商业化利用。[①] 个人信息商业化利用是否具有充分的正当性应当考量其是否容易侵害核心人格利益。《民法典》采取隐私权与个人信息权区分保护的理念,个人信息之中的私密信息同时属于隐私权的范畴,而根据隐私权保护的基本理念,私密信息是绝对不能允许被商业化利用的,在此意义上个人信息的商业化利用实际上只是非私密信息的商业化利用,未涉及信息主体的核心人格利益的侵害,故个人信息的商业化利用不会与其人格权的本质属性相违背。

《民法典》第 993 条属于人格要素商业化利用的一般性规定,其能够为姓名、肖像、名称之外的人格要素被擅自商业化利用所导致的财产损害救济提供一定的规范基础。受此观念影响,《民法典》出台后审理的几个典型个人信息侵权案件,支持个人信息被擅自商业化利用情形下,信息主体所提出的经济损害赔偿诉求。

例如,在"伊某与苏州贝尔塔数据技术有限公司一般人格权纠纷案"中,[②]被告擅自将载有原告个人信息的裁判文书转载至自己网站,原告要求被告赔偿经济损失 50 000 元。法院认为被告后续拒不删除且仍公开诉争文书所获得的利益亦难确定,综合考虑被告的过错程度和原告的维权成本,判定被告赔偿原告 8 000 元。在"孙某与北京百度网讯科技有限公司人格权纠纷案"中,[③]被告网页搜索结果中出现原告的姓名、头像照片等个人信息,原告要求被告赔偿经济损失 1 元。法院认为个人信息在互联网经济的商业利用下,已呈现出一定的财产价值属性,且遏制个人信息侵权的行为,需违法信息利用者付出成本对冲其通过违法行为所得的获益,故支持原告的诉求。

《民法典》出台之前,在我国大量个人信息侵权案件中未见法院支持信息主体的个人信息财产利益损害赔偿诉求,但《民法典》出台之后有多个案件明确肯定个人信息具有财产利益,在个人信息被擅自商业化利用的情形下支持信息主体的个人信息财产利益损害赔偿诉求,充分体现了《民法典》第 993 条确立人格要素商业化利用的一般性规定的重要价值。

 案例解析

案例 2 属于个人信息被擅自商业化利用的情形,数字社会的个人信息具有显著的财产利益,而甲公司擅自利用乙的个人信息侵害了乙本应享有的个人信息财产利益,需要承担相应的财产损害赔偿责任。

---

① 任丹丽:《从"丰菜之争"看个人信息上的权利构造》,《政治与法律》2018 年第 6 期,第 134 页。
② 苏州市中级人民法院(2019)苏 05 民终 4745 号民事判决书。
③ 北京互联网法院(2019)京 0491 民初 10989 号民事判决书。

【思考】

　　数字社会的个人信息具有显著的财产利益,并且信息主体理应分享个人信息财产利益,而个人信息财产利益损害赔偿只是信息主体消极实现个人信息财产利益享有的路径,那么,信息主体应如何积极实现个人信息财产利益的享有? 有何具体方案?

(二) 精神损害赔偿

　　个人信息具有人格权的本质属性,个人信息侵权往往会导致信息主体遭受精神损害,但此种精神损害难以通过损害赔偿的责任方式获得充分救济。《民法典》第 1183 条第 1 款规定:"侵害自然人人身权益造成严重精神损害的,被侵权人有权请求精神损害赔偿。"该条款规定精神损害赔偿需要以自然人存在"严重精神损害"为适用前提,其立法根据在于精神损害具有一定的伸缩性,过于宽泛的精神损害认定标准将导致侵权行为认定的泛滥,[①]权利人也将动辄主张精神损害赔偿,给他人的行为自由造成过分限制,不利于平衡权利保护与行为自由。在个人信息侵权案件中,信息主体一般会提出精神损害赔偿的诉求,但由于"严重精神损害"程度要件的限制,此类诉求往往难以获得法院支持。

　　例如,在"凌某某与北京微播视界科技有限公司隐私权、个人信息权益网络侵权责任纠纷案"中,[②]被告未经原告同意,擅自收集原告的姓名、手机号码、社交关系、地理位置等个人信息,原告提出了精神损害赔偿诉求。法院认为虽然原告陈述被告的侵权行为给其带来了困扰,但其并未提供证据证明造成严重后果,故不支持该项诉求。《个人信息保护法》第 69 条第 1 款未规定个人信息侵权损害赔偿适用的损害程度要件,有观点据此认为在《个人信息保护法》施行的背景之下,个人信息侵权精神损害赔偿的适用无需以信息主体存在严重精神损害为前提,[③]但《个人信息保护法》生效后,多数法院仍以"严重精神损害"作为个人信息侵权精神损害赔偿适用的程度要件,而信息主体由于无法证明该要件,精神损害赔偿诉求难以获得支持。例如,在"王某与深圳市腾讯计算机系统有限公司个人信息保护纠纷案"中,[④]法院认定被告腾讯公司运营的微视 APP 收集原告王某的地区、性别信息以及未经同意使用原告微信好友信息的行为构成个人信息侵权,但对于原告所主张的精神损害赔偿,法院认为原告主张被告的行为给其带来一定困扰,其程度显然没有达到《民法典》要求的"严重精神损害"程度,也没有提供证据证明《个人信息保护法》要求的"损害"存在,故在原告未提供证据证明微视 APP 使用微信已公开的个人信息造成严重后

---

① 刘云:《论个人信息非物质性损害的认定规则》,《经贸法律评论》2021 年第 1 期,第 65 页。
② 北京互联网法院(2019)京 0491 民初 6694 号民事判决书。
③ 程啸:《论个人信息权益与隐私权的关系》,《当代法学》2022 年第 4 期,第 71 页。
④ 深圳市中级人民法院(2021)粤 03 民终 9583 号民事判决书。

果或导致损害的情况下,不支持原告的赔偿诉求。

个人信息侵权损害主要体现为精神损害,而精神损害赔偿是救济此类损害的重要方式,但如上所述,在"严重精神损害"程度要件之下,信息主体的精神损害赔偿诉求难以获得法院支持。近年,国内也有诸多学者主张个人信息侵权精神损害赔偿不应以严重精神损害赔偿为前提条件,以此实现个人信息侵权精神损害的有效救济。[1]

(三) 其他侵权责任承担方式

虽然损害赔偿是最核心的侵权责任承担方式,但是在个人信息侵权案件中,法院支持损害赔偿的情况较少,侵权人更多承担消除影响、恢复名誉、赔礼道歉、停止侵害、排除妨碍、消除危险等非损害赔偿性侵权责任。

1. 消除影响、恢复名誉、赔礼道歉

损害赔偿是重要的个人信息侵权责任承担方式,包括精神损害赔偿以及财产损害赔偿。但在人格权遭受侵害的情形下,侵权损害赔偿有时难以为受害人提供充分的救济,原因在于侵权损害赔偿是一种事后救济,而且对精神利益的侵害仅通过金钱的支付可能难以实现有效补救。相比而言,消除影响、恢复名誉、赔礼道歉等侵权责任方式在救济精神损害方面可能比金钱赔偿更为有效。[2] 此类责任的适用仍以受害人存在损害以及被诉侵权人存在过错为前提,[3]具有损害填补的功能。因此,在个人信息侵权案件中,信息主体也可以主张消除影响、恢复名誉、赔礼道歉等侵权责任,实现个人信息侵权损害的有效救济。

2. 停止侵害、排除妨碍、消除危险

在信息处理者所实施的侵权行为尚未给信息主体造成实际损害时,信息主体也可以请求信息处理者承担停止侵害、排除妨碍、消除危险等预防性侵权责任,避免损害发生。上述三种预防性侵权责任承担方式在个人信息侵权责任体系中具有重要作用。

(1) 停止侵害。停止侵害是指针对正在实施的侵权行为通过法律的强力予以制止。[4] 人格权侵权所造成的损害往往具有不可逆性,因此在人格权保护方面,需要更加注重损害的预防。《民法典》第997条规定:"民事主体有证据证明行为人正在实施或者即将实施侵害其人格权的违法行为,不及时制止将使其合法权益受到难以弥补的损害的,有权依法向人民法院申请采取责令行为人停止有关行为的措施。"该条款规定了人格权禁令,属于停止侵害的具体手段。由于个人信息是否属于《民法典》规定的"人格权"存在一定的争议,故个人信息保护是否可以适用人格权禁令亦存在分歧。[5] 个人信息权是一项具体人格权

---

① 彭诚信、许素敏:《侵害个人信息权益精神损害赔偿的制度建构》,《南京社会科学》2022年第3期,第89页;解正山:《数据泄露损害问题研究》,《清华法学》2020年第4期,第147页;田野:《风险作为损害:大数据时代侵权"损害"概念的革新》,《政治与法律》2021年第10期,第36页。

② 王利明:《论人格权请求权与侵权损害赔偿请求权的分离》,《中国法学》2019年第1期,第228页。

③ 魏振瀛:《侵权责任方式与归责事由、归责原则的关系》,《中国法学》2011年第2期,第36页。

④ 丁宇翔:《个人信息保护纠纷理论释解与裁判实务》,中国法制出版社2022年版,第133页。

⑤ 石佳友:《个人信息保护的私法维度——兼论〈民法典〉与〈个人信息保护法〉的关系》,《比较法研究》2021年第5期,第28页;周汉华:《平行还是交叉:个人信息保护与隐私权的关系》,《中外法学》2021年第5期,第1174页。

抑或是一项具体人格权益不应影响其适用《民法典》人格权编一般规定,故人格权禁令亦适用于个人信息保护。人格权禁令的适用以损害难以弥补为条件,[①]信息主体需要证明自身的个人信息权存在遭受损害的高度可能性,具有较强的紧迫性,如果不及时采用人格权禁令,将造成难以弥补的损害后果,如此也能避免人格权禁令的适用条件过于宽泛。

（2）排除妨碍。排除妨碍指的是侵权人实行的侵权行为使被侵权人已无法行使或无法正常行使其人格权、物权等绝对权时,被侵权人有权要求侵权人将此种妨碍加以排除的侵权责任承担方式。[②]《民法典》和《个人信息保护法》明确赋予信息主体多项具体的权利,例如个人信息查阅权、个人信息复制权、个人信息可携权等,上述权利构成个人信息权圆满支配状态的重要组成部分,由于信息处理者系个人信息的实际控制者,故信息主体所享有的相关权利的真正实现有赖于信息处理者的配合。在实践中,如果信息主体要求行使上述权利,而信息处理者无正当理由制造相应的障碍,导致信息主体难以实际享有上述权利,信息主体对于个人信息的圆满支配状态受到破坏,信息主体可以要求信息处理者排除相关的妨碍,恢复其对个人信息的圆满支配状态。例如,在"周某某与广州唯品会电子商务有限公司个人信息保护纠纷案"中,[③]一审法院指出,信息主体的查阅复制权被信息处理者无理由拒绝后,信息主体有权寻求司法救济,通过向法院提起诉讼而请求排除妨碍。

（3）消除危险。消除危险指的是行为人的行为并未对权利人造成实际的损害或妨害,但存在造成损害或妨害的现实危险,权利人有权要求行为人消除该危险。[④] 数字社会的个人信息以电子为载体,存在于虚拟的网络空间,与传统的财产损害以及与人身损害相关的精神损害相比,个人信息侵权损害往往具有显著的无形性、未知性、不确定性,难以充分举证,这也意味着信息主体难以通过证明个人信息侵权损害的实际存在要求信息处理者承担损害赔偿责任。在此情形之下,消除危险的责任方式可以发挥重要的作用,信息主体无需证明存在现实损害,只要能够证明存在事实上的个人信息权侵害行为（例如个人信息泄露）,就能够要求信息处理者采取相应的措施消除因个人信息泄露给信息主体带来的个人信息权未来遭受损害的风险。[⑤]

此外,如果信息主体发现存储在信息处理者系统的个人信息存在被泄露或者被他人非法利用的危险时,也可以要求信息处理者采取隐名化技术处理个人信息。隐名化分为假名化与匿名化。假名化是指对个人信息的加密处理,例如用标签取代姓名和其他识别性标记等,使得若不使用另外单独存储的额外信息就无法或难以再识别信息主体。匿名化是指对个人信息进行修改,使得无法再根据相关信息识别特定的自然人,或只有花费不

---

① 徐伟:《〈民法典〉人格权侵害禁令的法律适用》,《法制与社会发展》2021年第6期,第200页。
② 程啸:《侵权责任法》,法律出版社2021年版,第750页。
③ 广州互联网法院(2021)粤0192民初17422号民事判决书。
④ 丁宇翔:《个人信息保护纠纷理论释解与裁判实务》,中国法制出版社2022年版,第133页。
⑤ 田野:《风险作为损害:大数据时代侵权"损害"概念的革新》,《政治与法律》2021年第10期,第27页。

成比例的时间、金钱和劳动的情况才能进行识别。① 此项技术处理可以有效防止他人识别特定信息主体，避免个人信息侵权损害后果的发生。

 **典型案例**

王某与深圳市腾讯计算机系统有限公司个人信息保护纠纷案②

案件事实： 2019 年 4 月 19 日，原告王某首次通过微信登录，并勾选授权微视 APP 使用其微信好友关系。2019 年 4 月 22 日，王某恢复手机出厂设置后，下载"微视"APP 和微信，通过微信号登录"微视"APP。在登录微视 APP 过程中，弹出以下提示"微视申请获得以下权限：获得你的公开信息（昵称、头像、地区及性别）；寻找与你共同使用该应用的好友"，其中关于"获得你的公开信息"处无法取消勾选。关于"寻找与你共同使用该应用的好友"处王某选择取消勾选，但其发现微视仍显示多位微信好友。王某主张腾讯公司未经许可，在微视 APP 中收集并使用王某在微信 APP 中的性别、地区以及微信好友关系的行为侵害其隐私权、知悉权和选择权，请求腾讯公司承担停止侵权、赔偿损失等责任。

法院裁判： 一审法院认为，王某所主张的性别、地区和微信好友关系三类信息不属于王某的隐私，微视 APP 收集、使用上述信息的行为也不会对王某的私人生活安宁造成非法侵扰，故腾讯公司未侵害王某的隐私权。王某所主张的三类信息属于个人信息，但腾讯公司在微视 APP 中的相关收集、使用行为不违反必要性原则，未侵害王某的个人信息权。二审法院亦认为腾讯公司未侵害王某的隐私权，但侵害王某的个人信息权。二审法院认为微视 APP 获取用户"地区、性别"个人信息，但同时又允许用户在微信和微视 APP 随意更改和填写，说明"地区、性别"信息的准确性、一致性并非使用微视 APP 服务所必需，故微视 APP 强制获取用户地区、性别信息不符合必要性原则。在王某拒绝勾选"寻找你的微信共同好友"选项的情况下，微视 APP 继续使用王某微信好友关系的行为并未获得有效的用户知情同意，不符合正当性要求。二审法院判令腾讯公司支付王某参与诉讼的合理支出 10 000 元。

案例评析： 本案是《个人信息保护法》生效后审结的典型个人信息侵权案例。一审法院和二审法院严格遵循《民法典》所确立的隐私权与个人信息权相互独立的观念，详细分析案涉信息是否属于隐私或者个人信息。二审法院更是对个人信息收集使用的合法、正当、必要和诚信原则作了深刻的解读，对于个人信息侵权案件的审理具有重要的借鉴价值。二审法院明确援引《个人信息保护法》第 69 条作为裁判依据，详细分析个人信息侵权责任的构成要件。虽然二审法院最终判令腾讯公司支付王某参与诉讼的合理支出 10 000 元，但是从王某的诉讼请求可以看出，其不仅要求腾讯公司赔偿合理支出，而且要求其赔

---

① 叶名怡：《个人信息的侵权法保护》，《法学研究》2018 年第 4 期，第 98—99 页。
② 深圳市中级人民法院(2021)粤 03 民终 9583 号民事判决书。

偿损失,但法院只是考查是否应支持精神损害赔偿,而未考虑此种侵权形态下的个人信息财产利益损害赔偿问题。本案属于典型的擅自收集、使用个人信息的情形,而个人信息具有显著的财产价值,应适当支持信息主体的个人信息财产利益损害赔偿诉求。

第二节　个人信息权的合同法救济

 教学案例

案例 1:甲购买乙航空公司的机票,因乙航空公司泄露甲的行程信息,甲遭受电信诈骗,损失 20 000 元。乙航空公司需要承担何种民事责任?

案例 2:乙是甲游戏公司的用户,甲游戏公司未遵守隐私政策的约定,非法使用乙的个人信息,乙向法院提起违约之诉,请求甲游戏公司承担违约责任。乙能否请求甲游戏公司承担精神损害赔偿责任?

司法实践中,个人信息权侵害案件大多是通过侵权法路径处理的,合同法路径较为鲜见。不过,近年来也有信息主体通过合同法路径寻求救济。目前,学界更加侧重个人信息权的侵权法救济研究,关于个人信息权的合同法救济研究较为薄弱。笔者认为个人信息权的合同法救济有其独特之处,能够与侵权法救济形成良性互补,共同构建起完备的个人信息权民事救济机制。

一、个人信息保护合同关系的成立

与侵权法路径相比,信息主体通过合同法路径寻求个人信息权侵害救济时最大的不同之处便在于信息主体需要首先证明其与信息处理者之间存在个人信息保护的合同关系,信息处理者负有个人信息保护的合同义务。在个人信息处理实践当中,并非所有的信息处理者都与信息主体之间存在个人信息保护的合同关系。如果信息主体决定提起违约之诉,将无法追究与其不存在个人信息保护合同关系的信息处理者。例如,在"方某与北京金色世纪商旅网络科技股份有限公司、中国东方航空集团有限公司等合同纠纷案"中,①法院认为原告与被告东航集团公司之间并不存在合同关系,故东航集团公司并非本案适格的被告,原告基于合同关系请求被告东航集团公司承担违约责任缺乏事实依据。虽然被告东航股份公司主张东航所用系统是由案外人中航信公司开发维护,并且中航信公司也掌握乘客信息,更有可能是中航信公司泄露原告信息,但是法院认为原告选择的是

---

① 深圳市宝安区人民法院(2018)粤 0306 民初 23342 号民事判决书。

合同违约之诉,而原告和中航信公司之间并不存在合同关系。只有在信息主体与信息处理者之间存在个人信息保护合同关系,且信息处理者未充分履行个人信息保护的合同义务时,信息主体才能提起违约之诉,请求其承担违约责任。

合同关系成立要求双方当事人之间的意思表示一致,即要约与承诺的一致。个人信息保护合同关系的成立需要考察信息处理者是否发出要约,而信息主体是否作出承诺,其核心在于判断隐私政策是否属于合同。隐私政策是约定个人信息保护权利义务关系最全面的文件,在实践中,信息主体往往需要同意隐私政策才能使用网络服务,那么,信息主体是否能够以隐私政策为依据主张其与信息处理者之间存在个人信息保护的合同关系? 关于隐私政策的性质,有的学者认为经信息主体同意的隐私政策将在信息主体与信息处理者之间成立合同关系。如果信息处理者只是在其网站公布隐私政策,但没有要求信息主体同意,则不能认定信息主体与信息处理者之间成立合同关系。① 有的学者认为目前免费的网络服务仍是网络经营活动的常态,信息主体如果不授权企业使用个人信息,则无法享受企业的服务,个人信息的授权与企业的服务形成对价关系,虽然信息主体未直接对隐私政策点击同意,甚至也未浏览隐私政策,但信息主体能使用企业网络服务的前提就是其已经默示同意了该隐私政策。② 此种观点将信息主体的同意由积极同意扩大到涵盖默示同意,其效果在于几乎将所有的隐私政策都纳入合同的范畴。笔者认为隐私政策的性质不能笼统地进行界定,而应该根据具体情形进行判断,③其核心在于考察信息主体与信息处理者双方的意思表示,即两者之间是否达成以个人信息权利义务为内容的合意,并且信息主体所作出的同意应该限于积极同意,主要体现为信息主体在实际使用相关网络服务之前已点击"我同意"或者"我接受"等按钮的形式,表示其在使用相关网络服务之前已经同意信息处理者的隐私政策,因此,信息处理者和信息主体均会受到合同法的约束。④ 在现实生活中,信息处理者往往会要求信息主体明确同意自己设计的隐私政策,故大多数隐私政策足以确立信息处理者与信息主体之间的个人信息保护合同关系。⑤

隐私政策是信息处理者为了重复使用而预先拟定的且未与信息主体协商的条款,符合格式条款的不可协商性、重复使用性和附从性三个特征。⑥ 隐私政策是由信息处理者单方面制定的,虽然其中包含个人信息保护的条款,但是信息处理者基于自身利益的考量,往往会在其中设置诸多赋予自身处理个人信息的权利以及免责的条款,但是对于信息主体而言十分不利。将隐私政策认定为格式条款,则其需要适用《民法典》第 496、497、

---

① 王叶刚:《论网络隐私政策的效力——以个人信息保护为中心》,《比较法研究》2020 年第 1 期,第 129—133 页。
② 阳雪雅:《论企业违反网络隐私政策的违约责任适用》,《法学论坛》2021 年第 5 期,第 133 页。
③ Sebastian Zimmeck. The Information Privacy Law of Web Applications and Cloud Computing. *Santa Clara Computer & High Technology Law Journal*, Vol. 29, No. 3, 2013, pp. 459—460.
④ 高秦伟:《个人信息保护中的企业隐私政策及政府规制》,《法商研究》2019 年第 2 期,第 18 页。
⑤ 我国法院也认为隐私政策属于信息处理者与信息主体之间的合同。例如,在"王某与北京每日优鲜电子商务有限公司网络服务合同纠纷案"中,法院认为被告每日优鲜公司的《隐私政策》属于原《合同法》第 39 条第 2 款规定的格式条款。参见北京互联网法院(2020)京 0491 民初 9057 号民事判决书。
⑥ 王俐智:《隐私政策"知情同意困境"的反思与出路》,《法制与社会发展》2023 年第 2 期,第 219 页。

498 条的相关规定,充分保护信息主体的个人信息权,例如,信息处理者需要采取合理的方式提示信息主体注意免除或者减轻信息处理者责任等与信息主体有重大利害关系的条款,并按照信息主体的要求作出说明。又例如,隐私政策中不合理地减轻或者免除信息处理者责任、加重信息主体责任、限制信息主体主要权利的条款按照格式条款的相关规定也属于无效条款。由此可见,明确隐私政策的格式条款属性能够有效避免信息处理者滥用隐私政策制定主体的地位,侵害信息主体的权利。

拓展阅读　美国司法实践关于隐私政策性质的分歧

在美国的司法实践中,法院在隐私政策是否属于合同的问题上亦存在较大的分歧。起初,在 In re Northwest Airlines Privacy Litigation 案中,[①]美国国家航空航天局(NASA)要求西北航空公司向 NASA 提供某些乘客信息,以协助 NASA 研究提升航空公司安全的方法。西北航空公司向 NASA 提供了乘客的姓名、航班号、旅行同伴等信息。由于西北航空公司的隐私政策规定,除非为客户的旅行安排所必需,否则,西北航空公司不会共享客户的信息。因此,原告认为西北航空公司向 NASA 提供乘客信息的行为违反了西北航空公司的隐私政策,进而提出索赔。法院认为合同案件的一般规则是“一般政策声明不具有合同性”。被告西北航空公司的隐私声明不构成单务合同。有学者采用实证研究的方法,搜集了 2004—2015 年的 51 个案例,统计结果显示 2005 年之后,越来越多的法院将隐私政策视为合同。[②] 在 In re Jetblue Airways Corp. Privacy Litigation 案中,[③]原告声称根据被告捷蓝航空公司在隐私政策中做出的明确承诺预定了捷蓝航空公司的航班。捷蓝航空公司承诺不向第三方披露乘客的个人信息,但是其违反了该承诺,造成了损害。被告捷蓝航空公司则辩称原告未能证明存在合同以及他们遭受的损害。虽然法院认为捷蓝航空公司的隐私政策构成运输合同中的条款,从而肯定隐私政策的合同性质,但是由于原告未能证明存在损害,其违约索赔诉求未能获得支持。

二、侵害个人信息权违约责任的构成要件

侵害个人信息权违约责任的一般构成要件包括:一是信息处理者存在违反个人信息

---

① In re Northwest Airlines Privacy Litigation,2004 WL 1278459 (D. Minn. 2004).
② Oren Bar-Gill, Omri Ben-Shahar & Florencia Marotta — Wurgler. Searching for the Common Law: The Quantitative Approach of the Restatement of Consumer Contracts. *The University of Chicago Law Review*, Vol. 84, No. 1, 2017, pp. 25 - 29.
③ Inre JetBlue Airways Corp. Privacy Litigation,379 F. Supp. 2d 299 (E. D. N. Y. 2005).

保护合同义务的行为。《民法典》第 577 条规定："当事人一方不履行合同义务或者履行合同义务不符合约定的,应当承担继续履行、采取补救措施或者赔偿损失等违约责任。"该条款属于违约责任的一般性条款,其中"不履行合同义务或者履行合同义务不符合约定"是指违约行为,故违约责任的成立需要以一方当事人存在违约行为为前提。实践中,信息处理者所提供的隐私政策往往会详细规定信息处理者在处理个人信息的过程中所需要承担的个人信息保护合同义务。如果信息处理者未履行个人信息保护合同义务,则属于违约行为。在有的场景中,企业与用户之间不存在隐私政策,如果双方存在其他基础服务合同关系,而且企业在提供服务的过程中收集、使用、存储用户的个人信息,则负有保护用户个人信息的合同附随义务,如果其未履行该义务,也属于违约行为。例如,在"方某与北京金色世纪商旅网络科技股份有限公司、中国东方航空集团有限公司合同纠纷案"中,①原告通过被告金色世纪公司订购东方航空公司机票,次日原告收到含有机票信息的诈骗短信,并遭受财产损失。法院认为原告通过金色世纪公司平台订购机票,原告和金色世纪公司成立机票代购服务合同关系,而保护购票人个人信息是金色世纪公司的合同附随义务。该平台掌握了原告的姓名、身份证号、手机号、行程信息等个人信息,在排除原告自身泄露的可能性之后,金色世纪公司具有泄露原告信息的高度可能,金色世纪公司存在泄露原告个人信息的违约行为。

二是信息处理者不具有法定或者约定的免责事由。按照《民法典》第 590 条,当事人一方因不可抗力不能履行合同的,根据不可抗力的影响,部分或者全部免除责任,但是法律另有规定的除外。该条款所规定的不可抗力便属于法定免责事由。如果信息处理者与信息主体有约定其他免责事由,并且该约定有效,信息处理者也可以依据约定免责事由不承担侵害个人信息权违约责任。

此外,如果信息主体要求信息处理者承担违约损害赔偿责任,还需要证明自身存在可赔偿的损害,包括财产损害和精神损害,并证明具体损害与信息处理者的违约行为之间具有因果关系。

三、侵害个人信息权的违约责任承担

《民法典》第 577 条规定,信息主体提起个人信息权侵害的违约之诉可以请求违约的信息处理者承担继续履行、损害赔偿等违约责任,本书主要探讨个人信息权侵害的违约财产损害赔偿以及违约精神损害赔偿。

(一) 侵害个人信息权的违约财产损害赔偿

在常见的个人信息泄露案件中,信息主体与信息处理者之间往往存在一定的合同关

---

① 深圳市宝安区人民法院(2018)粤 0306 民初 23342 号民事判决书。

系,信息处理者基于双方的合同关系,有权收集、储存、使用信息主体的个人信息,但同时也负有保障个人信息安全的合同义务,故如果信息处理者未充分履行合同义务,导致个人信息泄露,并为第三方所非法使用,进而使得信息主体遭受电信诈骗,造成财产损害,信息处理者理应承担相应的财产损害赔偿责任。

例如,在"方某与北京金色世纪商旅网络科技股份有限公司、中国东方航空集团有限公司合同纠纷案"中,①原告因被告金色世纪公司泄露其个人信息而遭受电信诈骗,损失79 629元,故提起违约之诉,要求被告承担财产损害赔偿责任。法院经审理认为被告作为售票方,应承担主要赔偿责任,而原告未尽到一般旅客的注意义务,其亦应对自身过失承担一定责任,故酌情确定原告自行承担20%的责任,被告承担80%的赔偿责任。在"苏某与北京当当网信息技术有限公司网络购物合同纠纷案"中,②原告因被告泄露其个人信息,导致其遭受电信诈骗,损失15 000元,故提起违约之诉,要求被告承担财产损害赔偿责任。法院认为被告作为网站经营者未履行保密义务,对原告因此造成的损失依法负有赔偿义务,故判定被告赔偿原告15 000元。

此外,信息主体许可信息处理者收集、使用自己的个人信息,实际上构成个人信息的商业化利用,如果信息处理者未支付相应的对价,信息主体也有权基于双方存在的合同关系,主张财产损害赔偿。③

 案例解析

案例1中,乙航空公司与甲之间存在个人信息保护的合同关系,乙航空公司负有妥善保管甲的个人信息的合同义务,但乙航空公司未履行该合同义务,导致甲的个人信息泄露,并因此损失2万元,应结合乙航空公司的过错程度决定其所应承担的财产损害赔偿责任。

(二) 侵害个人信息权的违约精神损害赔偿

信息主体提起违约之诉,可以依据《民法典》第996条主张精神损害赔偿责任。《民法典》生效之前,违约精神损害赔偿是否应获得支持一直是一个具有较大争议的话题。传统观点认为,合同作为交易手段,只能是一种财产安排,其仅涉及财产利益;基于可预见性规则,违约只能发生财产损失,精神损害是缔约时所无法预见的,故违约精神损害赔偿不具有正当性。④ 在我国《民法典》生效之前,如果当事人提起违约之诉,其精神损害赔偿诉求往往难以获得支持。

个人信息权侵害的违约之诉中也存在此种裁判思路。例如,在"方某与北京金色世纪

① 深圳市宝安区人民法院(2018)粤0306民初23342号民事判决书。
② 濮阳市华龙区人民法院(2017)豫0902民初2546号民事判决书。
③ 杨晓娇:《个人信息控制者违约赔偿责任研究》,《图书情报工作》2015年第2期,第20页。
④ 石佳友:《守成与创新的务实结合:〈中华人民共和国民法人格权编(草案)〉评析》,《比较法研究》2018年第2期,第17页。

商旅网络科技股份有限公司、中国东方航空集团有限公司合同纠纷案"中,①原告通过被告金色世纪公司 APP 平台订购东航机票,因个人信息泄露遭受电信诈骗,原告要求被告承担精神损害赔偿责任。关于原告是否可以在违约之诉中主张精神损害赔偿的问题,法院认为,精神损害赔偿是一般侵权行为责任,其适用的是过错责任原则,而在本案中,原告提起的是违约之诉,请求被告承担违约责任,故其精神损害赔偿诉求缺乏法律依据。在"任某与西安空港国际旅行社有限责任公司宁夏分公司服务合同纠纷案"中,②原告任某因个人信息泄露遭受电信诈骗,故以被告未尽到对其个人信息保密义务和短信缺失"谨防诈骗"等字样的安全提示义务而给其造成经济损失为由提起违约之诉,并主张精神损害赔偿。法院认为原告主张的精神损失费并非财产损失,不属于违约责任的赔偿范围。

在我国《民法典》生效之前受"违约损害赔偿系一种财产损失赔偿责任"的观念影响,信息主体如果提起违约之诉,其精神损害赔偿诉求难以获得支持。侵权与合同这些范畴只不过是一种便利的能将那些在受保护利益、受制裁行为和制裁措施方面具有共同特征的诉因集中在一起的阐释性工具,不应被赋予处置性的意义。③ 信息主体无论提起侵权之诉还是违约之诉,均不能影响其主张精神损害赔偿。个人信息具有显著的人格属性,侵害个人信息权往往会给信息主体造成一定的精神损害,需要予以救济。《民法典》第 996 条规定:"因当事人一方的违约行为,损害对方人格权并造成严重精神损害,受损害方选择请求其承担违约责任的,不影响受损害方请求精神损害赔偿。"该条款首次在民事基本法层面明确违约之诉中的精神损害赔偿诉求具有充分的正当性。《民法典》生效后,多数法院依据《民法典》第 996 条支持原告在违约之诉中所提出的精神损害赔偿诉求,④与《民法典》生效前的司法实践形成鲜明对比。因此,信息主体在违约之诉中请求信息处理者承担精神损害赔偿责任具有充分的规范依据。

 案例解析

案例 2 中,虽然乙选择提起个人信息权侵害的违约之诉,但是按照《民法典》第 996 条,其仍可以在违约之诉中主张精神损害赔偿,并且此处的精神损害赔偿属于违约责任,而非侵权责任。

 本章小结

1. 个人信息侵权责任适用过错推定原则。

---

① 深圳市宝安区人民法院(2018)粤 0306 民初 23342 号民事判决书。
② 银川市兴庆区人民法院(2019)宁 0104 民初 16800 号民事判决书。
③ [澳]彼得·凯恩:《侵权法解剖》,汪志刚译,北京大学出版社 2010 年版,第 225 页。
④ 许素敏:《〈民法典〉违约精神损害赔偿条款的司法适用——基于〈民法典〉生效后 202 个案例的实证考察》,《财经法学》2023 年第 1 期,第 102—104 页。

2. 个人信息侵权责任承担方式包括精神损害赔偿、财产损害赔偿以及消除影响、恢复名誉、赔礼道歉、停止侵害、排除妨碍、消除危险等非损害赔偿性侵权责任承担方式。

3. 遭受个人信息权侵害的信息主体选择提起违约之诉并不妨碍其主张精神损害赔偿。

延伸思考

1. 查阅权、复制权、删除权等个人信息保护请求权行使受阻,能否认定为个人信息侵权? 能否适用《个人信息保护法》第 69 条?

2. 个人信息权的侵权法救济与合同法救济之间有何区别?

参考文献

1. 程啸、曾俊刚:《个人信息侵权的损害赔偿责任》,《云南社会科学》2023 年第 2 期。

2. 李昊:《个人信息侵权责任的规范构造》,《广东社会科学》2022 年第 1 期。

3. 彭诚信、许素敏:《侵害个人信息权益精神损害赔偿的制度建构》,《南京社会科学》2022 年第 3 期。

4. 彭诚信、许素敏:《个人信息权益侵权损害赔偿应然范围探讨: 基于数字社会的场景》,《社会科学》2023 年第 7 期。

5. 阮神裕:《民法典视角下个人信息的侵权法保护——以事实不确定性及其解决为中心》,《法学家》2020 年第 4 期。

6. 田野:《风险作为损害: 大数据时代侵权"损害"概念的革新》,《政治与法律》2021 年第 10 期。

7. 王道发:《个人信息处理者过错推定责任研究》,《中国法学》2022 年第 5 期。

8. 谢鸿飞:《个人信息泄露侵权责任构成中的"损害"——兼论风险社会中损害的观念化》,《国家检察官学院学报》2021 年第 5 期。

9. 叶名怡:《个人信息的侵权法保护》,《法学研究》2018 年第 4 期。

中华人民共和国个人信息保护法

（2021 年 8 月 20 日第十三届全国人民代表大会常务委员会第三十次会议通过）

目　录

第一章　总　　则

第一条　为了保护个人信息权益，规范个人信息处理活动，促进个人信息合理利用，根据宪法，制定本法。

第二条　自然人的个人信息受法律保护，任何组织、个人不得侵害自然人的个人信息权益。

第三条　在中华人民共和国境内处理自然人个人信息的活动，适用本法。

在中华人民共和国境外处理中华人民共和国境内自然人个人信息的活动，有下列情形之一的，也适用本法：

（一）以向境内自然人提供产品或者服务为目的；

（二）分析、评估境内自然人的行为；

（三）法律、行政法规规定的其他情形。

第四条　个人信息是以电子或者其他方式记录的与已识别或者可识别的自然人有关的各种信息，不包括匿名化处理后的信息。

个人信息的处理包括个人信息的收集、存储、使用、加工、传输、提供、公开、删除等。

第五条　处理个人信息应当遵循合法、正当、必要和诚信原则，不得通过误导、欺诈、胁迫等方式处理个人信息。

第六条　处理个人信息应当具有明确、合理的目的，并应当与处理目的直接相关，采取对个人权益影响最小的方式。

收集个人信息，应当限于实现处理目的的最小范围，不得过度收集个人信息。

第七条　处理个人信息应当遵循公开、透明原则，公开个人信息处理规则，明示处理的目的、方式和范围。

第八条　处理个人信息应当保证个人信息的质量，避免因个人信息不准确、不完整对个人权益造成不利影响。

第九条　个人信息处理者应当对其个人信息处理活动负责，并采取必要措施保障所处理的个人信息的安全。

第十条　任何组织、个人不得非法收集、使用、加工、传输他人个人信息，不得非法买卖、提供或者公开他人个人信息；不得从事危害国家安全、公共利益的个人信息处理活动。

第十一条　国家建立健全个人信息保护制度，预防和惩治侵害个人信息权益的行为，加强个人信息保护宣传教育，推动形成政府、企业、相关社会组织、公众共同参与个人信息保护的良好环境。

第十二条　国家积极参与个人信息保护国际规则的制定，促进个人信息保护方面的国际交流与合作，推动与其他国家、地区、国际组织之间的个人信息保护规则、标准等互认。

第二章　个人信息处理规则

第一节　一般规定

第十三条　符合下列情形之一的，个人信息处理者方可处理个人信息：

（一）取得个人的同意；

（二）为订立、履行个人作为一方当事人的合同所必需，或者按照依法制定的劳动规章制度和依法签订的集体合同实施人力资源管理所必需；

（三）为履行法定职责或者法定义务所必需；

（四）为应对突发公共卫生事件，或者紧急情况下为保护自然人的生命健康和财产安全所必需；

（五）为公共利益实施新闻报道、舆论监督等行为，在合理的范围内处理个人信息；

（六）依照本法规定在合理的范围内处理个人自行公开或者其他已经合法公开的个人信息；

（七）法律、行政法规规定的其他情形。

依照本法其他有关规定，处理个人信息应当取得个人同意，但是有前款第二项至第七项规定情形的,不需取得个人同意。

第十四条 基于个人同意处理个人信息的,该同意应当由个人在充分知情的前提下自愿、明确作出。法律、行政法规规定处理个人信息应当取得个人单独同意或者书面同意的,从其规定。

个人信息的处理目的、处理方式和处理的个人信息种类发生变更的,应当重新取得个人同意。

第十五条 基于个人同意处理个人信息的,个人有权撤回其同意。个人信息处理者应当提供便捷的撤回同意的方式。

个人撤回同意,不影响撤回前基于个人同意已进行的个人信息处理活动的效力。

第十六条 个人信息处理者不得以个人不同意处理其个人信息或者撤回同意为由,拒绝提供产品或者服务;处理个人信息属于提供产品或者服务所必需的除外。

第十七条 个人信息处理者在处理个人信息前,应当以显著方式、清晰易懂的语言真实、准确、完整地向个人告知下列事项:

(一)个人信息处理者的名称或者姓名和联系方式;

(二)个人信息的处理目的、处理方式,处理的个人信息种类、保存期限;

(三)个人行使本法规定权利的方式和程序;

(四)法律、行政法规规定应当告知的其他事项。

前款规定事项发生变更的,应当将变更部分告知个人。

个人信息处理者通过制定个人信息处理规则的方式告知第一款规定事项的,处理规则应当公开,并且便于查阅和保存。

第十八条 个人信息处理者处理个人信息,有法律、行政法规规定应当保密或者不需要告知的情形的,可以不向个人告知前条第一款规定的事项。

紧急情况下为保护自然人的生命健康和财产安全无法及时向个人告知的,个人信息处理者应当在紧急情况消除后及时告知。

第十九条 除法律、行政法规另有规定外,个人信息的保存期限应当为实现处理目的所必要的最短时间。

第二十条 两个以上的个人信息处理者共同决定个人信息的处理目的和处理方式的,应当约定各自的权利和义务。但是,该约定不影响个人向其中任何一个个人信息处理者要求行使本法规定的权利。

个人信息处理者共同处理个人信息,侵害个人信息权益造成损害的,应当依法承担连带责任。

第二十一条 个人信息处理者委托处理个人信息的,应当与受托人约定委托处理的目的、期限、处理方式、个人信息的种类、保护措施以及双方的权利和义务等,并对受托人的个人信息处理活动进行监督。

受托人应当按照约定处理个人信息,不得超出约定的处理目的、处理方式等处理个人信息;委托合同不生效、无效、被撤销或者终止的,受托人应当将个人信息返还个人信息处理者或者予以删除,不得保留。

未经个人信息处理者同意,受托人不得转委托他人处理个人信息。

第二十二条 个人信息处理者因合并、分立、解散、被宣告破产等原因需要转移个人信息的,应当向个人告知接收方的名称或者姓名和联系方式。接收方应当继续履行个人信息处理者的义务。接收方变更原先的处理目的、处理方式的,应当依照本法规定重新取得个人同意。

第二十三条 个人信息处理者向其他个人信息处理者提供其处理的个人信息的,应当向个人告知接收方的名称或者姓名、联系方式、处理目的、处理方式和个人信息的种类,并取得个人的单独同意。接收方应当在上述处理目的、处理方式和个人信息的种类等范围内处理个人信息。接收方变更原先的处理目的、处理方式的,应当依照本法规定重新取得个人同意。

第二十四条 个人信息处理者利用个人信息进行自动化决策,应当保证决策的透明度和结果公平、公正,不得对个人在交易价格等交易条件上实行不合理的差别待遇。

通过自动化决策方式向个人进行信息推送、商业营销,应当同时提供不针对其个人特征的选项,或者向个人提供便捷的拒绝方式。

通过自动化决策方式作出对个人权益有重大影响的决定,个人有权要求个人信息处理者予以说明,并有权拒绝个人信息处理者仅通过自动化决策的方式作出决定。

第二十五条 个人信息处理者不得公开其处理的个人信息,取得个人单独同意的除外。

第二十六条 在公共场所安装图像采集、个人身份识别设备,应当为维护公共安全所必需,遵守国家有关规定,并设置显著的提示标识。所收集的个人图像、身份识别信息只能用于维护公共安全的目的,不得用于其他目的;取得个人单独同意的除外。

第二十七条 个人信息处理者可以在合理的范围内处理个人自行公开或者其他已经合法公开的个人信息;个人明确拒绝的除外。个人信息处理者处理已公开的个人信息,对个人权益有重大影响的,应当依照本法规定取得个人同意。

第二节 敏感个人信息的处理规则

第二十八条 敏感个人信息是一旦泄露或者非法使用,容易导致自然人的人格尊严受到侵害或者人身、财产安全受到危害的个人信息,包括生物识别、宗教信仰、特定身份、医疗健康、金融账户、行踪轨迹等信息,以及不满十四周岁未成年人的个人信息。

只有在具有特定的目的和充分的必要性,并采取严格保护措施的情形下,个人信息处理者方可处理敏感个人信息。

第二十九条 处理敏感个人信息应当取得个人的单独同意;法律、行政法规规定处理敏感个人信息应当取得书面同意的,从其规定。

第三十条 个人信息处理者处理敏感个人信息的,除本法第十七条第一款规定的事项外,还应当向个人告知处理敏感个人信息的必要性以及对个人权益的影响;依照本法规定可以不向个人告知的除外。

第三十一条　个人信息处理者处理不满十四周岁未成年人个人信息的,应当取得未成年人的父母或者其他监护人的同意。

个人信息处理者处理不满十四周岁未成年人个人信息的,应当制定专门的个人信息处理规则。

第三十二条　法律、行政法规对处理敏感个人信息规定应当取得相关行政许可或者作出其他限制的,从其规定。

第三节　国家机关处理个人信息的特别规定

第三十三条　国家机关处理个人信息的活动,适用本法;本节有特别规定的,适用本节规定。

第三十四条　国家机关为履行法定职责处理个人信息,应当依照法律、行政法规规定的权限、程序进行,不得超出履行法定职责所必需的范围和限度。

第三十五条　国家机关为履行法定职责处理个人信息,应当依照本法规定履行告知义务;有本法第十八条第一款规定的情形,或者告知将妨碍国家机关履行法定职责的除外。

第三十六条　国家机关处理的个人信息应当在中华人民共和国境内存储;确需向境外提供的,应当进行安全评估。安全评估可以要求有关部门提供支持与协助。

第三十七条　法律、法规授权的具有管理公共事务职能的组织为履行法定职责处理个人信息,适用本法关于国家机关处理个人信息的规定。

第三章　个人信息跨境提供的规则

第三十八条　个人信息处理者因业务等需要,确需向中华人民共和国境外提供个人信息的,应当具备下列条件之一:

(一)依照本法第四十条的规定通过国家网信部门组织的安全评估;

(二)按照国家网信部门的规定经专业机构进行个人信息保护认证;

(三)按照国家网信部门制定的标准合同与境外接收方订立合同,约定双方的权利和义务;

(四)法律、行政法规或者国家网信部门规定的其他条件。

中华人民共和国缔结或者参加的国际条约、协定对向中华人民共和国境外提供个人信息的条件等有规定的,可以按照其规定执行。

个人信息处理者应当采取必要措施,保障境外接收方处理个人信息的活动达到本法规定的个人信息保护标准。

第三十九条　个人信息处理者向中华人民共和国境外提供个人信息的,应当向个人告知境外接收方的名称或者姓名、联系方式、处理目的、处理方式、个人信息的种类以及个人向境外接收方行使本法规定权利的方式和程序等事项,并取得个人的单独同意。

第四十条　关键信息基础设施运营者和处理个人信息达到国家网信部门规定数量的个人信息处理者,应当将在中华人民共和国境内收集和产生的个人信息存储在境内。确需向境外提供的,应当通过国家网信部门组织的安全评估;法律、行政法规和国家网信部门规定可以不进行安全评估的,从其规定。

第四十一条　中华人民共和国主管机关根据有关法律和中华人民共和国缔结或者参加的国际条约、协定,或者按照平等互惠原则,处理外国司法或者执法机构关于提供存储于境内个人信息的请求。非经中华人民共和国主管机关批准,个人信息处理者不得向外国司法或者执法机构提供存储于中华人民共和国境内的个人信息。

第四十二条　境外的组织、个人从事侵害中华人民共和国公民的个人信息权益,或者危害中华人民共和国国家安全、公共利益的个人信息处理活动的,国家网信部门可以将其列入限制或者禁止个人信息提供清单,予以公告,并采取限制或者禁止向其提供个人信息等措施。

第四十三条　任何国家或者地区在个人信息保护方面对中华人民共和国采取歧视性的禁止、限制或者其他类似措施的,中华人民共和国可以根据实际情况对该国家或者地区对等采取措施。

第四章　个人在个人信息处理活动中的权利

第四十四条　个人对其个人信息的处理享有知情权、决定权,有权限制或者拒绝他人对其个人信息进行处理;法律、行政法规另有规定的除外。

第四十五条　个人有权向个人信息处理者查阅、复制其个人信息;有本法第十八条第一款、第三十五条规定情形的除外。

个人请求查阅、复制其个人信息的,个人信息处理者应当及时提供。

个人请求将个人信息转移至其指定的个人信息处理者,符合国家网信部门规定条件的,个人信息处理者应当提供转移的途径。

第四十六条　个人发现其个人信息不准确或者不完整的,有权请求个人信息处理者更正、补充。

个人请求更正、补充其个人信息的,个人信息处理者应当对其个人信息予以核实,并及时更正、补充。

第四十七条　有下列情形之一的,个人信息处理者应当主动删除个人信息;个人信息处理者未删除的,个人有权请求删除:

(一) 处理目的已实现、无法实现或者为实现处理目的不再必要;

(二) 个人信息处理者停止提供产品或者服务,或者保存期限已届满;

(三) 个人撤回同意;

(四) 个人信息处理者违反法律、行政法规或者违反约定处理个人信息;

(五) 法律、行政法规规定的其他情形。

法律、行政法规规定的保存期限未届满,或者删除个人信息从技术上难以实现的,个人信息处理者应当停止除存储和采取必要的安全保护措施之外的处理。

第四十八条　个人有权要求个人信息处理者对其个人信息处理规则进行解释说明。

第四十九条　自然人死亡的,其近亲属为了自身的合法、正当利益,可以对死者的相关个人信息行使本章规定的查阅、复制、更正、删除等权利;死者生前另有安排的除外。

第五十条　个人信息处理者应当建立便捷的个人行使权利的申请受理和处理机制。拒绝个人行使权利的请求的,应当说明理由。

个人信息处理者拒绝个人行使权利的请求的,个人可以依法向人民法院提起诉讼。

第五章　个人信息处理者的义务

第五十一条　个人信息处理者应当根据个人信息的处理目的、处理方式、个人信息的种类以及对个人权益的影响、可能存在的安全风险等,采取下列措施确保个人信息处理活动符合法律、行政法规的规定,并防止未经授权的访问以及个人信息泄露、篡改、丢失:

(一)制定内部管理制度和操作规程;

(二)对个人信息实行分类管理;

(三)采取相应的加密、去标识化等安全技术措施;

(四)合理确定个人信息处理的操作权限,并定期对从业人员进行安全教育和培训;

(五)制定并组织实施个人信息安全事件应急预案;

(六)法律、行政法规规定的其他措施。

第五十二条　处理个人信息达到国家网信部门规定数量的个人信息处理者应当指定个人信息保护负责人,负责对个人信息处理活动以及采取的保护措施等进行监督。

个人信息处理者应当公开个人信息保护负责人的联系方式,并将个人信息保护负责人的姓名、联系方式等报送履行个人信息保护职责的部门。

第五十三条　本法第三条第二款规定的中华人民共和国境外的个人信息处理者,应当在中华人民共和国境内设立专门机构或者指定代表,负责处理个人信息保护相关事务,并将有关机构的名称或者代表的姓名、联系方式等报送履行个人信息保护职责的部门。

第五十四条　个人信息处理者应当定期对其处理个人信息遵守法律、行政法规的情况进行合规审计。

第五十五条　有下列情形之一的,个人信息处理者应当事前进行个人信息保护影响评估,并对处理情况进行记录:

(一)处理敏感个人信息;

(二)利用个人信息进行自动化决策;

(三)委托处理个人信息、向其他个人信息处理者提供个人信息、公开个人信息;

(四)向境外提供个人信息;

(五)其他对个人权益有重大影响的个人信息处理活动。

第五十六条　个人信息保护影响评估应当包括下列内容：

（一）个人信息的处理目的、处理方式等是否合法、正当、必要；

（二）对个人权益的影响及安全风险；

（三）所采取的保护措施是否合法、有效并与风险程度相适应。

个人信息保护影响评估报告和处理情况记录应当至少保存三年。

第五十七条　发生或者可能发生个人信息泄露、篡改、丢失的，个人信息处理者应当立即采取补救措施，并通知履行个人信息保护职责的部门和个人。通知应当包括下列事项：

（一）发生或者可能发生个人信息泄露、篡改、丢失的信息种类、原因和可能造成的危害；

（二）个人信息处理者采取的补救措施和个人可以采取的减轻危害的措施；

（三）个人信息处理者的联系方式。

个人信息处理者采取措施能够有效避免信息泄露、篡改、丢失造成危害的，个人信息处理者可以不通知个人；履行个人信息保护职责的部门认为可能造成危害的，有权要求个人信息处理者通知个人。

第五十八条　提供重要互联网平台服务、用户数量巨大、业务类型复杂的个人信息处理者，应当履行下列义务：

（一）按照国家规定建立健全个人信息保护合规制度体系，成立主要由外部成员组成的独立机构对个人信息保护情况进行监督；

（二）遵循公开、公平、公正的原则，制定平台规则，明确平台内产品或者服务提供者处理个人信息的规范和保护个人信息的义务；

（三）对严重违反法律、行政法规处理个人信息的平台内的产品或者服务提供者，停止提供服务；

（四）定期发布个人信息保护社会责任报告，接受社会监督。

第五十九条　接受委托处理个人信息的受托人，应当依照本法和有关法律、行政法规的规定，采取必要措施保障所处理的个人信息的安全，并协助个人信息处理者履行本法规定的义务。

第六章　履行个人信息保护职责的部门

第六十条　国家网信部门负责统筹协调个人信息保护工作和相关监督管理工作。国务院有关部门依照本法和有关法律、行政法规的规定，在各自职责范围内负责个人信息保护和监督管理工作。

县级以上地方人民政府有关部门的个人信息保护和监督管理职责，按照国家有关规定确定。

前两款规定的部门统称为履行个人信息保护职责的部门。

第六十一条 履行个人信息保护职责的部门履行下列个人信息保护职责：

（一）开展个人信息保护宣传教育，指导、监督个人信息处理者开展个人信息保护工作；

（二）接受、处理与个人信息保护有关的投诉、举报；

（三）组织对应用程序等个人信息保护情况进行测评，并公布测评结果；

（四）调查、处理违法个人信息处理活动；

（五）法律、行政法规规定的其他职责。

第六十二条 国家网信部门统筹协调有关部门依据本法推进下列个人信息保护工作：

（一）制定个人信息保护具体规则、标准；

（二）针对小型个人信息处理者、处理敏感个人信息以及人脸识别、人工智能等新技术、新应用，制定专门的个人信息保护规则、标准；

（三）支持研究开发和推广应用安全、方便的电子身份认证技术，推进网络身份认证公共服务建设；

（四）推进个人信息保护社会化服务体系建设，支持有关机构开展个人信息保护评估、认证服务；

（五）完善个人信息保护投诉、举报工作机制。

第六十三条 履行个人信息保护职责的部门履行个人信息保护职责，可以采取下列措施：

（一）询问有关当事人，调查与个人信息处理活动有关的情况；

（二）查阅、复制当事人与个人信息处理活动有关的合同、记录、账簿以及其他有关资料；

（三）实施现场检查，对涉嫌违法的个人信息处理活动进行调查；

（四）检查与个人信息处理活动有关的设备、物品；对有证据证明是用于违法个人信息处理活动的设备、物品，向本部门主要负责人书面报告并经批准，可以查封或者扣押。

履行个人信息保护职责的部门依法履行职责，当事人应当予以协助、配合，不得拒绝、阻挠。

第六十四条 履行个人信息保护职责的部门在履行职责中，发现个人信息处理活动存在较大风险或者发生个人信息安全事件的，可以按照规定的权限和程序对该个人信息处理者的法定代表人或者主要负责人进行约谈，或者要求个人信息处理者委托专业机构对其个人信息处理活动进行合规审计。个人信息处理者应当按照要求采取措施，进行整改，消除隐患。

履行个人信息保护职责的部门在履行职责中，发现违法处理个人信息涉嫌犯罪的，应当及时移送公安机关依法处理。

第六十五条 任何组织、个人有权对违法个人信息处理活动向履行个人信息保护职责的部门进行投诉、举报。收到投诉、举报的部门应当依法及时处理,并将处理结果告知投诉、举报人。

履行个人信息保护职责的部门应当公布接受投诉、举报的联系方式。

第七章　法　律　责　任

第六十六条　违反本法规定处理个人信息,或者处理个人信息未履行本法规定的个人信息保护义务的,由履行个人信息保护职责的部门责令改正,给予警告,没收违法所得,对违法处理个人信息的应用程序,责令暂停或者终止提供服务;拒不改正的,并处一百万元以下罚款;对直接负责的主管人员和其他直接责任人员处一万元以上十万元以下罚款。

有前款规定的违法行为,情节严重的,由省级以上履行个人信息保护职责的部门责令改正,没收违法所得,并处五千万元以下或者上一年度营业额百分之五以下罚款,并可以责令暂停相关业务或者停业整顿、通报有关主管部门吊销相关业务许可或者吊销营业执照;对直接负责的主管人员和其他直接责任人员处十万元以上一百万元以下罚款,并可以决定禁止其在一定期限内担任相关企业的董事、监事、高级管理人员和个人信息保护负责人。

第六十七条　有本法规定的违法行为的,依照有关法律、行政法规的规定记入信用档案,并予以公示。

第六十八条　国家机关不履行本法规定的个人信息保护义务的,由其上级机关或者履行个人信息保护职责的部门责令改正;对直接负责的主管人员和其他直接责任人员依法给予处分。

履行个人信息保护职责的部门的工作人员玩忽职守、滥用职权、徇私舞弊,尚不构成犯罪的,依法给予处分。

第六十九条　处理个人信息侵害个人信息权益造成损害,个人信息处理者不能证明自己没有过错的,应当承担损害赔偿等侵权责任。

前款规定的损害赔偿责任按照个人因此受到的损失或者个人信息处理者因此获得的利益确定;个人因此受到的损失和个人信息处理者因此获得的利益难以确定的,根据实际情况确定赔偿数额。

第七十条　个人信息处理者违反本法规定处理个人信息,侵害众多个人的权益的,人民检察院、法律规定的消费者组织和由国家网信部门确定的组织可以依法向人民法院提起诉讼。

第七十一条　违反本法规定,构成违反治安管理行为的,依法给予治安管理处罚;构成犯罪的,依法追究刑事责任。

第八章　附　　　则

第七十二条　自然人因个人或者家庭事务处理个人信息的,不适用本法。

法律对各级人民政府及其有关部门组织实施的统计、档案管理活动中的个人信息处理有规定的,适用其规定。

第七十三条　本法下列用语的含义:

(一)个人信息处理者,是指在个人信息处理活动中自主决定处理目的、处理方式的组织、个人。

(二)自动化决策,是指通过计算机程序自动分析、评估个人的行为习惯、兴趣爱好或者经济、健康、信用状况等,并进行决策的活动。

(三)去标识化,是指个人信息经过处理,使其在不借助额外信息的情况下无法识别特定自然人的过程。

(四)匿名化,是指个人信息经过处理无法识别特定自然人且不能复原的过程。

第七十四条　本法自 2021 年 11 月 1 日起施行。